GINÁSTICA LABORAL

GINÁSTICA LABORAL

4ª edição

ATIVIDADE FÍSICA NO AMBIENTE DE TRABALHO

Valquíria de Lima

Phorte editora

São Paulo, 2019

Rua Rui Barbosa, 408
Bela Vista – São Paulo – SP
CEP 01326-010
Tel: (11) 3141-1033
Site: www.phorte.com.br
E-mail: phorte@phorte.com.br

CIP-BRASIL. CATALOGAÇÃO NA PUBLICAÇÃO
SINDICATO NACIONAL DOS EDITORES DE LIVROS, RJ

L711g
4. ed.

Lima, Valquíria de
Ginástica laboral : atividade física no ambiente de trabalho / Valquíria de Lima. - 4. ed. - São Paulo : Phorte, 2019.
432 p. : il. ; 23 cm.

Inclui bibliografia
ISBN 978-85-7655-700-5

1. Trabalhadores - Treinamento físico. 2. Doenças profissionais - Prevenção. I. Título.

18-49993 CDD: 613.71088
CDU: 613.65

Leandra Felix da Cruz - Bibliotecária - CRB-7/6135
ph0183.4

Este livro foi avaliado e aprovado pelo Conselho Editorial da Phorte Editora.

Impresso no Brasil
Printed in Brazil

À minha mãe, Leonilda (*in memoriam*), por me mostrar que somos capazes de superar qualquer dificuldade para ficar ao lado daqueles que amamos, e ao meu pai, Joaquim (*in memoriam*), que venceu todas as batalhas da vida com extrema fé e coragem, até mesmo no momento de sua partida desta existência. Onde quer que estejam, continuarão sempre vivos em meu coração.

Ao meu marido, Marcelo, meu grande amor, por seu companheirismo e por seu incentivo, que tanto contribuíram para meu crescimento profissional e humano.

Às minhas filhas, Mariana e Marina, razões do meu viver!

A história do mundo é marcada por grandes heróis; a das mulheres, por grandes amores.

Agradecimentos

Ao Criador, por me ajudar na realização de mais um sonho, e à minha família, pela compreensão nos momentos de ausência.

À empresa ABB, pela parceria de mais de dez anos nas ações relacionadas à qualidade de vida no trabalho, em especial ao Doutor Edmundo Prince, pelo apoio e pela autorização para o uso do espaço para captação das imagens incluídas nesta edição e a todos os funcionários que participaram das sessões de fotos.

Ao Professor Fabio Mazzonetto, bem como às equipes das Faculdades Metropolitanas Unidas (FMU) e da Phorte Editora, pela parceria e pelo apoio desde a primeira edição desta obra, lançada em 2003.

À família Celafiscs (Centro de Estudos do Laboratório de Aptidão Física de São Caetano do Sul), pelas valiosas contribuições em prol da atividade física, da saúde e da pesquisa.

Ao sistema CONFEF/CREFs (Conselho Federal de Educação Física/Conselhos Regionais de Educação Física), pelo destaque dado ao tema *Ginástica Laboral*, sempre presente nas pautas de discussões sobre a importância do profissional de Educação Física nas áreas de promoção da saúde e da qualidade de vida.

Aos professores Lamartine da Costa e Heglison Toledo, pela cessão do material que compõe o prólogo desta obra. Agradeço pela confiança e pela oportunidade de publicar informações preciosas para o engrandecimento do conhecimento em Ginástica Laboral.

À diretoria e aos associados da Associação Brasileira de Ginástica Laboral (ABGL), pelas oportunidades de discussão, de reflexão e de ações em prol da união de profissionais e de empresas de Ginástica Laboral do Brasil e do exterior, cujo objetivo maior tem sido contribuir para a melhoria da qualidade da prestação de serviços para o mercado corporativo, além de incentivar a pesquisa e a produção de indicadores na área.

Às profissionais de Educação Física Fabíola Ramos e Mariana Moura; a Marcia Tavares, professora de *yoga* e minha eterna professora de dança; a Mariana de Lima Veloso e Fabrício Veloso, pela participação nas fotos e apoio técnico.

À profissional de Educação Física Juliana Romero, pelas horas dedicadas no auxílio à produção das fotos e das descrições de exercícios, sempre com muito profissionalismo; a Bárbara Marcondes e a Regiane dos Santos Silva, pelo auxílio na organização das referências bibliográficas.

A toda equipe da SUPPORTE Educação & Saúde no Trabalho, sem a qual não seria possível aplicar o conhecimento e a experiência adquiridos ao longo dos anos na criação e desenvolvimento de programas que ajudam a tornar mais saudável a vida de milhares de trabalhadores diariamente.

E a todos aqueles que, de forma direta ou indireta, contribuíram para a realização desta edição.

Com carinho e respeito,

Valquíria de Lima

Apresentação à 4ª edição

Nesta edição, além da atualização de referências bibliográficas e de conteúdos, foi acrescentada uma discussão sobre o planejamento técnico específico de Ginástica Laboral, para o qual considero imprescindível selecionar e aplicar metodologias diferenciadas para atingir os objetivos, de acordo com esse mesmo planejamento técnico e com o foco do programa.

Aproveito a ocasião para ressaltar que a criatividade, o conhecimento dos profissionais (tanto de assuntos técnicos quanto administrativos), a ética e a qualificação profissional são fundamentais para a manutenção de programas sustentáveis e com indicadores confiáveis, o que contribui para o aprimoramento das empresas e dos profissionais no mercado de trabalho, proporcionando, também, maior segurança para as organizações que investem em programas de Ginástica Laboral.

Destaco, ainda, o trabalho em equipe que tornou possível mais esta edição, elaborada com muita dedicação.

Espero, pela quarta vez, que o conteúdo desta obra possa trazer contribuições para as instituições de ensino superior, os estudantes, os profissionais e os empreendedores da área.

Boa leitura!

Valquíria de Lima

Prefácio à 4ª edição

Ginástica Laboral: atividade física no ambiente de trabalho chega à 4ª edição consolidado como uma importante referência para os profissionais interessados em desenvolver atividade física no ambiente de trabalho com qualidade, contribuindo assim, de forma significativa, para a saúde e a qualidade de vida populacional.

O livro se apoia em literaturas especializadas e atualizadas, e é escrito numa linguagem técnico-didática. Vale destacar alguns assuntos abordados nos diversos capítulos pela autora: fatores de risco no ambiente de trabalho, condutas de aplicação da Ginástica Laboral, ergonomia, exercícios de alongamento, posturas no ambiente de trabalho e diversos depoimentos de profissionais reconhecidos nessa área, assuntos esses que dão sustentação à prática.

Outro fato que torna o livro bem consistente atribui-se à vasta experiência da Professora Doutora Valquíria de Lima, Presidente Fundadora da Associação Brasileira de Ginástica Laboral (ABGL), com atuação direta em empresas com programas de atividades físicas voltadas à promoção da saúde.

Esses subsídios teóricos e práticos, além dos conteúdos interdisciplinares, facilitam aos profissionais refletirem sobre a prática e sobre como organizar e aplicar um programa de atividades físicas nas empresas com efetividade.

Finalmente, enalteço a riqueza da produção gráfica da Phorte Editora.

Professor Doutor Abdallah Achour Junior
Universidade Estadual de Londrina

Prefácio à 3ª edição

Prefaciar a 3ª edição do livro *Ginástica Laboral: atividade física no ambiente de trabalho* é, ao mesmo tempo, uma honra e uma satisfação. A alegria vem do fato de ver uma antiga aluna de graduação e estagiária do Centro de Estudos do Laboratório de Aptidão Física de São Caetano do Sul (Celafiscs) alcançar, passo a passo, a realização de seus sonhos. A honra, por verificar que a qualidade de seu trabalho pode ser medida por diversos indicadores, mas chegar à terceira edição da obra em nosso país já diz muito.

A melhora da qualidade de vida de nossa imensa massa trabalhadora deve ter uma posição de destaque na hierarquia das pessoas com o poder de decidir e dos responsáveis pelas políticas públicas de saúde.

No entanto, não basta ter somente boa vontade. Fundamental é poder alicerçar essas propostas em evidências mais sistematicamente estudadas, dentro de um espírito de busca científica o mais genuíno possível.

Creio que é isso que se percebe nesta obra, na qual a autora, como todo bom profissional, tenta colocar propostas concretas, sem dar a ideia de que chegou a uma verdade última, mas de estar em um processo. Nós mesmos temos aprendido muito nessa área e os temas da celebração do Agita Mundo – Dia Mundial da Atividade Física em 2006 (Atividade Física e Responsabilidade Social) e em 2007 (Atividade Física no Local do Trabalho) atestam o cuidado que o tema tem recebido de nossa instituição e da comunidade internacional.

Pioneira nessa área, a autora não se contenta com o lugar-comum e com as receitas feitas, mas busca incessantemente, com sua equipe, fazer que a Ginástica Laboral tenha uma dimensão superior àquela a que simplistas às vezes a reduzem. Busca expandir e explorar melhor uma boa ideia inicial para um patamar de melhor qualidade; lapidar a pedra preciosa para chegar ao brilhante!

Convido aos leitores que desfrutem desta nova edição de uma obra que se renova na busca de sua progressiva qualidade!

Victor Matsudo
Diretor científico do Celafiscs

Prefácio à 2ª edição

Prefaciar este livro e colaborar com ele é mais uma experiência maravilhosa, pois, diante dos problemas e doenças crônico-degenerativas causados pela má qualidade de vida dos trabalhadores, não posso deixar de ressaltar a influência e a importância que a Ginástica Laboral tem no cotidiano.

Mais do que praticar, é essencial conhecer a Ginástica Laboral, e é isso que o livro propõe, apresentando a Ginástica Laboral como a atividade física no ambiente de trabalho.

Dividido em oito capítulos, o livro mostra, nos três primeiros, o histórico, os conceitos e os objetivos da Ginástica Laboral; os fatores de risco, como, por exemplo, a hipoatividade; e as condutas de aplicação, como horário, técnica e espaço adequados. Os capítulos 4, 5 e 6 abordam os fatores que influenciam o sucesso do programa, a ginástica compensatória como medida ergonômica e os benefícios do programa de treinamento da flexibilidade.

No Capítulo 7, trabalha-se o comportamento postural e alguns desvios, além de propor a reestruturação postural global na empresa.

Já o Capítulo 8, que trata da qualidade de vida, traz depoimentos de diversas pessoas que comprovam a magnitude da Ginástica Laboral.

Com a apresentação de conceitos de diversos estudiosos para que se possa ampliar o conhecimento dos que já conhecem e introduzir os principiantes nessa área, espero que essa abordagem da Ginástica Laboral esclareça uma gama significativa de variáveis importantes e essenciais que envolvem a prática dela, seja como profissional ou como praticante.

Sérgio Guida
Profissional de Educação Física e Fisioterapeuta
Mestre em Bases Biomédicas da Atividade Física
e Desporto pela Universidade Federal do Rio de Janeiro (UFRJ)

Prólogo – Produção e Gestão do Conhecimento em Ginástica Laboral (GL): origens e desenvolvimento no Brasil

A primeira revisão sistemática do conhecimento sobre Ginástica Laboral (GL) em contexto brasileiro ocorreu em 1990, quando da publicação do livro *Esporte e lazer na empresa* pelo Ministério da Educação/Secretaria de Educação Física e Desportos, escrito por Lamartine da Costa, então professor no Mestrado de Educação Física da Universidade Gama Filho, no Rio de Janeiro. Essa obra não apenas reuniu e interpretou estudos em GL publicados desde a década de 1970 no Brasil, como também inventariou os empreendimentos esportivos promovidos em empresas de Santa Catarina desde o início do século XX, sobretudo na indústria têxtil (Da Costa, 1990).

Antes dessa obra primordial, a GL transitava como conhecimento no Brasil por meio de artigos de revistas técnicas ou leigas que, naturalmente, voltavam-se às iniciativas pioneiras – como aquelas apoiadas pela indústria calçadista no Rio Grande do Sul na década de 1970 – e em procedimentos vindos do exterior. Sob essas condições, a obra de 1990 evidenciou que a prática de ginástica em ambientes de trabalho era realizada desde 1925 na Polônia, e que, alguns anos depois, foi introduzida na Holanda, sob a denominação "Ginástica de Pausa". Já na década de 1960, registros revelaram o início da prática na Alemanha, na Suécia, na Bélgica e no Japão, e, em 1968, apareceu, nos Estados Unidos, a expressão "Ginástica Laboral" (Da Costa, 1990).

Segundo essa obra pioneira de revisão, a manifestação dos fundamentos do lazer e do esporte na empresa revelou-se antiga no Brasil. Assim disposto, Da Costa (1990) distinguiu três momentos da prática de atividades físicas nas empresas nacionais, aos quais chamou "surto": o primeiro ocorreu nos anos

1930-40, e foi caracterizado como *surto corporativo-assistencialista*; o segundo, ocorrido nos anos 1940-70, o autor chamou *assistencialista*; e, nos anos 1970-80, houve o *reordenamento das relações internas na empresa*.

Em resumo, a GL no Brasil ganhou destaque na década de 1990, em virtude de um novo comportamento empresarial com percepções inovadoras do trabalho, advindas dos avanços nos anos 1970-80. Além disso, houve o avanço da Medicina do Trabalho, que, em consequência, ativou práticas alternativas visando à saúde do trabalhador. O trabalho realizado pelo Ministério da Educação em 1990 trouxe novo fôlego para as atividades e os estudos relacionados à GL, à atividade física na empresa, ao esporte e ao lazer, incentivando discussões acadêmicas e profissionais sobre o assunto.

Hoje, um quarto de século depois, importa acompanhar a produção de conhecimentos sobre a GL, constituindo, assim, uma projeção do *status* dessa atividade no Brasil, bem como estabelecer um diagnóstico da gestão praticada pelos profissionais dedicados a essa área de intervenção. Nesse novo estágio, o avanço não se limita a uma nova revisão do conhecimento acumulado, mas, sobretudo, constitui uma análise sobre o modo – ou *modos* – como o conhecimento tem sido construído e aplicado. Em vista disso, o presente capítulo objetiva abordar a GL pelo viés da disciplina Gestão do Conhecimento (GC), seguindo, assim, uma tendência atual das empresas inovadoras no que diz respeito ao desenvolvimento de seus recursos humanos e ao aperfeiçoamento de seus processos de decisão.

A opção avançada da GC ora em apresentação apoia-se no pressuposto de que a produção acadêmico-científica relacionada à GL e à atividade física na empresa vem crescendo a cada ano no Brasil. A própria existência da Associação Brasileira de Ginástica Laboral (ABGL) atesta tal crescimento, reforçado pelo número crescente de trabalhos apresentados em congressos, de artigos e de livros científicos publicados, além da procura constante por cursos de extensão que abordam tal temática.

Um ponto importante a ser destacado é que a produção científica na área vem se desenvolvendo em diferentes frentes de investigação e em diferentes regiões do nosso país. Nessa linha, diante da necessidade de realizar um inventário da temática central *Ginástica Laboral e atividade física na empresa*, e atendendo a uma demanda acadêmica das áreas do lazer, da segurança do trabalho e das abordagens fisiológicas e terapêuticas, o Conselho Federal de Educação Física (CONFEF) promoveu o ano de 2007 como o Ano da Ginástica Laboral.

Nessa ocasião, a GL foi apresentada em várias mídias como uma proposta para empresas em busca de melhor desenvolvimento de seus recursos humanos e que, para tanto, adotava abordagens de Educação Física, de Fisioterapia, de Medicina do Trabalho, de Psicologia e de Ergonomia. Também os eventos do Ano da Ginástica Laboral promoveram os benefícios da GL apontados por Da Costa (1990), e consolidados em trabalho de atualização por Da Costa, Bara Filho e Ribeiro (1998):

- melhoria e promoção da saúde;
- maior benefício e segurança social;
- humanização do local de trabalho (que poderá se estender a toda a sociedade);
- melhoria do desempenho profissional;
- diminuição de acidentes de trabalho, de rotatividade e de absenteísmo;
- aumento da produtividade e da qualidade do trabalho;
- controle do estresse;
- melhoria da qualidade de vida.

Em resumo, o Ano da Ginástica Laboral (2007) pode ser considerado o momento em que a GL uniu a tradição à inovação no ambiente corporativo nacional, sugerindo certo nível de maturidade dessa atividade no país. Nessas circunstâncias, o presente prólogo apresenta um panorama do desenvolvimento da GL no Brasil, ao qual se chegou por meio do exame das informações que lhe deram sentido e conteúdo, bem como dos modos de produção e de GC resultantes da circulação de informações. Ao final, apresentamos um diagnóstico da GL no Brasil.

Ginástica Laboral e Gestão do Conhecimento

A partir do início do século XX, o processo de industrialização do Brasil priorizou, obviamente, o instrumental (maquinaria) e os meios de produção. Nota-se, no entanto, que, com o tempo, essa forma de conduzir o trabalho industrial criou reações disfuncionais, pois, ao ser colocado diante das exigências do meio produtivo, a máquina "homem" deu os primeiros sinais de inadaptabilidade e de desorganização, dando surgimento aos distúrbios ocupacionais na saúde do trabalhador (Jesus, 1999).

Nos anos 1970, surgiu no Brasil uma preocupação científica a respeito do tema *Ginástica de Pausa*, como foi apontado em artigo de Mario Ribeiro Cantarino Filho e Ewerton Negri Pinheiro, publicado na *Revista Brasileira de Educação Física*, em março de 1974. Nesse período, tendo em vista que as obras sobre o tema não se destacaram por um conteúdo científico sólido, não houve evolução do conhecimento; no entanto, a GL começava a se mostrar como um importante nicho mercadológico.

Abordagens mais consistentes em termos científicos apareceram ainda no final da década de 1970, em discussões acadêmicas em torno da qualidade de vida em face do ambiente de trabalho. Delineou-se, assim, a promoção da saúde, com ações e crescimento da área de atuação e intervenção na saúde do trabalhador. Do mesmo modo, a problematização epistemológica da saúde levantou à época argumentos de que não haveria possibilidade de haver qualidade de vida, promoção da saúde e humanização do trabalho sem atividade física (Bagrichevsky, Estevão e Palma, 2006; Da Costa, Bara Filho e Ribeiro, 2008).

Essa tendência seguiu na direção da sistematização e da criação de conhecimentos baseados no conhecimento tácito (profissionais e suas intervenções empíricas) e no conhecimento explícito (pesquisadores). O conhecimento tácito se baseia em ações e experiências corporais do indivíduo, embora carregue uma importante dimensão cognitiva, que consiste em crenças, valores e emoções. O conhecimento explícito é aquele transmitido aos indivíduos de maneira formal e sistemática (Bukowitz e Williams, 2002; Melo, 2003; Nonaka e Takeuchi, 2008; Silva, 2002).

Conforme Nonaka e Takeuchi (2008), a passagem da sociedade industrial para a sociedade de conhecimento nos induz a uma nova visão do paradoxo da formação e da criação do conhecimento. Antes se buscava a eliminação desse paradoxo, porém, hoje, busca-se compreendê-lo por meio da Gestão do Conhecimento (dentro da qual está engajada a Ginástica Laboral), que parte da construção do conhecimento baseada na aceitação dos paradoxos existentes (Karpinski e Stefano, 2008; Melo, 2003).

Portanto, o modelo de Nonaka e Takeuchi (2008) demonstra como os conhecimentos tácitos e explícitos são amplificados tanto em qualidade como em quantidade, em que a conversão de conhecimento ocorre pela socialização, pela externalização, pela integração e pela internalização. Essa proposta – típica de empresas que buscam ser inovadoras – inclui, então, uma socialização de indivíduo para indivíduo; uma externalização de indivíduo para o grupo; uma integração do grupo para a organização; e uma internalização da organização pelo indivíduo.

A GL, da perspectiva do presente prólogo e na sua linha de tempo, apresenta-se como uma disseminadora de conhecimentos tácitos e explícitos. Por sua vez, a GC pressupõe uma capacidade de entendimento do fenômeno da expansão e da solidificação da GL, por apresentar um modelo que cria e utiliza o conhecimento preexistente, convertendo o conhecimento tácito em explícito, e vice-versa (Lamartine Da Costa, 2009).[1]

Gestão do Conhecimento e Tecnologia da Informação

Um entendimento mais específico sobre o papel da GC em relação à GL pode ter como ponto de partida um exame dos arquivos pessoais do Professor Doutor Lamartine da Costa, nos quais há registros datados desde a década de 1970. Neles, há documentos de caráter exploratório, de organização e de mobilização da comunidade acadêmica e empresarial, apontando direcionamentos para as políticas e ações voltadas à saúde e à qualidade de vida. O exemplo do *case* do Banco Nacional é representativo de tais memórias por relatar preocupações em relação a perdas e ganhos empresariais com a adoção da GL, iniciada em 1987. Outro exemplo, de grande relevância, de que empresas podem ser fontes de processos criativos em GL está retratado no periódico da Volvo, sediada no estado do Paraná, de nome *O Viking*, o qual traz informações e estímulos para a prática de exercícios e de atitudes

[1] Palestra de aula inaugural intitulada *A nova disciplina de gestão do conhecimento e seu impacto sobre métodos qualitativos e quantitativos de investigação e meta-análises*, ministrada em 27 de março de 2009, na Universidade Gama Filho, Rio de Janeiro (original em PowerPoint).

saudáveis. Nesse contexto, a GC representa um esforço para reparar prejuízos anteriores e uma política de segurança contra uma possível perda de memória organizacional no futuro (Botelho, Monteiro e Valls, 2007; Bukowitz e Williams, 2002), que, no caso, inclui, necessariamente, a GL.

Nesses termos, a GC pode ser definida como a criação de um contexto organizacional favorável à criação, uso e compartilhamento de informações, de modo a reunir e integrar pessoas e/ou organizações que compartilham dados e saberes, construindo conhecimentos por meio de suas interações ou desenvolvimento individual e grupal (Lamartine Da Costa, 2007).[2] Ou seja: a GC pode manifestar-se por meio de trabalhos em redes sociais – internas ou externas a uma determinada instituição ou grupo –, as quais são caracterizadas pelo seu direcionamento múltiplo: cada membro e cada unidade podem, em princípio, aprender uns com os outros.

Cabe aqui, então, ser assumida primeiramente a definição de *conhecimento*. Conforme Platão (apud Nonaka e Takeuchi, 2008) argumenta, o conhecimento genuíno é uma "crença verdadeira justificada". Esse pensamento de origem na Antiguidade Clássica permanece atual e é amplamente aceito pela comunidade acadêmica (Lessa, 2004).

Operacionalmente, a GL concentra seus esforços na eficiência organizacional e na reutilização do conhecimento existente, bem como no desenvolvimento científico e tecnológico, em particular, com base em computadores e em seus metassistemas. Em termos epistemológicos, a GC é inovadora, sobretudo por incorporar o conhecimento tácito às suas teorias, nem sempre produtos de fundamentação científica. Esse reconhecimento surgiu no ambiente de empresas com que práticas de resultados eficientes foram aceitas, mesmo sem explicações teóricas (Da Costa, 2009).

Nessa linha de interpretações, Melo (2003) sugere que a GC é uma disciplina que objetiva democratizar o acesso aos conhecimentos obtidos, por qualquer meio escolhido pelo gestor, organizando, classificando e criando dispositivos para sua disseminação, conforme o interesse e o propósito do grupo.

---

[2] Palestra *Gestão do conhecimento* ministrada na Universidade Técnica de Lisboa – Faculdade de Motricidade Humana, em 27 de março de 2007 (original em PowerPoint).

A GC, entretanto, revela o paradoxo das contradições e dos dilemas que a criação do conhecimento é capaz de promover. Isso, porque o conhecimento é formado por dois componentes dicotômicos e opostos, já apresentados: o *conhecimento tácito* e o *explícito*. O *conhecimento explícito* pode ser rapidamente disseminado e divulgado de maneira formal e sistemática. O *conhecimento tácito* está profundamente enraizado nas ações e na experiência corporal do indivíduo, nos valores, nas crenças e nas emoções que incorpora (Nonaka e Takeuchi, 2008).

Em contrapartida, o impulso atual da GC deve-se à Tecnologia de Informação (TI), na qual o conhecimento se apresenta como conteúdo principal. Em síntese, as TIs objetivam aproximar e otimizar dados e informações disponibilizados na *World Wide Web* para dinamizar e possibilitar a construção do conhecimento, potencializada pela constante busca da informação. Hoje, o grande avanço da TI nos torna cientes de que as tecnologias conduzem a um aumento da capacidade de compartilhamento da informação e do conhecimento.

Em outras palavras, o uso de TI é um fenômeno social, ou melhor: a TI é um produto social da ação subjetiva perpetrada em contextos culturais e estruturais específicos. Portanto, a TI é, simultaneamente, um conjunto de regras e recursos objetivos envolvidos na mediação (facilitação e restrição) da ação humana e, portanto, contribui para a criação, a recriação e a transformação desses contextos (Orlikowski e Robey, 1991).

Significativamente, a tecnologia tem rituais que se impõem em interfaces, plataformas, organização, linguagem e infraestrutura. A tecnologia da *World Wide Web* incute na valorização da base remota, permitindo atualização constante das informações, além de pesquisa e análise real-virtual dos dados. Assim, a GC permite criar uma ambiência capaz de induzir uma modificação cultural e tecnológica, favoráveis à criação, ao compartilhamento, à organização e à aplicação de conhecimento para o pleno alcance de sua missão e de seus objetivos estratégicos (Lessa et al., 2004).

Os dados são a interface, o motor das operações, e as informações que os representam transformam o conhecimento tácito em conhecimento explícito. Portanto, os conceitos mencionados ganham novas explicações: o *conhecimento tácito* agora se revela como resultado de experiências vividas pelo indivíduo, como observador de seu próprio mundo em diversos cenários, e pode surgir das interações humanas em rede e da evolução delas em sistemas. Já por *conhecimento explícito* entende-se toda a carga de informação digerida e analisada por um indivíduo, disseminada por meio de técnicas estruturadas (Nonaka e Takeuchi, 2008).

Ginástica Laboral e Tecnologia da Informação

Em termos de informação, o esporte, o exercício físico, a GL, a atividade física na empresa e o lazer se apresentam como entidades independentes, mas simultaneamente integradas como fenômenos sociais. Tal peculiaridade implica priorizar a gestão como base de conhecimentos sobre atividades físicas nas empresas e a TI como sua ferramenta principal. Nessa premissa, cabe considerar o *Atlas do esporte no Brasil*, com 410 autores e coordenado por Da Costa (2005), como um projeto de demonstração da particularização e da integração do esporte em suas várias facetas, incluindo a GL. E, como tal, o *Atlas do esporte no Brasil*, de 2005, constitui um marco, tanto para a gestão do esporte como para a gestão da informação, condições assumidas pela obra à luz da GC.

As informações organizadas no *Atlas* mostraram que houve um aumento acentuado da prática esportiva no país, bem como de produtos e serviços ligados a essa cultura. Desse modo, pressupõem-se crescentes qualificação e especialização profissional, o que corrobora o perfil das organizações do século XXI (Senge, 2004), incluindo-se a GL.

A GL/atividade física na empresa incorpora a GC em virtude de esta retratar a própria natureza da organização, o que contribui também para o aumento do volume de dados e informações tratados, pois ela responde formalmente a múltiplos *stakeholders* (empresários, diretores, executivos, agentes, colaboradores, entre outros), os quais requerem um controle apurado de todas as suas decisões e operações. Portanto, também nesse caso, há necessidade de um ambiente informático de alto nível, muitas vezes, apoiado nas mais recentes tecnologias disponíveis no mercado, para dar conta de toda a complexidade de seus fluxos de conhecimento, que devem ser explicitados de maneira eficiente e eficaz (Lessa et al., 2004; Silva, 2005; Terra, 2009). Nesse viés da informação, a GC foca no fator humano (capital intelectual) e na transformação da gestão de paradoxos em uma GC. O conhecimento explícito é aquele que incentiva e cria mecanismos que ajudam os indivíduos (capital humano) no compartilhamento de seus saberes. Ao contextualizar a GL com a GC, além de a primeira ser um ativo importante na promoção da saúde e da qualidade de vida, ela se configura como um importante disseminador de conhecimento explícito (Botelho, Monteiro e Valls, 2007; Terra, 2009).

A categoria *informação*, apesar de poder ser intensiva em conhecimento, ou seja, poder disponibilizar uma grande quantidade e/ou qualidade de conhecimento passível de ser interpretado e assimilado por seres humanos, não é capaz de induzir seus detentores à ação inteligente por si próprios. Ou seja, entre o que está explícito (informações e modelos) e a ação inteligente, sempre haverá uma avaliação mental mediadora para contextualizar o primeiro, transformando-o em conhecimento propriamente dito, para que ele presida a ação em si. O conhecimento tácito, por sua vez, caracteriza-se por sua capacidade de ser aplicado de acordo com o contexto em que o seu detentor se encontra.

Além desse avanço por ela introduzido no setor da gestão esportiva, a Gestão do Conhecimento tem a função de reconhecer e desenvolver informações que privilegiam a transformação do conhecimento tácito em explícito, promovendo o fluxo da espiral do conhecimento, característico dessa disciplina (Botelho, Monteiro e Valls, 2007; Nonaka e Takeushi, 2008; Terra, 2006). Por exemplo, as informações levantadas pelo *Atlas do esporte no Brasil* confirmaram que a atividade física dentro da empresa no Brasil começou no Rio de Janeiro, em 1901, na Fábrica de Tecidos Bangu. Como mencionado, as manifestações de esporte e de lazer nas empresas brasileiras podem ser retratadas como surtos, ao longo dos quais foram apresentados registros históricos e uma caracterização da história brasileira de ginástica na empresa e suas semelhanças à história internacional (Da Costa, 1990, 2005).

Fatores sociopolítico-filosóficos identificam os propósitos para os quais caminham as atividades de lazer e esporte nas empresas brasileiras. Da Costa (1990) relata que houve um surto "corporativo-assistencialista" nos anos 1930-40 e que o esporte nas empresas consistia num setor corporativo filiado a clubes, federações, ligas, entre outros. Entretanto, nos anos 1940-70, um novo surto assistencialista ocorreu, influenciado por modelos externos, sendo possível, no caso brasileiro, que as influências tenham ocorrido com base em modelos americanos e europeus. Ainda nos anos 1970-80, ocorreu o "surto de reordenamento das relações internas na empresa", e a retrospectiva histórica do *Atlas do esporte no Brasil* mostra que esse surto aconteceu simultaneamente ao dos Estados Unidos.

Tendo o *Atlas do esporte no Brasil* ainda como base de informações, admite-se que uma empresa de origem nipônica, a Ishikawajima do Brasil (Ishibras) iniciou um programa com duas abordagens: uma atividade no início da jornada de trabalho e outra, de ginástica compensatória, nas pausas ocorridas durante a jornada, envolvendo 4.300 funcionários. Com base nessa experiência, o Sesi desenvolveu o seu programa, por meio dos seus vários departamentos regionais, utilizando uma metodologia própria e adaptada às realidades locais, denominada "Ginástica na Empresa". Em 1978, um de seus departamentos regionais participou, durante sete meses, de um projeto de GL compensatória, em parceria com a Escola de Educação Física da Federação dos Estabelecimentos de Ensino Superior de Novo Hamburgo (Feevale) (Schimitz, 1981).

Produção de conhecimentos em Ginástica Laboral

O desenvolvimento da GL no Brasil tornou-se um produto capaz de beneficiar a saúde do trabalhador, entretanto, os estudos relacionados ao tema ainda têm uma série de comprometimentos que diminuem sua relevância científica no meio acadêmico (Fonseca, S., 2006). De acordo com Toledo e Delgado (2009), em um levantamento feito na base de dados do Lilacs, apenas 16 trabalhos foram publicados no período de 1985 a 2007, cujo foco de investigação foi a saúde do trabalhador, a ergonomia, a alimentação, a qualidade de vida e a adesão a programas de GL.

Ainda em Toledo e Delgado (2009), encontra-se um levantamento realizado por meio da análise lexical das obras sobre GL disponíveis no Brasil. Nesse estudo, concluiu-se que a literatura investigada apresentava um desdobramento teórico ainda limitado, apesar de ser uma temática que se estabelecera historicamente no Brasil há quase meio século, com iniciativas pioneiras que surgiram mais cedo, no início do século XX. A evolução histórica da temática da GL não se apresenta cientificamente sólida, tendo em vista que a característica doutrinária do tema talvez tenha impedido evoluções no campo epistemológico e científico que esclarecessem as transformações reais, acontecidas a partir de intervenções no mundo do trabalho.

A GL e os programas de atividade física na empresa, entretanto, são, hoje, temas de preocupação acadêmica, tendo em vista o número expressivo de teses e dissertações sobre a temática e que se relacionam à GL, à qualidade de vida e à saúde do trabalhador (Alvarez, 2002; Longen, 2003; Martins, 2000, 2005; Militão, 2001; Pinto, 2003). Possivelmente, esse avanço ocorreu em razão de alguns apontamentos terem indicado que funcionários sedentários custam mais em despesas com saúde do que funcionários não sedentários.

Uma das estratégias utilizadas pelas empresas é a implantação de programas de GL com o objetivo de melhorar variáveis da aptidão física geral, como força muscular, flexibilidade e nível de atividade física, além de colaborar para o nível de satisfação dos funcionários (Lima, V., 2007). Todavia, essas ofertas ainda não estão cientificamente consolidadas em virtude da produção acadêmica limitada, em que pesem os avanços ocorridos nas pesquisas.

Em síntese, a GL é hoje divulgada como um meio eficiente de incentivo e valorização da prática de atividades físicas como instrumento de promoção da saúde. No entanto, em termos científicos e metodológicos, ainda não há comprovações suficientes e não há um estado da arte no tema que afirme que a GL contribui para um melhor desempenho profissional. A diminuição do sedentarismo, o controle do estresse, a melhora da qualidade de vida e o aumento do desempenho são atribuições dadas à GL, mas não há pesquisas de metodologia robusta que confirmem tais benefícios; em contrapartida, a cultura e a popularização dessa ginástica criam um ambiente que talvez seja capaz de comprovar alguns desses atributos.

Partindo dessa visão, um Programa de Ginástica Laboral (PGL) pode apresentar-se, de modo simplificado, como uma das opções voltadas à melhora da qualidade de vida e da Qualidade de Vida no Trabalho (QVT). A GL pode ser definida, então, como uma pausa ativa realizada no ambiente de trabalho, cuja duração média é de 5 minutos, quando efetuada na fábrica, e de 15 minutos, quando executada no escritório; caracteriza-se por exercícios de alongamento e demais atividades cujos objetivos principais sejam prevenir os Distúrbios Osteomusculares Relacionados ao Trabalho (DORT) e reduzir o distresse psicológico (Martins, 2005).

Limitações à parte, a GL tem se tornado, no decorrer das últimas décadas, uma ferramenta muito importante para as empresas. Atualmente, a discussão realizada em relação ao tema está pautada em sua forma de execução, de implantação e de manutenção. Em geral, essa operacionalização apresenta três momentos ou fases de aplicação: a ginástica aplicada antes da jornada de trabalho, denominada *fase 1* ou *Ginástica Laboral Preparatória*; a ginástica aplicada durante a jornada de trabalho, denominada *fase 2* ou *Ginástica Laboral Compensatória*; e a *fase* 3, composta pela *Ginástica Laboral de Relaxamento*, aplicada após a jornada de trabalho (Lima, D., 2004; Lima, V., 2007; Mendes e Leite, 2008; Oliveira, J., 2006; Polito e Bergamaschi, 2006; Zilli, 2002).

Pesquisa sobre a produção de conhecimentos em Ginástica Laboral

O avanço no campo da investigação sobre GL no Brasil tem seu marco no estudo desenvolvido entre 2007 e 2010 por Toledo, Delgado e Da Costa (2012), em que se utilizou uma metodologia inovadora sob o ponto de vista da GC. A metodologia utilizada ilustrou a estrutura de investigação e intervenção capaz de informar acerca das diretrizes teóricas que envolveram a construção das pesquisas como um todo. A estrutura do estudo, realizado à luz da tecnologia, auxiliado por *softwares*, teve por finalidade elucidar diferentes percepções da GL.

No referido estudo, a captação dos trabalhos utilizados na análise teve como propósito técnico-científico inventariar a GL desde que foi introduzida e aperfeiçoada por professores de Educação Física e profissionais de áreas correlatas no Brasil, atendendo às demandas terapêuticas, fisiológicas e das áreas de lazer e de segurança do trabalho. Os trabalhos já publicados ou em andamento que apresentaram significado de memória ou de avanço científico sobre o tema do livro, nas últimas cinco décadas, também foram considerados.

A pesquisa de caráter qualitativo-descritivo se estabeleceu com base na análise de 21 trabalhos captados via chamada pública, realizada em junho de 2007. Os procedimentos foram: o recolhimento e a leitura de todas as obras inscritas; análises críticas; e triagem para o tema específico. Os trabalhos selecionados, então, passaram por uma leitura crítica e reflexiva, para a definição dos elementos de investigação e a construção dos focos e, em sequência, a produção das notas críticas da investigação.

A chamada pública de autores e de pesquisadores da temática *Ginástica Laboral e atividade física na empresa* puderam esboçar a realidade da produção acadêmica no Brasil nos últimos anos. Isso permitiu a compilação da produção de autores de várias regiões do país, a análise e a revisão do material coletado, que foram realizadas com base na leitura e na organização das temáticas, seguidas da interpretação e crítica do conteúdo. Em outro momento, foi analisada, também, a estrutura lexical do conteúdo que, plotada em uma matriz, constituiu um banco de dados por meio da tabulação e codificação dos dados. Foi utilizado o *software* MS Excel©, em que foram separados por colunas os autores e os títulos das obras, organizados em focos temáticos 1, 2, 3, 4, 5, complementados por notas 1, 2, 3, dadas a cada obra, observados pelo autor das análises.

A análise também contou com a etapa de verificação e estabelecimento do material com base em obras da literatuta da área (GL) disponíveis no mercado, levantadas com a utilização da ferramenta de busca Google Book Search. Além da análise e interpretação das obras, foi realizada a meta-análise das produções escritas, baseadas no material captado pela chamada pública. As análises foram confeccionadas cruzando-se os focos temáticos com as notas emitidas pelo analisador.

Para a análise e revisão do conteúdo, foi utilizado o *software* Sphinx Lexica & Eureca V.5©, de origem francesa, por meio do qual se verificou as estruturas léxicas e as relações usadas na construção de obras e materiais compilados. A análise não levou em conta somente o léxico do conteúdo, estendendo-se, também, para sua correlação múltipla.

O uso de dados qualitativos permitiu identificar ou, até mesmo, antecipar oportunidades e problemas de forma bem mais pontual e precisa. As ideias de complementaridade, de recorrência e de sequencialidade da análise léxica e de conteúdo contribuem com diferentes aspectos metodológicos para uma exploração mais criteriosa da análise qualitativa (Santos, 2004).

A produção de um mapa situacional deu-se por meio da observação das distâncias menores entre "categorias-linha" e "categorias-coluna", que representam associações mais fortes, ao passo que distâncias maiores representam dissociações (repulsões) entre essas categorias (Lagarde, 1995; Moscarola, 1990). A análise proporcionada pelo mapa de Análise Fatorial de Correspondências Múltiplas (AFCM) permitiu que associações múltiplas fossem identificadas de modo simultâneo em duas (ou mais) dimensões, com distâncias geradas internamente pelos respondentes (sem que as similaridades fossem avaliadas de forma direta por estes), conforme sugestões encontradas em Hoffman e Franke (1986).

Após a identificação das categorias de foco que mais se afastavam do centro do gráfico (quando o interesse foi o de buscar características específicas), foram observadas as representações mais originais, que caracterizavam o centro das dependências existentes. As categorias próximas ao centro do gráfico demonstram estar associadas, ao que parece, a todas as categorias de uma linha e de uma coluna, representando um comportamento médio das tendências de foco temático, caracterizando um repertório limitado de informação. Quanto mais afastadas do centro encontravam-se as categorias de autores e/ou de focos, e quanto mais próximas entre si, mais características daquelas categorias-linha (autores) serão iguais às das categorias-coluna (focos). Além disso, depreende-se que as categorias-coluna mais afastadas das categorias-linha não se assemelham umas às outras (Green, Shaffer e Patterson, 1988; Lagarde, 1995; Moscarola, 1990).

O estudo de Toledo, Delgado e Da Costa (2012) mostrou-se inovador ante a necessidade de avaliar e verificar a trajetória da GL no Brasil. Além da chamada pública, a realização de uma revisão e a análise sistemática de seis obras (livros) da literatura da área (GL) constituiu aparato para ordenar logicamente as ideias dos autores, formando um sistema conexo, em que cada ideia deve ser particularmente examinada, com vistas a ser mais bem compreendida e caracterizada (Lakatos e Marconi, 1992).

As obras analisadas foram: *Ginástica Laboral: teoria e prática*, de Eliane Polito e Elaine Cristina Bergamaschi; *Ginástica Laboral: metodologia de implantação de programas com abordagem ergonômica*, de Deise Guadalupe de Lima; *Ginástica Laboral: custos e orçamentos na implantação de programas*, de Deise Guadalupe de Lima; *A prática da Ginástica Laboral*, de João Ricardo Gabriel de Oliveira; *Ginástica Laboral: atividade física no ambiente de trabalho*, de Valquíria de Lima; *Ginástica Laboral: princípios e aplicações práticas*, de Ricardo Alves Mendes e Neiva Leite. A Figura P.1 mostra um mapa fatorial de correspondência entre os autores das obras e suas abordagens focais.

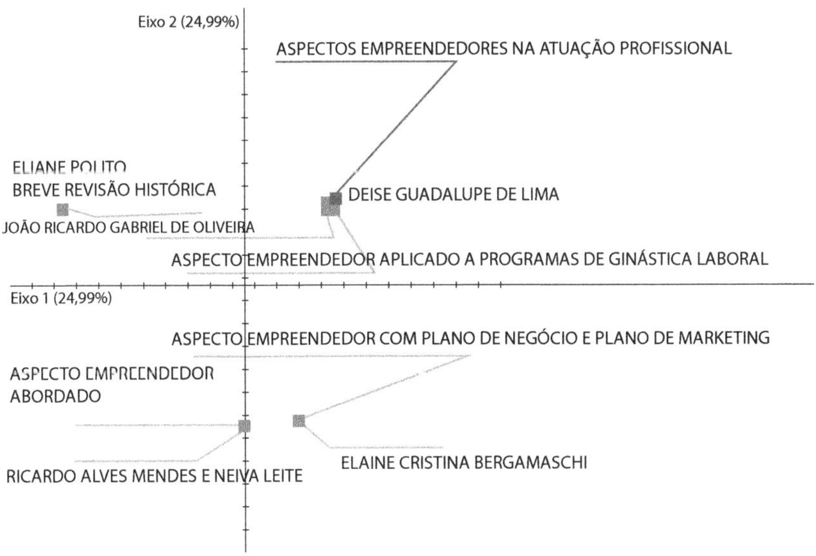

Figura P.1 – Mapa fatorial das obras sobre GL.

Os resultados obtidos apontam para uma associação entre as abordagens focais dos autores Deise Guadalupe de Lima e João Ricardo Gabriel de Oliveira, no que tange aos aspectos empreendedores relacionados à GL. Contudo, evidenciou-se, também, que a autora Deise Guadalupe estuda, preponderantemente, a atuação do profissional, e o autor João Ricardo Gabriel, os programas de GL como um todo. A ordenação dos dados em mapas adicionais mostrou, todavia, que as obras analisadas têm uma correlação lexical no que se refere à prestação de serviços com abordagem ergonômica, apresentando um distanciamento de eixo, mas mantendo a estrutura lexical e o aspecto da prestação de serviço, em virtude de Lesões por Esforços Repetitivos (LER) e DORT, trazidas na obra de João Ricardo. Os autores Ricardo Alves e Neiva Leite, e Eliane Polito e Elaine Cristina se aproximam com relação à abordagem voltada para saúde e o impacto científico mais sólido.

Nessa análise, observou-se que três dos autores têm correlação quanto à abordagem ligada à promoção da saúde, havendo um distanciamento entre João Ricardo e Deise Guadalupe; em contrapartida, estes se alinham, em termos de abordagem, no que tange aos aspectos comerciais do programa de GL e atividade física na empresa.

No levantamento, também se observou uma tendência de aplicação da GL com o viés empreendedor, situando os aspectos da formação de preços, projetos de implantação, benefícios empresariais e planejamento de *marketing*. Do mesmo modo, os resultados apresentam a caracterização da GL no fim da década de 1990 e no início do século XXI como um negócio, diante da demanda apresentada pelas empresas para oferecer condições de melhoria e de manutenção da saúde, conforme vários estudos apontaram para a necessidade de políticas de melhoria da qualidade de vida e hábitos saudáveis (Descanio e Lunardelli, 2007; Martinez-Lopez e Saldarriaga-Franco, 2008; Ruiz-Frutos, García García e Benavides, 2007).

Os resultados em pauta se coadunam com a trajetória histórica indicada por Da Costa (1990), segundo o qual o desenvolvimento da GL e da atividade física na empresa estruturou-se em surtos de característica sociopolítico-filosófica atrelada às atividades físicas de lazer e esporte nas empresas brasileiras. Por sua vez, a autora Elaine Cristina centra suas ideias nos aspectos empreendedores ligados a planos de negócios e de *marketing*, aparentemente tornando esse espaço de atuação um nicho de mercado.

Contudo, os resultados apontados estão afinados com o levantamento de Fonseca, S. (2006), segundo o qual os estudos de GL estão agregados a ideias organizacionais e sociais, retomando, então, o viés sociopolítico-filosófico sob o qual se desenvolveu a temática nos anos 1970. Entretanto, nas análises dos textos estudados, as associações entre as variáveis não mostraram qualquer novidade ou pensamento inovador. Também as construções léxicas estão, ao mesmo tempo, correlacionadas e descorrelacionadas, indicando a estagnação do pensamento e da produção de conhecimento sobre o tema estudado.

Em contas finais, pode-se dizer que as observações realizadas se coadunam com a literatura, que apresenta informações redundantes e uma repetição do conhecimento (Fonseca, S., 2006; Lima, Reis e Moro, 2010; Pegatin et al., 2007). No que tange ao envolvimento da GL e da atividade física na empresa com a GC, os resultados apresentados não ofereceram uma condição para criação de conhecimento, já que ela depende de uma fluidez de forma espiralada para ocorrer.

Conforme aponta Nonaka e Takeuchi (2008), o conhecimento contém uma importante dimensão cognitiva, na qual estão contidas crenças, percepções, ideais, valores, emoções e modelos mentais; no entanto, no material analisado, não foi possível averiguar a espiral do conhecimento a ser amplificada, se houvesse distanciamentos entre as estruturas léxicas, os quais permitiriam combinações ontológicas, gerando um caminho para a fluidez da espiral do conhecimento.

Diagnosticando a Ginástica Laboral no Brasil

A GL é uma atividade que chegou ao Brasil há mais de 40 anos, embora o esporte na empresa tenha origens no início do século XX. Esse fenômeno se desenvolveu particularmente no Brasil como uma intervenção de ginástica de pausa, com uma metodologia própria que hoje caracteriza a GL. Em vários países, como Canadá, Japão e Estados Unidos, desenvolvem-se programas para a melhoria das condições de saúde do trabalhador.

Esse fenômeno que se desenvolveu no Brasil tomou grandes proporções no que diz respeito ao envolvimento de praticantes, adeptos e usuários. No cenário que hoje se apresenta no Brasil, caracteriza-se como uma prática comum a vários estados e regiões do país e, apesar de ser representativa, ainda requer um cabedal de conhecimentos científicos para que tenha sustentação teórica.

O delineamento das informações apresentadas permite revisão e análise amplas dos conhecimentos produzidos na área, de forma a acolher diferentes manifestações da prática da GL e da atividade física na empresa. Com o objetivo de analisar significados, desvios, desequilíbrios e impactos do conhecimento produzido em GL e em atividade física na empresa no Brasil, buscou-se, também, verificar o impacto da produção lexical na prática da

GL/atividade física na empresa representada por textos técnicos, científicos e informacionais, tendo em vista que esses materiais representam de forma clara a produção real que acontece no Brasil sobre a temática.

Ao se investigar a relação da trajetória da GL/atividade física na empresa com sua base científica, por meio de sua produção lexical, descortinaram-se cenários que, até então, estavam mascarados pelas campanhas e pelos apelos de mercado sobre os benefícios da GL e da atividade física na empresa no Brasil. O estudo de Toledo, Delgado e Da Costa (2012) mostrou que a GL apresenta um repertório variado de conhecimento tácito, mas não conseguiu transformá-lo em conhecimento explícito e, com base nele, gerar conhecimento novo, conforme a GC preconiza.

Entretanto, a redundância é composta de informações que vão além das exigências operacionais imediatas; nesse caso, tal redundância aumenta enormemente a quantidade de informação. De acordo com a GC, o conhecimento não existe somente na cognição da pessoa, mas, sim, no espaço, no tempo e em seus relacionamentos. Ou seja, o conhecimento não é criado no "vácuo", necessita ser significante, ser *interpretado*, para se transformar em conhecimento.

Em conclusão, ao se analisar os significados, desvios, desequilíbrios e impactos do conhecimento produzido em GL e atividade física na empresa no Brasil, pode-se avaliar, interpretar e subsidiar conhecimento com base em um amplo cenário de informações. Com base nesse diagnóstico, surge uma possibilidade de criação de ambiente teórico sustentável, que auxilie na criação, na transformação, na disseminação e na tomada de decisão para a efetiva manifestação humana que se tornou a GL no ambiente corporativo brasileiro.

Heglison Custódio Toledo
Professor adjunto no Departamento de Educação Física
do Instituto de Ciências da Vida da Universidade Federal
de Juiz de Fora (ICV/UFJF), *campus* Governador Valadares.

Lamartine Pereira da Costa
Livre-docente em Gestão do Esporte pela Universidade
do Estado do Rio de Janeiro (Uerj).

Sumário

1 Visão geral da Ginástica Laboral

Histórico da Ginástica Laboral

Com o crescimento da atividade física no local de trabalho, tornou-se necessário um resgate de publicações, de estudos e de evidências científicas sobre empresas que, ao longo dos anos, praticaram políticas administrativas modernas, instituindo espaços físicos como quadras poliesportivas e campeonatos para funcionários e seus dependentes, e outras que promoveram intervenções e pausas durante o expediente (Ginástica Laboral – GL), já com o objetivo de saúde ocupacional.

Neste capítulo, apresentaremos a evolução histórica da GL no Brasil, com materiais que foram encontrados e que são de relevante importância para nossa área, em uma tentativa humilde de cooperar para a divulgação desses trabalhos, relacionados especificamente ao registro da atividade esportiva e física no ambiente corporativo.

Um desses materiais é o trabalho publicado em 1991 pelo Ministério da Saúde, que foi um dos mais importantes por sua capacidade de reunir organizadamente os fatos históricos ligados à prática de atividades físicas nas empresas. Foi elaborado pelos coordenadores científicos Lamartine Pereira da Costa, Paulo Pegado e pela equipe de consultores formada por Antônio Carlos Bramante, José Carlos Grando, Antônia Dalla Pria Bankoff e João Batista Giovanini.

Ginástica Laboral ao longo das décadas

1900-1910: A primeira manifestação de atividades esportivas no âmbito interno de empresas no Brasil ocorreu na fábrica de tecidos Bangu, sediada no Rio de Janeiro, em 1901. Nesse ano, os trabalhadores dessa empresa têxtil, de capital e gestão ingleses, já se reuniam em torno de um campo de futebol para praticar atividades físicas.

1920-1930: O primeiro apontamento encontrado sobre GL foi um pequeno livro chamado *Ginástica de pausa* – destinado a operários – editado na Polônia, em 1925. Alguns anos depois, a GL surgiu também na Holanda e na Rússia.

No dia 1º de novembro de 1928, em comemoração à posse do Imperador Hirohito, foi regulamentada no Japão a Rádio Taissô ("ginástica pelo rádio"), adotada por empresas, prestadores de serviços e escolas, como uma atividade diária para descontração e cultivo da saúde.

A construção de quadras e campos esportivos em diversas fábricas da indústria têxtil na região de Nova Friburgo, no estado do Rio de Janeiro, foi uma iniciativa dos anos 1930, considerada avançada ainda nos dias de hoje.

Segundo Cañete (1996), na Europa, países como França, Bélgica e Suécia adotaram a ginástica e realizaram basicamente dois tipos de estudos: investigação da fadiga, suas condições físicas e psicológicas, e as impressões e os sentimentos das pessoas envolvidas na Ginástica de Pausa. A maioria dos estudos foi feita por meio de escalas, de questionários e de entrevistas.

1930-1940: No Brasil, durante a década de 1930, reapareceram outros empreendimentos que ofereciam opções de lazer e esporte, como o Banco do Brasil (desde 1928), *Light & Power* (1930) e Caloi (1933), por meio de clubes subvencionados.

Em 1947, após oito meses de fundação, o Sesi começou a reunir todo dia 1º de maio, no estádio do Pacaembu, na cidade de São Paulo, cerca de 2.500 funcionários de 150 empresas paulistas que tinham clubes esportivos para realização dos Jogos Operários do Serviço Social da Indústria (Sesi).

1950-1960: Em 1958, no Japão, foi denominada tenossinovite a fase inicial de problemas resultantes de lesões ocupacionais.

1960-1970: No início da década de 1960 surgiram programas de atividade física na empresa na Bulgária, na Alemanha, na Suécia e na Bélgica. No Japão, também na década de 1960, ocorreu a consolidação e a obrigatoriedade da Ginástica Laboral Compensatória (GLC).

Em 1969, nos estaleiros Ishikawajima do Brasil (Ishibras), no Rio de Janeiro, é introduzida por uma equipe de profissionais de Educação Física a

Ginástica Matinal, com três principais objetivos: físicos, organizacionais e funcionais.

1970-1980: Uma proposta de exercícios baseada em análises biomecânicas foi estabelecida pela Escola de Educação da Federação dos Estabelecimentos de Ensino Superior de Novo Hamburgo (Feevale), no ano de 1973, quando se elaborou o projeto de Educação Física Compensatória e Recreação.

Em 1978, foi formada no Brasil a primeira Associação de Rádio Taissô, como uma divisão da Associação dos Lojistas da Liberdade (SP), em comemoração aos 70 anos da imigração japonesa no país. Várias empresas de origem japonesa adotaram a metodologia em suas linhas de produção. Com o passar dos anos, esse modelo acabou recebendo adaptações para se adequar melhor ao perfil dos trabalhadores brasileiros, iniciando um processo de abertura para a contratação de profissionais de Educação Física.

1980-1990: Em 1981, em razão da dificuldade de encontrar documentos arquivados referentes a experiências esportivas e de lazer nas empresas, o Banco do Estado de São Paulo (Banespa) patrocinou um encontro de profissionais para obter informações e realizar um levantamento histórico da atividade física nas empresas brasileiras.

Independentemente das atividades do Sesi e do Serviço Social do Comércio (Sesc), verificaram-se atividades internas em algumas multinacionais e estatais como: Avon, Ishibras, Hoest, Banespa, Furnas, Telecomunicações do Estado do Rio de Janeiro (Telerj), Companhia Siderúrgica Nacional (CSN), Odebrecht, Promon, IBM e Empresa Brasileira de Telecomunicações (Embratel).

Em 1985, a Fundação Emílio Odebrecht publicou que, no Brasil, apenas 1% do prêmio do seguro que os empregados pagam ao INSS é utilizado em medidas preventivas, ao passo que 99% dirigem-se a medidas curativas. Isso reflete a predominância dos pressupostos mais ortodoxos da medicina curativa, cujo foco recai sobre o indivíduo doente, e não sobre o indivíduo saudável. Visam, nesse caso, garantir níveis cada vez mais elevados de bem-estar físico, mental e social. Trata-se de um modelo de atendimento médico que objetiva a prevenção secundária e tratamentos, não a prevenção primária e a promoção da saúde.

Em 1989, os Jogos Operários do Sesi contaram com a participação de 102.000 funcionários de 212 empresas e as modalidades, que, no início, eram apenas três (futebol, basquete e voleibol), passaram para 22.

Lima et al. (2001) citam que, em 1989, nos EUA, houve um investimento em programas com a finalidade de promover o condicionamento físico de trabalhadores. Em países socialistas, a GL promoveu diminuição do estresse e melhorias no aspecto fisiológico e na postura corporal dos trabalhadores.

1990-2005: No Brasil, a partir de 1990, a GL ganhou importância e espaço nas discussões acadêmicas e empresariais. Foi a década de maior crescimento da área, aumentando significativamente o número de empresas que passaram a oferecer programas de GL como parte das ações de Qualidade de Vida no Trabalho (QVT).

Há, ainda, outros aspectos a considerar, como a maior qualificação de produtos e serviços relacionados à atividade física nas empresas e o papel do profissional de Educação Física no meio corporativo.

Dois momentos de suma importância para a história da Educação Física no Brasil e, consequentemente, para a atividade física no ambiente de trabalho, foram:

- a regulamentação da profissão de Educação Física e a criação do Conselho Federal e Conselhos Regionais, pela Lei nº 9.696, de 1º de setembro de 1998;
- a resolução do CONFEF nº 073/2004, que dispõe sobre a GL e dá outras providências (Anexo I).

Dessa forma, observamos uma ampliação, tanto no número de empresas que adotaram o programa de GL, quanto de entidades de ensino que passaram a promover cursos de especialização na área.

Um dos maiores desafios tem sido a produção de trabalhos científicos que direcionem a atuação nesse segmento da Educação Física e forneçam dados para uma melhor abordagem técnica e profissional.

2006-2012: Em novembro de 2006, coordenação, professores e alunos da pós-graduação em GL das Faculdades Metropolitanas Unidas (FMU) em São Paulo deram início à ideia de organizar um grupo com o objetivo de discutir o tema *Ginástica Laboral*, tanto do ponto de vista comercial quanto científico, para que se começasse a pensar em parâmetros básicos para atuação nesse segmento de mercado. Com a decisão do sistema do Conselho Federal de Educação Física/Conselhos Regionais de Educação Física (CONFEF/CREFs) de eleger o ano de 2007 como o *Ano da Ginástica Laboral*, a ideia ficou ainda mais forte.

Assim, em 14 de agosto de 2007, com o resultado do esforço de alunos, ex-alunos, professores e coordenadores da pós-graduação da FMU, foi fundada a Associação Brasileira de Ginástica Laboral (ABGL). O lançamento oficial ocorreu em janeiro de 2008 na sede do CREF4/SP.

Além de reuniões com seus associados para levantar os principais desafios e as necessidades na área, a diretoria da ABGL organizou, desde seu lançamento, fóruns nacionais e regionais, contando com a presença de representantes do sistema CONFEF/CREFs, políticos, profissionais de Educação Física e empresários de diversas cidades do Brasil. A ABGL tornou-se uma referência nacional, unindo profissionais e empresas que atuam ou pretendem atuar na área.

Em 2010, foi lançado o *Manual de boas práticas – Ginástica Laboral*, como uma iniciativa da ABGL para estimular a busca coletiva pela excelência na prestação de serviços na área, o que vem sendo procurado por muitas empresas e profissionais nos últimos anos. Um grupo de dez profissionais, de diferentes empresas, foi responsável pelo desafio de desenvolver e organizar o material contido no manual.

FIGURA 1.1 – Capa do *Manual de boas práticas - Ginástica Laboral* (2010) da ABGL.

Como um dos membros fundadores da ABGL, expresso aqui minha profunda gratidão a todos os profissionais de Educação Física que participaram e participam de sua diretoria e aos colaboradores regionais, assim como a todos os associados, as instituições de ensino e o sistema CONFEF/CREFs, pois, sem a união desses profissionais e dessas entidades, não seria possível fundar e dar prosseguimento à associação. O lançamento da ABGL pode ser considerado um momento histórico para a consolidação da GL como área de atuação do profissional de Educação Física para Promoção da Saúde e da QVT.

A GL teve um avanço significativo no Brasil nos últimos anos, e muitos profissionais dos meios empresarial e acadêmico estão trabalhando para ampliar seu campo de ação e o registro de suas evidências científicas. O registro histórico também é de extrema importância para valorização da trajetória da GL até o presente momento e para seu futuro na contribuição para a valorização da saúde do trabalhador e a manutenção de ambientes de trabalho saudáveis.

Programa de Ginástica Matinal – Fundação Ishibras

Nos anos 1970 e 1980, o Programa de Ginástica Matinal, desenvolvido pelos estaleiros da Ishibras, no Rio de Janeiro, por meio da Fundação Ishibras, foi um dos programas mais ousados de ginástica na empresa.

A fundação era responsável pelos momentos de lazer e recreação dos empregados, competições esportivas, festividades e outras promoções sociais. A I Olímpiada Ishibras foi realizada em 1975, no estádio do Maracanã, reunindo equipes de diversos departamentos, na disputa de várias modalidades esportivas.

Em 1977, a empresa declarou na sua revista interna a importância do lazer e dos esportes nas empresas como ciência ou técnica de planejar e coordenar atividades capazes de consumir o excesso de energia física e mental, proporcionando ao homem opções para canalização dessa energia com a finalidade de possibilitar o aproveitamento das suas aptidões em ocupações produtivas para si e para a sociedade.

O Programa de Ginástica Matinal foi implantado pela equipe técnica da Fundação Ishibras, em que todos os dias, durante 10 minutos, antes do início do expediente, 2.500 homens faziam exercícios orientados por um sistema de alto-falantes e monitores, tendo como fundo um concerto de Tchaikovsky, que era ouvido em toda a extensão do estaleiro, convidando os funcionários a se reunirem para a execução dos exercícios antes de mais um dia de trabalho.

O Programa de Ginástica Matinal inicialmente foi orientado por métodos suecos e franceses, sendo reorientado mais tarde para o método natural austríaco, que foi adaptado para a realidade do ambiente de trabalho. Esse método permitia ao participante uma execução do esforço físico de forma mais livre, motivando mais a ginástica.

A principal preocupação das equipes técnicas envolvidas e o objetivo geral do programa era promover o aprimoramento físico dos funcionários e proporcionar maior disposição para o trabalho, melhorando seu estado geral. De acordo com a orientação recebida na época, os objetivos do Programa de Ginástica Matinal classificavam-se em três categorias:

- *Objetivos físicos*: conjunto de medidas preventivas contra acidentes de trabalho. Segundo os dados estatísticos da extinta RIND/Sermed (Revista Comunidade Esportiva, 1980, 1981; Revista Ishibras, 1977, 1979) foi comprovado que, após o início dos exercícios matinais na Ishibras, verificou-se um acentuado decréscimo no número de casos de contusões causadas pelo esforço físico sem preparação.
- *Objetivos organizacionais*: mostrar aos trabalhadores a importância de um maior sentido de organização e de disciplina. Transmitir mensagens e distribuir tarefas do dia a dia, aproveitando-se do momento de reunião dos funcionários em torno de seus responsáveis de setores.
- *Objetivos funcionais*: como objetivo geral, promover o aprimoramento físico do empregado, dando-lhe mais disposição para o trabalho e melhorando seu estado geral. Melhor capacidade respiratória, vitalidade muscular e mental, descontração, coordenação motora e flexibilidade muscular seriam, assim, outros benefícios advindos da prática regular da Ginástica Matinal, refletindo-se diretamente no aumento da produtividade.

A atividade também foi implantada em setores administrativos e na sua divulgação foi publicada uma matéria da equipe técnica do Sesc/SP na *Revista Comunidade Esportiva*, em 1980, como se observa a seguir:

> A *ginástica na empresa* é uma atividade física de compensação, também chamada de *Ginástica de Pausa*, que visa à prevenção, à promoção da saúde psicossomática do trabalhador, à melhoria do relacionamento interpessoal no trabalho e ao aumento da produtividade.

> As aulas de ginástica na empresa podem ter caráter *puramente preventivo* (grifo nosso) e devem obedecer a um critério preestabelecido: exercícios preventivos, cardiovasculares, de postura e técnicas de relaxamento. Elas podem ser ministradas no próprio local de trabalho, utilizando-se os recursos disponíveis (salas, cadeiras, mesas etc.) e algum material especializado, quando em locais equipados especialmente para sua própria prática.

A matéria também destaca que, implantando o programa, a empresa deveria contratar, de acordo com as suas necessidades, um ou mais professores de Educação Física treinados pelo Sesc, e que a ginástica deveria basear-se fundamentalmente no objetivo de compensar as posições e as atividades da profissão exercida, assim como é preconizada até os dias de hoje.

Para a produção deste livro, a matéria foi gentilmente cedida pelo Professor Hilton Setta, que participou, na época, desse importante trabalho e fez parte da equipe técnica de profissionais de Educação Física da Fundação Ishibras.

O que é a Rádio Taissô?

Rádio Taissô é a "ginástica transmitida pelo rádio". *Taisō*, em português, significa "ginástica".

No Japão, a transmissão é feita pela emissora estatal NHK, diariamente, às 6h30 da manhã, para todo o território nacional. No Brasil, a formação da 1ª Associação de Rádio Taissô ocorreu em 1º outubro de 1978, como Divisão da Associação dos Lojistas da Liberdade.

Em 1979, a Diretora da Federação de Rádio Taissô de Tóquio – Professora Ai Miyauchi – visitou o Brasil e sugeriu a formação da Associação de Rádio Taissô em São Miguel Paulista com o Sr. Antonio Matuura, que, incansavelmente, incentivou a organização de eventos, de encontros entre os praticantes e a realização de cursos técnicos, para que seus praticantes fossem aprovados como instrutores. Ao longo dos anos, o Sr. Antonio Matuura recebeu de órgãos governamentais, de entidades associativas, de clubes e de empresas diversas homenagens em reconhecimento pelo seu trabalho de divulgação de Rádio Taissô no Brasil. A atividade foi reconhecida também pelos benefícios proporcionados à saúde de todos aqueles que tiveram a oportunidade de praticá-la e usufruir de seus benefícios.

No livro em comemoração ao 25º Aniversário de Rádio Taissô no Brasil (1978-2003), estão registrados todos os eventos realizados no Brasil e no Japão, que tanto contribuiram para disseminar entre nós uma atividade até então praticada apenas por imigrantes japoneses.

Segundo o Sr. Antonio Matuura,

> [...] *com a prática de Rádio Taissô, pode-se evitar dores lombares, nas costas, pescoço, cabeça, reumáticas, tendinites e mal-estar. A Rádio Taissô desenvolve o funcionamento do cérebro, porque ativa a circulação sanguínea. As pessoas ficam mais dispostas e alegres porque relaxam os músculos e as articulações de todo o corpo, em especial, para indivíduos da terceira idade, sendo aconselhável também para executivos e operários que trabalham continuamente na mesma posição.*

FIGURA 1.2 – Professora Valquíria recebe como presente o livro *Rádio Taissô*, em japonês, do Sr. Antonio Matuura.

A prática promovida pela Rádio Taissô no Brasil teve uma grande contribuição para os programas de GL, por abordar, em locais públicos, ginásios e empresas, uma ginástica que poderia ser praticada por qualquer pessoa, em qualquer hora e em qualquer lugar.

Fonte: Entrevista e material concedidos pelo Sr. Antônio Matuura – Federação de Rádio Taissô do Brasil.

Conceitos de Ginástica Laboral

No Brasil, desde a década de 1980, o termo *Ginástica Laboral* tem sido frequentemente utilizado para designar programas de exercícios no ambiente de trabalho, cujo principal foco é a preparação dos trabalhadores para a jornada de trabalho, por meio da prática de exercícios de aquecimento, de alongamento, de massagem e de atividades lúdicas (Martins, 2001; Lima, V., 2007).

A GL pode ser conceituada como um programa de exercícios, elaborados com base na atividade profissional, que visa preparar e compensar as estruturas musculares mais utilizadas no trabalho, com o foco em prevenção e promoção da saúde, estímulo para uma rotina mais ativa, melhora da postura e da percepção corporal, diminuição de encurtamentos e de tensões musculares.

Os programas devem ser complementados por ações educativas que possibilitem maior acesso à informação, promoção e educação em saúde, dinâmicas lúdicas e de integração social, com vistas a promover um estado de maior descontração e bem-estar para os trabalhadores.

A GL também é um meio de valorizar e incentivar a prática de exercícios e atividades físicas como instrumentos de promoção da saúde e de melhora do desempenho profissional.

Dessa forma, valendo-se da diminuição do sedentarismo, do controle do estresse e da melhoria da qualidade de vida, a melhora do desempenho profissional, pessoal e social ocorrerá naturalmente.

No entendimento da Associação Brasileira de Ginástica Laboral (ABGL, 2012, p. 7), a GL é

> [...] um programa de exercícios de curta duração (5 a 15 minutos), que acontece no ambiente de trabalho e que contempla em seus objetivos gerais: diminuir/compensar a carga gerada pelo trabalho nas estruturas musculoesqueléticas; melhorar a percepção corporal e da postura, contribuindo para a diminuição dos índices de acidente de trabalho e afastamentos; promover educação em saúde e estilo de vida ativo.

A GL destaca-se também como atividade de auxílio à prevenção de lesões no ambiente de trabalho, pois, anatomicamente, visa à melhoria da força, da flexibilidade e da mobilidade articular, bem como à diminuição da fadiga – decorrente de tensão e repetitividade que acometem tendões, músculos, fáscias e nervos –, além de trazer benefícios para a postura do indivíduo no seu posto e na sua rotina de trabalho. Uma abordagem mais detalhada será realizada nos próximos capítulos.

Objetivos da Ginástica Laboral

Promover adaptações fisiológicas, físicas e psíquicas por meio de exercícios físicos, dinâmicas de grupo e outras técnicas complementares, como massagem e automassagem, sempre dirigidos por um profissional e adequados ao ambiente de trabalho.

Adaptações fisiológicas

São estímulos para o aumento da temperatura corporal, tecidual e da circulação sanguínea durante o momento em que a região está sendo exercitada.

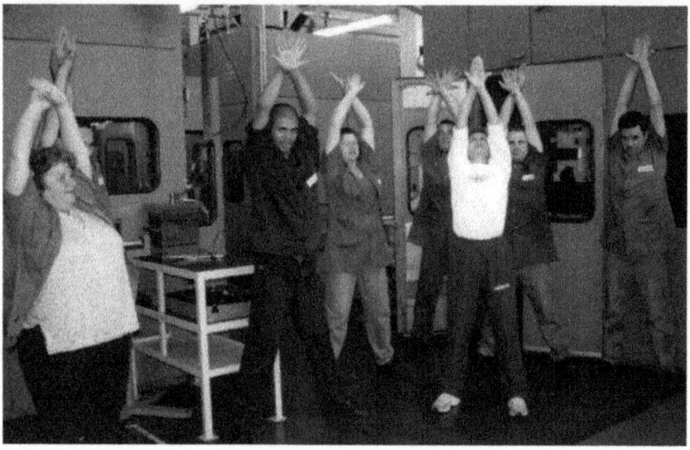

FIGURA 1.3 – Exercício de aquecimento para os membros superiores envolvendo a articulação glenoumeral.

Segundo Alter (2010), o aquecimento pode ser dividido em *passivo* e *ativo*. O *aquecimento passivo* envolve agentes externos, como banhos quentes, luz infravermelha etc. O aquecimento ativo pode ser dividido em *formal* e *geral*. O *formal* inclui movimentos que são utilizados na atividade laboral, ao passo que o *geral* se refere a exercícios que não são necessariamente inerentes ao trabalho. De acordo com alguns estudos apresentados por Alter (2010), os benefícios do aquecimento também são, possivelmente, psicológicos e fisiológicos, já que permitem uma preparação mental dos movimentos que serão realizados. É preciso estabelecer uma clara distinção entre exercícios de *aquecimento* e exercícios de *flexibilidade*.

Os benefícios associados ao *aquecimento* incluem aumento da temperatura do corpo e do tecido, aumento do fluxo sanguíneo nos músculos ativos, facilitação dos movimentos corporais, diminuição da viscosidade do tecido conjuntivo e do músculo, diminuição da tensão muscular e melhor relaxamento muscular (Alter, 2010; Di Alencar e Matias, 2010).

O aquecimento deve ser progressivo, gradual e proporcionar intensidade suficiente para aumentar as temperaturas musculares e centrais, sem produzir fadiga.

Adaptações físicas

São a melhoria da flexibilidade, da mobilidade articular, da força e da postura.

Considerando o sistema muscular de forma integrada, no qual os músculos organizam-se em cadeias, podemos basear a maior parte do programa de GL em alongamentos, principalmente dos músculos encurtados ou mais "enrijecidos".

Segundo Howley e Franks (2000), ter amplitude em todas as articulações do sistema musculoesquelético é essencial para garantir um movimento corporal eficiente. Essa é uma das razões pelas quais a flexibilidade é um componente-chave do condicionamento físico.

Em um programa de GL, o primeiro passo é analisar a postura do indivíduo, os movimentos utilizados por ele no dia a dia e seu estilo de vida, visando minimizar possíveis desvios posturais, ocasionados, muitas vezes, não só por uma situação ergonômica inadequada, mas, também, pela falta de consciência corporal, postural e de mobilidade articular.

Os exercícios de alongamento, quando realizados com frequência, podem auxiliar os trabalhadores a manterem e/ou a aumentarem sua amplitude articular, minimizando o encurtamento muscular e a utilização de outras estruturas em uma má postura, para compensar a falta de amplitude e as situações de estresse. Por exemplo, a postura cifótica, adotada pelos funcionários diante de um terminal de computador, acumulada durante horas, dias e meses, e sua sustentação incorreta poderá levar, em alguns casos, a uma curvatura torácica cada vez mais acentuada, provocando retração dos ombros e tensionando a coluna cervical.

Adaptações psicológicas

São as preocupações da empresa com o indivíduo, a mudança de rotina e a integração dos funcionários com colegas e superiores hierárquicos.

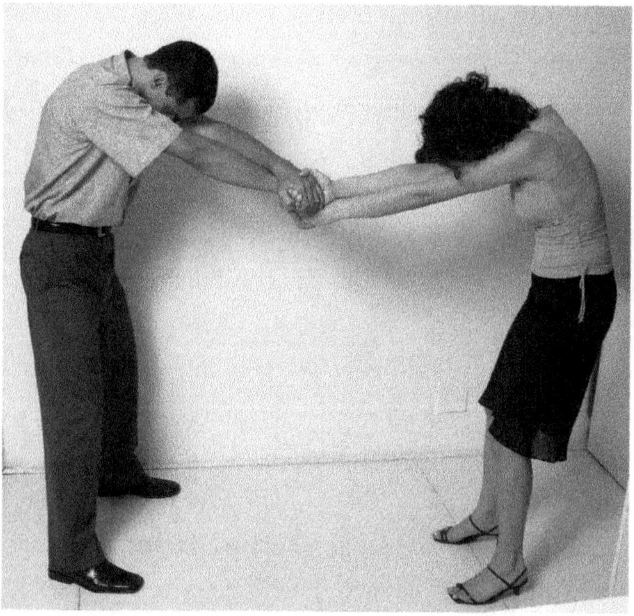

FIGURA 1.4 – Em duplas, frente a frente, cruzar os braços, e, de mãos dadas, realizar flexão do tronco à frente: alongar e relaxar coluna torácica.

A saúde social é um fator importante em nossas vidas. As relações saudáveis no ambiente de trabalho facilitam a comunicação, transformam o ambiente, proporcionam mais interação e mais disposição para o trabalho.

O programa de GL favorece um maior convívio social, por sua capacidade de integração, possibilitando às pessoas conhecerem-se melhor pela comunicação ativa expressa pelo corpo, e pela cooperação, nas atividades em duplas, dinâmicas de grupo e jogos cooperativos.

É importante lembrar que quando trabalhamos em grupo, despertamos o "espírito de equipe", alcançando resultados ainda melhores, não apenas em qualidade e produtividade, mas, também, no crescimento pessoal do funcionário. Isso resulta em uma mudança de rotina proporcionada pela empresa em favor da saúde física, mental e social de seus colaboradores.

Os exercícios regulares no ambiente de trabalho tendem a estabelecer uma melhor convivência entre funcionários e superiores hierárquicos. Funcionam como uma forma saudável de "quebra" da rotina, resultando em uma associação positiva entre atividade física e saúde.

Com as três adaptações psicológicas citadas, podemos dizer que a GL proporciona os seguintes benefícios:

Promove a melhoria de:

- força, flexibilidade e mobilidade articular;
- postura corporal;
- disposição e ânimo para o trabalho;
- autoconhecimento do corpo e coordenação motora;
- sociabilização entre as equipes e seus superiores;
- produtividade individual e, consequentemente, coletiva.

Leva à redução de:

- inatividade física;
- tensão e fadiga muscular;
- acidentes de trabalho;
- afastamento por lesões ocupacionais;
- absenteísmo e procura ambulatorial.

Tipos de Ginástica Laboral

Atualmente, são consideradas três classificações que diferenciam os tipos de programas de GL: *Ginástica de Aquecimento* ou *Preparatória*, *Ginástica Compensatória (Distensionamento)* ou *de Pausa* e *Ginástica de Relaxamento* ou de *Final de Expediente*.

Um critério de distinção dos tipos de GL deve ser empregado durante a elaboração de um programa de exercícios, para que o planejamento esteja de acordo com a atividade exercida e as necessidades apresentadas pela empresa.

Ginástica de Aquecimento ou Preparatória

Tem duração aproximada de 5 a 10 minutos, e é realizada antes do início da jornada de trabalho (ou nas primeiras horas). Apresenta como objetivo principal preparar os funcionários, aquecendo, sobretudo, os grupos musculares que serão solicitados nas tarefas profissionais, proporcionando, também, mais disposição.

Alguns funcionários chegam ao trabalho pela manhã ainda com cansaço ou sono, além de estarem preocupados com problemas trazidos do ambiente familiar. A Ginástica de Aquecimento faz as pessoas despertarem, espreguiçarem e sorrirem, brincando com seus colegas e renovando suas energias, iniciando suas atividades com muito mais segurança. Os resultados podem ser aferidos estatisticamente, comparando-se registros de acidentes nas primeiras horas de trabalho, afastamentos, absenteísmo e presenteísmo.

Outro importante benefício para o clima organizacional é a motivação dos participantes. Depois das aulas, a diferença na expressão dos funcionários pode ser percebida em seu comportamento, em geral mais alegre e espontâneo, como podemos ver no relato de um funcionário participante de um programa de Ginástica de Aquecimento:

> *Antes do programa de ginástica, eu chegava na firma, abria as gavetas, pegava todos os materiais, ia tomar café, parava, pensava e só conseguia me sentir a todo vapor na segunda hora de trabalho, pois na primeira hora – assim que chegava à empresa – já sentia muito cansaço. Agora, com a ginástica, logo no início desperto rapidinho e superanimado; eu sinto a preguiça ir embora! (José Fernando dos Santos – fresador mecânico)*

Conforme o ramo de atividade de algumas empresas, esse tipo de ginástica, realizada no início do expediente, é facilitado por não haver deslocamento dos funcionários no decorrer do dia.

Nas funções que exigem deslocamento, essa prática é dificultada, pois, muitas vezes, os funcionários não estão reunidos em um mesmo local.

Setores com máquinas, que após serem ligadas não podem ser interrompidas, ou que exigem reabastecimento constante de matéria-prima, necessitam especial atenção no momento de implantação do programa.

Esse aspecto deve ser discutido com os gestores desses setores, para que esses funcionários não sejam excluídos do programa.

Outro ponto positivo da Ginástica de Aquecimento é a preparação muscular e articular para o esforço exigido no trabalho, sendo fundamental diferenciar os exercícios de alongamento quanto ao seu objetivo de aquecer ou provocar mudanças articulares. No caso de trabalhadores, os dois objetivos são importantes; assim, o profissional responsável pela aula de GL deve estar muito consciente de como preparar corretamente as séries de exercícios.

Desde o início do programa de GL, os profissionais de Educação Física podem, por meio das avaliações e da rotina diária do programa, incentivar os trabalhadores à prática de exercícios – não apenas dentro da empresa, mas, também, fora do horário de trabalho – o que permite a manutenção dos movimentos diários com conforto e a diminuição do enrijecimento muscular agravado pelo sedentarismo.

O profissional deve também, de maneira adequada, aumentar gradativamente a intensidade dos exercícios, para que, após uma adaptação, possam ser aplicadas outras séries mais complexas.

A percepção de evolução e a melhoria da capacidade de realizar movimentos que, até então, desconheciam ou se achavam incapazes de executar também são fatores de motivação para os participantes.

Para Couto, Nicoletti e Lech (2007), a Ginástica de Aquecimento, além de aumentar a temperatura dos músculos e dos tendões, facilita o deslizamento dos filamentos contráteis; uma ginástica de alongamento e de aumento leve do metabolismo é indicada para quem realiza trabalho fisicamente pesado, como uma forma de colocar o organismo em condições mais propícias para a tarefa.

Atividades físicas de aquecimento sao atividades que todos deveriam praticar, independentemente da função ou local de trabalho. Afinal, todos os dias nosso organismo inicia suas atividades após um período de repouso, enquanto ainda não está totalmente ativado.

As estruturas que são priorizadas para compor a série de exercícios de aquecimento devem estar de acordo com o diagnóstico das regiões do corpo mais utilizadas e/ou sobrecarregadas pelas tarefas executadas durante a jornada de trabalho.

Ginástica Compensatória ou de Pausa

Tem duração aproximada de 10 minutos e é realizada durante a jornada de trabalho. Interrompe a monotonia operacional, com a realização de exercícios específicos de compensação para esforços repetitivos ou estruturas sobrecarregadas, e as posturas solicitadas nos postos de trabalho.

Algumas empresas têm utilizado as pausas como uma oportunidade para a aplicação de exercícios compensatórios, com o objetivo de modificar a postura, melhorar a circulação e prevenir a fadiga muscular.

Já existem recomendações técnicas (inclusive do Ministério do Trabalho e Emprego, para determinadas empresas, como as centrais de atendimento) para que instituam pausas durante a jornada normal de trabalho, uma vez que há sobrecarga muscular estática de pescoço, de ombros, de dorso e de membros superiores, evidenciada nas análises ergonômicas do trabalho (Brasil, 2007). Porém, a participação em quaisquer modalidades de atividade física, quando adotadas pela empresa, não é obrigatória, e a recusa do trabalhador em praticá-la não poderá ser utilizada para efeito de qualquer punição.

Com a Ginástica de Pausa é possível, além de aplicação de exercícios compensatórios, incentivar a correção postural, a conscientização, a automassagem e a massagem. Percebe-se que a maioria dos trabalhadores, de forma inconsciente, tende a relaxar sua postura diante da bancada de trabalho, no computador ou ao telefone, nos momentos de maior cansaço e, muitas vezes, permanecem com essa má postura no restante do dia, carregando esse comportamento para outras atividades, como escola ou faculdade, sentando-se de qualquer maneira ou debruçando-se por cima dos materiais de estudo, já que muitos desses locais não possuem assentos com condições ergonômicas adequadas. Mesmo em casa, não mantêm uma preocupação maior com a coluna, dormindo muitas vezes no sofá de maneira incorreta ou realizando tarefas extras, que, em excesso e sem pausas (dupla jornada), geram ainda mais desconfortos posturais e musculares.

As dificuldades econômicas da sociedade atual tornam comum a realização de tarefas extras para complementação do orçamento doméstico. Os trabalhos informais são diversos, como confecção de imposto de renda, contabilidade de pequenos negócios, digitação de trabalhos escolares, costura e bordado, pintura, marcenaria, manutenção elétrica e hidráulica, entre outros. Nesse aspecto, a Ginástica de Pausa é importante, pois permite ao indivíduo uma condição melhor para a realização dessas tarefas, contribuindo para evitar lesões que podem afastá-lo de sua atividade principal. Muitos funcionários relataram, por meio de questionários para avaliação dos programas, dificuldade na hora de dormir relacionada a alguma dor muscular, e concluíram que, ao realizarem a ginástica diariamente, sentiram alívio (sobretudo, na região da coluna), o que ajudou no descanso.

Um estudo conduzido por Lara et al. (2008) sugeriu que pequenas pausas (10 minutos) para a prática de atividades físicas na rotina do local de trabalho têm grande potencial de geração de benefícios sociais, organizacionais e para a saúde dos trabalhadores. Os autores sugeriram também que estudos randomizados e controlados sejam realizados em outros locais de trabalho para uma maior confiabilidade nos resultados.

Ginástica de Relaxamento ou de Final de Expediente

Tem duração aproximada de 10 minutos, e é baseada em exercícios de alongamento e relaxamento muscular. É programada para o final do expediente, com o objetivo de oxigenar as estruturas musculares envolvidas nas tarefas laborais. Em vários programas, é feita juntamente com a Ginástica Compensatória, como exercício de relaxamento na finalização da aula.

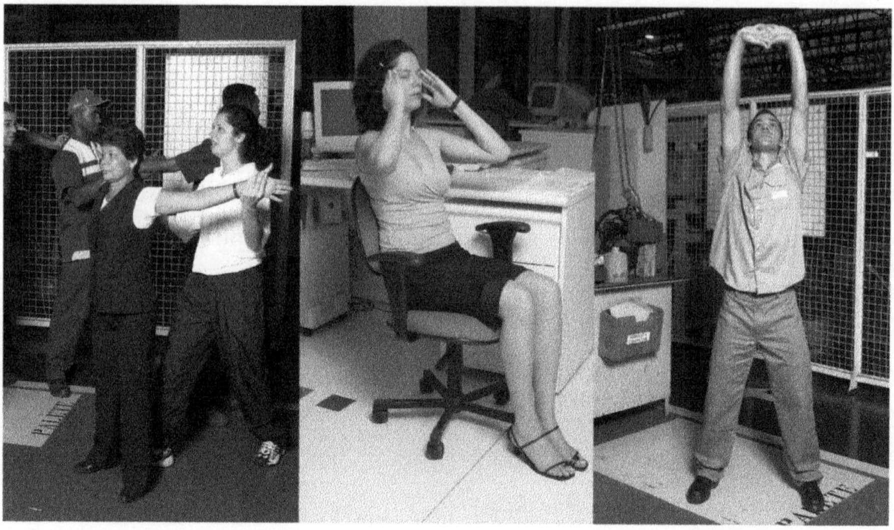

FIGURA 1.5 – Pausa para realizar exercícios durante o expediente de trabalho.

Outro objetivo dessa ginástica é promover alguns minutos de relaxamento físico e mental, por meio de exercícios de alongamento, e consciência corporal e postural, possibilitando ao indivíduo um conhecimento mais aprofundado do próprio corpo.

Possibilita um aprendizado motor significativo na redução da ansiedade e da tensão, podendo, até mesmo, despertar a consciência do trabalhador para uma melhor coordenação, com maior economia de movimento, menor consumo de energia e menos fadiga. Pode ser elaborada, ainda, com o intuito de relaxamento para os trabalhadores de escalas noturnas, no horário de saída, auxiliando esses mesmos trabalhadores a administrarem os novos horários de sono, permitindo um melhor repouso.

O trabalho noturno, que antes era restrito aos serviços essenciais, como os relacionados à saúde e à segurança, introduziu-se de forma mais importante nas sociedades, em razão das características dos processos contínuos de produção. Os efeitos, inquestionavelmente, afetam a convivência familiar e a própria saúde do trabalhador (Fischer, Moreno e Rotenberg, 2004).

Incluir esses funcionários no programa de GL, mesmo sendo uma população menor em quantidade, mas não em importância para a empresa, é, atualmente, uma preocupação para os gestores de ações de qualidade de vida. As atividades seguem a mesma estratégia no início de turno, como aquecimento; durante a jornada, servem como estratégia para manutenção do desempenho, da produtividade e/ou da segurança, diminuindo os picos de sonolência; e no horário de saída, como Ginástica de Relaxamento.

Exercícios de alongamento com baixa tensão muscular e curta permanência podem ser realizados várias vezes ao dia para ajudar a reduzir as tensões do trabalho e a retração muscular aguda. Não é preciso preocupar-se com o melhor horário para realizar exercícios de alongamento. É no momento de tensão corporal que se prediz ser o momento apropriado. A melhor sugestão é: simplesmente alongue-se, independentemente do horário (Achour Junior, 2004).

Para Pereira, C. (2013), uma das orientações mais importantes é que o planejamento do programa seja elaborado de acordo com as reais necessidades de cada corporação, levando em consideração as características biológicas, psicológicas e sociais dos trabalhadores, bem como as características físicas e culturais da empresa.

FIGURA 1.6 – Programa de GL em 1997 no escritório de uma empresa de componentes eletrônicos em São Paulo.

Recomendações importantes

Os profissionais de Educação Física devem orientar os participantes, esclarecendo que os exercícios podem ser feitos antes e depois do trabalho, em pequenas pausas no meio do expediente ou em qualquer momento que sentirem necessidade, mas, acima de tudo, cada um é responsável por sua saúde. Por isso, cabe a todos conscientizarem-se da importância de realizar os exercícios de aquecimento compensatórios e de relaxamento, beneficiando-se dos resultados que cada prática oferece.

Na elaboração de um programa de GL, é necessário que os exercícios prescritos sigam, no mínimo, as duas orientações mencionadas a seguir, buscando resultados na saúde geral das pessoas envolvidas e respeitando sempre seu vestuário, sua ocupação ou sua função, e o local de aplicação da aula.

Devemos propor exercícios que:

- estimulem a parte muscular, tendões e articulações;
- tenham o propósito de melhorar a respiração, a coordenação de movimentos e a percepção corporal.

Academia corporativa e atividades esportivas

O tema *Qualidade de Vida* vem sendo seriamente discutido, em especial na forma como é afetado pelo estilo de vida contemporâneo. As facilidades da vida moderna e a inatividade física vêm ocasionando perdas funcionais, que acabam influenciando a capacidade física do indivíduo na realização de atividades domésticas e ocupacionais. Essas perdas têm reflexo importante na vida profissional, pois sabemos que indivíduos bem condicionados são mais produtivos e resistentes às pressões da vida moderna.

No ambiente corporativo, além dos programas de GL, outras ações estão sendo cada vez mais adotadas, por exemplo: montagem de academias, práticas esportivas e formação de grupos de caminhada e de corrida – todas com muito boa aceitação pelos trabalhadores. Esses programas têm como objetivo principal incentivar um estilo de vida mais ativo, na busca de um nível de aptidão física mais adequado para a manutenção da saúde. Contudo, as empresas contratantes ainda têm dificuldade em selecionar prestadores de serviços capacitados para atender às suas necessidades e expectativas.

Atuar com programas relacionados à atividade física no ambiente de trabalho requer um desempenho com características inovadoras e profissionais, além de equipes habilitadas para uma gestão adequada dos programas, que possam auxiliar as organizações na busca por um ambiente saudável e produtivo.

Benefícios das academias e atividades esportivas no ambiente corporativo

É possível listar os seguintes benefícios:

- mensurar e acompanhar os indicadores de saúde da população da empresa;
- elaborar e implantar programas para grupos especiais, com fatores de risco como: obesidade, hipertensão, diabetes e alterações posturais;
- auxiliar a empresa na diminuição dos custos com assistência médica e afastamentos;
- acompanhar periodicamente os índices de adesão e de participação em cada modalidade, em conjunto com o Departamento de Saúde Ocupacional da empresa;
- implantar atividades que não requerem grandes investimentos em equipamentos, como treinamento e acompanhamento de equipes de caminhada e corrida.
- proporcionar condições para a melhoria do estilo e da qualidade de vida individual;
- proporcionar aos funcionários facilidade, segurança, rapidez, conforto e, sobretudo, a oportunidade de praticar atividades físicas sob a orientação de um profissional qualificado.

O profissional de Educação Física pode colaborar nesse processo de implantação, auxiliando na escolha do espaço (muitas vezes, salas sem uso dentro da empresa), na aquisição de equipamentos (definidos de acordo com os objetivos do programa) ou, até mesmo, na utilização dos grêmios e clubes existentes em algumas empresas, muitas vezes mal aproveitados.

2 Fatores de risco no ambiente de trabalho

A promoção da atividade física como estratégia de combate ao sedentarismo: a experiência do Agita São Paulo no setor empresarial

Luiz Carlos de Oliveira

Nos últimos anos, temos observado o aparecimento de diversas iniciativas a fim de promover uma melhor condição de saúde e melhor qualidade de vida aos colaboradores das instituições empresariais. Essas iniciativas têm envolvido uma gama de diferentes estratégias com os mais diversos enfoques, entre os quais destacamos os programas de promoção da atividade física, que têm sido frequentemente incluídos. Esses programas têm por objetivo informar as pessoas a respeito dos benefícios da adoção de um estilo de vida mais ativo fisicamente, além de apresentar as maneiras como cada pessoa pode efetivamente aumentar seu nível de atividade física diário.

As iniciativas de inclusão do tema atividade física como componente dos programas de promoção da saúde e qualidade de vida das empresas seguem uma tendência global de implementação de políticas públicas para promover a saúde, incentivadas pela Organização Mundial da Saúde (OMS). A OMS tem sugerido essas iniciativas aos seus países-membros, para que sejam desenvolvidas em todos os segmentos da sociedade, tanto no setor público quanto no setor privado.

Dessa forma, a promoção da atividade física tem sido adotada por algumas empresas, sobretudo grandes corporações, que reconhecem ter hoje colaboradores que, por consequência das facilidades tecnológicas e das circunstâncias do próprio ambiente, apresentam estilo de vida típico das metrópoles, predominantemente sedentário. Essa condição é caracterizada por um pequeno envolvimento com a prática de atividade física diária, ou seja, menos do que 30 minutos de atividade física, de intensidade no mínimo moderada, em pelo menos cinco dias na semana. Portanto, não se alcança a recomendação mínima proposta hoje pela literatura científica da área de Saúde para garantir a diminuição dos riscos de doenças crônicas não transmissíveis (DCNT).

No que se refere à problemática do sedentarismo, não é apenas nos países desenvolvidos que a população apresenta comportamento de risco para a saúde, quando considerado o nível da atividade física. Mesmo os países em desenvolvimento, que, por uma série de fatores, não oferecem as mesmas possibilidades de acesso às facilidades tecnológicas dos países mais ricos, apresentam altos índices de prevalência dos fatores de risco de saúde associados à inatividade física.

Até meados da década de 1990, observávamos um comportamento crescente do número de indivíduos classificados como sedentários em nossa sociedade, sobretudo nas classes menos favorecidas da população. Aqueles que mais sofrem com as questões econômicas, políticas e sociais são os que têm comprometida a saúde de uma forma geral (Jacoby, Bull e Neiman, 2003).

No entanto, ao contrário do que se registrou no final dos anos 1990, temos observado atualmente uma diminuição dos índices de sedentarismo da população, acompanhados de um aumento do número de pessoas fisicamente ativas que alcançam a recomendação da OMS no que se refere à atividade física que proporciona benefícios à saúde (Matsudo et al., 2010).

Acreditamos que as mudanças do perfil de atividade física da população devem-se, em parte, às intervenções de promoção de atividade física que vêm sendo desenvolvidas para a população por programas com esse propósito, por exemplo, o Programa Agita São Paulo e suas diversas reproduções.

Uma das grandes preocupações dos coordenadores de programas de intervenção em promoção da atividade física é mensurar o impacto das ações realizadas nesses projetos. Buscam levantar evidências que demonstrem, de alguma forma, os resultados do que está sendo feito para a população, não só para que se tenha um controle do que está em progresso, mas para que se tenham subsídios para eventuais correções de rota no curso dessas ações.

Promoção da saúde e prevenção de doenças

Entendemos que as ações intervencionistas de promoção de atividade física na empresa necessitam de um sólido referencial teórico que sirva de suporte para orientar o estabelecimento de metas e de diretrizes de trabalho, bem como posicionamentos ideológicos e filosóficos a respeito do conceito de promoção da saúde e de prevenção de doenças – pressupostos fundamentais ao bom desenvolvimento das ações de intervenção, mesmo no ambiente corporativo.

Para entendermos melhor os propósitos da promoção da atividade física, consideramos fundamental apresentarmos o conceito de "promoção da saúde", e diferenciá-lo dos conceitos de "prevenção em saúde" ou "prevenção da doença". Apesar de estarem integrados, não têm a mesma definição – contém diferenças não só conceituais, mas, sobretudo, no que se refere às respectivas práticas voltadas à saúde.

Tradicionalmente, a Medicina sempre teve, em suas abordagens sobre a saúde, um enfoque preventivo como característica marcante de suas práticas. O termo *prevenção* refere-se ao "ato ou efeito de prevenir; tomar precaução para evitar qualquer mal; cautela" (Michaelis, 2018).

A prevenção em saúde, portanto, refere-se a ações antecipatórias, baseadas no conhecimento das causas e consequências de diferentes doenças que um indivíduo possa vir a desenvolver. Dessa forma, a prevenção tem como foco principal a doença, seja ela individual ou coletiva.

As ações preventivas definem-se como intervenções orientadas a evitar o surgimento de doenças específicas, reduzindo sua incidência e prevalência nas populações (Czeresnia, 2003).

Todo o conceito da prevenção está fundamentado por evidências científicas da epidemiologia. Portanto, tem objetivos claramente identificados no sentido do controle transmissivo das doenças infecciosas e da redução do risco das doenças crônico-degenerativas.

Como estratégia para o desenvolvimento de ações preventivas, é comum o uso de campanhas educacionais cujo elemento principal é uma doença, sua forma de contágio ou contaminação, e o alerta para os sintomas mais comuns, seguidos dos procedimentos para preveni-la. Essas campanhas normalmente são acompanhadas de uma grande propaganda na mídia, vacinação em massa e farta distribuição de material educativo e preventivo – como é o caso das campanhas de combate à proliferação da Síndrome da Deficiência Imunológica Adquirida (Aids), quando são distribuídos preservativos para a população. No exemplo citado, é clara a ênfase dada à doença, mesmo que a intenção seja a divulgação de uma série de informações científicas e recomendações normativas para mudanças de hábitos e de comportamentos; percebe-se que a doença em si é o elemento principal de toda a ação de intervenção.

A promoção da saúde, por sua vez, vale-se de um conceito bem mais amplo e diversificado. *Promover* tem seu significado ligado a fomentar, dar impulso; tem um sentido de elevação da graduação, posto ou cargo superior. Está frequentemente relacionado a aumento, a ampliação.

As ações de promoção não se restringem a uma determinada doença ou desordem, mas estão relacionadas, sobretudo, ao conceito mais abrangente de saúde, envolvendo todos os seus componentes determinantes.

As estratégias enfatizam a transformação das condições de vida e de trabalho, que envolvem as estruturas subjacentes aos problemas da saúde, exigindo uma abordagem intersetorial. Consideram diversos aspectos da vida em sociedade como componentes determinantes da saúde, como: alimentação, moradia, meio ambiente, justiça social, ecossistema, trabalho, renda, educação e equidade social – desde suas formas isoladas até suas inter-relações.

A ideia da promoção da saúde envolve o fortalecimento da capacidade individual e coletiva para lidar com a multiplicidade dos condicionantes da saúde. Nesse aspecto, deixa-se de lado aquela postura tradicional paternalista, de atribuir toda a responsabilidade da saúde do colaborador exclusivamente à empresa, isentando-o do seu compromisso com a própria saúde. Passa-se, dessa forma, a considerá-la uma corresponsabilidade empresa-colaborador, cabendo a este a utilização da infraestrutura, do ambiente, dos recursos humanos e materiais, bem como a disponibilidade de tempo que lhe for concedida, adotando posturas, hábitos e comportamentos que garantam sua condição de boa saúde.

No que se refere à prática da promoção da saúde, ela também deixa de ser tratada exclusivamente nos âmbitos tradicionais: hospitais, ambulatórios, clínicas, laboratórios, postos e centros de saúde, passando a ser um assunto tratado nos mais diversos setores da empresa, ou em qualquer setor que, direta ou indiretamente, possa vir a ter a mínima potencialidade de participação na vida dos colaboradores – dentro ou fora do ambiente empresarial – no que diga respeito à saúde, ao bem-estar e à qualidade de vida deles.

Considerando, ainda, um importante aspecto dos princípios da promoção da saúde, deve-se levar em conta a capacitação dos colaboradores no reconhecimento de sua condição de saúde, sua realidade, suas necessidades e prioridades, bem como o desenvolvimento de competências para a mobilização com o intuito de promover transformações dessa realidade. Essa capacitação, denominada *empowerment* pela literatura internacional, é uma condição que dá aos cidadãos autonomia para o desenvolvimento de um grau de organização e mobilização, levando-os a ações ante a determinadas situações que considerem necessário alterar, por exemplo, a condição de saúde.

A promoção da saúde pela promoção da atividade física nas empresas

Os conceitos mais atuais sobre saúde derivam, em essência, do que foi promulgado pela OMS em sua Carta Magna, de 7 de abril de 1948, a qual propôs: "Saúde é um estado de completo bem-estar físico, mental e social, e não apenas a ausência de doença" (Buss, 2000, p. 174).

A definição de saúde passou por um aperfeiçoamento, e algumas adaptações deram-se em virtude das transformações políticas e sociais ocorridas no mundo ao longo dos anos. Nós, brasileiros, temos hoje como referência conceitual de saúde o que ficou determinado pela VIII Conferência Nacional de Saúde, realizada em Brasília no ano de 1986, que a define como:

> A resultante das condições de alimento, habitação, renda, ambiente, trabalho, emprego, lazer, liberdade, acesso à posse de terra e acesso aos serviços de saúde; sendo, antes de tudo, o resultado das formas de organização social. (Brasil, 1986, p. 19)

Atualmente, percebe-se uma nítida ampliação do conceito de saúde, encarada como um fenômeno multifatorial complexo e abrangente, sobretudo no âmbito da saúde coletiva, uma forma de pensar saúde tanto individualmente, no que tange à autonomia dos sujeitos, como da óptica de grupos sociais, nas condutas referentes à saúde.

Desse modo, as intervenções de promoção da saúde, pelo incentivo da atividade física, devem levar em consideração as diferentes realidades dos sujeitos em cada um dos diversos segmentos da empresa, sem deixar de respeitar necessidades e preferências individuais, oferecendo uma ampla gama de opções que atenda tanto às diferenças individuais entre os colaboradores quanto coletivas nos seus diferentes grupos.

Essa concepção de saúde considera como prioridade as ações de sua promoção, que são tão ou mais importantes do que as tradicionais ações preventivas. Essa maneira de entender saúde propõe sua promoção como uma prática corporativa de extrema importância, a ser desenvolvida por todas as empresas que pretendem alcançar um ótimo nível no padrão de saúde de seus colaboradores.

Um avanço significativo nos conceitos da saúde está no fato de hoje termos uma nítida diferenciação entre a prevenção de doença e a promoção da saúde. As ações preventivas definem-se como intervenções orientadas a evitar o surgimento de doenças específicas, reduzindo sua incidência e sua prevalência na população. De acordo com Czeresnia (2003), os projetos de prevenção estruturam-se mediante a divulgação de informação científica e de recomendações normativas de mudanças de hábitos.

A promoção da saúde vem sendo discutida de maneira bem mais ampla do que o processo saúde-doença e seus determinantes. Ela "propõe a articulação de saberes técnicos e populares, e a mobilização de recursos institucionais e comunitários, públicos e privados, para seu enfrentamento e resolução" (Buss, 2000, p. 165). Dessa forma, as estratégias de promoção enfatizam a transformação de condições de vida e de trabalho, que constituem a estrutura subjacente dos problemas de saúde, demandando uma abordagem intersetorial (Czeresnia, 2003).

A prática da promoção da saúde consiste em um complexo conjunto de ações que vão desde questões individuais – autopercepção das necessidades, condições de vida, identificação das condições de vida – até as de âmbito mais coletivo – o ambiente, as políticas corporativas e as condições sociais. O estilo de vida ao qual o indivíduo está submetido é determinante, entre outros, da sua condição de saúde, por opção ou por força das circunstâncias.

Por sua vez, um componente importante nesse estilo de vida é o nível de atividade física que cada indivíduo atinge no seu cotidiano. A literatura está repleta de evidências sobre a associação entre o nível de envolvimento com práticas de atividades físicas e a condição de saúde dos indivíduos (Blair e Hardman, 1995; Haskel et al., 1994; Paffemberg et al., 1993). Essas evidências têm apontado a atividade física como um componente importante dentro dos programas de intervenção na área da Saúde.

Quando pensamos em uma ação de intervenção em promoção da saúde, com o objetivo de que as pessoas reconheçam a importância da adoção de determinadas atitudes a fim de alcançar melhores condições de saúde, como é o caso da aderência a um estilo de vida mais ativo fisicamente, deve-se prever que apenas uma sensibilização decorrente do simples fornecimento de informações não será suficiente, pois a informação, por si só, não garante mudança de atitude.

É certo que as chances de êxito de qualquer iniciativa que se faça nesse sentido deve passar, necessariamente, por uma estratégia mais complexa e abrangente, envolvendo um conjunto mais amplo de ações em diferentes áreas da empresa e em diferentes aspectos da própria natureza humana dos colaboradores.

Há de se prever, também, a necessidade de uma infraestrutura ambiental para atender à demanda gerada pelas possíveis modificações de comportamento. Portanto, deve-se escolher locais apropriados, calçadas pavimentadas, pistas de caminhada e ciclovias que sejam seguras e de fácil acesso e disponibilizar orientações aos interessados, ou seja, vários setores da empresa devem se envolver.

Esse tipo de abordagem tem uma íntima relação com a proposta de Sallis, Bauman e Pratt (1998), que propõem o *modelo ecológico para uma abordagem intersetorial de promoção da saúde*. Esses autores partem da classificação das relações do indivíduo com o ambiente, considerando três diferentes dimensões:

- *intrapessoal*: envolve as relações do indivíduo com suas próprias atitudes e comportamentos, ou seja, seus valores pessoais, os comportamentos adotados, o desenvolvimento e a manutenção de hábitos saudáveis ao longo da vida;
- *interpessoal*: é a relação entre os indivíduos sociais, a questão de como as pessoas são influenciadas pelo comportamento de outras, ou o influenciam, bem como os modelos de conduta e o suporte social do grupo, como reforço para a aquisição e manutenção de hábitos saudáveis;
- *ambiental*: é, por sua vez, subdividido em: *ambiente natural* – as regiões mais quentes, mais frias, litoral ou interior, regiões de grande oferta de vegetação, matas, florestas, campo, montanhas –; e em *ambiente construído* – produto de tudo que o homem produz de interferência, de modo a buscar um ambiente mais favorável e compatível com um estilo de vida saudável. Isso proporciona as condições adequadas para o desenvolvimento de atitudes, hábitos e comportamentos saudáveis.

Esse modelo ecológico serviu de inspiração para a criação da Gestão Móbile de promoção da atividade física, proposta por Matsudo et al. (2003) (Figura 2.1). Tomando como base os elementos do modelo ecológico, o princípio da Gestão Móbile propõe um gerenciamento coordenado entre esses diferentes fatores, considerando que a intervenção, em qualquer um dos elementos, deve gerar uma modificação não apenas nos elementos diretamente modificados, mas repercutir em muitos outros, dependendo do seu maior ou menor grau de relação.

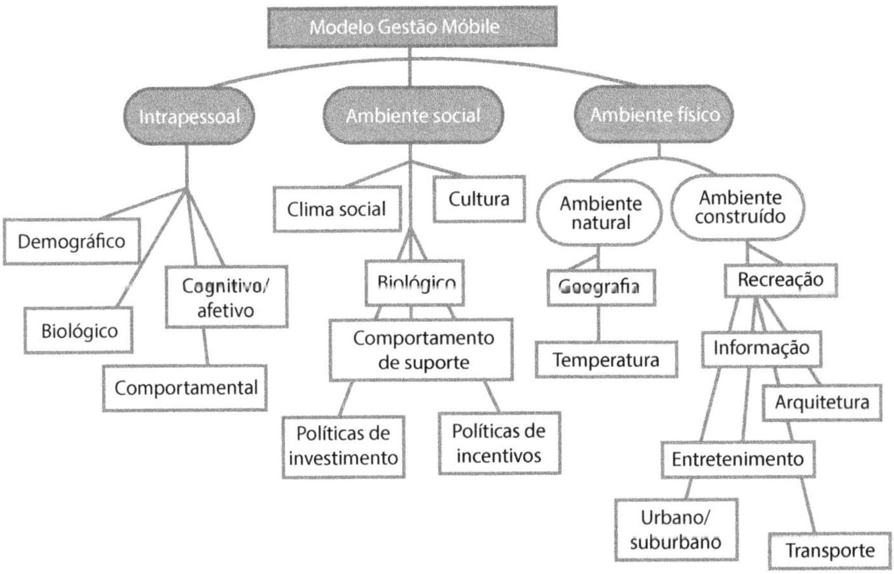

FIGURA 2.1 – Modelo de Gestão Móbile.

Como exemplo, podemos citar o que vem ocorrendo na alteração das políticas públicas de urbanização de grandes centros urbanos como São Paulo e Curitiba: o aumento do envolvimento com a prática da caminhada, ou mesmo com o uso da bicicleta como opção de transporte, exercida por um considerável número de moradores de uma região (Oliveira et al., 2003), o que resulta na construção de pistas de caminhada ou ciclovias. Apesar de não conseguir determinar uma exata relação de causa e efeito, não podemos deixar de considerar a associação entre o incremento dos dois fenômenos, alteração dos hábitos e transformações ambientais (São Paulo, 2004, 2005).

Dessa forma, o que, a princípio, pode parecer uma simples tentativa de mudança de hábito e de comportamento, se considerarmos o modelo de Gestão Móbile, deverá interferir nas políticas corporativas de planejamento estratégico, nas decisões de investimentos de recursos, nas estratégias usadas na sensibilização, nos conceitos de estilo de vida dos colaboradores e nos valores de cada pessoa. Nesse caso, os gestores das ações de promoção da saúde devem ter a exata dimensão da ação e gerenciar as relações intersetoriais, de modo a garantir a máxima efetividade de todo o processo (Bauman e Craig, 2005; Matsudo et al., 2003).

A problemática da promoção da atividade física e a efetividade dos programas de intervenção

Grande parte da população não alcança a recomendação mínima de atividade física proposta pela OMS na classificação de ativos, que consiste em atender às recomendações propostas por Pate et al. (1995): acumular, no mínimo, 30 minutos de atividade física por 5 dias na semana. Os programas de promoção de atividade física têm o objetivo de fazer as pessoas que não alcançam a recomendação da OMS modificarem seu comportamento, e, para isso, utilizam de teorias comportamentais do modelo transteórico de mudança do comportamento (Prochaska e Marcus, 1994). Esse modelo também foi recomendado pela OMS para a promoção da atividade física, uma vez que foi inicialmente utilizado para mudança de comportamento de tabagistas.

Quadro 2.1 – Estágios de mudanças de comportamento e suas características

Estágio	Característica
Pré-contemplação	O indivíduo não tem intenção de mudar seu comportamento nos próximos seis meses.
Contemplação	O indivíduo não tem a séria intenção de mudar o comportamento nos próximos seis meses.
Preparação	O indivíduo pretende agir em um futuro próximo (em geral, no próximo mês).
Ação	O comportamento já foi incorporado por menos de seis meses.
Manutenção	A ação já acontece há mais de seis meses, e as chances de retorno ao antigo comportamento são mínimas.

Fonte: adaptado de Prochaska e Marcus (1994).

Uma vez estabelecido o estágio de comportamento dos colaboradores da empresa, eles devem receber diferentes intervenções, de acordo com o estágio que cada um se encontra naquele momento (Marcus, 1995).

Dessa forma, aqueles que se encontram no estágio *pré-contemplativo* devem ser sensibilizados sobre a importância da atividade física e receber um grande número de informações para aumentar seu conhecimento sobre a relação entre atividade física e saúde, além dos riscos de um estilo de vida sedentário.

Os colaboradores que se encontram no estágio *contemplativo* necessitam receber informações que auxiliem na tomada de decisão para promover mudanças em seu estilo de vida, fazendo que comecem a pensar em meios para tornarem-se fisicamente mais ativos.

Por sua vez, aqueles que se encontram no estágio de *preparação* já reconhecem a importância da atividade física e decidiram mudar seu estilo de vida. Precisam ser, então, auxiliados na elaboração de estratégias para incorporar mais atividades físicas em seu dia a dia, necessitando de um ambiente que seja favorável a isso.

O estágio de *ação* é, sem dúvida, o mais delicado, uma vez que a possibilidade de reversão do processo é considerável nessa fase. Nesse momento, é necessário identificar quais as potenciais barreiras que podem representar risco à continuidade das práticas adotadas; fornecer *feedback* positivo de maneira constante; reconhecer, de alguma forma, as transformações do novo estilo de vida; e conceder permanentemente informações sobre alternativas de novas práticas.

No estágio de *manutenção*, deve-se conservar as ações do estágio de ação, podendo-se enriquecer esse estágio com resultados de avaliações indicativas de saúde – desde exames clínicos laboratoriais, até avaliações da autopercepção da qualidade de vida –, para que o indivíduo possa identificar as mudanças no seu estado de saúde e ser levado a perceber todas as modificações decorrentes de seu novo estilo de vida.

Muitas são as potenciais estratégias que podem ser usadas como ação de intervenção na promoção de atividade física no âmbito das empresas. A escolha da melhor estratégia depende, essencialmente, de um rigoroso estudo das características da empresa, sua população e a disponibilidade de recursos colocados à disposição dos gestores do programa.

Contudo, uma maciça campanha de educação deve ser desenvolvida, utilizando-se de todo e qualquer meio de comunicação possível com o público-alvo, tendo sempre o cuidado de se adequar a mensagem ao grau de compreensão de cada grupo, considerando seu nível educacional e socioeconômico, sua faixa etária, seu sexo e suas características culturais.

Palestras, *workshops*, seminários, jornadas, internet, jornal corporativo, mural ou distribuição de panfletos dependem da característica de cada empresa. Dessa forma, a organização de eventos de natureza recreativa e de lazer, que envolvam atividades físicas, também deve ser precedida por um minucioso levantamento das preferências entre os potenciais participantes, sem o qual se corre o risco de esvaziamento do evento por incompatibilidade entre o que se está oferecendo e o que o público-alvo realmente gostaria de ter.

Nos últimos anos, algumas empresas têm adotado o modelo Agita São Paulo como referência para a implantação de seus programas de intervenção em promoção da saúde, considerando a divulgação da atividade física como um importante componente de seus projetos. Várias delas já apresentam resultados satisfatórios, alguns até superando as expectativas iniciais, alcançando índices significativos nos indicadores de efetividade, como: percentual de pessoas envolvidas no programa; aumento do conhecimento sobre a relação entre atividade física e saúde; aumento do tempo de caminhada e do nível de atividade física no tempo livre (Secretaria da Saúde do Estado de São Paulo, 2005).

Posturas inadequadas

A educação postural torna-se importante em um ambiente laborativo, já que todas as formas de trabalho exigem uma determinada postura, por exemplo, diante do monitor de um computador, mesmo quando a ferramenta utilizada é a concentração mental.

Cada vez mais, os estudos mostram evidências de que muitas lesões e dores, inclusive cefaleias e mal-estar, estão relacionadas à postura do indivíduo. Com base nessa ideia, os programas preventivos de orientação minimizam hábitos de má postura e alterações degenerativas dos tecidos, em razão das anormalidades permanentes na postura.

Na implantação de programas relacionados à saúde e à segurança no trabalho, como o Programa de Ginástica Laboral (PGL), a conscientização postural de cada um é fundamental para atingir o objetivo de bem-estar físico.

Para Tribastone (2001, p. 20), o termo "postura":

> É a posição otimizada, mantida com característica *automática e espontânea*, de um organismo em perfeita harmonia com a força gravitacional e predisposto a passar do estado de repouso ao estado de movimento. (grifo do autor)

Dessa forma, a postura é considerada uma forma de expressão e de linguagem do corpo. Ela determina como será realizado cada movimento e sua acomodação no ambiente, podendo ser considerada um reflexo integrado dos aspectos corporais e mentais, sendo composta de três elementos estruturais – *postura mecânica*, *neurofisiológica* e *psicomotora* –, além de ser influenciada por cinco fatores:

- valores hereditários e familiares;
- doenças;
- reatividade psicofísica emocional;
- hábitos;
- exercício físico.

> A postura mais adequada ao trabalhador é aquela em que ele melhor se posiciona e que pode ser variada ao longo do tempo. A concepção dos postos de trabalho ou da tarefa deve favorecer a variação de postura, principalmente a alternância entre a posição sentada e em pé.

No programa de GL, é necessário proporcionar aos trabalhadores vivências motoras que possam construir movimentos naturais, que, em um plano anatômico, atuem no reequilíbrio das tensões miofaciais e na normalização das cadeias cinestésicas e em um plano neuromotor. Devem proporcionar uma organização progressiva e racional do esquema corpóreo, alcançada a partir da percepção consciente e do conhecimento do próprio corpo.

FIGURA 2.2 – Exercício compensatório para a região da coluna cervical.

De acordo com Ballone e Ortolani (2007), se a sensação é um fenômeno psíquico elementar que resulta da ação direta dos estímulos externos sobre os órgãos dos sentidos, a percepção, por sua vez, é o reconhecimento consciente desse estímulo. "A *sensação revela ao sujeito que existe algo; a percepção diz que algo é esse*" (Ballone e Ortolani, 2007, p. 20, grifo nosso).

Nos aspectos posturais, a consciência corporal permite a chamada *sensação especial*, que se manifesta sob a forma de sensibilidade de conforto momentâneo, sensações de fome, sede, fadiga, mal-estar ou bem-estar (Ballone e Ortolani, 2007).

Ainda, para Ballone e Ortolani (2007), além da sensação especial, temos as sensações *externas* e *internas*. As *sensações internas* refletem os movimentos de partes isoladas do nosso corpo e o estado dos órgãos internos. As sensações externas refletem as propriedades e os aspectos de tudo o que for humanamente perceptível. Para reconhecermos as sensações visuais, auditivas, gustativas, olfativas e táteis, utilizamos os órgãos dos sentidos.

> Não existe uma postura correta para todas as pessoas. Somos seres biologicamente diferentes. A postura adequada varia de uma pessoa para outra. Poderíamos, então, dizer que a melhor postura a ser adotada por um indivíduo é aquela que preenche todas as necessidades mecânicas do seu corpo e também possibilita ao indivíduo manter uma posição ereta com o mínimo esforço muscular. (Verderi, 2011, p. 15)

As aulas de GL devem ser compostas por exercícios que restabeleçam a amplitude normal das articulações, prevenindo contraturas e retrações, e aumentando de forma global a flexibilidade, o que minimiza os riscos de lesões, reequilibra toda a estrutura corporal e corrige vícios posturais.

Estresse ocupacional

Atualmente, a palavra *estresse* é um sinônimo de alerta para a sociedade. O homem contemporâneo convive diariamente com agentes estressores. Viver nos tempos atuais é estar em constante pressão, seja pelo aumento do volume do trabalho, seja pela agitação das grandes cidades, seja pela violência que assola o mundo inteiro.

O estresse é um dos fatores que mais interferem na boa qualidade de vida do ser humano, é uma condição de desequilíbrio do funcionamento tanto físico quanto mental, que, em momentos de tensão excessiva, afeta todo organismo (Ogata e Marchi, 2008).

O tema *saúde mental e trabalho* vem sendo estudado por vários profissionais e pesquisadores. As inter-relações entre saúde mental e trabalho são abordadas atualmente por três principais modelos explicativos: a teoria do estresse, a psicopatologia e a psicodinâmica do trabalho, e a teoria do desgaste biopsicossocial (Azevedo e Lucca, 2010).

De acordo com Lucca e Campos (2010), o advento das novas tecnologias e as reestruturações produtivas trouxeram uma intensificação do ritmo de trabalho físico, bem como o aumento da sobrecarga cognitiva, em razão da maior exigência de habilidades e de agilidade no pensar e fazer dos trabalhadores. Ao mesmo tempo que ocorrem maiores exigências da atividade mental e da responsabilidade individual, crescem as tensões emocionais e os episódios de violência no trabalho, com o rompimento dos laços de confiança e de solidariedade, muitas vezes, acentuados pelo assédio moral exercido dentro das organizações.

Na visão psicossomática, as estatísticas referentes às causas de afastamento do trabalho por doença e invalidez mostram que, cada vez mais, as doenças infecciosas cedem lugar para doenças como hipertensão arterial, doenças das articulações e transtornos mentais, que estão relacionadas a ambientes com características industriais (Limongi-França e Rodrigues, 2005).

Para Seligmann-Silva et. al. (2010), a influência das características atuais do trabalho sobre a saúde mental dos trabalhadores pode decorrer de inúmeros fatores e situações, entre os quais a exposição a agentes tóxicos, a altos níveis de ruído, a situações de risco à integridade física, por exemplo, trabalho com compostos explosivos ou em ambientes que expõem os funcionários a assaltos e a sequestros; a formas de organização do trabalho e políticas de gerenciamento que desconsideram os limites físicos e psíquicos do trabalhador, impondo-lhe frequentemente a anulação de sua subjetividade para que a produção não seja prejudicada e as metas estabelecidas sejam cumpridas.

Seligmann-Silva (2005) aborda o desafio aos profissionais da área da Saúde e pesquisadores, para os quais pesquisas nessa temática, em geral, necessitam de enfoque interdisciplinar e, portanto, de equipes multiprofissionais e da participação dos trabalhadores. Tais investigações podem abrir caminhos que conduzam a uma forma de trabalho que, em vez de significar desgaste humano, acrescente sentido à vida.

A síndrome de *burnout*, ou esgotamento profissional, é considerada atualmente um grande problema no mundo profissional. O termo *burnout* é um processo iniciado com excessivos e prolongados níveis de estresse (tensão) no trabalho (Glina e Rocha, 2010). Como o tema é específico e extenso, recomendamos aos leitores dedicação à leitura sobre saúde mental no trabalho.

E, nessa crescente busca de ações ou programas que administrem o estresse "moderno", há abertura e respeito em relação a formas de trabalho corporal como massagens, acupuntura, meditação, métodos de relaxamento, terapia musical, exercícios físicos e outros tipos de terapia de movimentos.

O programa de GL pode contribuir para a motivação e minimização dos fatores estressantes, estimulando os indivíduos à:

- prática de atividade física e exercícios com mais regularidade;
- reavaliação do modo de pensar e de agir a partir da mudança de comportamento;
- organização de seu tempo para incorporar atividades de lazer;
- adoção de hábitos de alimentação mais saudáveis.

No início do programa de GL, o profissional deve observar os funcionários, com o objetivo de conhecê-los melhor. Nesse processo de observação, ele pode descobrir comportamentos, personalidades, diferentes emoções e reações às propostas do programa de GL.

Algumas pessoas reagem positivamente diante do "novo": "*Que bom! Agora vamos ter ginástica!*"; outros reagem com dúvida: "*Mas 5 ou 10 minutos são suficientes? É possível alcançar algum resultado?*". Há, ainda, aqueles que reagem com timidez: "*Ai, eu nunca fiz nada disso! Eu não sei se vou fazer!*"; e outros de forma ainda mais defensiva e negativa: "*Eu não quero participar!*".

Durante a GL, o trabalhador passa por um processo de readaptação, no qual alguns podem apresentar dificuldades em aceitar com rapidez a novidade, provocando algumas turbulências no ambiente. O ajuste desses pequenos desvios torna-se um desafio para o profissional que conduz o programa.

Um indivíduo que apresenta um quadro de estresse pode considerar todas essas mudanças como ameaças em seu cotidiano, reagindo inconscientemente de forma contrária à proposta do programa de GL.

Nos setores administrativos das empresas, podemos observar, muitas vezes, pessoas "alucinadas" no cumprimento de suas tarefas, demonstrando falta de organização e má administração do tempo.

Apesar de todos conhecerem os prazos de entrega de relatórios e de projetos, a maioria deixa para a "última hora" e não consegue explicar o porquê desse comportamento. Isso também acontece com os trabalhos escolares e de faculdade. A propósito, isso já aconteceu com você?

Quando chega a proposta de parar 5 minutos para realizar movimentos que resultam no alívio do estresse, alguns dizem: "Eu não posso parar! Tenho tarefas urgentes!". As pessoas justificam-se diante da situação, esquecendo-se de que estão perdendo a oportunidade de aliviar tensões e de diminuir o estresse.

Falar de administração do estresse é falar de uma das responsabilidades do ser humano, pois se trata da vida de cada um. É assumir que sua vida é de responsabilidade indelegável: ela é sua! Ser ou não ser uma pessoa estressada depende exclusivamente de cada indivíduo, desde que a opção seja consciente.

O nível de estresse avança porque, muitas vezes, não se tem como hábito a procura ativa de saúde, de felicidade e de qualidade de vida. Espera-se que as coisas boas aconteçam por acaso, ou que sejam propiciadas pelo outro, e essa realidade não é diferente nas organizações.

A atividade física, por meio da GL, é um caminho para esses indivíduos exercitarem-se, descarregarem uma parte de suas tensões e descobrirem que, ao se movimentarem, podem sentir-se melhor física e mentalmente. A GL também é uma forma sutil de mostrar a essas pessoas que é fundamental relaxar.

As razões que levam as pessoas a se afastarem do trabalho, sejam físicas, psíquicas ou emocionais, nem sempre são fáceis de serem identificadas. Portanto, GL é um instrumento de prevenção de desordens, como a falta de relaxamento físico e mental e a diminuição das tensões acumuladas. Encontramos, também, trabalhadores que admiram, praticam ou praticaram esportes, e que apoiam o programa de GL integralmente, compreendendo o projeto como um caminho alternativo, que busca conquistar mais qualidade de vida e promoção da saúde no local de trabalho.

FIGURA 2.3 – Correção do exercício para alívio de tensão acumulada na coluna cervical.

O relaxamento consciente é um grande combatente do estresse, sendo positivo proporcionar aos trabalhadores momentos em que possam relaxar o corpo. A utilização de recursos alternativos, como música e bolinhas de massagem durante as aulas de GL, é de grande valia e bastante motivador. Não podemos esquecer que, durante e após o relaxamento, o profissional de Educação Física necessita instruir os funcionários para melhorarem seus hábitos respiratórios – evitando "respirações rápidas e curtas" –, e realizarem inspirações e expirações profundas em momentos que exigem maior concentração, como antes de uma reunião, momentos de grande ansiedade ou tensão.

O profissional de Educação Física deve estar apto a enfrentar esses desafios de reações e aprender a encará-los como oportunidades de crescimento. É preciso mostrar às pessoas que é possível diminuir e administrar os fatores estressantes, administrar melhor o tempo, planejar e priorizar o bem-estar!

Estresse ocupacional e o processo cognitivo-emocional nas organizações

O ambiente laboral apresenta um contexto social em que os afetos e as emoções manifestam-se e se inter-relacionam. Ao mesmo tempo, o contexto profissional exige que os indivíduos sejam racionais e que enfoquem as estratégias e os resultados.

Drucker (1995) enfatiza que essa pressão tem sido gerada e fortalecida pelo sistema científico de administração pós-Revolução Industrial.

As pesquisas de Morris e Feldman (1996) dão importância aos fatores sociais que determinam a experiência e a expressão das emoções, além de terem constatado que a consequente dissonância emocional é um resultado da obrigação de expressar organizacionalmente emoções desejadas, e não as genuinamente sentidas. Dessa forma, pode-se concluir que as atividades físicas laborais podem ser um canal de descarga da emoção genuína, por meio da expressão corporal, minimizando a pressão gerada pelo esforço, pelo planejamento e pelo controle necessários para expressar organizacionalmente emoções desejadas durante as relações interpessoais, segundo os autores.

As emoções são, pelo menos em parte, construídas socialmente e, como consequência, a experiência e as expressões das emoções estão sujeitas às influências externas e internas.

Um aspecto importante nesse estudo está na sugestão de que, mesmo em situações em que haja congruência entre as emoções sentidas por um indivíduo e a emoção desejada organizacionalmente, ainda haverá algum nível de esforço para a manifestação da emoção, de maneira que se assegure a expressão aceitável no mundo dos negócios. Quanto maior a atenção exigida às regras, maior será a tensão, a energia psicológica e o esforço físico exigidos do profissional.

Estudos da década de 1980 sugeriram que os formatos das interações rápidas com clientes são mais "ensaiados", o que exige esforços psíquicos e físicos contínuos. A magnitude das expressões emocionais pode influenciar a mudança de comportamento no outro durante as interações. Essa mudança pode ser positiva, se conscientemente ponderada, ou negativa, se impulsivamente manifestada.

Emoções intensas são difíceis de serem disfarçadas. Portanto, o esforço psíquico e físico das pessoas é muito maior no ambiente de trabalho.

Quanto maior a variedade de emoções (alegria, raiva, medo), maior será o esforço pelos ocupantes dos papéis profissionais para se manterem socialmente aceitáveis nas empresas, mediante o monitoramento de comportamentos e de reações. É comum, portanto, que, no ambiente de trabalho, as pessoas não possam manifestar espontânea e livremente suas emoções. O ambiente organizacional não permite que as pessoas sejam verdadeiras, exigindo que todos controlem e manifestem suas emoções com preocupação quanto ao que seja socialmente aceitável, provocando uma dissonância emocional, definida por Middleton (1989) como o conflito entre as emoções sentidas genuinamente e as emoções com manifestação regrada nas organizações.

Esse conflito aumenta a demanda de energia psíquica e física nas interações de trabalho, podendo gerar um processo de estresse, com prejuízo ao bem-estar dos trabalhadores.

Hochschild (1983) sugere que o esforço demandado pelas pessoas nas expressões emocionais no ambiente de trabalho pode, eventualmente, causar nelas alienação ou estranhamento, o que pode prejudicar o seu bem-estar psicológico e físico.

As pesquisas sobre o comportamento humano nas organizações apoiam-se na cognição, com a preocupação voltada para os planejamentos, a tomada de decisões e a resolução de problemas, dando pouca importância ao processo das emoções, que coloca em risco a racionalidade organizacional.

A compreensão das emoções no ambiente organizacional é de extrema importância para que os trabalhadores percebam mudanças em seu estado corporal, enquanto pensamentos sobre conteúdos específicos desenrolam-se paralelamente, porém, de forma consciente.

Com a consciência de que é possível, com o apoio das práticas físicas, gerenciar as próprias emoções e percebê-las no outro, desenvolvem-se habilidades por meio do apoio interdisciplinar. Dessa forma, é viável identificar as razões do abafamento das emoções, se decorre de políticas específicas ou de problemas pessoais, o que pode prevenir o agravamento de conflitos e o comprometimento da saúde através da busca de outras ações preventivas complementares. Esse processo auxilia o profissional a se conscientizar de que as emoções perturbam a racionalidade e podem causar vieses em razão das experiências afetivas e dos medos inconscientes.

Goleman (1995) chamou a atenção para a importância da emoção e de seu gerenciamento na vida pessoal e profissional, alertando-nos para o fato de que, para efetivamente gerenciarmos a emoção, devemos superar os preconceitos que privilegiam os processos cognitivos e racionais, sendo adequado apreciar a natureza implícita das emoções em nosso dia a dia. Enfatiza, ainda, que as emoções têm um papel importante no ambiente de trabalho, indo além do conceito do trabalho emocional, em que se espera que os trabalhadores mantenham-se alegres em quaisquer circunstâncias.

Gondim e Siqueira (2004) alertam para o fato de não significar que o melhor gerenciamento das emoções possa, por si só, eliminar o estresse e outros desequilíbrios gerados pelas condições ambientais e pelas formas de organização do trabalho. É nesse ponto que a GL pode ter significativa importância.

A tensão entre as regras de conduta e a emoção pode gerar um grande desgaste no ambiente organizacional, comprometendo o bem-estar no local de trabalho. No entanto, essa dissonância pode ser melhorada por meio das atividades físicas, do diálogo, da identificação dos sentimentos e das emoções e do esclarecimento de percepções.

Ginástica Laboral: a emoção e o poder nas organizações

Denise A. Manfredi

É fundamental observar a dinâmica de poder no meio empresarial e organizacional. A fase de conhecimento entre os membros de uma equipe – momento em que cada pessoa tende a estabelecer a sua identidade pessoal – e as percepções nesse estágio podem gerar interações conflitantes e, às vezes, competitivas. O diálogo ainda não se estabeleceu e não houve tempo hábil para uma interação com confiança. Os exercícios físicos monitorados por profissionais especializados podem apoiar-se na interação e no fortalecimento do conhecimento, e, consequentemente, da confiança entre os colegas de trabalho. O poder nesse momento é despersonalizado, indo para um sistema de regras de promoção da saúde coletiva e de interesses mútuos. Configura-se aí a coesão do grupo em que se observa o "teste" do comportamento da equipe. O poder migra do sistema de regras para o sistema coletivo, e é nesse momento que se estabelece a identidade grupal, transformando o poder individual em poder afiliativo e de inteligência coletiva.

Pode-se, com esse processo, melhorar, e muito, o desempenho das pessoas do grupo, a maturidade nas interações e a produtividade.

Os estágios citados podem ser considerados uma fase de aprendizado individual e coletivo, processo cognitivo importante para a compreensão de importantes e complexos fenômenos humanos.

Para termos sucesso na nossa vida social e profissional, dependemos de interações cognitivas, ou seja, de como percebemos o outro e o que aprendemos com essa observação, e o exercício físico é um processo de conhecimento do próprio corpo, bem como das emoções e dos sentimentos, em si próprio e no outro (Levine, Resnick e Higgins, 1993).

Atividades laborais internas a uma organização facilitam o conhecimento do cotidiano das pessoas e de si próprio. A cognição passa a ser um processo social. O momento de integração na GL facilita a observação da formação de impressões, de estereótipos e de atitudes, procurando a compreensão do significado do comportamento dos indivíduos e dos grupos. Dessa forma, facilita uma construção compartilhada de responsabilidades mútuas nas decisões, bem como nas práticas colaborativas, que significam distribuição de poder e ampliação da autonomia.

Percebe-se, portanto, com o estudo de Levine, Resnick e Higgins (1993), a grande importância da GL no apoio para a compreensão, de forma abrangente e detalhada, das empresas e de seus funcionários, sob diferentes aspectos. Cada empresa tem sua cultura específica, influenciada por aspectos explícitos e implícitos, como região onde surgiu, estilo de liderança, missão, visão, valor, mercado e posicionamento futuro. As pessoas são complexas, não só biológica e anatomicamente, mas, também, psicológica, cognitiva e emocionalmente. A compreensão do mundo organizacional e humano no campo da GL, que promove e facilita a comunicação empresarial, demonstra constantes benefícios empresariais e individuais.

A GL aplicada com consciência grupal pode ser uma ferramenta de melhoria da inteligência social.

Falta de motivação nas organizações e a contribuição da Ginástica Laboral

Existe uma grande preocupação nos processos modernos de administração das empresas em rever antigos conceitos, melhorar a produtividade e, especialmente, combater os efeitos do estresse e da falta de motivação.

Ainda nesse novo ambiente, há a necessidade de conciliar os objetivos organizacionais com os objetivos individuais dos colaboradores.

Com a Revolução Industrial, iniciaram-se os investimentos no campo motivacional do comportamento humano, com o objetivo de aumentar a eficiência dos processos industriais, até então alcançada com base em punições, em razão da necessidade de melhorar os procedimentos e moldar as pessoas a seus respectivos cargos.

Segundo Bergamini (1997), no início do século passado, o desafio era descobrir o que se deveria fazer para motivar as pessoas. Recentemente, o sentido dessa preocupação mudou; passou-se a perceber que cada um traz, interiormente, de alguma forma, suas próprias motivações.

O programa de GL intensifica a ligação do trabalhador com a empresa, valorizando o significado do seu trabalho, já que a série de exercícios é baseada na função exercida.

Apesar das dificuldades cotidianas em qualquer organização, a GL é importante no processo de motivação, tendo como desafio atrair diariamente os trabalhadores para suas programações. As atividades têm de ser desempenhadas com eficácia e satisfazer aqueles que dela participam, mostrando, por meio da sua criatividade e do seu potencial produtivo, uma nova visão sobre o valor de cada profissão e seu resultado para a sociedade.

Quando falamos de motivação, temos de aceitar que cada pessoa é diferente, tem um comportamento próprio e reage de forma diferente diante das situações. Portanto, como profissionais atuantes no interior das empresas, devemos preparar a programação de acordo com a diversidade de interesses, de forma razoável, para que o propósito da aula englobe o maior número de pessoas, mesmo com suas diferenças de traços de personalidade, de emoções, de crenças e de atitudes.

Para favorecer o convívio social, o programa de GL deve ter uma farta lista de atividades que possam ser incorporadas como motivacionais, com ações cautelosas, aproveitando, sempre que possível, os recursos disponíveis no ambiente, como cadeiras, mesas ou computadores, procurando, ao mesmo tempo, sistematizar e organizar atividades que melhorem a condição física do trabalhador, sem descaracterizar os objetivos do programa.

Outro aspecto a ser avaliado na motivação dos participantes do programa de GL é a forma como os dirigentes da empresa irão condicionar a adesão ao programa; como podem contribuir para que os funcionários mantenham sua motivação em participar das programações propostas pela organização.

A maior dificuldade encontrada quando se está buscando entender melhor o comportamento humano durante as aulas é o curto tempo de convivência com as pessoas, pois nem sempre é possível uma investigação individual, em razão do volume de atividades geradas pelo próprio programa, e da preocupação de não interromper ou interferir na jornada de trabalho.

Podemos definir a GL como um fator de motivação consciente, pois visa a um comportamento saudável contribuindo para a Qualidade de Vida no Trabalho (QVT). Dessa forma, a atividade em si é considerada um recurso para chegar a resultados de saúde física e mental; e a teoria deve ser fortemente alicerçada no conhecimento técnico dos profissionais envolvidos no programa.

Segundo Bergamini (1997), outro ponto a ser analisado é a teoria da necessidade, considerada como um ponto de partida do comportamento motivacional – utilizada com o sentido de estado de carência – concepção presente em um bom número de teorias.

Durante as aulas, deve-se analisar com cuidado essas carências, para não oferecer aos participantes uma programação incapaz de satisfazer suas necessidades, e saber aplicar o programa correto, de acordo com a necessidade dos clientes e de cada setor da empresa.

Nossa sociedade é carente por atividade física. As pessoas referem-se às práticas corporais e esportivas como algo realizado apenas em dois períodos da vida: infância e adolescência. Ao iniciar a fase de ingresso à universidade ou de aumento de responsabilidade com questões profissionais, financeiras e sociais, as pessoas passam a destinar cada vez menos tempo para a prática habitual de atividades físicas, de exercícios e de esportes em geral. Em algumas ocasiões, não há uma saída criativa para conciliação dessas tarefas, ou faltam condições para que a população tenha acesso a locais próprios para a prática da atividade física. Tal situação contribui para um estilo de vida hipoativo e um estado interno de carência, já que os compromissos e as tarefas cotidianas acabam sobrepondo-se à vontade de fazer algo em prol da saúde.

Ao aplicar os exercícios no ambiente de trabalho, é possível observar vários tipos de carência dos participantes, o que, muitas vezes, influencia a condução das atividades. Exemplo:

- Grupos que não se exercitam há muito tempo e que valorizam esses minutos como um meio para "entrar em forma". Quanto mais exercícios são aplicados, maior a sensação de realização.
- Grupos carentes afetivamente, que sentem na atenção do profissional uma preocupação com "sua saúde". Esse grupo valoriza, por exemplo, as correções posturais.
- Grupos que apreciam desafios envolvendo desempenho profissional e gostam de "testar" o conhecimento das pessoas com quem interagem – mais precisamente, nesse caso, o profissional de Educação Física –, para avaliar e comparar "níveis profissionais" e absorver algum conhecimento. Esses grupos valorizam explicações mais detalhadas de estudos e estatísticas relacionadas à saúde e à qualidade de vida.

- Grupos que estão preocupados com o envelhecimento e desejam dicas de saúde, de alimentação e de como manter a forma, sem contar as solicitações de grupos para aprender danças da moda (uma forma de se sentirem atualizados).

A saúde social, que, por algum tempo, cedeu espaço para a saúde profissional e educacional (também muito importantes), é formalizada na GL como um meio de estar entre as pessoas, ou melhor, "com todas as pessoas", incluindo superiores hierárquicos, que ficam nesse momento em posição de igualdade: são participantes da mesma atividade. É uma forma de demonstrar que, independentemente da posição hierárquica, todos necessitam de atenção e cuidados com a saúde, uma vez que esse equilíbrio facilita a manutenção da vida do indivíduo no ambiente.

Em suma, devemos nos preocupar diariamente em como motivar as pessoas durante as aulas, fazendo-as tirar o máximo proveito da GL, no intuito de favorecer um melhor desempenho em suas atividades. E ter a consciência de que os fatores de motivação são diferentes para cada indivíduo.

Em busca do equilíbrio

Embora a tecnologia tenha trazido avanços para um melhor uso e uma otimização do tempo com vistas ao cumprimento de prazos e de metas, a busca incessante por qualidade trouxe, também, muita pressão para o ambiente de trabalho, gerando, muitas vezes, desgastes físicos e emocionais que conduzem a vários tipos de desequilíbrios.

Para Cañete (1996), todas as condições prejudiciais ao ser humano, bem como as políticas de recursos humanos e os programas de prevenção e de promoção da saúde são administrados de acordo com a ideologia e a ética dominantes, ou seja, a do capital.

Dessa forma, torna-se necessário promover e contribuir para um maior equilíbrio no ambiente organizacional. A instituição de um programa de GL envolve a coletividade da empresa e favorece o espírito de equipe, melhorando a qualidade das tarefas e a produtividade. Essa forma de socialização é importante, não só para os resultados positivos da já citada produtividade, mas para o crescimento pessoal daqueles que se envolvem nas ações promovidas na empresa.

O *endomarketing* é uma ferramenta fundamental para estimular o envolvimento e o compromisso dos funcionários com novos programas. A GL, em um programa de qualidade de vida, é um importante fator para promover o tão desejado equilíbrio, podendo ser não só um simples elemento do programa, mas o mecanismo inicial ou precursor de uma série de ações positivas para o capital humano de uma organização.

De uma óptica mais ampla, o mais importante é focar o aspecto físico e a valorização do ser humano em um contexto social, no qual a autoestima é conduzida pela motivação.

Especialistas e consultores de diversas áreas e com diferentes pontos de vista sobre a qualidade de vida se unem cada vez mais com o objetivo de promover uma experiência inovadora que mude a forma de pensar, de planejar e de gerenciar programas de qualidade de vida. Um exemplo prático é o Laboratório de Qualidade de Vida (LabQV), que acredita no poder transformador das pessoas para empreender mudanças em si mesmas, nas organizações, na sociedade e, também, na aprendizagem, como força impulsionadora para superar desafios e buscar ser melhor.

O desafio é reconstruir, com bem-estar, o ambiente competitivo, altamente tecnológico e de alta produtividade de trabalho, garantindo ritmos e situações ecologicamente corretas. O bem-estar considera – no que se refere à QVT – as dimensões biológica, psicológica, social e organizacional de cada pessoa, e não simplesmente o atendimento a doenças e a outros sintomas de estresse que emergem ou são potencializados pelo trabalho. Trata-se do bem-estar no sentido de manter-se íntegro como pessoa, cidadão e profissional (Limongi-França, 2004).

3 Condutas de aplicação da Ginástica Laboral

Definição e estruturação de um programa

A primeira etapa na definição de um programa deve ser a escolha do tipo de Ginástica Laboral (GL) a ser implantado, de acordo com as necessidades, as disponibilidades e a disposição dos setores na empresa. Conforme mencionado, a GL pode ser iniciada com alguns minutos de preaquecimento das estruturas musculares e articulares, como forma de preparação para o início das atividades, ou por meio de pausas ativas. Pode-se alternar entre exercícios compensatórios (ativadores) e, até mesmo, fortalecedores, visando movimentar as regiões corporais não exercitadas habitualmente e fortalecer aquelas enfraquecidas. Esses exercícios podem proporcionar maior relaxamento corporal e mental, bem como alívio do cansaço, além de promover posturas compensatórias que refletem positivamente no cotidiano do trabalhador.

Não só se deve observar o tipo de GL adotado, mas, também, outros fatores importantes na elaboração do programa, como:

- ramo de atividade e perfil da empresa contratante;
- áreas de risco e principais causas de afastamento;
- carga horária da equipe responsável pela aplicação do programa, de acordo com a carga horária da empresa.

Certamente, nem todas as empresas dispõem de espaço físico, compatibilidade de horários ou, até mesmo, do apoio de todos os gestores, fatores facilitadores à estruturação de um programa de exercícios laborais.

No ambiente de trabalho, é possível reservar entre 10 e 15 minutos de exercícios durante o expediente, no início, no final ou mesmo durante as pausas. A solução parece viável em algumas empresas, contanto que os exercícios sejam elaborados por profissional especializado em atividades físicas.

Além disso, é imperativo que o profissional ensine os funcionários a se posicionarem e se alongarem corretamente (Achour Junior, 2004).

O profissional responsável pela aplicação das atividades precisa ter consciência e conhecimento de que o programa de GL deve agregar valores e resultados, e não atrapalhar o desempenho dos funcionários. Por exemplo: como vamos parar e fazer que haja concentração para 10 minutos de ginástica no departamento de vendas, às 10 horas da manhã, com todos os telefones tocando? O foco da empresa não mudará com a implantação do programa de GL; continuará a ser a produção ou a venda de produtos ou serviços, com qualidade e competitividade, ao menor tempo e custo possível.

Determinar o horário e o espaço que serão utilizados para as inserções de GL, além de investigar, com os departamentos competentes, quais são os setores de maior risco e as possíveis causas de afastamento, ajudam a definir e a sustentar o início do programa.

De posse de todas essas informações, deve-se elaborar um mapeamento dos setores que receberão a GL antes da fase de implantação, o que permitirá a demarcação prévia dos percursos.

Horários para implantação dos programas de Ginástica Laboral

O horário de implantação para cada setor deve ser minuciosamente estudado e organizado com os gestores e em conformidade com os objetivos da empresa. Por experiência obtida ao longo dos anos, a maioria das empresas que não apresentam vários turnos opta, em geral, pelo horário da manhã para que não haja interrupções no restante da jornada de trabalho e para favorecer uma melhor organização dos horários de almoço e café.

Outras empresas identificam a necessidade de adotar o programa de GL somente à tarde como uma pausa ativa (com base em avaliações ergonômicas), interrompendo a monotonia operacional, em busca dos benefícios já apresentados.

Em cada empresa, devem-se analisar as necessidades e as características dos setores envolvidos no programa, como troca de turnos, manutenção de máquinas e atendimento ao cliente ou ao público em geral, para posterior definição do melhor horário para a aplicação do programa.

Em geral, a área fabril tem prioridade, e o programa é realizado na primeira hora de turno, pois, algumas vezes, esses funcionários iniciam seus expedientes antes da área administrativa. Em seguida, os trabalhadores dirigem-se para seus postos de trabalho; esses 5 ou 10 minutos de pausa são facilmente recuperados no decorrer do dia.

Ter um programa de aquecimento no início do expediente e uma pausa ativa com ginástica compensatória é o mais próximo do ideal. Porém, conforme descrito no Capítulo 2, as experiências também indicam a vantagem de cada conduta separadamente.

Segundo Achour Junior (1999), o melhor aproveitamento dos exercícios ocorre no meio do dia, em razão do menor limiar do fuso muscular, o que favorece os exercícios compensatórios. Entretanto, de acordo com Alter (2010), o exercício de alongamento, no período da manhã, contribui para eliminar a rigidez matinal.

O ideal seria determinar, no mínimo, duas sessões diárias para que fossem feitas as inserções de aquecimento e os exercícios compensatórios. Porém, devemos respeitar o sistema de produção e de trabalho das organizações, tentando sempre alcançar o número de pausas necessárias para cada empresa.

Espaço físico

O local ideal para realizar as inserções de GL é o próprio setor em que os funcionários se encontram ou no espaço mais próximo possível dele, como corredores entre departamentos, *hall* de elevadores, descartando-se a exigência de espaços específicos.

Os trabalhadores devem ser convocados de maneira agradável, a fim de se sentirem bem recebidos para as aulas.

Utilizar o próprio espaço do local de trabalho tem vários pontos positivos:

- evita a locomoção dos funcionários, o que diminui o tempo de ausência nos postos de trabalho;
- facilita a convocação de um maior número de pessoas;
- permite uma melhor seleção de exercícios de acordo com as funções em cada setor da empresa.

FIGURA 3.1 – Exercício de alongamento em dupla para os abdutores da escápula (deltoide e peitoral).

O profissional de Educação Física deve estar sempre uniformizado, com aula e material preparados, para que os participantes percebam a capacidade técnica, a organização, o profissionalismo e a seriedade da empresa responsável pelo programa.

Para que o profissional de Educação Física possa ter uma visualização completa do grupo, a fim de realizar as correções e transmitir informações importantes durante os exercícios, é fundamental evitar excesso de participantes na aula; sugerimos dividir os grupos em, no máximo, 30 pessoas por sessão, caso o profissional atue sozinho no programa.

Segurança no local de aula

De acordo com Simurro (2015), cada vez mais as empresas integram seus esforços para a segurança no trabalho, inclusive com o cumprimento das normas legais com os programas de atenção à saúde e à qualidade de vida.

O profissional de Educação Física deve ter conhecimentos básicos de Segurança do Trabalho para que a realização das aulas não ofereça risco aos participantes, respeitando as normas de segurança existentes. É importante participar, sempre que possível, do processo de integração de cada empresa, para receber orientações do Departamento de Segurança no Trabalho e tornar-se um agente multiplicador dessas informações.

De acordo com a Portaria nº 25, de 29 de dezembro de 1994, do Ministério do Trabalho e Emprego (MTE), os riscos ocupacionais podem ser classificados em cinco grupos: *químicos*, *físicos*, *biológicos*, *ergonômicos* e *de acidentes* (Brasil, 1994).

Cabe à empresa contratante, na figura de seu Departamento de Segurança do Trabalho, fornecer aos profissionais prestadores de serviço de GL orientações referentes aos riscos ambientais; por exemplo, não aplicar exercícios em ambientes onde o piso contenha líquidos corrosivos ou materiais cortantes, nos quais tanto o funcionário quanto o profissional possam sofrer acidentes.

Os riscos ambientais são qualificados em *pequenos*, *médios* e *grandes* (P/M/G). Dessa forma, o Departamento de Segurança pode fazer a atenuação dos riscos. A atenuação pode ser realizada de várias formas, entre elas, pela utilização dos Equipamentos de Proteção Individual (EPIs) e/ou Equipamentos de Proteção Coletiva (EPCs). O profissional responsável pelo programa pode também, a fim de atenuar os riscos, escolher outro ambiente, onde as aulas possam ser realizadas em segurança.

No caso de solicitação da empresa para a utilização de EPIs ou EPCs, o profissional de Educação Física deve atender prontamente, utilizando corretamente esses equipamentos nos locais em que houver necessidade.

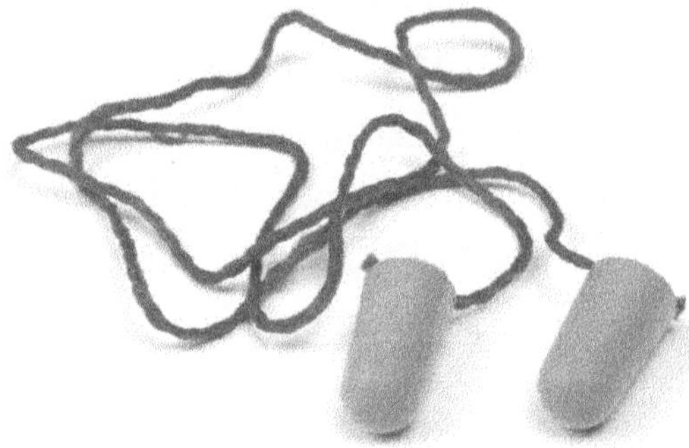

Figura 3.2 – Protetor auricular: utilizado em locais em que os níveis de ruído são superiores aos permitidos por lei e prejudiciais à audição.

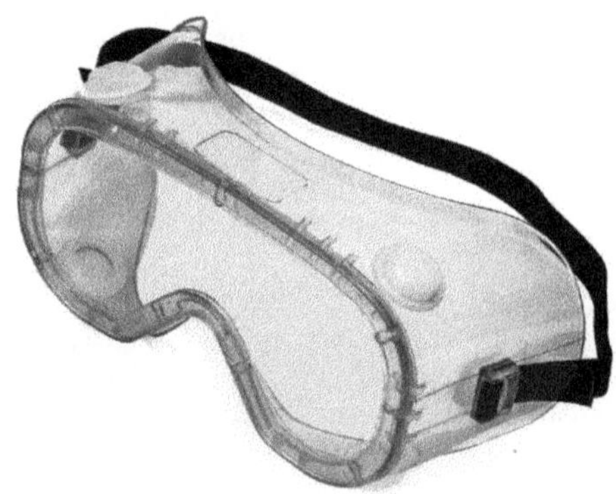

Figura 3.3 – Óculos de segurança: utilizados em tarefas nas quais os impactos de partículas podem causar ferimentos aos olhos.

Figura 3.4 – Sapatos de segurança com biqueira de aço para proteção dos pés em campos em que os funcionários estão sujeitos a riscos de impacto.

Observação:

A utilização de sapatos de segurança com biqueira de aço é proibida em locais nos quais estejam sendo realizados trabalhos com eletricidade, visto que o uso de calçados com componentes metálicos é proibido. Caso haja trabalhos com projeção mecânica nesses locais, é necessário utilizar sapatos com biqueira de PVC.

O profissional de Educação Física deve manter-se atualizado acerca dos conceitos gerais sobre saúde e segurança no trabalho, que vão para além da prevenção de acidentes – englobando todos os aspectos das condições de trabalho.

As Normas Regulamentadoras (NRs) relativas à segurança e à saúde do trabalho são de observância obrigatória pelas empresas privadas e públicas e pelos órgãos públicos da administração direta e indireta, bem como pelos órgãos dos Poderes Legislativo e Judiciário que tenham empregados regidos pela Consolidação das Leis do Trabalho (CLT). As 36 normas regulamentadoras de saúde no trabalho podem ser acessadas no portal do MTE.

Serviços Especializados em Engenharia de Segurança e em Medicina do Trabalho (SESMT): são constituídos por profissionais da área da Saúde que têm como finalidade a elaboração e a implementaçao de programas preventivos de acidentes e de doenças ocupacionais no âmbito da empresa.

Comissão Interna de Prevenção de Acidentes (CIPA): tem como objetivo a prevenção de acidentes e doenças decorrentes do trabalho, de modo a tornar permanentemente compatível o trabalho com a preservação da vida e a promoção da saúde do trabalhador. Essa comissão interna tem representantes dos empregados e do empregador.

Programa de Prevenção de Riscos Ambientais (PPRA): tem como objetivo a preservação da saúde e da integridade dos trabalhadores, por meio da antecipação, do reconhecimento, da avaliação e do consequente controle da ocorrência de riscos ambientais existentes ou que venham a existir no ambiente de trabalho, com vistas à proteção do meio ambiente e dos recursos naturais.

Programa de Controle Médico de Saúde Ocupacional (PCMSO): tem como objetivo a promoção e a preservação da saúde do conjunto dos trabalhadores, por meio dos exames médicos admissional, periódico, de retorno ao trabalho, na mudança de função e demissional. O PCMSO é parte integrante do conjunto mais amplo de iniciativas da empresa no campo da saúde dos trabalhadores, devendo estar articulado com o disposto nas demais NRs, e considera as questões incidentes sobre o indivíduo e a coletividade de trabalhadores, privilegiando o instrumental clínico-epidemiológico na abordagem da relação entre saúde e trabalho.

Dinâmica de implantação dos programas de Ginástica Laboral

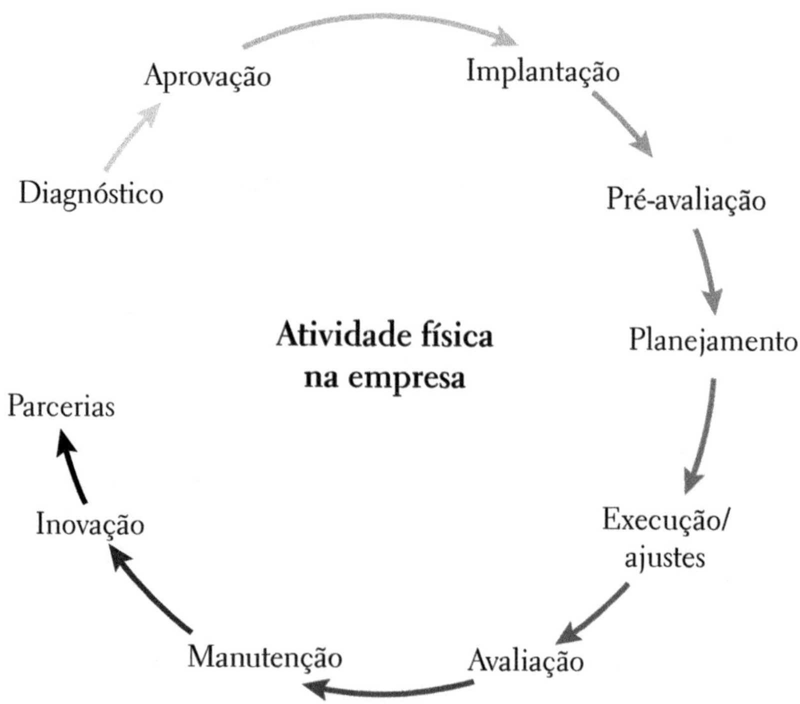

FIGURA 3.5 – Círculo de dinâmica de implantação.

1ª Etapa – Diagnóstico

- Mapear os setores envolvidos no programa para definição da quantidade de horários, número de profissionais, materiais e todos os itens envolvidos no projeto, para elaboração da proposta financeira.
- Formatar o projeto de acordo com as necessidades da empresa, por meio de uma avaliação diagnóstica em conjunto com os departamentos de Recursos Humanos, de Medicina e Saúde Ocupacional e/ou de Segurança do Trabalho.

2ª Etapa – Aprovação

- Preparar um estudo financeiro que contemple custos, como: equipe de profissionais – incluindo a coordenação – encargos trabalhistas, transporte, alimentação, uniformes, materiais, horas para confecção de relatórios, impostos incidentes sobre serviços e o percentual desejado de lucratividade.

3ª Etapa – Implantação

- Elaborar, em conjunto com a empresa contratante, as estratégias de divulgação e de conscientização, como: palestras de sensibilização, fôlderes, jornais internos ou informativos eletrônicos.

4ª Etapa – Pré-avaliação

- No início do programa, definir com o gestor responsável os indicadores que serão fornecidos para acompanhamento do programa de GL, por exemplo: aptidão física, índice de massa corporal (IMC), nível de atividade física, qualidade de vida, absenteísmo, afastamentos ocupacionais, entre outros, para que, periodicamente, possa ser feita uma avaliação da evolução do programa.

5ª Etapa – Planejamento

- Com os dados da avaliação diagnóstica e pré-avaliação dos funcionários, é possível elaborar um planejamento de atividades técnicas, de dinâmicas e de materiais que serão utilizados na aplicação das aulas.

6ª Etapa – Execução/ajustes

- Início do programa, com a apresentação da equipe para todos os setores envolvidos; nessa etapa, é conveniente realizar os ajustes necessários, conforme a evolução das aulas e a adaptação dos grupos ao programa.

7ª Etapa – Avaliação

- Avaliação dos indicadores predeterminados no início do programa.

8ª Etapa – Manutenção

- Com base nos resultados obtidos na avaliação de indicadores, aprimorar, dentro do planejamento, as estratégias mais bem-sucedidas durante as inserções.

9ª Etapa – Inovação

- Durante a fase de manutenção, além das atividades já conhecidas e aceitas pelos funcionários e pela empresa, deve-se inovar com materiais e técnicas diferenciadas, para que seja mantida a motivação dos participantes.
- Treinamentos e atualização constantes da equipe de profissionais atuantes no programa são imprescindíveis.

10ª Etapa – Parcerias

- Os profissionais de Educação Física, bem como os coordenadores técnicos, devem conhecer todos os gestores dos setores envolvidos no programa, a fim de estabelecer parcerias para que a GL seja um momento de descontração para os funcionários e não só de prevenção, respeitando as particularidades de cada setor e, acima de tudo, buscando apoio para manutenção da adesão.

Sugestão de itens que podem compor um diagnóstico:

Recursos Humanos
- número de funcionários;
- número de turnos e/ou horários de trabalho;
- jornada de trabalho;
- clima organizacional.

Departamento de Saúde e Medicina Ocupacional
- nível de absenteísmo;
- procura ambulatorial;
- acidentes de trabalho;
- identificação dos riscos à saúde;
- afastamentos médicos.

Departamento de Engenharia de Segurança do Trabalho
- Programa de Prevenção de Riscos Ambientais (PPRA);
- Análise Ergonômica do Trabalho (AET).

Técnicas integradas à Ginástica Laboral

Na escolha das técnicas que podem ser selecionadas para cada programa e/ou setor da empresa, analisar:

- as necessidades dos funcionários;
- do que gostam e o que tem valor para eles;
- aceitação da nova técnica e índice de adesão;
- os objetivos e os resultados que podem ser alcançados com as técnicas aplicadas.

Sugestões de técnicas que podem ser integradas à GL:
- exercícios de alongamento;
- resistência muscular localizada;
- massagem e automassagem;
- atividades lúdicas e jogos cooperativos.

Materiais

Os materiais utilizados nos programas de GL não são os mesmos utilizados em um ambiente específico para a prática de atividade física, como uma academia. Muitos objetos, presentes no próprio ambiente de trabalho, suscitam a motricidade dinâmica, estática e de criação, como bolas, bastões, mesas, cadeiras, papéis, elásticos, canetas e lápis, copos descartáveis, entre outros. É essencial fazer os alunos notarem a importância desses objetos e os verem como uma forma de divertimento.

Qualquer atividade pode tornar-se mais rica e interessante, dependendo da forma como é aplicada. São de extrema importância a expressão e a criação de um ambiente saudável para que não haja bloqueio, mas, sim, uma boa recepção por parte dos trabalhadores.

Saber conduzir a atividade, propor uma atividade adaptada ao ambiente, facilitar a realização dos movimentos e não ultrapassar o tempo de aula são fatores importantes para alcançar o objetivo proposto.

FIGURA 3.6 – Carrinho de madeira para massagem.

As aulas com materiais têm um impacto incontestável, mas esse não pode ser o fator determinante para motivação e participação nas aulas. Embora sejam aulas que agradam a maioria dos participantes, precisam ser bem elaboradas e bem dosadas na programação, para não se tornarem "chatas" e "desmotivantes".

Aulas com música

Ouvir música é uma das formas mais utilizadas de relaxamento, e cada pessoa atribui um significado particular a essa atividade.

As aulas com música e com movimentos lentos, com o objetivo de relaxamento, devem ser definidas após uma pesquisa de interesse nos setores em que as atividades serão aplicadas. Se esse tipo de aula não agradar alguns funcionários de determinado setor, sua frequência deve ser reduzida, a fim de evitar problemas de adesão. Por isso, os profissionais devem estar seguros e atentos a seu público, para adequar e inovar as atividades, enfatizando os métodos de maior aceitação pelo grupo, evitando reflexos negativos para o programa.

Para atingir os objetivos da aula com música, é apropriado desenvolver sequências de movimentos simples, suaves e que estimulem diversas regiões do corpo, já que muitas pessoas têm dificuldade para coordenar movimentos ritmados.

O objetivo é sempre o alívio das tensões. Dessa forma, utilizar adequadamente a música como uma opção de aula dependerá da sensibilidade do profissional e de seu cuidado para que alguns funcionários não se afastem do programa, já que esse tipo de aula pode gerar uma situação de estresse para alguns participantes com dificuldade para realizar determinados movimentos que não fazem parte de seu cotidiano. Outro ponto que o profissional deve respeitar são as crenças religiosas, pois algumas religiões têm restrições para esse tipo de atividade.

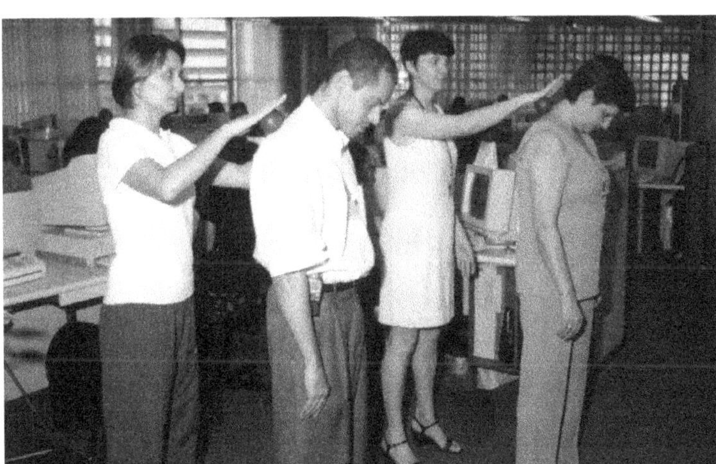

FIGURA 3.7 – Aula com bolinhas de espuma (anos 1990).

Aulas com bolinhas de espuma

Esse material favorece uma ampla variação de exercícios, auxiliando na diversificação das aulas. Estimula a coordenação motora e a percepção corporal, além de poder ser utilizada na automassagem, na massagem em dupla, na recreação e em exercícios de resistência muscular localizada, principalmente de membros superiores.

Aulas com material de academia

Os materiais são sempre grandes aliados da motivação. Porém, deve-se considerar a logística de transporte desses materiais e seu alinhamento com os objetivos do programa.

Materiais utilizados em academias, como halteres, barras e caneleiras, podem ser motivantes; contudo, a intensidade e a seleção dos exercícios precisam ser muito bem avaliadas, pois esses materiais podem interferir no conforto e contribuir para a liberação de sudorese.

A presença do lúdico nos programas de Ginástica Laboral

Andréa Silva Frangakis Tanil

Diante de tantas transformações, inovações e necessidades mercadológicas, a inserção de atividades lúdicas para aumentar a motivação nas aulas tem sido uma peça-chave para a manutenção e o sucesso dos programas de GL.

Um programa de GL bem estruturado depende boa parte da qualificação técnica, profissional e comportamental do especialista de Educação Física para obter sucesso e permanecer num grau de satisfação que justifique sua permanência dentro da empresa.

O equilíbrio entre técnica e carisma é o combustível para um bom profissional. Por meio de sua técnica, ele demonstra aos alunos e aos beneficiários sua capacidade de promover saúde e transmitir informações essenciais para a manutenção de um estilo de vida saudável e, graças ao seu carisma e motivação durante as aulas, ele conseguirá estabelecer um elo de afetividade com o grupo, fidelizando a parceria entre professor e aluno.

Assim, as aulas devem ser planejadas com um bom embasamento técnico e científico, além de elementos que despertem a ludicidade em seus participantes.

Entretanto, o que é ludicidade? Como saber se nossa aula despertou ou não o sentido lúdico naqueles que dela participaram?

Para Luckesi (2007), o *lúdico* é um estado interno de prazer e alegria do sujeito, e *ludicidade* é uma denominação geral para esse estado; essa é uma qualidade de quem se sente lúdico por dentro. A forma como agimos e reagimos ao que acontece em nossas vidas estimula ou não o estado lúdico.

Qualquer aula somente poderá ser considerada lúdica se ela proporcionar ou estimular um estado lúdico dentro daqueles que dela participam.

Para que possamos exercitar essa capacidade de tornar nossa aula cada vez mais lúdica, precisamos compreender e entender quais as possíveis contribuições da ludicidade para nossas aulas.

Uma aula lúdica também pode ser utilizada para fortalecer o aprendizado dos participantes. Por exemplo, se o profissional desejar que seu aluno entenda a importância do equilíbrio para uma boa postura, ele pode utilizar atividades lúdicas para que sua proposta seja entendida com mais facilidade.

Além do reforço de aprendizagem, o profissional pode utilizar atividades lúdicas para estimular o exercício da criatividade, promover maior integração entre os trabalhadores e, sobretudo, favorecer um clima de descontração e alegria no ambiente de trabalho.

Frangakis et al. (2008), em uma pesquisa sobre a importância do brincar aplicada em um programa de GL, concluíram que, logo após vivenciar uma atividade lúdica no ambiente de trabalho, independentemente da faixa etária, a maioria dos participantes considerou o brincar uma atividade muito importante para estímulo do exercício da criatividade.

A atividade lúdica proporciona um sentido de plenitude e, por isso, dá prazer às pessoas, seja como exercício, como jogo simbólico ou de regras. Esses jogos apresentam múltiplas possibilidades de interação consigo e com os outros.

Se bem orientadas, as atividades lúdicas propiciam dois movimentos: um do presente para o passado e outro do presente para o futuro; na direção do passado, as atividades lúdicas estimulam o contato com as experiências já vividas, sejam elas boas ou ruins; para o futuro, elas propiciam condições de contato, experimentações que, desde que experimentadas, podem ser vividas por diversas vezes em outras oportunidades (Luckesi, 2007).

Contudo, por sermos seres participantes de uma cultura antilúdica, na qual brincar é coisa para criança, muitos profissionais de Educação Física acabam desistindo de aplicar atividades como essas em suas aulas.

O profissional de Educação Física pode aprimorar sua capacidade de aplicação desse tipo de atividade e despertar o sentido lúdico em seus alunos, exercitando:

- a *criatividade*, a todo o momento e em todas as situações;
- a *transformação* – saber transformar conhecimento em conteúdo de aula;
- a *flexibilidade* – compreender que, por vezes, deve realizar mudanças de acordo com as necessidades do cliente;
- a *audição* – saber ouvir vai muito além de apenas escutar; o profissional deve saber interpretar expressões e os discursos informais no dia a dia da empresa;
- a *sensibilidade* – ser sensível ao outro, ao contexto e inserir-se no todo.

Atividades lúdicas para a Ginástica Laboral

No contexto organizacional atual (no qual o estresse, a pressão e a ansiedade encontram-se em níveis mais elevados a cada dia e existe uma cobrança por profissionais cada vez mais criativos, bem-humorados, sensíveis uns com os outros), é preciso resgatar o espaço para a brincadeira, o lazer, o lúdico. Isso se torna possível dentro dos programas de GL e de lazer nas organizações.

A humanização do ambiente de trabalho se faz cada vez mais necessária no mundo em que vivemos. As atividades lúdicas, inseridas nos programas de GL, têm um papel fundamental nesse processo.

Características gerais das atividades lúdicas:

- duração máxima de 10 minutos;
- poucos recursos;
- desperta interesse e é envolvente;

- equilíbrio entre o exercício livre e o dirigido;
- criativa;
- divertida;
- significativa.

Tipos de atividades lúdicas:
- integração ou quebra-gelo;
- reforço de uma informação técnica, planejamento e/ou avaliação;
- datas comemorativas;
- descontração.

Competências necessárias para criar e recriar atividades lúdicas e de lazer nas empresas

As competências citadas a seguir são baseadas em experiências práticas ao longo dos anos e podem servir para orientar o trabalho dos profissionais de Educação Física nos programas de GL. Porém, o essencial é que cada um se descubra e se redescubra diariamente em suas aulas:

- amor e paixão pelo que faz;
- conhecimento;
- alimentar sempre nossa criança interior;
- dinamismo;
- alegria;
- criatividade;
- motivação.

Essas competências são, em parte, inatas e, em parte, adquiridas e desenvolvidas ao longo da vida, e vão muito além de nossas atividades profissionais. Dentro desse contexto, podemos traçar um paralelo entre o caminho pelas atividades lúdicas e pelo lazer, com a nossa própria vivência. Ambos fazem parte de uma longa jornada, durante a qual passamos muitos momentos de alegrias e de realizações, ao mesmo tempo que sofremos alguns fracassos e tristezas. Porém, não podemos esquecer que são os tempos difíceis que nos fazem amadurecer, transformando-nos, muitas vezes, em pessoas melhores.

Para que as atividades lúdicas propostas nos programas de GL ganhem maior significado, é importante que o professor sempre faça uma argumentação positiva sobre os objetivos do que foi proposto; o brincar para o adulto exige produção, ou seja, deve ser significativo. O trabalhador deve sair da aula sabendo por que participou dela e que benefícios pôde obter.

Benefícios das atividades lúdicas e do lazer nas organizações

As atividades lúdicas podem promover uma série de benefícios aos participantes, contribuindo para a saúde física, social e emocional do trabalhador.

Entre diversas outras, as funções psicológicas, sociais, terapêuticas, educativas e humanizadoras estão presentes em quase todas as aulas, conforme segue:

- *função psicológica*: alívio do estresse e promoção de um estado de relaxamento;
- *função social*: integração dos indivíduos dentro do ambiente de trabalho, melhorando o clima organizacional;
- *função terapêutica*: manutenção de um bom estado de humor e de saúde;
- *função educativa*: autoaprendizagem, maior conhecimento dos indivíduos que nos cercam e, também, do mundo;
- *função humanizadora*: respeito às diferentes "maneiras de ser", valorização da sensibilidade entre o grupo; uma forma diferenciada de "pôr para fora" o potencial infinito que cada um traz dentro de si.

Sugestões de atividades lúdicas

Para conhecimento e argumentação positiva com os trabalhadores: o verbo *brincar*, em sua acepção original, comporta um significado desconhecido para muitos, mas que, por si só, justificaria a adoção dessa prática nos ambientes corporativos, principalmente nos programas de GL.

Brinc vem do latim *vinculum*. Então, *brincar* significa "vincular, criar laços, unir, atar" (Saboya, 1985).

Se o brincar significa "vincular", "criar laços", "unir", "atar", notamos que converge com algumas das principais necessidades corporativas: a integração, o trabalho em equipe e uma boa comunicação.

Antigamente, em todas as comunidades primitivas, o brincar era coletivo e, na maioria das vezes, estava ligado a atividades rituais, religiosas ou culturais, essenciais a determinado grupo. Adultos e crianças brincavam juntos, e era por meio dessa integração que eles aprendiam papéis sociais, valores e noções referenciais, como o ciclo do tempo, a linguagem e a representação simbólica dos acontecimentos. A brincadeira não tinha idade ou classe social, era comum a todos e fazia parte da cultura popular.

Em meados do século XVI, os jogos foram considerados pecaminosos pelo Concílio de Trento e, portanto, banidos da cultura popular, voltando a ser praticados pela aristocracia em meados do século XVII, em locais apropriados, denominados *academias* (Carneiro, 2003).

Sabe-se, hoje, que o ato de brincar pode ter impacto positivo em diversas áreas do desenvolvimento, atuando de forma profilática na saúde física e mental, na sociabilidade e no desenvolvimento motor, com repercussões positivas em dimensões sociais, emocionais e de aprendizado. O brincar é fator estimulante e propiciador de um bom desenvolvimento motor, social, emocional e cognitivo.

Atividade: balanço

Objetivo: aproximação, confiança, integração e exercício do equilíbrio.

Material: nenhum.

Duração: 10 minutos.

Descrição: em círculo, os colaboradores são numerados como "um" e "dois", ficando de mãos dadas e com os braços estendidos. O profissional explica que o objetivo dessa dinâmica é atingir o equilíbrio do grupo, cada um servindo de apoio e apoiando-se no colega. Os "números um" inclinam-se para a frente, enquanto os "números dois", para trás. A um sinal do profissional, todos se inclinam lentamente, sem mover os pés e sem flexionar a cintura. Cada pessoa serve de apoio às que estão a seu lado.

O profissional sinaliza a troca, e invertem-se as posições, de modo que os que estavam inclinados para dentro inclinam-se para fora, e vice-versa. O objetivo é conseguir alcançar um ritmo de balanço sem romper o círculo. Após o encerramento, reflete-se sobre os sentimentos e as sensações dos participantes durante o jogo.

Atividade: redobrando

Objetivo: criatividade, consciência corporal e descontração.

Material: papel sulfite (rascunho).

Duração: 10 minutos.

Descrição: pedir aos colaboradores para dobrarem o papel o maior número de vezes possível; em seguida, solicitar que eles abram o papel e tentem dobrá-lo novamente, dessa vez, sem utilizar as mãos, da forma que conseguirem. Estimular os participantes a usarem a criatividade, a sentirem as dificuldades e a valorizarem seu corpo.

Atividade: verdade ou mentira

Objetivo: descontração, integração e reflexão.

Duração: 10 minutos.

Descrição: informar aos participantes que eles deverão apresentar-se ao restante do grupo dizendo um apelido, *hobbies*, preferências musicais, prato predileto. Os participantes devem, então, escolher falar somente verdade ou somente mentira quando se descreverem. Os colegas do grupo devem votar se acham que é verdade ou mentira. Nessa dinâmica, todos devem refletir no final:

– Quais foram as melhores mentiras? Quais foram as verdades que causaram mais surpresa? É mais fácil falar verdade ou mentira sobre si? Qual a porcentagem de acerto sobre o que seus amigos falaram? O quanto você conhece seus colegas e eles o conhecem?

Atividade: dança da laboral

Objetivo: comemorar as festas juninas; descontração e integração.

Material: bolinha de espuma e músicas temáticas, se possível.

Duração: 10 minutos.

Descrição: formar duplas. Uma bolinha de espuma ("laranja") é colocada entre as testas de cada dupla, ou entre qualquer outra parte do corpo, como ombros, costas etc. Se for o caso, permita que cada dupla escolha. As duplas devem executar movimentos da GL orientados pelo profissional, por exemplo, alongamento de tríceps com flexão lateral, sem tocar a "laranja" com as mãos, nem deixá-la cair no chão.

Atividade: cartão cooperativo

Objetivo: comemorar o Natal; descontração e integração.

Material: cartolina, caneta ou canetinha.

Duração: 10 minutos.

Descrição: o professor deverá convidar todos os trabalhadores do setor, ou de seu percurso, para criar um cartão cooperativo gigante, em que cada trabalhador deixará sua mensagem ou decoração. A ideia é que no final esse cartão fique exposto em um mural ou local comum a todos os setores.

Observação: dias antes da atividade, o profissional poderá estimular os trabalhadores a trazer enfeites, canetinhas, figuras para decoração do cartão. É importante criar condições para que todos entendam a mensagem e trabalhem no cartão com envolvimento e respeito.

4 Fatores que influenciam o sucesso do programa

Apoio e atitude gerencial da empresa

Segundo Bergamini (1997), no passado, enfatizou-se o controle das pessoas como principal recurso para se conseguir atitudes produtivas rumo à consecução dos objetivos organizacionais. Porém, com uma nova percepção de relações humanas, a gerência tem exercido um importante papel motivacional nas organizações, a fim de orientar seus funcionários a se sentirem úteis e importantes.

O profissional já não relaciona a motivação apenas ao dinheiro ou à sobrevivência. Cada indivíduo traz consigo ambições e fatores próprios de motivação.

Esse tema sempre foi muito discutido nas organizações e cada vez mais se enfatiza que o trabalhador não está na empresa apenas para desempenhar atividades impostas, mas, também, para promover ações eficazes e produtivas, transformando a empresa e seu produto em sucesso no mercado.

Em geral, durante a implantação de um programa de Ginástica Laboral (GL), são definidos os interlocutores responsáveis pela interface entre os profissionais de Educação Física e os funcionários. Em algumas empresas, os responsáveis são os líderes, em outras, os coordenadores, gerentes, e, algumas vezes, o próprio diretor ou qualquer indivíduo indicado para participar da organização da GL naquele local.

A atuação de apoio ao programa de GL é fundamental, desde os primeiros contatos com a empresa. O apoio gerencial é um dos itens fundamentais para o sucesso do programa.

Uma reunião prévia com o grupo de gestores para apresentação do programa e de seus objetivos é de fundamental importância para o esclarecimento de dúvidas de ambas as partes.

A empresa contratante necessita esclarecer dúvidas sobre a nova rotina, as expectativas de resultados e como o programa será desenvolvido em cada área da empresa. Por exemplo: os horários das inserções, a maneira de convocar e agrupar os funcionários, o local adequado para a realização dos exercícios (que ofereça segurança), as formas de pesquisa e de levantamento de dados da empresa, cronogramas, tipos de atividades a serem desenvolvidas, entre outras questões.

A empresa contratada também precisa de informações sobre o ramo de atividade da contratante, o perfil da população que receberá o programa, em qual parte está inserido o programa de GL em sua estratégia de mercado e quais são seus objetivos com a contratação do programa.

O profissional que irá desenvolver um programa de GL não pode se preocupar apenas com a seleção dos exercícios, mas, também, em atender às expectativas da empresa, procurando, acima de tudo, atender aos objetivos estabelecidos no início do programa. Esse item exige atenção: as metas não devem ser superestimadas, assim como não deve ser alimentada a expectativa de que o programa de GL trará todas as soluções para os problemas da empresa.

Com esse primeiro contato, é possível estabelecer uma parceria, essencial para o sucesso do programa. Outro ponto importante de apoio gerencial é a organização de uma reunião com todos os funcionários para a apresentação do programa.

O coordenador do programa deve estar preparado, pois situações desagradáveis podem ocorrer – como o fato de chegar a determinado setor da empresa e os responsáveis pela área, além de não participarem da ginástica, não liberaram os funcionários. Esse tipo de atitude compromete os resultados e põe em risco o sucesso do programa.

Coordenar grupos é como conduzir um trem. Os trilhos indicam a direção e o destino. O maquinista coordena o movimento sobre os trilhos; há momentos nos quais o grupo caminha como uma "maria-fumaça", e em outros como um "trem-bala". Em seu interior, há diferentes pessoas com distintas expectativas quanto ao destino de chegada, mas o maquinista sabe que há um contrato definido; nem tudo depende só dele, mas seu papel e suas funções são imprescindíveis (Gayotto et al., 2003).

Adaptação dos programas

Como mencionado, a empresa ou profissional contratado deve adaptar o programa de GL de acordo com as rotinas preexistentes na empresa, de forma que as inserções de GL não causem transtornos. Talvez esse item pareça redundante, mas alguns clientes relatam que, na fase de pesquisa de mercado para aquisição do programa de GL, encontram empresas que impõem métodos rígidos, sem nenhuma flexibilidade, muitas, até mesmo, sem qualificação específica.

São alguns exemplos práticos:

- *Área fabril*: o primeiro item a ser observado no planejamento é a existência de horários fixos de trabalho ou de turnos. No caso de horários fixos, elaborar uma proposta com todas as opções de programas de GL, GL preparatória, GL compensatória, com uma, duas ou três inserções diárias, ou seja, todas as opções que podem ser oferecidas. Em seguida, define-se o horário para cada setor, conforme a disponibilidade. Analisa-se a existência de maquinários e de equipamentos, e se, nos setores, há locomoção após o início da jornada. Enfim, realizar essa análise é estabelecer, dentro do possível, o melhor para a produção. Por que fazer o melhor dentro do possível? Porque, muitas vezes, vários setores gostariam de ter aula no mesmo horário, em geral, o primeiro; como isso não é possível, deve-se analisar esse aspecto junto com a empresa para evitar transtornos e situações incoerentes. No caso de trabalho em turnos, algumas empresas optam por realizar uma inserção no horário de saída de um turno e entrada de outro. Um exemplo é o horário noturno que encerra suas atividades às 6 horas: estabelece-se um horário para a GL às 5h50 e, em seguida, o professor já inicia as inserções para os funcionários do próximo turno. Na parte da tarde, é realizada uma inserção a partir das 14 horas para o turno vespertino. A maioria das empresas opta pela inserção da GL no início de cada turno.

- *Área administrativa*: devem ser realizadas adaptações que atendam às prioridades dessa área, por exemplo, de seus departamentos de vendas internas e externas. Em vendas internas, há problemas com o atendimento de clientes por telefone; nas vendas externas, a dificuldade é o curto período em que os vendedores permanecem na empresa.
- *Área de telemarketing*: essa área exige muito cuidado e apoio dos gestores, já que algumas empresas investem em tecnologia e em treinamento para atender seus clientes de forma cada vez mais rápida e melhor, de modo a minimizar o tempo de espera. Uma estratégia pode ser organizar as pausas para os exercícios nos horários com menor volume de ligações, dividindo os funcionários em várias turmas para minimizar o risco de espera ou aumento de fila no tráfego.
- *Agências bancárias*: organizar uma programação para os funcionários antes da abertura da agência ou após o horário de atendimento ao público, estabelecendo uma escala de horários que atenda ao maior número possível de participantes.

Além da adaptação de horários, há outras adaptações importantes a serem observadas:

- *Escolha dos exercícios*: o nível técnico do profissional e a escolha dos exercícios são de extrema importância; no entanto, deve-se analisar antecipadamente o nível de coordenação motora e o nível de flexibilidade das pessoas que participarão do programa de GL. Partindo de exercícios mais simples para exercícios mais complexos, é importante planejar a aplicação e a evolução das intervenções, observando se certos movimentos causam desconforto aos participantes. Cabe ao profissional saber respeitar as limitações dos funcionários e, sempre que possível, substituir um exercício por outro.

- *Planejamento*: deve ser adequado ao perfil da empresa e de cada um de seus setores, pois alguns tipos de exercícios ou de técnicas também podem inibir os funcionários, como exercícios em dupla, que envolvem proximidade ou toque. O profissional deve respeitar aspectos culturais ou da personalidade dos participantes, como religião, estado civil, tipo de educação ou, até mesmo, timidez. O profissional deve, aos poucos, adaptar as movimentações não apenas para incrementar as aulas, mas, também, para vencer alguns paradigmas, promovendo a integração dos participantes de maneira séria e respeitosa. Para atingir todos esses objetivos, deve haver um planejamento adequado e com antecedência para se refletir sobre todos os pontos, até mesmo, para explorar a criatividade aliada à parte técnica.
- *A escolha de técnicas a serem incorporadas ao programa*: algumas técnicas proporcionam resultados excelentes em clínicas particulares, academias ou atendimento personalizado. Entretanto, nem todas as técnicas podem ser utilizadas no ambiente corporativo, em razão do tipo de roupa e de calçado que as pessoas utilizam no trabalho, do espaço, da duração da aula e do tempo exigido para explicação e correção dos movimentos.

Atenção:
A falta de um planejamento estruturado com objetivos específicos, escolhas inadequadas de exercícios e de técnicas utilizadas podem fazer o programa cair na monotonia, resultando em desmotivação dos participantes. Na maioria dos casos, os programas são cancelados por não "motivarem" mais a participação dos funcionários, ou seja, por falta de conhecimento, de dedicação e de habilidade dos profissionais que atuam nos programas.

Especialização dos profissionais de Educação Física

A GL é uma área relativamente jovem dentro da Educação Física. Por esse motivo, é preciso estar atento às evoluções sobre o assunto, o que requer preparo específico e constante. Abre-se aqui um espaço para alertar os profissionais que estão interessados em atuar em empresas, ou que já atuam, sobre outros aspectos que também devem ser observados, como: simpatia, cordialidade, motivação, liderança, ética e comprometimento com a empresa cliente, com seu empregador e com a equipe da qual faz parte.

A todo momento, somos avaliados, seja de forma direta, seja de forma indireta, e, certamente, nosso comportamento ante as situações adversas reflete em nosso sucesso, como ocorre em qualquer profissão.

É necessário que o profissional de GL se atualize e vá além de sua especialidade, ou seja, é preciso ter uma noção geral dos assuntos referentes à saúde.

Para alcançar um alto nível de atuação e atingir as capacidades necessárias para a entrada no mercado de trabalho, em qualquer que seja a área de formação do profissional, é importante reunir habilidades técnicas, humanas e conceituais, aliadas à experiência, investindo em sua carreira. E, nos programas de GL, essa necessidade acentua-se por envolver conhecimentos e atuação interdisciplinar.

> O que diferencia os profissionais é o uso da criatividade para transformar trabalhos existentes em novos rumos para os mesmos segmentos, e não apenas alternar um movimento ou uma determinada técnica. As aulas podem ser diferentes todos os dias, mas não se limite apenas a mudar os exercícios: propor hoje exercícios de membros superiores e amanhã de inferiores, por exemplo; o que faz realmente diferença é a forma didática e a técnica da aula.

Mesmo com uma avaliação prévia, a insuficiência de informações individuais pode dificultar uma abordagem personalizada.

Em alguns casos, o programa é iniciado sem nenhuma informação. Imagine-se chegando a uma área de produção com 500 trabalhadores, sem saber seus nomes, seus históricos de doenças, seus hábitos ou algum tipo de vivência com atividade física, e, com habilidade e, sobretudo, liderança, fazer que essas pessoas reajam positivamente à nova proposta, de se exercitar no trabalho.

Hoje em dia, competir no mercado de trabalho não é uma tarefa das mais fáceis. É preciso estudar muito, estar atualizado, ter entusiasmo e, sobretudo, dominar a técnica; afinal, o profissional de Educação Física trabalha com a saúde das pessoas.

O profissional de GL não deve acreditar que, como o programa foi bem inicialmente, irá funcionar desse ponto em diante. Precisa preocupar-se em inovar e se renovar sempre.

Essa inovação requer um conhecimento sério, a fim de que as aulas sejam sempre reinventadas de uma perspectiva preventiva e inovadora, sem abolir da elaboração do projeto inicial duas perguntas importantes:

- O que propõem fazer, de acordo com a necessidade da empresa?
- Qual é o objetivo do projeto a ser desenvolvido?

Na prática, em um programa de GL, todos devem beneficiar-se com as atividades, mesmo havendo diferentes condicionamentos físicos entre os participantes. O profissional pode encontrar pessoas nesses grupos com dificuldades motoras de origens variadas, como a ausência de vivência esportiva na infância e na adolescência.

Para o desenvolvimento da psicomotricidade, são utilizadas algumas atividades corporais dinâmicas que ajudam as crianças no conhecimento do próprio corpo, a reconhecer e a nomear as suas regiões. Podemos utilizar essas atividades, de forma diferenciada, com os adultos, para estimulá-los e ensiná-los um pouco mais tecnicamente sobre as regiões corporais, o que são essas estruturas e os efeitos do trabalho que está sendo realizado sobre elas. É importante que todos os funcionários participem dos exercícios e compreendam sua importância e necessidade, valorizando ainda mais o conteúdo das aulas.

Desde a chegada aos setores, até o encerramento da sessão, evidentemente com um sorriso sincero e simpatia, o profissional deve conduzir a aula com responsabilidade, proporcionando ao participante mais ânimo e bem-estar para a continuidade da jornada.

O treinamento corporal é essencial, mas, na ânsia de melhorar fisicamente, alguns profissionais de Educação Física que atuam com GL esquecem-se do aspecto psicológico que envolve os participantes do programa.

O programa de GL deve trabalhar, também, a evolução das pessoas dentro de cada grupo, promovendo, em especial, uma mudança que concederá não apenas melhorias no ambiente de trabalho, mas benefícios individuais.

Muitas pessoas, ao atingirem um determinado nível de bem-estar corporal, conseguem desempenhar melhor suas tarefas no trabalho, desenvolvendo uma prática diária mais organizada, tendo como resultado, ao final do dia, mais disposição para outras atividades em família, com amigos ou, até mesmo, na prática de atividades físicas fora do expediente – que, até antes da implantação do programa, eram consideradas difíceis de serem realizadas, em alguns casos.

Como podemos perceber, mais uma vez, dependemos não apenas da parte técnica, mas da espontaneidade e da iniciativa dos profissionais que atuam com a GL em renovar sempre o ambiente e em promover a sociabilização entre os participantes (entre eles e com o programa), resultando em maior comprometimento e adesão às aulas, o que é essencial para justificar a continuidade do programa.

O que se espera do profissional de Educação Física nos programas de GL?

- *Quanto à aptidão física e à capacidade funcional*: aplicar exercícios específicos para melhoria da mobilidade articular, da flexibilidade, da força e da manutenção do padrão postural corporal.
- *Quanto aos conceitos de ergonomia*: ter conhecimentos básicos sobre adaptação do trabalho e do trabalhador ao ambiente de trabalho; pausa de recuperação, conscientização corporal, coordenação motora e orientação postural.
- *Quanto à educação e promoção da saúde*: fornecer, por meio das atividades, orientações sobre a prevalência dos principais fatores de risco, os procedimentos para prevenção de doenças, além de conceitos de promoção da saúde e da vida saudável.
- *Quanto à identificação profissional*: estar registrado no sistema do Conselho Federal de Educação Física/Conselhos Regionais de Educação Física (CONFEF/CREFs). É prerrogativa do profissional de Educação Física prestar serviços na área de atividades físicas e desportivas, exercendo legalmente a profissão, com qualidade e segurança para a sociedade.

Conforme abordado no Capítulo 1, especificamente em relação à GL, foi publicada uma resolução que discorre sobre a definição dos campos de atuação da Educação Física (Anexo I).

Até o presente momento, vimos que o trabalho é um elemento essencial à sobrevivência humana, visto que atinge todas as suas dimensões materiais e abstratas. Nesse contexto, o trabalho do profissional de Educação Física tem como referencial central o ser humano e seu corpo, vistos como práxis transformadoras, os quais se norteiam por uma visão de corporeidade e de movimento e englobam-se em um conceito do homem como unidade (Neto, 2003).

Formação do profissional de Ginástica Laboral

Marcos Gonçalves Maciel

Nas últimas décadas, as empresas têm incorporado em sua filosofia ações com vistas à promoção da saúde de seus colaboradores e da Qualidade de Vida no Trabalho (QVT). No Brasil, esse fenômeno começou mais concretamente em meados da década de 1980, quando houve o redirecionamento da política do setor de Recursos Humanos, antes voltado para a valorização do então chamado "capital humano". Desde essa época, a promoção da saúde nas empresas tem crescido gradativamente, e segundo a visão de Pohl (2003, p. 75),

> Promover a saúde é disponibilizar às pessoas recursos para que elas possam modificar comportamentos, adotando atitudes favoráveis em relação à saúde nos diferentes ambientes da vida cotidiana. No contexto empresarial, a promoção de saúde se efetiva por um conjunto de programas de atividades de caráter educacional, organizacional e ambiental que objetiva motivar e apoiar um estilo de vida saudável.

Atualmente, o empresário tem se conscientizado da necessidade de oferecer aos seus funcionários melhores condições de trabalho, pois começa a compreender que o colaborador precisa trabalhar em um ambiente sadio, com carga horária adequada à sua função e com segurança para exercer suas atividades, sabendo que essa relação afeta direta e proporcionalmente a produtividade da empresa. O bem-estar do colaborador e o estabelecimento de um ambiente de trabalho saudável são considerados diferenciais para garantir a produtividade e a lucratividade nos negócios. Afinal, trabalhadores descontentes e em níveis intoleráveis de tensão tendem a produzir menos e são mais suscetíveis às doenças ocupacionais.

Segundo dados do Serviço Social da Indústria (Sesi, 2004), os benefícios do desenvolvimento da QVT podem gerar uma ampla rede de proteção social para o colaborador, favorecendo a permanente construção de um ambiente de trabalho que facilite e apoie as práticas de vida saudável (em seu aspecto físico, profissional, emocional, intelectual e social), repercutindo no aumento da produtividade do colaborador e na redução dos custos do trabalho (absenteísmo, tratamentos médicos de saúde, assistência social, afastamento e acidentes de trabalho), de forma a garantir a sobrevivência e o crescimento da empresa no mercado.

Um dos recursos amplamente utilizados atualmente para promover a saúde e a QVT é a Ginástica Laboral (GL). Esta vem adquirindo reconhecimento no meio civil (tramitam no Congresso Nacional diversos projetos de leis que propõem a obrigatoriedade da prática da GL orientada por um profissional de Educação Física) e entre os diversos profissionais que atuam nas organizações (médicos, enfermeiros e engenheiros do trabalho, funcionários dos Recursos Humanos, entre outros).

Porém, para alcançar os benefícios propostos pela GL, é de primordial importância refletir sobre a formação acadêmica do futuro profissional da área. Após alguns anos de experiência na área e, atualmente, atuando como docente do ensino superior, compreendo os dois lados da moeda e acredito que deve haver, por parte das Instituições de Ensino Superior (IES), uma reflexão sobre a formação desse profissional. Elas devem proporcionar um conteúdo teórico-prático que desenvolva habilidades e competências peculiares à área.

A sociedade moderna é marcada por profundas transformações em diversas áreas – política, social, econômica, tecnológica, cultural –, exigindo do ser humano o desenvolvimento de novas habilidades. Cabe às IES se adequarem com dinamismo a essa realidade e prepararem os futuros profissionais para essas transformações, como bem descrevem Silva e Cunha (2002, p. 77):

> O mundo globalizado da sociedade do conhecimento trouxe mudanças significativas ao mundo do trabalho. O conceito de emprego está sendo substituído pelo de trabalho. A atividade produtiva passa a depender de conhecimentos, e o trabalhador deverá ser um sujeito criativo, crítico e pensante, preparado para agir e se adaptar rapidamente às mudanças dessa nova sociedade.

Essas autoras apresentam o foco que as IES devem ter na formação de seus profissionais:

> [...] a educação no século XXI estará atrelada ao desenvolvimento da capacidade intelectual dos estudantes e a princípios éticos, de compreensão e de solidariedade humana. A educação visará a prepará-los para lidar com mudanças e diversidades tecnológicas, econômicas e culturais, equipando-os com qualidades como iniciativa, atitude e adaptabilidade. A Universidade, neste contexto, tem seu papel ampliado. (Silva e Cunha, p. 80)

Diante desse quadro, as IES precisam desenvolver em seus discentes habilidades e competências específicas, como a capacidade de trabalhar em equipe e de tomar decisões; de adaptar-se ante as constantes transformações sociais e empresariais; de assumir riscos, desenvolver a criatividade etc. Essa proposta será alcançada pelas IES ao fornecerem uma sólida formação teórico-prática e uma consistente instrumentalização técnica, política e pedagógica, que permitam o empreendimento de ações coerentes (Werneck, 1998).

Além da adequada formação técnica, há, ainda, a necessidade da formação de profissionais reflexivos, que analisem sua própria prática, pois esta deverá contribuir significativamente na sua atuação, com vistas ao uso dessa reflexão como instrumento de desenvolvimento do pensamento e da ação (Moreno e Marcellino, 2006). Para Werneck (1998), o ato de formar assume um sentido construtivo, que busca levar o profissional a encontrar o seu próprio caminho, a se transformar, a evoluir, a refletir, a se relacionar com trocas interdisciplinares enriquecedoras e significativas. Cabe às IES esse papel na formação de profissionais críticos e competentes, capazes de oferecer um serviço de qualidade a toda sociedade.

Em se tratando de profissionais que atuarão mais especificamente com a gestão da QVT, as exigências são cada vez maiores, pois as ações desenvolvidas devem ter como uma das metas principais (na visão capitalista) apresentar resultados econômicos. O profissional de GL precisa corresponder às exigências do capital, contudo, sem desprezar o lado humano das relações sociais no trabalho.

Segundo o Serviço Brasileiro de Apoio às Micro e Pequenas Empresas (Sebrae, 2018), há cerca de 6,4 milhões de empresas legalizadas no Brasil dos mais diversos ramos de atividades (indústria, comércio, finanças, construção civil, entre outras), além de instituições públicas (federais, estaduais e municipais), e pode-se dizer que há um grande potencial de crescimento para a área da GL, a qual necessitará de profissionais capacitados para atuar no mercado.

Contudo, não é pelo fato de a GL estar alcançando valorização e reconhecimento, e de estar em contínuo processo de crescimento, que não devemos nos preocupar com seu futuro. Pelo contrário, há de se pensar a respeito dela, para que sua expansão continue, somada à confiança que lhe está sendo dada. Por exemplo: será que o profissional que atuará nesse mercado "desconhecido" está recebendo formação adequada para desempenhar um trabalho seguro e de qualidade, a fim de apresentar soluções e de contribuir não só para o crescimento da empresa, mas, também, para a melhoria do bem-estar de seus colaboradores, alcançando, assim, os objetivos propostos pela GL? Refletir a esse respeito é atuar proativamente na garantia da formação de profissionais conscientes e críticos, compatíveis às exigências do mercado.

Segundo Maciel (2008), o profissional de GL, além de dominar os conhecimentos pertinentes à Educação Física (Fisiologia do Exercício, Cinesiologia e Biomecânica, Recreação, entre outros), precisa buscar novos conhecimentos em outras áreas, como:

- *Psicologia Organizacional*: trata sobre os aspectos motivacionais e estressores e sobre o clima organizacional na empresa.
- *Medicina do Trabalho*: "monitora" a saúde dos colaboradores.
- *Segurança do Trabalho*: atua na prevenção de acidentes de trabalho; avalia riscos ambientais, como insalubridade e periculosidade.
- *Ergonomia*: estuda as adaptações das condições de trabalho às características psicofisiológicas do ser humano, de modo a lhe proporcionar o máximo de conforto e de segurança, e melhorar seu desempenho.
- *Lesões por Esforços Repetitivos/Distúrbios Osteomusculares Relacionados ao Trabalho (LER/DORT)*: conjunto de doenças que atingem músculos, tendões, ligamentos e nervos e que têm relação com as exigências das tarefas, dos ambientes físicos e da organização do trabalho, além das características pessoais.
- *Administrativos*: conhecer os aspectos relacionados à cultura e ao perfil da empresa, e às normas de certificação internacional ISO (Organização

Internacional de Normalização), BSI (British Standards Institution) e Qualidade Total (PDCA, ou *Plan-Do-Check-Act*, Planejar-Agir-Verificar-Executar).

- *Recursos Humanos*: atua na elaboração de políticas de qualidade de vida, de mudança comportamental e de treinamento dos colaboradores.
- *Marketing de serviços*: conjunto de atividades que objetivam a análise, o planejamento, a implementação e o controle de programas destinados à demanda por produtos e serviços.
- *Dinâmicas de grupo*: promove atividades que incentivam a motivação, a interação e a socialização dos colaboradores.

Abordamos de maneira sucinta a atuação dessas áreas – elas não se restringem ao que foi aqui exposto.

Esse profissional não será um especialista em todas essas áreas, mas precisará ter algumas noções delas, pois dialogará diretamente com seus representantes, apresentando-lhes justificativas e um plano de ação para a sua intervenção. Diante dessa complexidade de conhecimentos necessários para atuar com a GL, será que apenas uma disciplina ofertada na graduação, muitas vezes, desvinculada de outras que possam complementá-la, conseguirá oferecer uma formação adequada ao futuro profissional? A respeito dessa questão, Canduro (2003) enfatiza que a formação profissional visa preparar um novo especialista, atuante em equipes multiprofissionais, com vistas a desenvolver um trabalho multidisciplinar que não seja dividido ou fragmentado em áreas específicas do conhecimento, já que a proposta mundial, no momento, é trabalhar com a complexidade. Assim, faz-se necessário articular uma proposta curricular que vise a uma maior integração dos diversos conteúdos ministrados. Essa é a mesma proposta apresentada por Edgar Morin (2006) ao difundir a Teoria da Complexidade, destacando que ensinar "as partes" não é o mesmo que ensinar "o todo", ou seja, o conhecimento não é fragmentado para depois ser "colado".

As IES que se limitam a oferecer apenas uma disciplina de baixa carga horária (não apenas sobre a GL, mas, também, a outras na mesma situação) poderiam refletir sobre a proposta há muito feita por Rangel-Betti e Betti (1996) de integrar as disciplinas por meio de temas, e o currículo seria, então, entendido como "temático". Segundo esses autores, esses temas, por exemplo, atividade física, saúde e qualidade de vida, passariam a ser desenvolvidos por vários professores; em outras palavras, desenvolver o conhecimento transversalmente, e não apenas disciplinarmente. A GL, por ter um enfoque interdisciplinar, requer profissionais que saibam "dialogar" com diversas áreas, de forma a extrair delas o máximo de conhecimento, para alcançar os objetivos que propõem.

Negar essa necessidade é caminhar em direção a uma formação profissional deficiente. Passados 20 anos da reflexão feita por Ghilardi (1998) sobre os currículos dos cursos de Educação Física, ela continua atual e pertinente:

> [...] os cursos de formação profissional nos moldes atuais não habilitam o profissional a atuar no mercado de trabalho, pois privilegiam a prática de habilidades motoras como um fim em si mesmo através de disciplinas ligadas a modalidades esportivas.

O profissional de GL precisa apresentar o conhecimento e a segurança necessários na hora de vender seus serviços a uma empresa, ou, até mesmo, quando já estiver atuando nela, mas como fazer isso se faltou a ele uma formação básica adequada? Essa deficiência pode causar sérias dificuldades e acabar "queimando-o profissionalmente", bem como a área da GL. Os executivos não têm interesse em fazer "experiências", em perder tempo, dinheiro e "energia"; eles querem resultados, e, na maioria dos casos, em curtíssimo prazo, mas, para isso, o profissional necessita de sólida formação.

As IES devem ter como compromisso social ofertar uma formação adequada aos seus alunos, de forma a contribuir, indiretamente, para a transformação social, para a redução das desigualdades sociais e para a melhora das condições de vida da população, a fim de promover o desenvolvimento da humanidade. Assim, essas instituições deverão ser o canal articulador entre os conhecimentos adquiridos e a sua aplicabilidade.

Para Canduro (2003), os formadores devem buscar a reconstrução de seus conhecimentos e refletir sobre suas intervenções, desenvolvendo uma compreensão crítica do seu importante papel social. Essa compreensão perpassa a prática; faz-se necessário romper os muros da academia e dar sentido ao que nela foi produzido, e não apenas em teorizar, ação que pouco contribui para uma transformação efetiva da realidade.

As IES precisam oferecer um currículo que realmente possibilite uma formação adequada aos seus alunos, articulando uma maior aproximação com as "áreas afins", para maximizar os conhecimentos adquiridos por eles e proporcionar uma intervenção segura e eficaz na sociedade.

O profissional de Educação Física como empreendedor

Apesar de, para ser um empresário, não ser necessário um diploma de "administrador", é imprescindível ao profissional de Educação Física melhorar sua qualificação profissional, caso decida por montar sua própria empresa.

Para o Serviço Brasileiro de Apoio às Micro e Pequenas Empresas (Sebrae, 2010), deve-se levar em conta que o sucesso de qualquer negócio depende, sobretudo, de um bom planejamento. É preciso conhecer seu perfil empreendedor, o ramo de atividade em que pretende atuar e, acima de tudo, obter informações e orientação para planejar sua empresa, estudando o ambiente e as forças mobilizadoras responsáveis pelo seu sucesso: os clientes, os fornecedores, os funcionários, o mercado de atuação e a comunidade na qual a empresa pretende inserir-se. Na elaboração desse planejamento, denominado *Plano de Negócios*, é importante contar com o auxílio de um profissional ou de entidades como o Sebrae para obter orientações necessárias à criação da empresa.

O Plano de Negócios é o documento que fornece todos os critérios para a tomada de decisões do empreendedor, uma vez que lhe proporciona uma visão prévia do negócio, tanto do ponto de vista financeiro, como do mercado: potenciais clientes, fornecedores, empresas concorrentes, bem como a organização mínima necessária para o funcionamento da nova empresa.

Na administração de qualquer empreendimento, as quatro funções básicas são:

- planejamento;
- organização;
- direção;
- controle.

Essas quatro funções formam um processo administrativo que deve ser cíclico, dinâmico e interativo (Tachizawa e Faria, 2004).

O profissional de Educação Física que pretende se tornar prestador de serviços em atividade física para empresas deve atentar para as principais dificuldades encontradas na condução do negócio, como:

- a importância da contratação de serviços especializados de contabilidade para a correta condução dos assuntos legais da empresa em órgãos competentes, desde os procedimentos de abertura até questões rotineiras, referentes ao recolhimento de impostos e tributações;
- instalação física e organização administrativa adequada para atender às demandas dos clientes, já que as exigências documentais são grandes, principalmente quando se pretende atuar em concorrências públicas ou privadas;
- adequação às políticas social, ambiental e de qualidade de seus clientes;
- conhecimentos gerenciais para uma boa gestão dos aspectos econômico-financeiros da empresa;
- atenção à concorrência e às evoluções da área;
- por se tratar de um mercado ainda jovem, o profissional deve prever maiores investimentos na formação de equipes técnicas;
- desenvolvimento de processos de avaliação e de gestão dos programas.

Segundo Tachizawa e Faria (2004), o setor de serviços especializados induz à ênfase estratégica na formação e na especialização de sua mão de obra, e seu produto final tem alto conteúdo tecnológico e de conhecimento. Para sobreviver nesse setor, a empresa necessita de um verdadeiro banco de dados de talentos, além de conhecimento e informações específicos.

No manual *Comece certo*, elaborado pelo Sebrae (2010), o primeiro capítulo intitula-se: *Um alerta ao empreendedor*. A instrução nele contida é que todos aqueles que pretendem iniciar seu negócio tenham consciência de que existem etapas, habilidades teóricas e práticas indispensáveis para o aumento das chances de sucesso.

O maior descontentamento dos parceiros e dos concorrentes com os quais temos contato é a concorrência desleal; não em virtude de práticas ilícitas, mas em razão do desconhecimento da maioria dos empreendedores jovens na área, os quais praticam preços muito inferiores à média de mercado, por motivos como:

- falta de conhecimento dos custos envolvidos na prestação de serviço;
- não pagamento de tributos devidos, principalmente os encargos sociais, contratando profissionais sem registro no regime da Consolidação das Leis do Trabalho (CLT), o que coloca em risco a equipe de profissionais e a empresa contratante em caso de acidentes e de doença, comprometendo a qualidade, o cumprimento dos horários e demais itens relacionados ao programa;
- desconhecimento da necessidade de planejamento administrativo prévio e estruturação adequada para gestão do negócio;
- entendimento totalmente equivocado de que um programa de GL representa apenas cessão de mão de obra;
- profissionais contratados por telefone ou *e-mail*, e ausência de um profissional responsável por seu treinamento e sua adaptação na empresa, ou seja, nem mesmo um planejamento técnico básico, cujos objetivos estejam de acordo com a necessidade e o perfil da empresa.

Além desses aspectos, na gestão dos programas de atividade física, sejam eles GL, academia corporativa ou atividades como caminhadas e corrida, é necessário aferir, além dos indicadores relacionados aos resultados econômicos e a evolução da aptidão física dos trabalhadores, a satisfação e a expectativa do cliente, e o envolvimento e a motivação dos colaboradores internos (equipe) e externos (cliente final).
Afinal, não é interessante para ninguém, seja pessoa física (profissional), seja pessoa jurídica (empresa), a desvalorização do serviço em virtude do baixo preço e da baixa qualidade praticados no mercado, dois dos principais fatores de entrave para o desenvolvimento da GL no Brasil.

O valor da ética nas organizações

Um dos mais graves problemas vividos pela sociedade, em todos os tempos é, sem sombra de dúvida, a falta de princípios éticos. Nos tempos atuais, parece-nos que esse problema agrava-se rapidamente.

Na área de competência do profissional de Educação Física, deve-se refletir sobre a relação entre nossa atuação dentro das empresas e o bem-estar da sociedade. Entretanto, é necessário entender que a ética não se restringe apenas à prática de fraudes, de abusos e de outros crimes corporativos, mas, também, a plágio de programas, de apostilas e de métodos de treinamento.

Em qualquer circunstância, é necessário que carreguemos em nós o sentimento ético.

O termo *ética* não comporta adjetivos. Dessa forma, não devemos falar de "nova ética". Tampouco devemos falar de "ética nos negócios", pois todos devem ser éticos, e não apenas nos negócios. A realidade muda; a ética, não. Esta pode ser mais ou menos observada, ter mais ou menos incidência na realidade em que vivemos. Somos nós que deixamos de ser éticos ou tão éticos como deveríamos ser. Não devemos pôr a culpa na ética nem tratá-la como se fosse algo descartável que, como os equipamentos tecnológicos, exige nova reposição a cada ano.

> Não vejo como falar de ética nos negócios, se antes não nos perguntarmos pelos princípios éticos universais que devem reger todas as esferas de nossa existência. O primeiro deles é a vida – do ser humano, da natureza, do cosmo – como dom sagrado. Esse é o primordial e fundamental princípio ético... (Frei Betto, 2004)

Ao se regulamentar o profissional de Educação Física como atividade profissional, foi identificada, paralelamente à importância de conhecimento técnico e científico especializado, a necessidade do desenvolvimento da competência específica para sua aplicação, que possibilitasse estender a toda a sociedade os valores e os benefícios advindos da sua prática.

O *Código de Ética dos Profissionais de Educação Física* propõe normatizar a articulação das dimensões técnica e social com a dimensão ética, de forma a garantir, no desempenho do profissional de Educação Física, a união entre conhecimento científico e atitude, referendando a necessidade de um *saber* e de um *saber fazer* que venham a se efetivar como um *saber bem* e um *saber fazer bem*.

Dessa forma, o ideal da profissão define-se pela prestação de um atendimento melhor e mais qualificado a um número cada vez maior de pessoas, tendo como referência um conjunto de princípios, de normas e de valores éticos livremente assumidos, individual e coletivamente, pelos profissionais de Educação Física.

A construção do Código de Ética para o profissional de Educação Física foi desenvolvida com base no estudo historiográfico da disciplina, e, assim, foram estabelecidos os 12 itens norteadores da aplicação do Código de Ética, que fixa a forma pela qual devem se conduzir os profissionais de Educação Física registrados pelo sistema do Conselho Federal de Educação Física/Conselhos Regionais de Educação Física (CONFEF/CREFs).

Nesse sentido, a educação e a preocupação com uma atuação eticamente correta deverá fazer parte do desenvolvimento profissional, o que, obrigatoriamente, envolve o estabelecimento de *direitos*, assim como o cumprimento de *deveres*.

Entre os principais itens, nas seções a seguir destacamos aqueles mais discutidos e exigidos nos programas de GL, para que a atuação dos profissionais de Educação Física possa oferecer aos beneficiários qualidade, segurança e credibilidade, consequências de uma atuação pautada em princípios éticos.

Acompanhamento e avaliação constante do programa

O programa de GL deve ser avaliado constantemente para acompanhamento de sua evolução, bem como de seus objetivos e de suas metas.

Na fase de implantação, devem ser estabelecidos os indicadores entre contratante e contratado, para que, desde o início, sejam coletados dados necessários para uma avaliação adequada do programa.

Os principais indicadores que podem ser observados são:

- aptidão física relacionada à saúde;
- nível de atividade física;
- indicadores de qualidade de vida;
- níveis de estresse;
- níveis de afastamento e de absenteísmo;
- procura ambulatorial;
- acidentes de trabalho;
- satisfação e percepção do programa.

Para cada indicador, deve ser aplicada uma metodologia adequada de coleta de dados e de análise dos resultados. A compreensão de quais componentes devem fazer parte da avaliação dos programas de GL tem sido meu objeto de estudo desde 2001. Ainda pairam muitas dúvidas de como o tema deve ser tratado e de que forma pode ser demonstrado o fenômeno. Sem uma avaliação adequada, não temos como demonstrar qual a efetividade da intervenção da GL.

No decorrer da minha formação como pesquisadora, sempre fui orientada a organizar e a delimitar o assunto, além do levantamento bibliográfico, elaboração da problematização e hipóteses sobre a intervenção dos exercícios no ambiente de trabalho. Nos últimos 15 anos, os quatro pontos fundamentais a seguir sempre estiveram presentes em minhas pesquisas. Portanto, convido os colegas da área a uma reflexão sobre esses temas:

- *Relação entre trabalho e queixas osteomusculares*: diminuir a percepção de dor e fadiga pode colaborar para a prevenção de lesões osteomusculares relacionadas ao trabalho? Qual a percepção de dor ou de desconforto muscular dos trabalhadores antes e depois da implantação do programa de GL?
- *Inatividade física e saúde pública*: o programa de GL pode oferecer a oportunidade de conscientização e disseminação de conhecimento sobre os benefícios dos exercícios físicos para a saúde? Qual o nível de atividade física dos trabalhadores antes e depois da implantação do programa de GL? O programa de GL pode influenciar na mudança

de comportamento e contribuir para o aumento e/ou a manutenção da prática de atividade física em trabalhadores?

- *Promoção da saúde e do bem-estar*: se os programas devem ser complementados por ações educativas que possibilitem um acesso mais amplo à informação, à promoção e educação em saúde, à integração social, à descontração e ao bem-estar, qual a percepção dos trabalhadores quanto a esses aspectos e nível de satisfação com o programa de GL?
- *Carência de pesquisas no ambiente de trabalho*: embora a efetividade desses programas ainda não tenha sido definitivamente comprovada, já que boa parte dos estudos não pode ser reproduzida em virtude de deficiências metodológicas destacadas em revisões já realizadas (Costa e Vieira, 2008; Hess e Hecker, 2003), efeitos benéficos na prevenção de distúrbios musculoesqueléticos têm sido relatados após a implantação de programas de exercícios e alongamento no local de trabalho (Barredo e Mahon, 2007; Henning et al., 1997; Lima, V., 2009; Mongini et al., 2008; Moore, 1998; Omer Nascimento, 2004; Proper et al., 2003). Portanto, a continuidade de novos estudos com uma abordagem mais científica garantirá um melhor entendimento dos benefícios pelos quais tanto trabalhadores quanto empregadores podem esperar do programa de GL.

Percepção de dor e fadiga

Da perspectiva atual da ergonomia, torna-se clara a importância de considerarmos também as questões fisiológicas, biomecânicas, do ambiente físico e da organização do trabalho (Couto, Nicoletti e Lech, 2007), para minimizar tanto o sofrimento físico quanto mental de trabalhadores acometidos por dor, fadiga e lesões ocupacionais.

As dores corporais são importantes manifestações da inadequação das estruturas corporais frente às exigências do trabalho e representam um relevante sintoma de caracterização de males, como os Distúrbios Osteomusculares Relacionados ao Trabalho (DORT).

A implantação de programas de exercícios físicos no ambiente de trabalho, mais conhecidos no Brasil como Ginástica Laboral, é uma das ações utilizadas pelas empresas na tentativa de prevenir desordens musculoesqueléticas, cujos efeitos sobre fadiga, dores e lesões ocupacionais têm despertado interesse da comunidade científica (Choi e Woletz, 2012).

Romero, Lima e Ceschini (2006) realizaram estudo sobre a prevalência de dores corporais, de acordo com a participação em programa de GL.

Gráfico 4.1 – Prevalência de dores corporais de acordo com a participação em programa de Ginástica Laboral

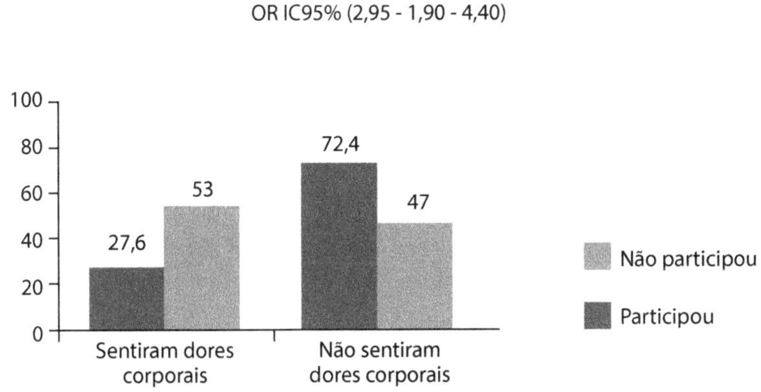

OR: *odds ratio* (razão de probabilidades); IC: intervalo de confiança.
Fonte: adaptado de Romero, Lima e Ceschini (2006).

Em relação ao grupo que não participou do programa de GL, os resultados constataram que houve uma chance de 2,95 (IC95%: 1,90-4,40) vezes a mais de os funcionários apresentarem queixas de dores corporais, quando comparados aos funcionários que participaram do programa. A participação regular no programa de GL teve papel importante na diminuição de dores musculares nos trabalhadores da área administrativa consultados.

Pereira, López e Lima (2009) propuseram-se a avaliar os efeitos de um programa de GL sobre a fadiga, uma das principais sintomatologias das LER/DORT. Os objetivos foram verificar quantitativamente a percepção de fadiga pré e pós-intervenção e comparar as fases pré e pós-intervenção dos grupos experimental e controle em relação aos itens de fadiga.

O instrumento utilizado foi o Questionário Bipolar de Fadiga (Couto, 1995). Os planos de aula tiveram duração de 15 minutos, compostos por exercícios de alongamento (40%), de resistência muscular localizada (40%), de relaxamento, de técnicas de massagem e de automassagem (10%) e de dinâmicas de grupo (10%). Foram realizadas 120 aulas, 5 vezes por semana, e aplicadas duas vezes por turno, durante 3 meses. A amostra total foi de 61 sujeitos, escolhidos aleatoriamente, que preencheram os critérios de inclusão.

Os resultados encontrados demonstraram que, após a intervenção de GL, o grupo experimental apresentou redução nos níveis de fadiga, dado estatisticamente significativo para os itens: cansado, dor na cervical, dor nas costas, dor nos braços e dor na perna. No grupo-controle não houve redução em nenhum dos níveis avaliados, mas, sim, um aumento estatisticamente significativo no item dor cervical. Portanto, concluiu-se que, nesse estudo, o programa de GL exerceu influência positiva na redução de fadiga dos trabalhadores.

Durante o mestrado (Lima, V., 2009), dediquei parte do estudo à análise dos efeitos de um programa de exercícios físicos no local de trabalho sobre a percepção de dor musculoesquelética em trabalhadores de escritório, de acordo com a frequência semanal de participação.

Uma parte do estudo foi publicada e discutida em um artigo (Lima et al., 2009). Os resultados da pesquisa sugeriram que a participação em um programa bem-estruturado pode contribuir para a diminuição da percepção de dor musculoesquelética.

Durante a intervenção para organizar a frequência de participação no programa, os sujeitos foram alocados de forma randômica em três grupos, de acordo com o número proposto de sessões semanais: duas vezes (RG2), três vezes (RG3) e cinco vezes por semana (RG5).

A percepção de dor muscular foi avaliada no início do programa (M0), e após três (M3) e seis meses (M6). No início do programa, os sujeitos autorrelataram suas principais queixas de dor, percebida nas seguintes regiões: coluna lombar, pescoço e ombros. No fim do sexto mês de intervenção, houve diminuição no número total de dores relatadas pelos funcionários. Além disso, os sujeitos do RG5 relataram maior diminuição na intensidade da dor percebida nas últimas 24 horas, em comparação aos sujeitos do RG2 e RG3, sugerindo que três ou mais sessões por semana de exercícios físicos têm um impacto maior na dor musculoesquelética do que programas com menor frequência.

Na Tabela 4.1, são apresentados os resultados comparativos do relato do nível de percepção de dores musculoesqueléticas para cada região corporal, de acordo com a frequência de intervenções. Para todas as regiões relatadas pelos participantes, embora não tenha sido observada diferença significativa entre as proporções das dores, comparando-se o início (M0), após 90 (M3) e após 180 dias (M6), foi observada uma redução na quantidade total de relatos de dores musculoesqueléticas.

Tabela 4.1 – Valores de frequência (N) e proporção (%) de percepção de dor segundo as regiões corporais relatadas, independentemente da frequência semanal (amostra total)

Regiões corporais	M0		M3		M6	
	N	%	N	%	N	%
Cabeça/cervical	12	26,7	6	20,8	7	28,0
Ombros	7	15,6	7	24,1	7	28,0
Coluna torácica	6	13,2	2	6,9	1	4,0
Coluna lombar	12	26,7	10	34,5	7	28,0
Braço	–	–	–	–	–	–
Cotovelo	–	–	–	–	–	–
Punho	1	2,2	–	–	–	–
MMII*	7	15,6	4	13,7	3	12,0
Total	45	100,0	29	100,0	25**	100,0

*MMII: glúteos, joelhos, panturrilhas, tornozelos e pés.

** diferença estatística significativa em relação a M0 ($p < 0,05$).

Fonte: adaptada de Lima, V. (2009).

Nível de atividade física e mudança no comportamento para a prática de atividades físicas

Embora todos os benefícios de um estilo de vida mais ativo e saudável, dentro e fora do ambiente de trabalho, já tenham sido discutidos anteriormente, permanece a necessidade de avaliarmos se alguns minutos de exercícios dentro da jornada de trabalho, no formato dos programas de GL, podem contribuir para o aumento do nível de atividade física dos participantes e provocar alguma mudança na tendência à prática de tais atividades.

Dentro dessa temática, tive a oportunidade de participar, com outros pesquisadores, de alguns estudos para verificar o comportamento para a prática habitual de atividade física, o aumento do nível de atividade física e a frequência semanal de participação no programa de GL oferecido pela empresa. Entre os estudos realizados, selecionamos os seguintes:

- Num estudo realizado com 6.362 funcionários de ambos os sexos, de empresas do setor administrativo e fabril das cidades de São Paulo, Rio de Janeiro e Curitiba, foi demonstrado que funcionários do setor fabril apresentaram maior envolvimento em atividades físicas e menor tendência para o sedentarismo, ao passo que, para o setor administrativo, a relação foi inversa, ou seja, apresentaram menor envolvimento em atividades físicas e maior tendência para o sedentarismo, fato que pode ser explicado pelas diferentes funções profissionais de cada grupo (Ceschini e Lima, 2005).
- Em um estudo realizado por Lima, Romero e Ceschini (2006), com amostra composta por 323 funcionários administrativos de uma indústria farmacêutica na cidade de São Paulo, foi observada uma diferença estatística significativa ($\chi^2 = 4{,}739$) entre as proporções, demonstrando que os funcionários que participaram do programa de GL foram mais ativos, se comparados aos funcionários que não participaram do programa ($p < 0{,}029$). Esse estudo apontou 1,67 vezes mais chance de um funcionário ser ativo quando participa da GL.
- Em 2014, publicamos um estudo sobre o nível de atividade física e estágios de mudança de comportamento em trabalhadores, de acordo com gênero e idade. A amostra foi constituída por 384 funcionários de uma empresa do setor de telecomunicações na cidade de São Paulo. O programa foi composto por aulas de alongamento, de automassagem e de resistência muscular localizada, com duração de 10 minutos, por um período de 12 meses, além de palestras informativas com temas sobre a importância da atividade física para saúde. A frequência semanal foi estabelecida em cinco vezes por semana, e os participantes foram selecionados de forma randomizada. Os instrumentos utilizados foram:

Questionário Internacional de Atividade Física (IPAQ) e o Modelo dos Estágios de Mudança de Comportamento. Na estatística, para a comparação das médias intragrupos, foi utilizado o teste "t" de Student, com nível de significância de $p < 0,05$ (Lima, Mendes e Romero, 2014).

Para o nível de atividade física, foi encontrada uma maior porcentagem de homens classificados como ativos do que mulheres. Na análise da distribuição dos indivíduos nos diferentes estágios de prontidão para a atividade física, foi identificada uma tendência para o comportamento mais ativo nos homens, especialmente no estágio de *manutenção*.

No estágio de *contemplação*, a distribuição percentual foi maior para mulheres do que para homens abaixo e acima de 30 anos. No estágio de *pré-contemplação*, no qual o indivíduo não pratica nenhuma atividade física e também não tem intenção de começar, a frequência foi zero.

Tabela 4.2 – Resultados sobre estudo de nível de atividade física e estágios de mudança de comportamento

Nível de Atividade Física (NAF) – Homens e Mulheres								
	< 30 anos				**> 30 anos**			
	Homens		**Mulheres**		**Homens**		**Mulheres**	
	f	%	f	%	f	%	f	%
Suficiente	85	80,19	95	71,43	68	66,67	51	52,58
Insuficiente	21	19,81	38	28,57	34	33,33	46	47,42
Total	106	100,0	133	100,0	102	100,0	97	100,0
Estágios de Mudança de Comportamento – Homens e Mulheres								
	< 30 anos				**> 30 anos**			
	Homens		**Mulheres**		**Homens**		**Mulheres**	
	f	%	f	%	f	%	f	%
Pré contemplação	0	0,00	0	0,00	0	0,00	0	0,00
Contemplação	23	25,00	42	37,50	20	21,98	48	53,93
Preparação	27	29,35	30	26,79	28	30,77	21	23,60
Ação	15	16,30	20	17,86	12	13,19	5	5,62
Manutenção	27	29,35	20	17,86	31	34,07	15	16,85
Total	92	100,0	112	100,0	91	100,0	89	100,0

Fonte: adaptada de Lima, Romero e Ceschini (2006).

Como conclusão, programas de exercícios no local de trabalho corretamente estruturados podem contribuir para o aumento e/ou a manutenção da prática de atividade física em trabalhadores.

O IPAQ, apropriado para mensuração de grandes grupos populacionais, com estudo de validade e reprodutibilidade no Brasil (Matsudo et al., 2001), foi utilizado no estudo de 2014, e disponibilizamos, neste livro, a versão longa do IPAQ e sua classificação, como uma forma de estimular novas iniciativas de pesquisas sobre o sedentarismo nas organizações (Anexos II e III).

Aptidão relacionada à saúde

De acordo com Achour Junior (2009), as boas posturas provêm do tônus muscular e estão relacionadas com a flexibilidade e com a força muscular. O autor enfatiza, ainda, que se espera que a prática dos exercícios físicos no trabalho revigore os trabalhadores tanto pelo bem-estar quanto pelo desenvolvimento da força, da flexibilidade e da redução da percepção de esforço nas atividades diárias.

Em 2001,[1] foi realizado um estudo com 47 trabalhadores, com o objetivo de observar os efeitos de um programa de GL sobre os níveis de flexibilidade, após 60 dias de intervenção. Houve uma evolução de 15,62%, demonstrando que, mesmo em um período curto (dois meses), os exercícios ministrados nas aulas de GL podem ocasionar mudanças significativas nos níveis de flexibilidade.

Gráfico 4.2 – Estudo sobre efeitos de GL em níveis de flexibilidade no período de 60 dias (2 meses)

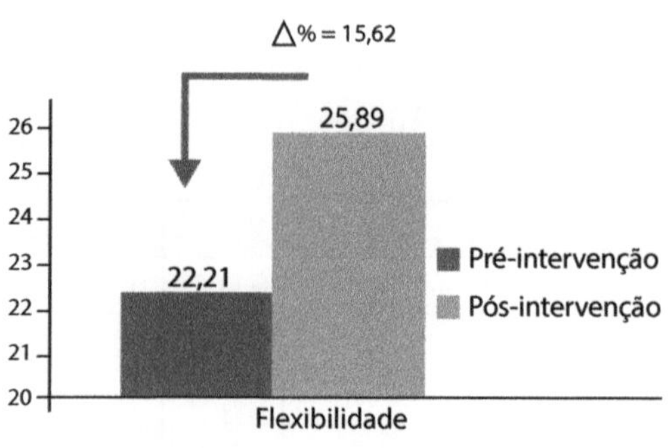

Fonte: adaptado de Lima, D. (2001).

[1] Palestra *Ginástica laboral* realizada pela autora no V Congresso Paulista de Educação Física "Atividade Física, Saúde e Estética", em Jundiaí/São Paulo, em junho de 2001.

Lima, Romero e Ceschini (2004) demonstraram, em um estudo realizado com 272 trabalhadores do setor bancário, que participaram regularmente de um programa de GL por um período de 12 meses, que houve, além de melhora significativa da variável flexibilidade, aumento de 24,66% (delta percentual) na força de preensão manual, fato que pode estar relacionado com o aumento no nível de atividade física, também encontrado nesse estudo.

Gráfico 4.3 Resultados em força de preensão após programa de GL de 12 meses

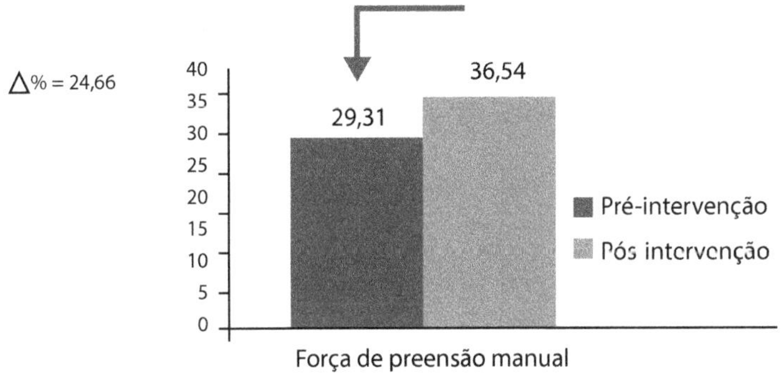

Fonte: adaptado de Lima, Romero e Ceschini (2004).

Sendo a resistência muscular a capacidade de um segmento do corpo de realizar e sustentar um movimento por um determinado período, os exercícios resistidos adaptados para aulas de GL podem ser englobados na série de exercícios de prevenção para melhorar a resistência, como forma de suportar melhor determinados esforços sem comprometer a saúde. No programa de GL, os exercícios podem ser desenvolvidos de forma progressiva. Nessa variação, o funcionário deverá iniciar o exercício resistido com um esforço mínimo e, a cada aula, progredir para maior resistência.

Em 2010, foi avaliado o impacto de um programa estruturado de GL, após 12 meses de implantação, sobre indicadores de qualidade de vida e saúde de funcionários com funções administrativas (Lima e Ceschini, 2010). Além dos exercícios, os participantes receberam informativos com temas relacionados à saúde e à qualidade de vida. Foram avaliados o nível de atividade física (IPAQ versão 8 curta), a força de preensão manual (dinamômetro digital), a flexibilidade de tronco (teste do terceiro dedo ao chão), o peso corporal (kg), a estatura (cm) e os indicadores de qualidade de vida, utilizando-se um questionário estruturado. Os funcionários que participaram das avaliações, mas não aderiram ao programa foram classificados como grupo-controle. Observe os Gráficos 4.4 e 4.5.

Gráfico 4.4 – Comparação entre grupo-controle e grupo experimental (1)

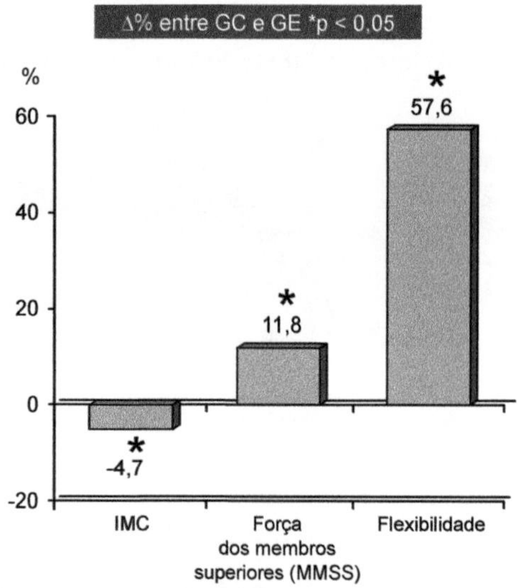

Fonte: adaptado de Lima e Ceschini (2010).

Gráfico 4.5 – Comparação entre grupo-controle e grupo experimental (2)

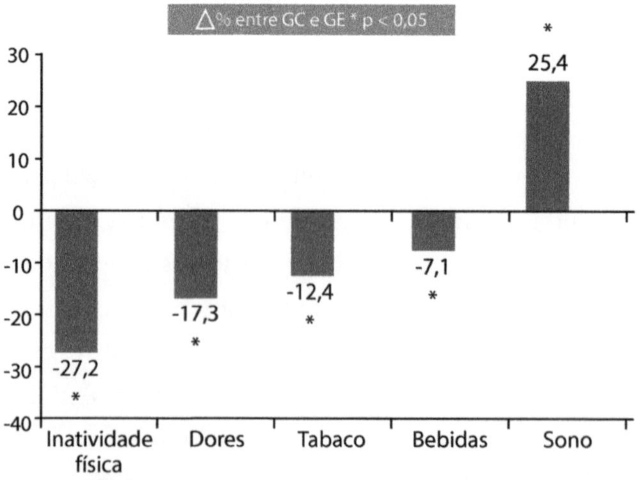

Fonte: adaptado de Lima e Ceschini (2010).

Como resultado, após 12 meses foi observado que todas as variáveis para o grupo-controle permaneceram estáveis, exceto a qualidade do sono, a qual teve diminuição significativa ($p = 0,02$). Para o grupo experimental, que participou regularmente do programa de GL, foi observado que houve melhora significativa em todos os indicadores de saúde e de qualidade de vida avaliados (Lima e Ceschini, 2010).

Lima e Achour Junior (2014) analisaram os efeitos de um programa de exercícios no local de trabalho sobre a flexibilidade em trabalhadores de escritório e sua relação com a frequência semanal de participação. Quarenta e nove funcionários de escritório de uma empresa do setor farmacêutico, localizada na cidade de São Paulo, foram distribuídos randomicamente em três grupos, de acordo com o número semanal de sessões propostas: duas (RG2), três (RG3) e cinco (RG5) vezes por semana.

O programa incluiu sessões de exercícios de 10 minutos, compostas por alongamento, exercícios de resistência muscular localizada, massagem e técnicas de relaxamento, por um período de seis meses.

Para mensurar a flexibilidade de punhos e coluna cervical, foram utilizados, respectivamente, um inclinômetro de dupla escala e o teste do terceiro dedo ao chão. Após a análise dos dados, verificou-se que houve aumento significativo nos valores de flexibilidade da coluna cervical, da coluna lombar e dos punhos ($p < 0,05$) para todos os grupos.

O estudo demonstrou que a participação em um programa estruturado de exercícios no local de trabalho ao longo de seis meses, com sessões de 10 minutos e diferentes frequências semanais pode contribuir para o aumento da flexibilidade em trabalhadores de escritório, e sugere-se, para estudos futuros, confirmar se a intervenção estabelece um relacionamento causal entre desenvolvimento da flexibilidade e profilaxia de lesões musculoesqueléticas.

Adesão e aceitação dos funcionários

Para utilizar a GL como uma estratégia de promoção da saúde e estímulo à prática regular de exercícios físicos no local de trabalho, é necessário identificar as principais barreiras relatadas pelos funcionários dos diferentes setores e áreas da empresa e, até mesmo, por idade e sexo, para que seja possível implementar ações de acordo com as barreiras apresentadas e perfil dos colaboradores e/ou da empresa.

Um estudo realizado por Lima et al. (2003) teve como objetivo determinar as barreiras que impedem a adesão aos programas de GL, de acordo com idade e sexo. A amostra foi constituída por 262 voluntários de ambos os sexos, colaboradores de quatro grandes corporações nacionais e multinacionais com áreas administrativas e fabris, nas quais o programa de GL atingia cerca de 3.200 funcionários. As barreiras que apresentaram maior prevalência, em ordem de importância, foram as seguintes:

- compromissos diversos;
- atividade física paralela;
- falta de motivação;
- horário inadequado;
- aspectos relacionados à saúde;
- excesso de trabalho;
- falta de tempo;
- não gosta e/ou não quer.

Em outro estudo, realizado por Rodrigues et al. (2005), foi aplicado um questionário semiaberto, no qual o funcionário deveria relatar, por ordem de importância, os motivos para a não adesão ao programa de GL. A amostra foi composta por 422 funcionários de áreas administrativas e fabris de empresas localizadas na cidade de São Paulo. Os Gráficos 4.6 e 4.7 apresentam, entre todos os motivos, as principais barreiras para a não adesão.

Gráfico 4.6 – Principais barreiras para a não adesão a programas de GL, relatadas por indivíduos com até 30 anos de idade

Fonte: adaptado de Rodrigues et al. (2005).

Gráfico 4.7 – Principais barreiras para a não adesão a programas de GL, relatadas por indivíduos acima de 30 anos de idade

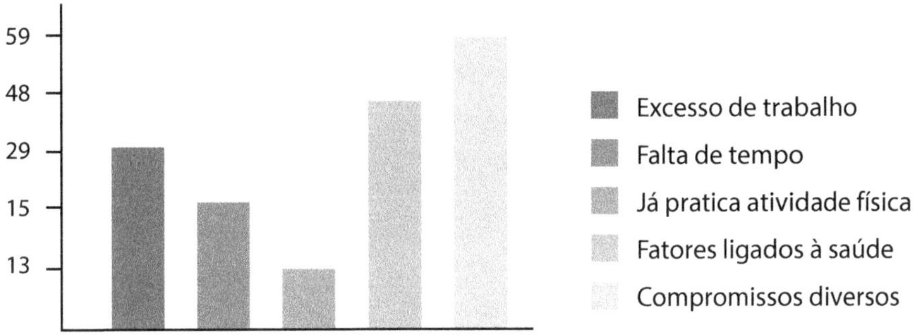

Fonte: adaptado de Rodrigues et al. (2005).

Para Maciel (2008), é importante fazer a distinção entre atividade física no local de trabalho ou fora dele e GL, pois essas práticas têm objetivos e estratégias que diferem nos meios e nos instrumentos que utilizam.

5 Ginástica Laboral Compensatória, Ergonomia e Equipe Multidisciplinar

Ergonomia

Segundo Couto (2014), *ergonomia* pode ser definida como o trabalho interprofissional que, baseado num conjunto de ciências e tecnologias, procura o ajuste mútuo entre o ser humano e seu ambiente de trabalho. O autor destaca: é a adaptação, de forma confortável, produtiva e segura, das pessoas ao seu ambiente de trabalho.

De acordo com Rodrigues, Merino e Casarotto Filho (2013, p. 283),

> Dentro de uma empresa, o trabalhador pode interagir de diversas formas com suas ferramentas de trabalho e com o próprio ambiente, desenvolvendo interfaces ambientais, cognitivas e organizacionais. Portanto, é papel da ergonomia mapear e entender essas interações, buscando adequar o trabalhador dentro do sistema produtivo, de modo que ele possa realizar suas atividades com eficiência e segurança, levando em consideração suas capacidades físicas e cognitivas.

Segundo Pereira, T. (1998), com o passar do tempo, o homem aprimorou cada vez mais suas ferramentas de trabalho, buscando, com isso, a transformação de atividades árduas e desgastantes em tarefas menos agressivas à sua constituição fisiológica. Esse aprimoramento minimizou bastante o problema das doenças ocupacionais, não fazendo, porém, que as queixas deixassem de existir.

Com o intuito de eliminar essas doenças da sociedade moderna, buscam-se programas preventivos e terapêuticos. As atividades preventivas atuam sobre os fatores causadores de lesões, a fim de adequar ergonomicamente a postura ao local de trabalho, o que diminui as incidências de patologias neurocompressivas e as tensões musculares contínuas, causadas por posições estáticas do corpo.

Para Dejours (1992), as intervenções ergonômicas são divididas em *vivência subjetiva de curto prazo* e *vivência subjetiva de longo prazo*. Num primeiro momento, os trabalhadores experimentam benefícios reais da intervenção ergonômica, como a melhoria da postura, a diminuição das lombalgias, a iluminação mais racional, entre outros, que resultam em vantagens que podem ser chamadas de *positividade da prática ergonômica*. Entretanto, o autor destaca que, em muitos casos, o alívio trazido pela correção ergonômica é recuperado pela organização do trabalho, o que poderia traduzir-se, em termos de psicopatologia do trabalho, em apenas alívio limitado caso a ergonomia não traga satisfação suplementar ao nível do conteúdo exigido pelo trabalho.

De acordo com Couto, Nicoletti e Lech (2007), a instituição de um processo de ergonomia é um dos procedimentos mais baratos desenvolvidos pelas empresas, e de melhor relação custo/benefício. Para tal, é necessário instituir como base geral das soluções ergonômicas:

- eliminação do movimento crítico ou postura crítica;
- realização de pequenas melhorias;
- reprogetação ergonômica ou projeto ergonômico;
- revezamento nas tarefas ou rodízio;
- melhoria no método de trabalho;
- melhoria na organização do sistema de trabalho;
- orientação ao trabalhador e cobrança de atitudes corretas;
- treinamento para a função a ser desempenhada;
- realização de ginástica de aquecimento, de distencionamento ou compensatória;
- seleção médica, de robustez ou antropométrica;
- pausas para a recuperação.

É importante lembrar a difícil realidade, na qual a prevenção das lesões no ambiente de trabalho extrapola a interferência do indivíduo (em sua totalidade: corpo e mente) e do trabalho (equipamentos e organização) e avança para os acontecimentos sociopolíticos e assistenciais, nos quais, na maioria das vezes, não podemos interferir.

Sabemos, também, que as lesões ocorridas no ambiente de trabalho estão se estabelecendo como um fenômeno social, para o qual muitas vezes não é exigida apenas a atuação médica, mas, também, atuação psicológica, administrativa e sociológica. Dessa forma, é importante que, nos aspectos psicológicos, todos os profissionais (inclusive o profissional de Educação Física) tratem da situação com muito cuidado e atenção, mantendo-se sempre informados e atualizados, cada um contribuindo para sua área de atuação.

A atuação em ergonomia é, basicamente, multiprofissional, uma vez que os conhecimentos necessários para planejar e/ou transformar uma situação de trabalho ou um produto são oriundos de diversos campos da Ciência.

No Brasil, os Serviços Especializados em Engenharia de Segurança e em Medicina do Trabalho (SESMT) e ergonomia são orientados pela legislação, por meio das Normas Regulamentadoras (NRs) publicadas pelo Ministério do Trabalho pela Portaria nº 3.214/78, que estabelecem os requisitos técnicos e legais sobre os aspectos mínimos de Segurança e Saúde Ocupacional. Atualmente, 36 NRs devem ser acompanhadas pelo Ministério do Trabalho e Emprego (MTE).

A NR 17 estipula que as condições de trabalho incluam aspectos relacionados ao levantamento, ao transporte e à descarga de materiais; ao mobiliário; aos equipamentos e às condições ambientais do posto de trabalho e à própria organização do trabalho, de modo que, para se avaliar a adaptação das condições de trabalho às características psicofisiológicas dos trabalhadores, cabe ao empregador realizar a Análise Ergônomica do Trabalho (AET), na qual devem constar as condições normativas estabelecidas.

No caso de atividades que exijam sobrecarga muscular estática ou dinâmica (no pescoço, nos ombros, no dorso ou nos membros superiores e inferiores), com base na análise ergonômica do trabalho, deve ser observada a necessidade (ou não) de pausas para recuperação.

Nesse aspecto, orientamos que seja feita uma avaliação criteriosa na implantação do programa de Ginástica Laboral (GL) durante as pausas para recuperação. Os exercícios, além de seguirem as recomendações de exercícios compensatórios à postura de trabalho, devem promover o relaxamento muscular como forma de alívio da fadiga física e mental.

Não é nosso objetivo relatar todas as lesões, ou, até mesmo, nos aprofundarmos em temas que abrangem a ergonomia, como questões de mobiliário, tipos de lesões, critérios de diagnóstico e tratamento. Contudo, desejamos que os leitores sintam a necessidade de procurar orientações com profissionais especializados e na literatura especializada, para que compreendam melhor os fatores de risco que envolvem os trabalhadores.

Reflexões sobre as LER/DORT

O processo saúde/doença dos trabalhadores – como e por que adoecem e morrem, e como são organizadas e atendidas suas necessidades de saúde – pode ser considerado uma construção social diferenciada no tempo e espaço, e dependente da organização das sociedades (Dias, 2000).

A adoção de novas tecnologias e métodos gerenciais promove a intensificação do trabalho, que, aliada à instabilidade no emprego, modifica o perfil de adoecimento e sofrimento dos trabalhadores, expressando-se, entre outras formas, pelo aumento da prevalência de doenças relacionadas ao trabalho, como as Lesões por Esforços Repetitivos (LER), também denominadas Distúrbios Osteomusculares Relacionados ao Trabalho (DORT); pelo surgimento de novas doenças mal-caracterizadas, como o estresse e a fadiga física e mental, e outras manifestações de sofrimento relacionadas ao trabalho. Configura, portanto, situações que exigem mais pesquisas e mais conhecimento, para que se possam traçar propostas coerentes e efetivas de intervenção (Brasil, 2001).

Os distúrbios musculoesqueléticos foram reconhecidos por terem fatores etiológicos ocupacionais antes mesmo do início do século XVIII. Contudo, apenas a partir dos anos 1970 os fatores ocupacionais passaram a ser examinados utilizando-se métodos epidemiológicos, e a sua relação com o trabalho começou a aparecer regularmente na literatura científica internacional (Bernard, 1997).

Em abril de 2007, o Instituto Nacional do Seguro Social (INSS) estabeleceu o Nexo Técnico Epidemiológico Previdenciário (NTEP), um novo sistema de concessão de benefícios acidentários que teve impacto sobre a forma como são levantadas as estatísticas de acidentes do trabalho. O objetivo foi incentivar a melhoria das condições de trabalho e da saúde do trabalhador, estimulando as empresas a implantarem políticas mais efetivas de saúde e de segurança no trabalho para reduzir a acidentalidade (Brasil, 2009).

Um estudo sobre o benefício auxílio-doença acidentário, concedido nos anos 2006 e 2008, mostrou um aumento de 517,82% nas notificações de doenças do sistema osteomuscular e do tecido conjuntivo (Brasil, 2009).

Embora os dados oficiais restrinjam-se à população com vínculo empregatício formal, beneficiária do auxílio-acidentário, os dados do último relatório da Previdência Social (Brasil, 2010) mostram que as lesões musculoesqueléticas mais recorrentes ainda são as dorsalgias, lesões do ombro, sinovite e tenossinovite, as quais se situam entre as dez principais doenças do trabalho que mais afastam os trabalhadores de suas ocupações, gerando, a cada ano, não apenas o aumento das estatísticas de acidente de trabalho, mas, também, aposentadorias por invalidez e uma relevante discussão sobre a responsabilidade social das empresas em desenvolver métodos de produção que respeitem e protejam a saúde do trabalhador (Brasil, 2010).

O *Manual de procedimentos para os serviços de saúde* (Brasil, 2001) cita que as doenças do sistema osteomuscular e do tecido conjuntivo relacionadas ao trabalho (DORT), têm origem multifatorial e complexa, dentro da qual se encontram:

- exigências mecânicas repetidas por períodos prolongados;
- exigências de produtividade;
- posições forçadas;
- fatores de organização do trabalho;
- competitividade;
- programas de incentivo à produção e programas de qualidade;
- características individuais do trabalhador, traços de personalidade e sua história de vida.

Segundo Rocha e Ferreira Júnior (2000), com base nos dados da literatura científica, de todas as medidas propostas para a prevenção de LER/DORT, a que acumula maior quantidade de evidência epidemiológica que assegura a sua efetividade é a introdução de pausas ao longo da jornada de trabalho. Alguns estudos têm demonstrado o impacto real das pausas na redução da incidência de novos casos de LER/DORT, e a razão mais provável aventada é a interrupção dos mecanismos fisiopatológicos gerados pela isquemia, anaerobiose e pela liberação de mediadores neuro-hormonais de dor, ocasionadas por meio de relaxamento e reoxigenação periódica dos tecidos sobrecarregados.

O uso frequente do computador, de movimentos repetitivos e de posturas inadequadas (Couto, Nicoletti e Lech, 2007; Harman e Ruyak, 2005; Wahlström, 2005) são causas de tensão muscular, de desconforto, de fadiga e de dor musculoesquelética. Os sintomas podem variar de desconforto e dor à redução das funções corporais e invalidez (EU-OSHA, 2008).

De acordo com Reis e Ribeiro (2003, p. 237), a implantação de programas de promoção da saúde no trabalho é fundamental para estabelecer melhores padrões de saúde, assim como favorecer vínculos ainda mais fortes entre a empresa e os funcionários:

> Como consequência das melhores condições de saúde assim alcançadas, ocorre a redução na procura por serviços assistenciais e curativos, trazendo uma significativa redução no custo desses serviços, hoje fator de constante preocupação para a empresa e os empregados. A conscientização da importância de todos esses fatores tem mobilizado cada vez mais as empresas a realizarem investimentos nessa área.

Para Rocha e Ferreira Junior (2000, p. 314):

> Além da intervenção sobre os fatores de risco ligados ao trabalho, são comuns em nosso meio programas de treinamento para os próprios trabalhadores, que incluem técnicas para levantamento e manutenção de carga, orientação postural, exercícios de relaxamento, alongamento muscular e ginástica laborativa, cuja finalidade é tentar reduzir o

> impacto da carga de trabalho, melhorando a capacidade do sistema musculoesquelético de cada operador. A literatura internacional é controversa a respeito do efeito real destas iniciativas, principalmente quando usadas isoladamente, embora seu efeito possa ser benéfico, como agregador da participação dos trabalhadores, dentro de um amplo programa de prevenção em que todos os fatores de risco sejam atacados de forma integrada.

Alguns estudos têm demonstrado melhoras na produtividade e no conforto individual dos trabalhadores como resultado da participação em um programa de exercícios, particularmente, quando ele é parte integrante de um programa amplo e coordenado de segurança e saúde ocupacional (The Hartford Loss Control Tips, 2002).

Fadiga e dor

A palavra *fadiga*, em geral, relaciona-se à diminuição da capacidade de produção e à perda de motivação para qualquer atividade. Dessa forma, pode ser feita a distinção entre a *fadiga muscular* e a *fadiga generalizada* (Grandjcan, 1998).

Durante as inserções de GL, trabalhadores relatam sentir-se muitas vezes "travados", "pesados", em um estado de fadiga que se apresenta como uma sensação de cansaço. Certamente, essas sensações desagradáveis interferem na motivação, tanto para trabalhos físicos quanto mentais.

Com base na literatura encontrada, referente às formas de fadiga, analisamos que a GL pode contribuir para a diminuição da sensação de cansaço/fadiga. Aqui estão alguns exemplos:

- *fadiga visual*: indivíduos em atividades que demandam fixação do globo ocular por longos períodos, como operadores de *telemarketing* e funcionários de linhas de produção e de controle de qualidade são beneficiados, por exemplo, pela pausa ativa proporcionada pela GL;
- *fadiga corporal*: a pausa para realização dos exercícios interrompe a rotina de movimentos repetitivos ou com sobrecarga física e postural;

- *fadiga mental*: a GL promove uma "quebra" da monotonia do ambiente de trabalho, fazendo que o funcionário "desligue-se" momentaneamente das preocupações, pressões e problemas do dia a dia, conforme abordado no Capítulo 2.

Segundo Moreira e Carvalho (2001), no Brasil, nos últimos anos, muitos portadores de fibromialgia vêm sendo diagnosticados com LER, DORT, tendinites/tenossinovites (tipos variados), às vezes, de forma sucessiva e simultânea.

Um estudo realizado por Helfenstein e Feldman (1998) no estado de São Paulo demonstrou que, de 103 pacientes diagnosticados inicialmente com LER, 73 preencheram os critérios para a síndrome da fibromialgia. Esse estudo demonstra que muitos dos pacientes diagnosticados como portadores de LER são, na verdade, portadores da síndrome da fibromialgia, com múltiplas manifestações clínicas e distúrbios psicológicos importantes. Essa comprovação para o fenômeno em nosso país indica que, para com esses indivíduos, deve-se ter abordagens etiológicas, diagnósticas e terapêuticas diferentes daquelas que vêm sendo empregadas, as quais demonstraram não ser eficazes.

A fibromialgia é uma síndrome dolorosa, caracterizada por dor difusa, com envolvimento crônico de múltiplos músculos e tecidos moles. É também denominada *fibrosite* ou *síndrome miofascial difusa*. Caracteriza-se por pontos dolorosos, dor articular, rigidez matinal, cefaleia, parestesia, formigamento, ansiedade, cãibras, depressão, irritação, nervosismo, alteração da memória e da concentração, fadiga, insônia, sono não restaurador, entre outros (Sakata, 2004).

Essas informações são de fundamental importância para os profissionais de Educação Física os quais reportam queixas comuns feitas a eles durante as aulas – principalmente no início do programa – por funcionários interessados em esclarecimentos. Os trabalhadores argumentam não querer procurar o serviço médico da empresa por temerem algum tipo de preconceito ou avaliação por parte da chefia, sobretudo quando está ocorrendo processo de dispensa na empresa. Ou seja, preferem muitas vezes acumular um quadro de dor crônica, prejudicando a própria saúde a procurar o serviço médico, receosos pela manutenção do emprego.

Embora se possa pensar e falar sobre a dor como uma *sensação*, ela difere bastante do que normalmente é considerado sensação. É menos uma sensação e mais uma *percepção* (Morris, 1991).

Como um componente vital da experiência humana, a dor é um processo complexo, e o corpo experimenta duas categorias: a *dor aguda* e a *dor crônica*.

A *dor aguda* é aquela que, em geral, tem uma fonte identificável e duração limitada. Como exemplos, temos: dores do parto, apendicite, a resposta ao tocar um ferro quente. A dor serve como um aviso de que alguma coisa está errada e leva a pessoa a buscar o alívio (Caudill, 1998).

A *dor crônica* ocorre quando o próprio mecanismo para a dor não funciona adequadamente, ou quando determinadas doenças associadas à dor tornam-se crônicas por razões desconhecidas. A dor contínua e o próprio sintoma podem tornar-se uma doença e estão comumente associados a múltiplas consequências biológicas, psicológicas e sociológicas. Alguns exemplos são: dor nas costas ou pescoço, dores de cabeça e fibromialgia (Caudill, 1998).

De acordo com a Sociedade Brasileira para o Estudo da Dor (SBED), nos casos de dor crônica, é dada especial atenção a outros fatores que podem ter contribuído para seu aparecimento, como atividades físicas ou sobrecargas exercidas pelo paciente (importante para determinar as DORT), bem como as posições do corpo ao deitar-se e ao sentar-se; alterações comportamentais; tipo de sono; atividade sexual; apetite e hábitos alimentares; atividades domiciliares e laborativas; atividades de lazer e muitas outras. O controle da dor crônica não depende somente do tratamento dos sintomas, mas, também, de identificar e modificar as condições que favorecem o seu aparecimento. Essas condições referem-se, além da parte emocional, ao ambiente físico (mobiliário, iluminação etc.), ao ambiente social (relacionamento familiar e no trabalho), à postura (como o indivíduo se senta, como dorme etc.) e ao estilo de vida (atividades de lazer, prática de esportes etc.).

O conhecimento desses conceitos é de grande utilidade para a compreensão das DORT e para sua prevenção e controle.

O sistema muscular acometido de um encurtamento ou insuficiência de flexibilidade enfraquece o tecido e o compromete, com aumento de adesões e imbricamentos das ligações cruzadas do colágeno. Algumas dessas consequências são: aumento do gasto energético; desestabilização da postura; uso de fibras compensatórias; compressão das fibras nervosas; aumento das incidências de cãibras e de dor; diminuição da capacidade de trabalho e das horas dedicadas ao lazer (Bienfait, 1999).

Nos casos de reabilitação cujo objetivo seja tratar os funcionários vítimas de dores agudas ou crônicas, deve-se englobar uma equipe multidisciplinar, envolvendo profissionais de Educação Física, para prescrição de atividades físicas e orientação para o lazer; fisioterapeutas para adequações posturais e cinesioterapia; suporte psicológico e acompanhamento médico para prescrição de medicamentos adequados a cada caso.

Merlo et al. (2003) citam que, na realidade, nos portadores de LER, pode-se evidenciar um sofrimento associado à dor física, mas não só a ela. Para além dos aspectos fisiopatológicos da doença, percebemos que existe uma complexa relação, que vincula a dor às vivências subjetivas e à identidade social.

Dor de cabeça

É um sintoma comum com imensa quantidade de causas. Como o cérebro não tem inervação sensitiva, as dores de cabeça não se originam nele. A dor, nesses casos, é produzida pela pressão sobre os nervos sensoriais, vasos, meninges ou na unidade músculo-tendão-osso.

Acredita-se que a dor de cabeça, por contração ou tensão muscular, seja causada por um esforço musculotendinoso na origem do trapézio e nos músculos profundos do pescoço; no osso occipital ou na origem do músculo frontal sobre o osso frontal (dor de cabeça occipital ou frontal). A dor de cabeça tensional também pode originar-se no complexo muscular da articulação temporomandibular (ATM). As estruturas de tecido conectivo que sustentam a cabeça podem estar envolvidas na dor se estiverem encurtadas e se puxarem a cabeça em direção aos nervos, ou de maneira inversa – se as estruturas forem "frouxas" e não sustentarem o pescoço, e se a cabeça e as estruturas nervosas também forem comprimidas (Fritz, 2002).

Dessa forma, as terapias pelo movimento, como massagens e alongamentos coordenados com exercícios respiratórios, são eficazes ao auxílio no tratamento das dores de cabeça tensionais. É preciso desenvolver, em casos específicos de históricos individuais entre os funcionários participantes da GL, cuidados terapêuticos e acompanhamento médico.

Principais pontos de tensão muscular no programa de Ginástica Laboral

No programa de GL, as articulações dos membros superiores e a coluna vertebral são evidenciadas na seleção dos exercícios por serem, na maioria das vezes, as estruturas mais utilizadas no ambiente de trabalho, tanto na área administrativa quanto na área fabril.

Com o objetivo de verificar o relato de dores e as respectivas regiões corporais por elas afetadas em trabalhadores do setor administrativo e fabril, Lima et al. (2004) realizaram um estudo com 2.584 colaboradores de ambos os sexos, sendo 1.298 (50,2%) do setor administrativo e 1.286 (49,8%) do setor fabril, provenientes de oito empresas na cidade de São Paulo. Para a coleta de dados, foi elaborado um questionário, no qual o colaborador relatava se sentia ou não dores durante o período de trabalho e em qual região corporal. A análise estatística utilizada foi a frequência das respostas e o cálculo percentual para a amostra total.

Gráfico 5.1 – Resultado da pesquisa de Lima et al. (2004)

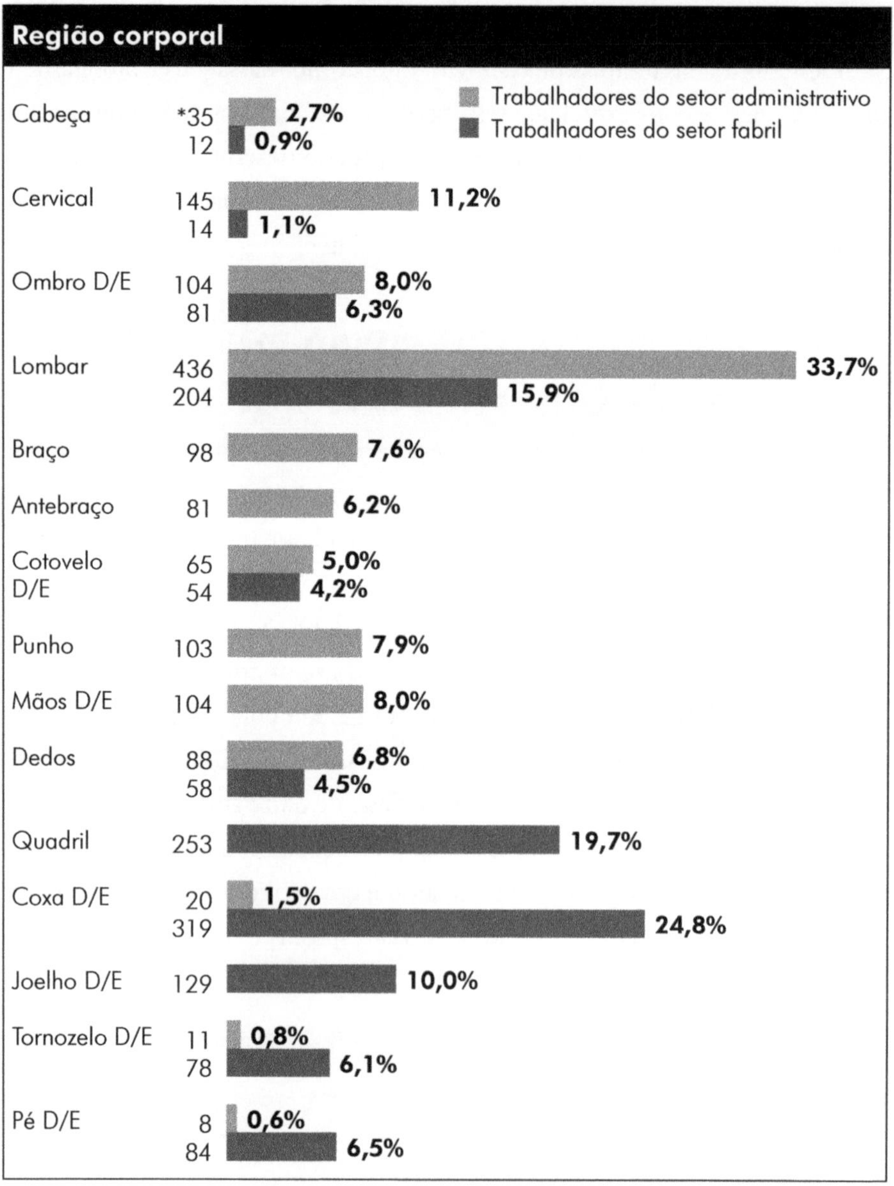

* A numeração indicativa antes da barra refere-se à frequência das respostas, e a posterior à barra, ao cálculo percentual para a amostra total.
D/E: direito/esquerdo.

Os resultados evidenciaram que, para trabalhadores do setor administrativo, a região da coluna lombar apresentou maior incidência de dores (33,7%), seguida da coluna cervical (11,2%) e de ombros e mãos (8,0%). Para trabalhadores do setor fabril, a região da coxa (24,8%), quadril (19,7%) e coluna lombar (15,9%) foram as regiões que apresentaram maior incidência de dores. Com base nos achados desse estudo, pode-se concluir que trabalhadores do setor administrativo podem apresentar mais relatos de dores na coluna e nos membros superiores, ao passo que trabalhadores do setor fabril, mais relatos de dores em membros inferiores.

Já um estudo realizado por Pereira, Ceschini e Lima (2005), também para comparar a proporção de dores corporais, demonstrou que 77,2% dos funcionários administrativos e 65,4% do setor fabril relataram sentir algum tipo de dor ou desconforto muscular antes, ao longo ou depois do horário de trabalho. A amostra foi de 263 funcionários de ambos os sexos, dos quais 127 funcionários pertenciam a uma empresa do setor administrativo e 136 a uma empresa do setor fabril. O estudo foi realizado por meio de um questionário de autorrelato, aplicado durante as inserções de GL.

Equipe multidisciplinar

A presença de uma equipe multidisciplinar dentro das empresas tem facilitado a resolução de problemas, colaborando para a diminuição da sintomatologia e para a amenização de sofrimentos mentais e físicos.

O enfoque interdisciplinar é fundamental para promover o necessário entrosamento entre trabalhadores, equipes de reabilitação e empresários. Havendo comprometimento de ambos (empregados e empregadores), as possibilidades de atingir bons resultados no tratamento são potencializadas, diminuindo o sofrimento dos indivíduos e trazendo benefícios para as empresas.

Para a obtenção de resultados mais duradouros, o programa de tratamento e educação referente às lesões no ambiente de trabalho (LER/DORT) deve ser conduzido por uma equipe multidisciplinar: profissionais das áreas de Medicina, Psicologia, Fisioterapia, Nutrição e Educação Física. Há, também, a necessidade de um trabalho conjunto com a empresa (Departamento Médico, Segurança do Trabalho e Recursos Humanos), nas questões referentes ao retorno ao trabalho e às realizações e readaptações funcionais, quando pertinentes.

Estudo realizado por Gravina (2005), com o objetivo de avaliar o processo de reabilitação profissional entre bancários com LER, concluiu que os participantes apresentaram dificuldades com relação ao estabelecimento de limites; ao preconceito; à resistência; ao pouco investimento da empresa em recursos humanos; à pressão para alcance de metas; à insegurança e ao medo em relação ao futuro. Como facilitadores, mencionaram a participação no grupo, o acompanhamento multidisciplinar e a discussão das atividades de trabalho antes da recolocação.

O retorno de funcionários após reabilitação de lesões ocupacionais é um processo complexo, tanto para os trabalhadores quanto para as empresas. Esses funcionários necessitam de acompanhamento diferenciado das equipes de saúde, segurança do trabalho e recursos humanos, pois apresentam restrições que devem ser consideradas em seu processo de readaptação para voltarem a ter plena capacidade produtiva e, acima de tudo, resgatarem sua dignidade como profissionais.

Reabilitação no local de trabalho

Vinícius de Moraes

O trabalho de avaliação fisioterápica e reabilitação são partes integrantes de um projeto de atendimento multidisciplinar no combate às afecções musculoesqueléticas relacionadas ao trabalho.

Uma vez estabelecido o trabalho como agente causador, automaticamente define-se o ponto fundamental das LER/DORT: o nexo causal de lesões ocupacionais. Cria-se, dessa forma, uma série de responsabilidades para a empresa pela oferta e gestão do trabalho, cujas últimas instâncias são representadas por pendências jurídicas, que podem incluir as áreas trabalhistas. Criam-se, também, responsabilidades para aqueles que são portadores desses problemas.

Prevenir é eliminar as causas de algum evento antes que ele aconteça. Dessa forma, prevenir LER/DORT significa eliminar ou neutralizar causas ou condições que contribuem para seu aparecimento.

Em alguns contextos, os interesses dos portadores de LER/DORT tornam-se antagônicos aos interesses daqueles que são responsabilizados pelo aparecimento de lesões e distúrbios.

Torna-se difícil, mas não impossível, em algumas circunstâncias, a obtenção adequada de dados que permitam uma compreensão mais clara do processo de adoecimento, e que, portanto, possibilitem propostas preventivas, terapêuticas e ocupacionais totalmente eficazes.

Uma das etapas do trabalho de reabilitação é a realização de um levantamento dos funcionários pertencentes ao grupo de risco, relacionando-os aos sintomas de LER/DORT por meio de avaliações fisioterápicas que abarcarão a população geral da empresa. Posturas corporais determinam quais articulações e músculos são utilizados nas atividades e a quantidade de força ou tensão que são gerados ou tolerados. Desse modo, contribuímos para a criação de novas ações em saúde e qualidade de vida.

> A reabilitação visa à melhoria da qualidade de vida e à readaptação ao convívio social e profissional.

A condição funcional do paciente com LER/DORT deve ser diagnosticada periodicamente, pois há uma flutuação dependente do estado psíquico (estresses psicossociais, angústias), químico (alterações metabólicas, infecções) e físico (tarefas do dia anterior, posturas inadequadas). Em vista disso, surge a necessidade de traçar um plano básico de tratamento, que parte de manobras passivas que evoluem para o recondicionamento neuromuscular e o ganho de força e de resistência.

Atividades aeróbias ativam o sistema endógeno de supressão da dor, além de complementar o trabalho fisioterápico. Para os pacientes que puderem participar de programas de condicionamento físico em geral, inclusive para melhoria de sua capacidade funcional, é necessário acompanhamento de um profissional de Educação Física, de modo que todas as orientações de exercícios respeitem as possibilidades físicas, psíquicas e sociais de cada um.

Os procedimentos de reabilitação – incluindo relaxamento, reeducação postural, cinesioterapia e técnicas como massoterapia, termoterapia, eletroterapia e acupuntura – proporcionam alívio sintomático da dor e da inflamação; redução do uso dos fármacos, aumento do relaxamento muscular, prevenção de deformidades; reabilitação da função motora e neurovegetativa; redução do sofrimento tecidual. Os procedimentos utilizados devem ser adaptados a cada caso.

Visão globalizada

Vinícius de Moraes

Ter uma visão globalizada significa olhar para vários horizontes ao mesmo tempo, para tentar entender o problema atual. É dessa maneira que podemos identificar os reais mecanismos de causa de problemáticas e traçar a melhor estratégia para solucionar a questão.

Para Federico Navarro (1987), autor e seguidor da terapia reichiana, o indivíduo é dotado de couraças criadas por ele próprio no decorrer da vida, para poder enfrentar o cotidiano e se defender de possíveis agressões, sejam elas traumáticas ou psicológicas.

Essas couraças aparecem em regiões estratégicas do corpo do sujeito, com o passar dos anos. A definição "couraça", então, torna-se real e, notavelmente, podemos identificar verdadeiras barreiras musculares, dotadas de estruturas tensas e rígidas.

Entretanto, por que evidenciar quesitos psicológicos quando doenças ortopédicas relacionadas ao trabalho são o assunto? Simplesmente pelo fato de o ser humano ser a união de duas estruturas, a psíquica e a somática. Portanto, é impossível separá-las e olhar apenas para uma delas, sendo demasiadamente errôneo tratar apenas o psíquico, e não o somático, e vice-versa.

Quando se trata de LER/DORT, podemos fazer algumas interligações acerca de seu mecanismo de fisiopatologia. Para muitos autores, o mecanismo repetitivo é o único fator causador de danos ao sistema musculoesquelético, porém, ao observarmos de uma maneira mais global, conseguimos facilmente traçar paralelos entre o psíquico e o somático, os quais agem sempre em conjunto para um resultado final indesejado: as patologias.

Existem várias maneiras pelas quais o ambiente de trabalho pode influenciar a qualidade de vida dos indivíduos: da sobrecarga psicológica, que não vem ao caso nessa abordagem, à estrutural, decorrente da sobrecarga de trabalho por *deficit* ergonômicos.

Conforme abordado em capítulos anteriores, entre os mais importantes aspectos, podemos dizer que:

- a manutenção de posturas adaptadas por períodos de tempo prolongados contribui para o estresse muscular e postural;
- a manutenção das ditas "hegemonias vitais" (funções primárias para a manutenção da vida, como a respiração), contribuem para a sobrecarga do sistema muscular;
- o nível de atenção necessário em determinados pontos de trabalho exige uma ação muscular mais fina, o que solicita da musculatura um estado de tensão maior, colocando em risco o sistema muscular;
- o estresse vivido pelos indivíduos, seja dentro, seja fora da empresa, também aumenta o estado de tensão muscular;
- os movimentos repetitivos e levantamento de carga exigem vários períodos de força muscular;
- a ergonomia dos postos de trabalho, por sua vez, quando não apropriada, solicita cada vez mais posturas adaptadas. Estas, somadas aos itens anteriores, acabam por fechar um quadro de risco estrutural, tornando o indivíduo sujeito a quadros traumáticos.

Estágios das LER/DORT

As LER/DORT podem ser controladas se forem diagnosticadas no estágio inicial e receberem tratamento adequado. Existem diversas classificações das DORT, organizadas segundo o prognóstico, a sintomatologia ou a evolução da patologia. Um exemplo é a classificação em quatro estágios da Norma Técnica para Avaliação da Incapacidade Laborativa em Doenças Ocupacionais (Brasil, 2001):

- *estágio ou grau I*: o trabalhador apresenta sensação de peso e desconforto no membro afetado e dor espontânea, localizada em membros superiores ou cintura escapular. Os sinais flogísticos estão ausentes, a dor não se irradia, melhora com o repouso e o prognóstico é bom.

- *estágio ou grau II*: a dor torna-se mais intensa e persistente, aparecendo durante a jornada de trabalho de modo intermitente, o que provoca queda na produtividade. Demora mais a aliviar com o repouso, os sinais clínicos estão ausentes e o prognóstico é favorável.
- *estágio ou grau III*: a intensidade da dor aumenta, tornando-se mais persistente, sendo comum a ocorrência de dor noturna. Edema, hipertrofia e alterações de sensibilidade estão presentes. O sistema nervoso autônomo pode sofrer alterações, provocando sudorese e palidez. A produtividade é muito afetada, e, às vezes, a tarefa torna-se impossível de ser realizada. O prognóstico já não é tão favorável.
- *estágio ou grau IV*: a dor torna-se contínua, e, às vezes, insuportável. O edema torna-se persistente, e nessa fase se manifestam a atrofia e as deformidades.

Assim, existe a necessidade de obter o maior número de profissionais de diferentes áreas de atuação, não para uma competição por méritos de trabalho, mas para que cada um contribua com seus conhecimentos, buscando agir de maneira completa em prol da saúde do trabalhador.

A fisioterapia visa atuar nos casos em que a patologia já está instalada, promovendo o atendimento fisioterápico clássico, ou, ainda, em via de fixação, quando se trata diretamente o aparecimento de lesões. Em outro âmbito, os profissionais também podem agir em grupo, buscando soluções e planos de implantação de medidas para minimizar ou melhorar a qualidade de vida dos indivíduos.

Quadro 5.1 – Lesões específicas comumente encontradas

Tendinite/tenossinovite: inflamação dos tendões, da ligação músculo-tendão ou do tecido que reveste os tendões, definidos por bainhas sinoviais. Essa condição pode ser decorrente do excesso de repetições de um mesmo movimento, mas não é adquirida necessariamente no trabalho; porém, com o aumento dos postos de trabalho informatizados, tornou-se uma importante doença ocupacional.
Entesite: inflamação das ênteses (locais de inserção de um ligamento ou músculo no osso). Os locais mais comuns das entesites são os cotovelos (comum nos tenistas e golfistas), os joelhos e os pés (nesse caso, são conhecidas popularmente como "esporão" de calcâneo e são habitualmente associadas à fasciite plantar). A entesite está presente na espondilite anquilosante, podendo assumir diversas localizações (costoesternal, manubrioesternal, trocânter maior, ísquio, cristas ilíacas, tendão de Aquiles, fasciite plantar).
Doença de De Quervain: corresponde à inflamação da bainha comum dos tendões do abdutor longo e extensor curto do polegar. Manifesta-se na forma de dor ao longo da face radial do punho e pode estar acompanhada por edema. Em geral, agrava-se pelo uso ativo da mão envolvida.
Dedo em gatilho: é uma inflamação dos tendões flexores dos dedos, produzindo espessamentos e nódulos que dificultam o deslizamento dos tendões em suas bainhas.
Epicondilite: inflamação dos epicôndilos mediais ou laterais dos cotovelos, que estão ligados aos mecanismos patológicos dos músculos flexores e extensores do punho. A epicondilite ocorre por sobrecarga da musculatura do antebraço, uma vez que se origina nos epicôndilos do úmero lateral (cotovelo de tenista) ou medial (cotovelo de golfista).

Continua

Continuação

Bursite: inflamação das bursas (pequenas bolsas que se situam entre os ossos e tendões das articulações do ombro). A bursite subacromial é caracterizada pela ocorrência de dor nos ombros, principalmente durante a realização de certos movimentos, como abdução, rotação externa e elevação do membro superior.
Miosite: inflamação dos tecidos musculares, com ou sem a presença de nódulos.
Síndrome do túnel do carpo: compressão do nervo mediano na altura do punho, em virtude de tendões hipertrofiados ou edemaciados. Na maioria dos casos, essa compressão do nervo na região do punho deve-se ao estreitamento no seu canal de passagem por inflamação crônica não específica dos tendões, que também passam por esse canal. Acomete mais as mulheres entre 40 e 50 anos (tendo como principais causas, nesse caso, artrite reumatoide, artrose, diabetes melito, hipotireoidismo e último trimestre de gravidez) e profissionais que têm LER.
Síndrome do desfiladeiro torácico: compressão do plexo braquial e artéria subclávia pela musculatura dos escalenos.
Síndrome cervicobraquial: compressão dos nervos em coluna cervical, também conhecida como *cervicalgia*. A causa mais comum de cervicalgia crônica é a síndrome dolorosa miofacial (SDM). Os músculos mais afetados são o trapézio, os escalenos, o esternoclidomastóideo e o levantador da escápula. O diagnóstico é realizado pela pesquisa dos pontos-gatilho.

Continua

Continuação

Lombalgia: é uma condição comum na população adulta. Porém, existem muitas controvérsias quanto às possíveis etiologias e fisiopatologias das lombalgias. As dores na região lombar estão associadas a fatores individuais, como ganho de peso, má postura, fraqueza dos músculos abdominais e espinhais, falta de condicionamento físico e fatores ocupacionais, como a permanência na posição sentada por períodos prolongados, posturas inadequadas e sedentarismo.

De acordo com a Instrução Normativa INSS/DC nº 98, de 5 de dezembro de 2003 (Dataprev, 2003), a conclusão diagnóstica deve considerar o quadro clínico, sua evolução e fatores etiológicos possíveis, com destaque para a anamnese e fatores ocupacionais. É sempre importante lembrar que os exames complementares devem ser interpretados à luz do raciocínio clínico. Um diagnóstico não ocupacional não descarta LER/DORT.

Quadro 5.2 – Relação exemplificativa entre o trabalho e algumas entidades nosológicas

Lesões	Causas ocupacionais	Exemplos	Alguns diagnósticos diferenciais
Bursite do cotovelo (olecraniana)	Compressão do cotovelo contra superfícies duras	Apoiar o cotovelo em mesas	Gota, contusão e artrite reumatoide
Contratura de fáscia palmar	Compressão palmar associada à vibração	Operar compressores pneumáticos	Heredofamiliar (contratura de Dupuytren)
Dedo em gatilho	Compressão palmar associada à realização de força	Apertar alicates e tesouras	Diabetes, artrite reumatoide, mixedema, amiloidose
Epicondilites do cotovelo	Movimentos com esforços estáticos e preensão prolongada de objetos, principalmente com o punho estabilizado em flexão dorsal e nas pronossupinações com utilização de força	Apertar parafusos, desencapar fios, tricotar, operar motosserra	Doenças reumáticas e metabólicas, hanseníase, neuropatias periféricas, contusão, traumas
Síndrome do canal cubital	Flexão extrema do cotovelo com ombro abduzido, vibrações	Apoiar cotovelo ou antebraço em mesa	Epicondilite medial, sequela de fratura, bursite olecraniana, forma T de Hanseníase
Síndrome do canal de Guyon	Compressão da borda ulnar do punho	Carimbar	Cistos sinoviais, tumores do nervo ulnar, tromboses da artéria ulnar, trauma, artrite reumatoide etc.
Síndrome do desfiladeiro torácico	Compressão sobre o ombro, flexão lateral do pescoço, elevação do braço	Fazer trabalho manual sobre veículos, trocar lâmpadas, pintar paredes, lavar vidraças, apoiar telefones entre o ombro e a cabeça	Cervicobraquialgia, síndrome da costela cervical, síndrome da primeira costela, síndromes metabólicas, artrite reumatoide e rotura do supraespinhoso
Síndrome do interósseo anterior	Compressão da metade distal do antebraço	Carregar objetos pesados apoiados no antebraço	

Continua

Continuação

Lesões	Causas ocupacionais	Exemplos	Alguns diagnósticos diferenciais
Síndrome do pronador redondo	Esforço manual do antebraço em pronação	Carregar pesos, praticar musculação, apertar parafusos	Síndrome do túnel do carpo
Síndrome do túnel do carpo	Movimentos repetitivos de flexão (mas, também, extensão) com o punho, sobretudo se acompanhados por realização de força	Digitar, fazer montagens industriais, empacotar	Menopausa, trauma, tendinite da gravidez (em particular, se bilateral), lipomas, artrite reumatoide, diabetes, amiloidose, obesidade, neurofibromas, insuficiência renal, lupus eritematoso, condrocalcinose do punho
Tendinite da porção longa do bíceps	Manutenção do antebraço supinado e fletido sobre o braço ou do membro superior em abdução	Carregar pesos	Artropatia metabólica e endócrina, artrites, osteofitose da goteira bicipital, artrose acromioclavicular e radiculopatias C5-C6
Tendinite do supraespinhoso	Elevação com abdução dos ombros associada à elevação de força.	Carregar pesos sobre o ombro	Bursite, traumatismo, artropatias diversas, doenças metabólicas
Tenossinovite de De Quervain	Estabilização do polegar em pinça seguida de rotação ou desvio ulnar do carpo, principalmente se acompanhado de força	Apertar botão com o polegar	Doenças reumáticas, tendinite da gravidez (em particular, se bilateral), estiloidite do rádio
Tenossinovite dos extensores dos dedos	Fixação antigravitacional do punho Movimentos repetitivos de flexão e extensão dos dedos	Digitar, operar *mouse*	Artrite reumatoide, gonocócica, osteoartrose e distrofia simpaticorreflexa (síndrome de ombro-mão)
Observação 1: considerar a relevância quantitativa das causas na avaliação de cada caso. A presença de um ou mais fatores listados na coluna de diagnósticos diferenciais não impede, *a priori*, o estabelecimento do nexo.			
Observação 2: *vide* Decreto nº 3.048/99, Anexo II, Grupo XIII do Código Internacional de Doenças (CID 10) – "Doenças do sistema osteomuscular e do tecido conjuntivo, relacionadas com o trabalho".			

Fonte: Dataprev (2003).

Plano de auxílio à prevenção – Educação Física

O profissional de Educação Física precisa planejar o programa de GL valendo-se da análise dos seguintes aspectos:

- atividades profissionais desenvolvidas em cada setor da empresa;
- as principais causas de afastamentos ou queixas mais frequentes;
- de acordo com os objetivos definidos pelo contratante, pois algumas empresas implantam o programa como parte de um conjunto de ações motivacionais, e não especificamente relacionado à prevenção de lesões.

Após essa análise inicial, deve-se selecionar os exercícios e as atividades a serem aplicados, priorizando a manutenção das condições físicas, psíquicas e sociais no ambiente de trabalho, para que cada indivíduo possa desenvolver sua potencialidade produtiva.

Observamos, com o decorrer dos programas, que há uma necessidade de elaborar, em maior proporção, exercícios para membros superiores, englobando coluna cervical, torácica e lombar, bem como as articulações glenoumeral, cúbito e carpo.

Os profissionais de Educação Física podem auxiliar as empresas a conterem o avanço das lesões ocupacionais seguindo orientações do departamento médico e da equipe de fisioterapia ou de ergonomia (quando houver), objetivando a prevenção e a manutenção da capacidade funcional dos indivíduos que não apresentam sinais e sintomas característicos de LER/DORT.

Esse é um grande processo, no qual o profissional de Educação Física tem um importante papel como parte de uma equipe multidisciplinar.

O programa de GL pode contribuir para os seguintes aspectos ergonômicos:

- *aspecto postural*: orientação e conscientização;
- *aumento da mobilidade articular e da flexibilidade*: diminuição dos encurtamentos e das tensões musculares;
- *pausa ativa*: com exercícios adequados para o relaxamento muscular das estruturas mais utilizadas na função profissional;
- *exercícios específicos*: elaboração de atividades físicas baseadas em estudos referentes ao arranjo anatômico e funcional, e como ele é utilizado pelo indivíduo na sua rotina de trabalho.

Podemos aplicar exercícios de alongamento e de fortalecimento muscular localizado e global como complemento ao tratamento, desde que orientados e autorizados pelo médico responsável, para que se respeite e se mantenha a ética profissional, necessária em qualquer circunstância.

No protocolo de investigação, diagnóstico, tratamento e prevenção de LER/DORT (Brasil, 2001), estão citadas, entre os exemplos de atividades a serem desenvolvidas pelas equipes multidisciplinares, as várias técnicas de relaxamento, de alongamento, de automassagem, de fortalecimento muscular e de correção de postura.

A pausa para realização da GL pode ser utilizada como um momento para o funcionário avaliar o quanto seu corpo está bem ou o quanto pode melhorar, para adquirir informações que irão ajudá-lo a gerenciar sua saúde, por meio de mudanças simples e pequenas, que, no dia a dia, o auxiliarão a viver de maneira mais feliz e produtiva.

A pausa ativa pode ser benéfica no caso de exigências prolongadas dos trabalhos em postura estática, tendo em vista estudos que permitem concluir que esforços estáticos estão associados com o aumento do risco de inflamações nas articulações e nas bainhas dos tendões, a doenças dos discos intervertebrais e a cãibras musculares (Grandjean, 1998).

Entre os principais fatores de risco, é importante que os profissionais de Educação Física atuem na melhoria da postura do indivíduo e na sua capacidade de relaxar, a fim de minimizar os encurtamentos musculares, pois a ausência de atividade física, mesmo em níveis mínimos, pode influenciar na resposta de cada pessoa às demandas cotidianas, o que não é uma exigência excessiva para indivíduos com um pouco de condicionamento físico. Porém, para um hipoativo, pode ser excessivo e inapropriado.

Segundo Verderi (2001), muitos sintomas – como dores de cabeça, formigamento nos braços, dores em certas regiões do corpo, dores abdominais, entre outras – têm sua origem nos desequilíbrios posturais. Assim, o profissional de Educação Física deve aprimorar seus conhecimentos para desenvolver um trabalho de conscientização dos alunos quanto à importância de conhecer o próprio corpo e de educar-se posturalmente.

Pequenos momentos de lazer podem influenciar, não só na integridade física e mental dos trabalhadores, bem como no aumento da espontaneidade e alegria do grupo. A felicidade é um excelente colaborador para evitar não só as lesões, mas, também, outras doenças relacionadas ao estresse e a sentimentos de mau humor, e a autoavaliação que o indivíduo pode elaborar sobre si (autoimagem) e sua consciência corporal podem ser grandes aliados na prevenção de lesões.

Para Martins e Duarte (2000), faz-se absolutamente necessária a análise ergonômica do trabalho, pois, sem ela, as sessões de GL seriam apenas um paliativo, já que alguns minutos de alongamento e relaxamento não seriam capazes de atuar com eficácia sobre a má postura ocasionada por um mobiliário antiergonômico, ou tarefas deficientemente prescritas, realizadas por seis a oito horas seguidas.

Dessa forma, com um trabalho multidisciplinar, o programa de GL é incorporado a outras ações de promoção da saúde do trabalhador e deve abordar e minimizar as possíveis falhas no posto de trabalho e deficiências do indivíduo, além de incentivar a adoção de um estilo de vida mais ativo e saudável.

Como um dos grandes objetivos é proporcionar condições para a mudança do estilo de vida e a compreensão da importância dos exercícios laborais, nosso desafio é estabelecer um lema entre o programa de GL e a qualidade de vida no horário de trabalho:

> Prática de exercícios = Mais consciência e conhecimento do corpo + Informações e integração com os amigos = Prática saudável durante o expediente

Consciência corporal e coordenação motora

A maioria das pessoas é mais consciente quanto às suas responsabilidades e aos seus desafios do cotidiano do que às necessidades de seu organismo e de sua mente.

Programas que estimulam e despertam a consciência corporal têm efeitos que levam o indivíduo a redescobrir e a reconhecer seu corpo, sobretudo seus estados emocionais e pontos de tensão. Esse reconhecimento é de grande importância na minimização dos riscos de disfunções no sistema musculoesquelético, na correção de posturas e de movimentos inadequados, executados sem critério e discernimento durante a jornada de trabalho, os quais provocam desconforto ao organismo. Em situações de dor, de cansaço e de desconforto, os músculos contraem-se e as articulações modificam-se para compensar essa falta de sinergia que, em tese, determina uma melhor relação entre o gasto energético e a capacidade de realizar tarefas sem riscos de compensações, deficiência no movimento ou lesão.

Os profissionais da área da Saúde interessam-se por atividades que, por meio da consciência corporal e da identificação do acúmulo de tensão muscular, reduzem as tensões musculares e mentais do indivíduo, levando-o a experimentar exercícios e atividades que favorecem a liberação da tensão, provocando uma sensação de bem-estar e oferecendo muito mais energia.

Para Mendonça (2005), esquema corporal é o conhecimento do próprio corpo, de suas partes e atitudes, não só representado mentalmente, mas integrado às suas relações com o exterior e em contínua modificação, mediada pelas expressões de espaço e de tempo, pelo contato corporal e pela evolução do gesto e da linguagem.

Os programas de GL aparecem como uma proposta diferenciada, que foca os exercícios de alongamento, favorecendo a percepção corporal e a consciência da postura no trabalho.

Nos últimos anos, as relações entre trabalho e saúde vêm ganhando uma nova dimensão dentro do processo de globalização. As condições dessa nova ordem mundial, no modo de produzir e comercializar, refletem, também, no trabalho, no ambiente laboral e no nível de saúde dos trabalhadores. Quanto maior a consciência de que o corpo deve ser mantido saudável, com um nível de coordenação motora que assegure integridade sem danos funcionais, maior será a capacidade de trabalho e de produtividade, bem como o comprometimento com a empresa.

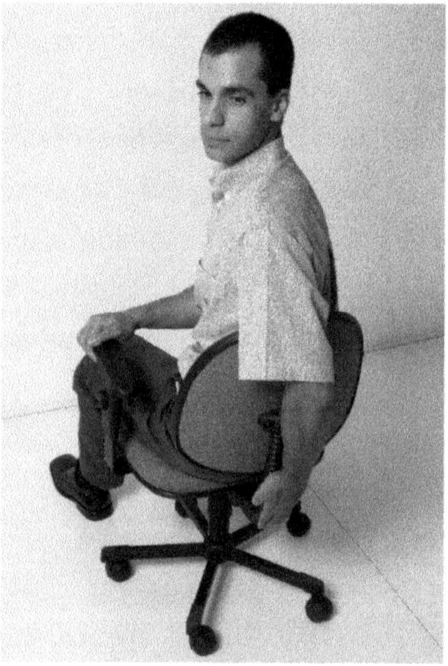

Figura 5.1 – Sentado, realizar rotação do tronco apoiando o braço no encosto da cadeira: exercício para alongar e relaxar a cadeia posterior da coluna.

Alimentação e saúde do trabalhador

Sheila Araújo Costa

A alimentação está envolta nos mais diversos significados, do âmbito cultural às experiências pessoais, que vão desde a sua preparação até o seu consumo. Está vinculada à identidade cultural, à condição social, à religião, à memória familiar e à época, sendo a primeira aprendizagem social do pequeno homem como resposta aos condicionantes fisiológicos, como os sinais/sensações de fome que o levam ao primeiro contato com o alimento. O comportamento alimentar é determinado por inúmeros fatores, entre eles, fatores biológicos, psicológicos, socioculturais e econômicos. A família, a escola, a mídia, assim como o ambiente de trabalho, podem influenciar de forma negativa ou positiva o padrão alimentar de um grupo ou indivíduo (Jomori, Proença e Calvo, 2008; Proença e Poulain, 2003).

A decisão de se alimentar é o resultado de um conjunto de interações sociais e de experiências, que vão desde a coleta de alimentos até as preparações culinárias, sempre de forma conveniente. Como citam Jomori, Proença e Calvo (2008), o indivíduo, ao escolher o alimento, leva em consideração o preço, o sabor, a variedade, o valor nutricional, a aparência e a higiene.

Proença e Poulain (2003) afirmam que se deve valorizar/resgatar a cultura culinária, articulando os conhecimentos da ciência da Nutrição com as dimensões sociais, regionais, religiosas, entre outras.

Segundo Araújo e Araújo (1999), a qualidade de vida está associada à qualidade da saúde e da alimentação, que devem ser considerados fatores fundamentais na manutenção de um estilo de vida saudável. Entre as causas de erosão dos modelos nutricionais, podem ser citadas a industrialização, a globalização e a medicalização da alimentação, que substituem, nas relações entre o homem e os alimentos, as razões sociais, morais e gastronômicas pelas razões médicas (Proença e Poulain, 2003).

A população brasileira vem apresentando mudanças significativas no padrão alimentar, contribuindo diretamente para o aumento da morbimortalidade por Doenças Crônicas Não Transmissíveis (DCNTs) – doenças cardiovasculares, doenças respiratórias crônicas, diabetes, câncer e outras, inclusive doenças renais. Segundo Schmidt e Duncan (2011), em 2007, cerca de 72%

das mortes no Brasil foram atribuídas às DCNTs, que podem ser evitadas com uma mudança de comportamento relacionada ao estilo de vida.

O Ministério da Saúde vem desde 2006 monitorando a saúde dos brasileiros por meio do sistema de Vigilância de Fatores de Risco e Proteção para Doenças Crônicas por Inquérito Telefônico (Vigitel). Esse sistema tem como objetivo monitorar a frequência e a distribuição de fatores de risco e de proteção para as DCNTs em todas as capitais dos 26 estados brasileiros e no Distrito Federal, por meio de entrevistas telefônicas realizadas com amostras probabilísticas da população adulta residente em cada cidade, em domicílios servidos por linhas fixas de telefone. No período de fevereiro a dezembro de 2016, foram entrevistadas 53.210 pessoas com mais de 18 anos. Esses dados apontam que, em 10 anos, o diabetes aumentou em 61,8%, a hipertensão em 14,2% e o excesso de peso passou de 42,6% para 53,8%. Por sua vez, a obesidade, em uma década, aumentou 60%, passando de 11,8% em 2006 para 18,9% em 2016 (Brasil, 2017a).

Em relação ao consumo alimentar, houve alguns avanços, como o aumento regular do consumo de frutas e hortaliças, que foi de 33,0% para 35,2% em 10 anos, mas ainda há muito a avançar nesse item. Outro avanço significativo foi o da redução do consumo de refrigerantes e sucos artificiais: o consumo, no mesmo período, caiu de 30,9% para 16,5%. Um dado importante foi a diminuição do consumo de leguminosas, sobretudo o feijão, que era de 67,5% e caiu para 61,3%. Foi considerado, para o cálculo, o consumo recomendado de frutas e de hortaliças – cinco ou mais vezes por semana –, e de feijões – pelo menos cinco ou mais dias na semana (Brasil, 2017a).

As doenças cardiovasculares constituem a principal causa de óbito nos países industrializados, incluindo o Brasil. O fator motivante é o modo de viver, que envolve hábitos culturais (como má alimentação, consumo de bebidas alcoólicas e tabagismo), formas de trabalho e desgaste físico.

A obesidade é um fator de risco para todas as doenças citadas anteriormente. O estudo realizado por Gigante et al. (1997) demonstrou forte associação entre o consumo de gordura – em especial, gordura saturada (gordura animal) – e um menor número de refeições (até três refeições por dia), com o excesso de peso e níveis elevados de glicemia e colesterol sanguíneos.

Um estudo foi realizado em São Paulo, com 1.339 trabalhadores de 30 empresas, em sua maioria, do setor industrial (80%), e todas beneficiadas pelo Programa de Alimentação do Trabalhador (PAT), sobre a ocorrência de excesso de peso e hipertensão arterial de seus funcionários. A prevalência geral de excesso de peso foi de aproximadamente 46%, com uma diferença importante no estado nutricional entre os sexos: enquanto a maioria das mulheres (65,3%) apresentou-se eutrófica, cerca de 56% dos homens apresentaram excesso de peso (IMC > 25) (Sarno, Bandoni e Jaime, 2008). São dados preocupantes e próximos aos valores apresentados pelo Vigitel de 2011 (Brasil, 2012). Já que o diagnóstico de obesidade também está associado à saúde dos trabalhadores, é importante pensarmos em estratégias de promoção à saúde desse grupo.

Geraldo, Bandoni e Jaime (2008), ao analisarem o cardápio de 72 empresas no município de São Paulo, demonstraram que a maioria dos cardápios apresentavam baixa oferta de frutas, de hortaliças (63,9% dos cardápios) e de gordura poli-insaturada (83,3%), e excesso de gorduras totais (47,2%) e de colesterol (62,5%). As empresas de médio e grande porte do setor industrial e de serviços, com gestão terceirizada e supervisão de nutricionista, apresentaram, em média, refeições com maior valor energético, maior porcentagem de gorduras poli-insaturadas e maior quantidade de colesterol e de frutas e hortaliças do que o agrupamento 1, composto por micro e pequenas empresas do setor de comércio, de autogestão e sem supervisão de nutricionista. Segundo a Portaria nº 193, de 5 de dezembro de 2006, que altera os parâmetros nutricionais do Programa de Alimentação do Trabalhador, os cardápios deverão oferecer, pelo menos, uma porção de frutas e uma porção de legumes ou verduras, nas refeições principais (almoço, jantar e ceia) e, pelo menos, uma porção de frutas nas refeições menores (desjejum e lanche). Isso reforça mais uma vez a importância do consumo de alimentos desse grupo para a saúde da população.

O PAT tem por objetivo melhorar as condições nutricionais dos trabalhadores, com repercussões positivas para a qualidade de vida, para a redução de acidentes de trabalho e para o aumento da produtividade. Segundo o Ministério do Trabalho e Emprego (Brasil, 2017b), no ano de 2016, mais de 20 milhões de trabalhadores foram beneficiados pelo programa.

Pouco se discute sobre o trabalho como fator relacionado à promoção da saúde ou como fator de risco. As inovações tecnológicas e organizacionais estão causando importantes mudanças no mercado de trabalho, seja nos meios de produção, seja na sociedade como um todo, com reflexos que parecem ser bastante profundos. Isso é comprovado pelo aumento significativo da produtividade, levando a uma nova relação homem-máquina, que faz surgir novos riscos para a saúde dos trabalhadores, nos aspectos físico, mental e social, influenciando sobretudo seu padrão alimentar. É outro tipo de relação, que tem profunda repercussão sobre a saúde e a vida do trabalhador, especialmente em suas esferas familiar e social (Gomez, Machado e Pena, 2011; Lacaz et al., 2010).

Segundo a Portaria nº 193 (Brasil, 2006), entende-se por *alimentação saudável* o direito do ser humano a um padrão alimentar adequado às suas necessidades biológicas e sociais, respeitando os princípios da variedade, da moderação e do equilíbrio, dando ênfase aos alimentos regionais e respeito ao seu significado socioeconômico e cultural, no contexto da Segurança Alimentar e Nutricional. Nesse sentido, o PAT pode representar um lugar de destaque nas ações de saúde e nutrição no ambiente de trabalho (Geraldo, Bandoni e Jaime, 2008; Sarno, Bandoni e Jaime, 2008). É importante ressaltar que esse programa contribui para o fortalecimento da segurança alimentar e

> [...] consiste na realização do direito de todos ao acesso regular e permanente a alimentos de qualidade, em quantidade suficiente, sem comprometer o acesso a outras necessidades essenciais, tendo como base práticas alimentares promotoras da saúde que respeitem a diversidade cultural e que sejam ambiental, cultural, econômica e socialmente sustentáveis. (Brasil, 2006)

Nutrientes e saúde

A população brasileira, nas últimas décadas, experimentou grandes transformações sociais que resultaram em mudanças no seu padrão de saúde e de consumo alimentar. Segundo a Organização Pan-Americana da Saúde (2003), a nova rotina adotada pelas pessoas é fruto do processo de industrialização, do desenvolvimento econômico e da crescente globalização. A forma de viver o tempo na cidade provocou uma reorganização da rotina interna da família, influenciando até mesmo mulheres que não se encontram inseridas no mercado de trabalho e se dedicam exclusivamente às atividades do lar. Mesmo trabalhando fora de casa, a mulher continua com a responsabilidade de ser a maior provedora de alimentação da sua família; participa da escolha do cardápio, da administração dos recursos financeiros e da preparação dos alimentos. Antigamente, os rituais alimentares delineavam o ritmo da vida familiar; hoje, a alimentação está, cada vez mais, voltada às implicações do trabalho (Fonseca et al., 2011).

Comer em casa, nos grandes centros urbanos, não depende apenas de ter alguém que prepare a comida, mas, também, da distância entre o local de trabalho e a residência, e das dificuldades de deslocamento impostas pelos centros e pelo próprio ritmo da cidade (Diez-Garcia, 1997).

Segundo Diez-Garcia (1997) e Diez-Garcia e Cervato-Mancuso (2011), busca-se constantemente por uma "casa na rua", por meio da intimidade do ato de comer, da necessidade da companhia de amigos e da escolha do restaurante, quer pela comida, quer pelo relacionamento com os garçons. O restaurante é um recinto público, e o desconforto de comer sozinho nesse lugar é menor do que no restaurante da empresa, pela possibilidade de encontrar um conhecido (Diez-Garcia, 1997).

A "comida caseira" pertence ao domínio familiar, o aspecto "industrial" representa o impessoal e o desconhecido. Essa afirmação, feita por Diez-Garcia (1997), contribui para que possamos entender por que uma parcela significativa dos trabalhadores que recebem como benefício a refeição no ambiente de trabalho, ou seja, o restaurante industrial da empresa, não se diz satisfeita com o que lhe é oferecido: um dia "a porção de carne está pequena"; em outro, "o arroz estufa", ou "a sobremesa foi feita de qualquer jeito" – essas são afirmações típicas dos trabalhadores. A comida de casa é tida como "limpa", de tempero mais acentuado, mesmo considerando a variedade de alimentos encontrada nos restaurantes, tanto comerciais quanto industriais, nos quais a comida é tida como "enjoativa" e "monótona".

Sobretudo nos dias de semana, a televisão centraliza a atenção durante o jantar. Em casa, é a programação que faz companhia aos indivíduos na hora da alimentação. Com todas as imposições que a vida moderna apresenta, o lazer está associado à comida, à bebida e à dança, ou seja, à festa – categoria próxima da ideia de lazer e prazer.

Acumulam-se evidências de que as características da dieta são igualmente importantes na definição do estado de saúde, em particular, no que se refere a doenças crônicas da idade adulta. Os riscos de câncer de mama, de próstata e de cólon-reto parecem aumentar de acordo com o consumo total de gordura e com o consumo de gordura de origem animal, ao passo que dietas ricas em fibras, vitaminas e minerais, inclusive com legumes, verduras e frutas cítricas, estão associadas a uma maior proteção contra cânceres de pulmão, boca, faringe, esôfago, estômago e cólon-reto, e à prevenção e ao tratamento de doenças como diabetes melito, doenças cardiovasculares, doenças do trato gastrointestinal, entre outras (Brasil, 2012).

A Pesquisa de Orçamento Familiar (POF) de 2008-2009, realizada pelo Instituto Brasileiro de Geografia e Estatística (IBGE, 2011), traz os dados mais recentes em relação ao consumo de alimentos pela população brasileira. Frutas e verduras passam longe de sua mesa. É o que já constatara a POF 2002-2003 (IBGE, 2004, 2006). Por sua vez, a paixão por açúcar é tanta que é comum algumas pessoas acrescentarem-no a frutas naturalmente doces.

Apesar disso, Levy et al. (2012), ao avaliarem os dados encontrados pela POF 2002-2003, relatam que a participação do açúcar de mesa nos últimos 15 anos foi reduzida, mas a contribuição do açúcar adicionado aos alimentos dobrou, especialmente por meio do consumo de refrigerantes e biscoitos; a participação de "açúcares de adição" na disponibilidade domiciliar de alimentos no Brasil atingiu 16,7% do total de calorias, ultrapassando largamente o limite máximo de 10% recomendado pela Organização Mundial da Saúde (OMS). Nesse período, a contribuição do refrigerante para o total de "açúcares de adição" aumentou em mais de 200% (de 6,1% para 18,8%), e a contribuição dos biscoitos aumentou em mais de 100% (de 2,4% para 5,2%).

Bezerra e Sichieri (2010) analisaram uma amostra complexa de 48.470 domicílios brasileiros, selecionados da base de dados da POF 2002/2003, sobre o consumo de alimentos *fora do domicílio*, que foi definido como a aquisição de, pelo menos, um tipo de alimento para consumo fora de domicílio no período de sete dias. A frequência de consumo de alimentos fora do domicílio foi de 35%, sendo maior na região Sudeste (38,8%) e menor na região Norte (28,1%). Os alimentos mais frequentemente consumidos fora do domicílio foram: refrigerantes (12%), refeições (11,5%), doces (9,5%), salgados fritos e assados (9,2%) e *fast-foods* (7,2%).

O levantamento mostra, ainda, que a alimentação do brasileiro está voltada para o uso da gordura e da bebida alcoólica. Com todos esses ingredientes calóricos, a população do Brasil torna-se cada vez mais obesa. Entre os principais culpados estão a dieta desequilibrada e o estilo de vida sedentário. A alimentação inadequada tem sido estimulada pelas facilidades atuais para a aquisição de alimentos (pré-preparados, prontos e congelados), além do aumento do número de restaurantes *fast-food* e *self-service*.

Um dado importante para discutir sobre as mudanças na alimentação do brasileiro é a redução do consumo de açúcar, de farinha e de gordura como ingredientes culinários minimamente processados. Em contrapartida, o consumo de alimentos industrializados e ultraprocessados que, em 1986, correspondia a 21,6% do total de calorias consumidas por domicílios urbanos, em 2009 passou a ser de 30,4%. E esses alimentos contêm elevada quantidade de açúcar, de gordura e de sódio (Monteiro et al., 2011).

A OMS recomenda um consumo máximo de 2.000 mg (2 g) de sódio por pessoa ao dia, o que equivale a 5 g de sal (lembrando que 40% do sal são compostos de sódio), mas os brasileiros, atualmente, consomem mais do que o dobro dessa quantidade. Por isso, é preciso reduzir drasticamente seu consumo, para diminuir os adoecimentos e as mortes na população e, mais que isso, melhorar a saúde dos brasileiros (Brasil, 2012; Sarno et al., 2009).

Em geral, imaginamos o sal somente como o tempero que é adicionado ao preparo da comida ou como aquele do saleiro à mesa. Porém, o sal é utilizado no processamento de vários alimentos industrializados. Aproximadamente 75% do sal que é ingerido provém dos próprios alimentos que consumimos, ou seja, daqueles alimentos em que não é adicionado sal. Alguns alimentos são ricos em sódio, como os embutidos (salsichas, linguiças, presunto, mortadela), as conservas, os defumados, entre outros. O aumento do consumo de alimentos ultraprocessados, já confirmado por Monteiro et al. (2011), também está associado ao aumento do risco de câncer.

Como reduzir o consumo de sal – Dicas do *Guia alimentar para população brasileira* (Brasil, 2008)

- Evite o uso de temperos prontos e caldos concentrados, pois eles são ricos em sódio e em glutamato monossódico, entre outros componentes nocivos à saúde.
- Utilize ervas desidratadas, temperos naturais, pimenta e sucos de frutas para temperar os alimentos.
- Evite, também, o uso de gordura animal como *bacon*, entre outras.
- Não utilize saleiro à mesa.
- Não acrescente sal no alimento depois de pronto.
- Outra dica importante é analisar os rótulos de alimentos e se atentar às quantidades de sódio e de outros nutrientes nocivos à saúde.

Fique atento: para cada 100 g de alimento, se a quantidade de sódio presente na porção for maior que 400 mg, ele é considerado um alimento com alto teor de sódio, e seu uso deve ser evitado.

É cientificamente comprovado que uma mudança nos hábitos alimentares, no padrão de atividade física e no controle do fumo pode influenciar fortemente no combate aos fatores de risco à saúde da população.

O Ministério da Saúde lançou, em 2011, o Plano de Combate às Doenças Crônicas Não Transmissíveis (Brasil, 2012), com o objetivo de reduzir a mortalidade por essas doenças e seus fatores de risco, como hipertensão arterial, tabagismo, sedentarismo, alimentação inadequada, uso nocivo do álcool e colesterol aumentado. Portanto, a prevenção e o controle das doenças cardiovasculares dependem da educação em saúde, ou seja, de estratégias que promovam mudanças de comportamento.

Os resultados da pesquisa de Monteiro et al. (2011), sugerem que não só o consumo de alimentos menos saudáveis tem aumentado no Brasil, como também o consumo de alimentos mais saudáveis está distante de atingir as recomendações que visam prevenir as DCNT.

É essencial resgatar as práticas alimentares de cozinhar em casa, do uso de ingredientes culinários e da troca de receitas, para que se possa dar outro significado ao "comer".

A educação nutricional é uma ferramenta essencial nesse modelo de promoção da saúde, principalmente em razão de seu baixo custo. Os estabelecimentos vinculados ao PAT deverão promover educação nutricional, inclusive mediante a disponibilização, em local visível ao público, de sugestão de cardápio saudável aos trabalhadores, entre outras ações ligadas ao departamento médico e aos programas de qualidade de vida, como a GL.

Condições especiais de trabalho

Não podemos nos esquecer de discutir o impacto da alimentação em condições especiais de trabalho, como o expediente por turnos, sob elevadas temperaturas e em espaços confinados.

O *expediente por turno* significa alterações nas funções metabólicas, como distúrbios do hábito do sono; desordens gastrointestinais; alterações neuropsíquicas, cardiovasculares, na vida social e nos hábitos alimentares. Ocorrem alterações significativas na saúde dos trabalhadores por turno em comparação àqueles que trabalham em horários fixos, como maior prevalência de obesidade. Crispim et al. (2009), ao realizarem uma revisão bibliográfica sobre alimentação e saúde do trabalhador em turno, encontraram importantes questões como: fatores ambientais, ausência de lugares para alimentação em horários habituais, falta de apetite e consumo de alimentos industrializados com maior frequência. É importante ressaltar que a falta de apetite é queixa frequente em trabalhadores por turno, e que a obesidade nesse grupo é maior do que entre os que trabalham em horários diurnos. Essa obesidade está associada à falta de disponibilidade de alimentos saudáveis e a um fácil acesso a alimentos como biscoitos, refrigerantes e salgadinhos com elevada quantidade de sódio e açúcar, que sao fatores preocupantes e desencadeiam doenças cardiovasculares e obesidade, além de serem, em parte, responsáveis pela desorganização da rotina da vida social de muitos trabalhadores.

Trabalhar em condições climáticas desfavoráveis, por exemplo, sob temperaturas muito baixas ou elevadas, pode estar relacionado à menor produtividade e a problemas de saúde.

Carvalho e Mara (2010) afirmam que, quando o indivíduo apresenta perda hídrica pela transpiração mais rápida do que a reposição de fluido, ocorre um processo de desidratação. A desidratação leva a um estado de hipo-hidratação que, aliado ao estresse em razão do calor, diminui o rendimento físico, em decorrência da incapacidade do sistema cardiovascular em manter o gasto cardíaco. É importante destacar que existem muitos trabalhadores que exercem suas funções em altas temperaturas, como soldadores, cortadores de cana e muitos que trabalham na rua na época do verão, como carteiros, motoristas, policiais, entre outros.

O grau de desidratação pode ser determinado pela massa corporal verificada imediatamente antes e depois da atividade laboral, sendo a perda de cada 0,5 kg correspondente a cerca de 480 a 500 ml de líquido (Carvalho e Mara, 2010). Vale lembrar que a variação da temperatura corporal também reduz o desempenho. A seguir, no Quadro 5.3, estão descritos sinais e sintomas da hiponatremia e da desidratação.

Quadro 5.3 – Sinais e sintomas da desidratação

Leve – Perda de até 3% do peso de massa corporal: diminuição de desempenho.
Moderada – Perda entre 3% e 6% da massa corporal: prejuízo da termorregulação, aparecimento de cãibras, contraturas e colapso.
Severa – Perda acima de 6% da massa corporal. Manifestações clínicas: convulsões, coma e óbito.

Fonte: adaptado de Carvalho e Mara (2010).

Recomenda-se a ingestão de cerca de 2 litros de água por dia, sobretudo em dias de temperatura mais elevada. É importante incluir líquidos durante todo o dia e evitar bebidas prontas, por conterem grande quantidade de açúcar e trazerem malefícios à saúde. Dar preferência a sucos de frutas naturais e à água.

Guia alimentar

O *Guia alimentar para a população brasileira* (Brasil, 2008, 2014) traz, entre suas diretrizes, a recomendação de que sejam incorporados aos programas públicos de alimentação e de nutrição os princípios de alimentação saudável, o que caracteriza um desafio diante dos resultados encontrados.

Considerando que o local de trabalho é um contexto social em que o comportamento do trabalhador em relação à saúde pode ser estimulado e mantido, é imprescindível que os gestores das empresas e os responsáveis técnicos pelas unidades de alimentação e de nutrição cadastradas no PAT sejam sensibilizados em relação à oportunidade que os locais de trabalho oferecem para promover a saúde dos trabalhadores.

Os guias alimentares são instrumentos de orientação à população que visam promover saúde por meio dos hábitos alimentares. No caso, o guia ao qual nos referimos, publicado em 2008 e 2014, em nova edição, apresenta uma proposta na qual discute que a alimentação é maior do que apenas a ingestão de nutrientes; que as recomendações nutricionais devem estar em sintonia com o tempo de cada um, com a cultura alimentar de cada região e com ambientes sustentáveis, e ele foi construído da óptica de diferentes saberes, de modo a ampliar a autonomia nas escolhas dos alimentos.

O guia também apresenta um capítulo no qual discute a forma de processamento dos alimentos, etapa da produção que condiciona sabores, perfil de nutrientes e que impacta diretamente aspectos sociais e ambientais. Os alimentos são classificados assim:

- *In natura*: alimentos obtidos diretamente de plantas ou de animais sem que tenham sofrido qualquer alteração, como legumes, verduras, frutas, batata, raízes, tubérculos; são chamados de *minimamente processados* os alimentos *in natura* que, antes de sua aquisição, foram submetidos a alterações mínimas, por exemplo: arroz (branco, integral ou parboilizado), milho em grão, frutas secas, farinhas, carnes, leite pasteurizado, ovos, iogurte sem adição de açúcar, chá, café e água potável;
- *Alimentos processados*: produtos fabricados essencialmente com a adição de sal ou açúcar a um alimento *in natura* ou minimamente processado, por exemplo: enlatados como cenoura, ervilha e milho preservados em salmoura; extrato de tomate, frutas em calda, sardinha e atum em lata e pães feitos com farinha de trigo;
- *Alimentos ultraprocessados*: produtos cuja fabricação envolve diversas etapas, técnicas de processamento e ingredientes, muitos deles de uso

exclusivamente industrial. São eles: sorvetes, balas, cereais açucarados, salsicha, *nuggets*, mortadela, peito de peru, suco em pó, refrigerantes, sopas, macarrão, temperos instantâneos, bebidas lácteas, entre outras.

Os alimentos estão divididos em grupos, de acordo com sua composição, em termos de nutrientes e suas funções. São eles:

- *Grupo dos grãos*: feijões (verde, branco, carioca, fradinho, entre outros), grão de bico, lentilha, ervilha, soja.
- *Grupo de cereais*: farinhas, arroz, macarrão, milho.
- *Grupo das raízes e tubérculos*: mandioca, macaxeira ou aipim, batata-inglesa, batata-doce, batata-baroa ou mandioquinha, cará e inhame.
- *Grupo dos legumes e das verduras*: abóbora, abobrinha, acelga, agrião, alface, almeirão, berinjela, beterraba, brócolis, catalonha, cebola, cenoura, chicória, chuchu, couve, espinafre, pepino, pimentão, quiabo, tomate, repolho, entre outros.
- *Grupo das frutas*: abacate, abacaxi, açaí, acerola, atemoia, banana, ameixa, caqui, laranja, mexerica, goiaba, graviola, melancia, melão, maçã, jaca, pitanga, pitomba, romã, seriguela, tangerina, uva e inúmeras outras frutas.
- *Grupo das castanhas e nozes*: castanhas (de caju, de baru, do brasil ou do pará), amendoim, amêndoas e nozes.
- *Grupo do leite e queijos*: leite de vaca, coalhada, iogurtes naturais e alimentos processados como queijo.
- *Grupo das carnes e ovos*: carnes suínas, carnes bovinas, carnes de aves, pescados e ovos.
- *Água*: nutriente fundamental ao ser humano e que compõe os alimentos *in natura* ou minimamente processados.

Para uma refeição equilibrada, é necessário que, nela, estejam inclusos pelo menos um alimento de cada um dos grupos alimentares mencionados anteriormente.

O programa *Meu prato saudável*, modelo nutricional que serve como referência para uma alimentação saudável nas principais refeições do dia, está diretamente ligado às orientações do *Guia alimentar*. Tem como objetivo a identificação dos ingredientes e suas quantidades adequadas, para manter uma nutrição correta e balanceada. Observe as sugestões apresentadas nas Figuras 5.2 e 5.3. O programa leva em consideração a realidade brasileira, com a indicação de alimentos com os quais as pessoas já estão habituadas no seu dia a dia.

FIGURA 5.2 – Sugestão de composição do prato segundo o programa *Meu prato saudável*.
Fonte: adaptado de InCor (2012).

FIGURA 5.3 – Exemplos de pratos saudáveis.
Fonte: adaptado de InCor (2012).

Para auxiliar na busca de uma alimentação saudável como ferramenta de promoção à saúde, siga os dez passos para uma alimentação adequada e saudável, segundo o Ministério da Saúde (Figura 5.4).

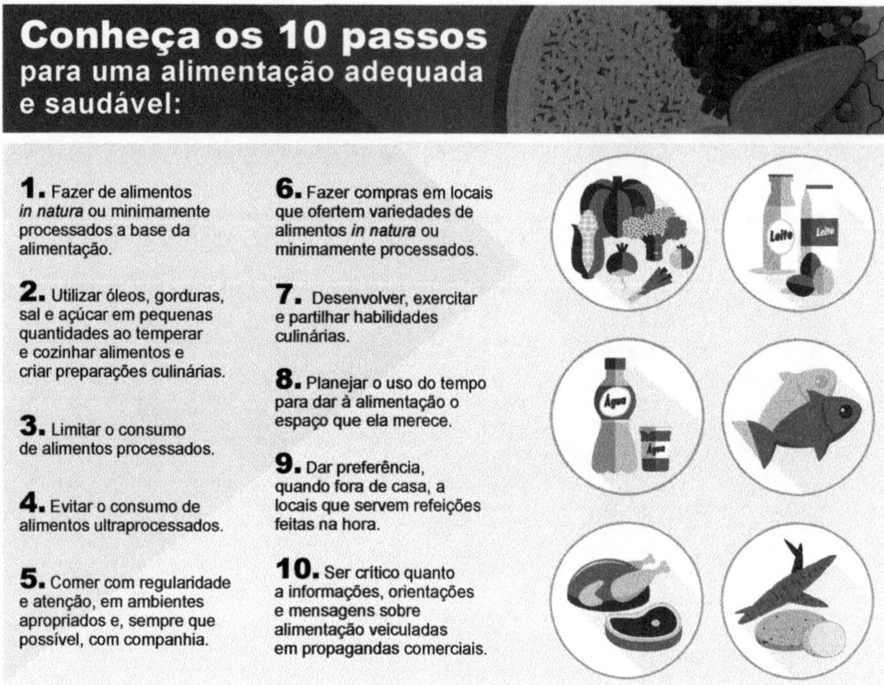

FIGURA 5.4 – Resumo das orientações para alimentação saudável do Ministério da Saúde.

Fonte: adaptado de Brasil (2014).

Para que se possa tratar a alimentação como fator importante de manutenção e de promoção da saúde, é necessário, também, mudar nosso comportamento, focar escolhas mais saudáveis, buscar um estilo de viver que contribua para nossa qualidade de vida. Ter acesso a alimentos mais saudáveis, principalmente no ambiente de trabalho, e a programas educativos sobre alimentação, bem como praticar atividade física são estratégias que contribuem para a prevenção de doenças. O trabalho pode e deve ser um ambiente promotor da saúde. Não podemos nos esquecer de que a Qualidade de Vida no Trabalho (QVT) está além dos programas de saúde oferecidos pela empresa, como GL, palestras sobre alimentação ou sala de relaxamento.

A QVT é peça-chave para a condução de uma saúde melhor também aos seus beneficiários. Estudos demonstram que a satisfação no ambiente de trabalho deve ser uma questão de prioridade, portanto, conhecer os fatores estressantes desse meio se faz importante para criar políticas que promovam bem-estar ao trabalhador, ambientes favoráveis de trabalho, levando em consideração a importância de motivar como um fator de satisfação, para alcançar resultados eficazes para os funcionários e para o negócio (Silva e Santos, 2017).

Saúde ocupacional

Armando Henrique Potente

A organização do trabalho nas empresas de produção e de serviços vem sofrendo mudanças significativas, principalmente a partir da década de 1980. Apesar de relatos de doenças relacionadas com a atividade laboral já existirem desde a Idade Antiga e as DORT terem sido definidas no início do taylorismo, é na geração atual que as doenças ocupacionais passam a ter repercussão social e financeira significativas.

Hoje, a influência dos processos de globalização; a competitividade desenfreada no mercado financeiro; a quebra progressiva dos vínculos trabalhistas (com a substituição da pessoa física pela jurídica); a busca de resultados considerados inatingíveis; as novas tecnologias, que exigem dos profissionais uma constante reciclagem, independentemente de sua área de atuação; e o excesso de oferta de trabalho para a demanda das empresas têm provocado mudanças estruturais na organização do trabalho, influenciando diretamente no bem-estar de cada um de nós. Entretanto, para entendermos como se comporta a saúde ocupacional nas organizações, precisamos entender, inicialmente, quais são as causas de adoecimento na geração contemporânea.

O avanço tecnológico da Medicina tem provocado um aumento considerável no tempo de vida estimado para o ser humano. Em contrapartida, estamos sendo submetidos, a cada dia, a um aumento exponencial de fatores agressivos que desequilibram nossa *homeostase*, ou seja, o equilíbrio entre nosso meio interno e externo.

Hoje, o tema em pauta é a promoção da saúde baseada em ações preventivas que buscam, de forma incansável, a "qualidade de vida" das pessoas.

Afinal, por que adoecemos? Quais são os fatores agressivos que nos levam à doença? Como evitá-los?

A etiologia do adoecimento pode ser esquematicamente apresentada na forma de um triângulo, no qual cada vértice representa um fator fundamental à gênese das doenças: a predisposição genética/hereditária às enfermidades, os fatores ambientais e as causas psicossociais.

É comum, quando vamos ao médico para um *checkup*, ele nos perguntar acerca de irmãos, pais, filhos ou avós que tenham diabetes, hipertensão arterial, asma, psicose, epilepsia, alergia, sífilis, Aids, entre outras doenças. Essas enfermidades podem ser transmitidas diretamente de pais para filhos, ou, como no caso do diabetes, trazer uma predisposição genética familiar. Obviamente, não temos como evitar essa herança, mas sabemos que, em muitos casos, a predisposição se transformará em doença pela ação de fatores externos, que, muitas vezes, podem ser evitados, quebrando esse ciclo saúde/doença.

Vários são os fatores ambientais a serem considerados na gênese das doenças, porém, podemos citar a exposição a agentes biológicos – caso das novas cepas virais, responsáveis por doenças como a Aids. A seleção de bactérias resistentes pode ocorrer em razão do uso intempestivo de antibióticos; de práticas sexuais desprotegidas; de falta de higiene e de saneamento básico; de umidade excessiva; de frio etc. A poluição das águas dos rios, os alimentos contaminados por agrotóxicos, a poluição do ar pelos veículos e o desmatamento também são fatores nocivos aos seres humanos.

Ainda no vértice dos fatores ambientais, podemos citar a participação dos erros ergonômicos das tarefas produtivas da nossa geração, resultando no surgimento de lesões osteoarticulares, de tendões ou músculos, causadas por tarefas que associam força excessiva (estática, quando carregamos o peso do nosso próprio corpo por longo período, ou dinâmica, ao movimentarmos cargas) com repetição excessiva de um movimento. Essas enfermidades, conhecidas pelo nome LER/DORT ou tenossinovite, assolam nossa previdência com um grande número de incapacitados e levam as empresas ao acúmulo de passivos trabalhistas, provocando imensa repercussão social.

No terceiro vértice, estão os fatores psicossociais, que vêm crescendo progressivamente em importância em nossa sociedade.

No passado, os médicos não entendiam exatamente por que as pessoas tinham limiares de dor diferentes. O fato de a mesma pessoa, em diferentes momentos de sua vida, sentir mais ou menos dor em situações semelhantes também contribui para a nebulosidade do tema. Hoje, essa explicação é clara: todos nós produzimos substâncias com grande poder analgésico (duas substâncias bastante conhecidas são a endorfina e a encefalina), porém, essa produção pode ser alterada de acordo com o momento que estamos vivenciando.

Dessa forma, situações de grandes desafios ou que nos tragam prazer elevam significativamente essas concentrações. O esporte atua muito nesse processo, melhorando esses níveis. Em contrapartida, situações como depressão, ansiedade, humilhação, entre outras, podem reduzir drasticamente as concentrações, fazendo que a pessoa fique sensível até mesmo a agressões insignificantes. Nossa condição imunológica é afetada da mesma forma, colocando-nos em uma situação de vulnerabilidade às infecções.

Somos também influenciados por nosso estilo de vida. A dieta que fazemos, o hábito de fumar, o sedentarismo, o tempo que oferecemos ao lazer e à nossa família, a nossa relação conjugal também são fatores diretamente ligados ao nosso bem-estar.

Entendidos os fatores a serem trabalhados para a busca da qualidade de vida, fica mais fácil enumerarmos as ações da GL sobre a saúde ocupacional:

- atua no aquecimento (*warm-up*) antes do início das atividades laborais manuais ou com carregamento de cargas;
- fortalece a musculatura paravertebral e dos membros, reduzindo a possibilidade de lesões;
- provoca o alongamento (*stretching*), melhorando a flexibilidade e reduzindo a sobrecarga osteoarticular;
- auxilia psicologicamente no processo de parar de fumar;
- melhora a autoestima;
- auxilia psicologicamente na reeducação alimentar;
- aumenta a disposição para as atividades pessoais e de trabalho;
- melhora as relações de trabalho, em razão da formação de times para as atividades físicas e da quebra hierárquica característica do momento da ginástica;
- melhora o humor.

Obviamente, estamos contemplando a GL não só a aplicada duas ou três vezes durante a jornada de trabalho (início, meio e fim, com duração aproximada de 10 minutos), mas também considerando a possibilidade da formação de uma pequena academia na empresa, onde cada funcionário, de acordo com sua possibilidade, poderia praticar suas atividades físicas em diferentes horários (antes da jornada, no horário do almoço, no final da jornada ou mesmo durante seu horário de trabalho, compensando esse período no final de cada jornada).

Existe, ainda, a possibilidade de as empresas sem esse recurso oferecerem um "vale-ginástica", descontado do custo de academias externas que auxiliam o trabalho da GL aplicada no horário de trabalho.

Essas empresas, com certeza, vivenciarão uma redução significativa do absenteísmo, uma maior produtividade e uma sensível melhoria das relações de trabalho entre seus colaboradores. Um artigo publicado no *American Journal of Health Promotion*, com base na revisão de 72 estudos sobre programas de promoção da saúde no ambiente de trabalho, mostrou que o *retorno sobre o investimento* é, em média, de US$ 4,30 para cada dólar investido (Goetzel e Ozminkowski, 2008). As empresas precisam manter-se saudáveis para serem suficientemente competitivas e, sem dúvida, a saúde econômica/financeira das empresas tem íntima relação com a saúde dos seus empregados.

Segundo Dionne (1983), estudos demonstraram que a incorporação de programas de ginástica pode ter alto custo-benefício, tanto para o funcionário como para o empregador.

Alguns dos benefícios são:

- redução de faltas;
- aumento da produtividade;
- redução de quedas;
- diminuição de problemas nas costas;
- redução da pressão sanguínea;
- decréscimo da tensão e da ansiedade;
- diminuição do peso corporal e dos lipídios sanguíneos.

A ginástica aplicada com vistas à saúde ocupacional deve respeitar a estratégia da empresa para a busca dos seus objetivos, seguindo etapas que têm início na pesquisa de clima e na aplicação de questionários dirigidos durante as discussões com a liderança da empresa para a definição do tempo adequado para essa tarefa. Além disso, deve haver um projeto que estabeleça como isso ocorrerá, envolvendo todas as áreas de forma equitativa.

O responsável pelo projeto também deve desenvolver indicadores que revelem os resultados obtidos. Os indicadores podem incluir respostas objetivas (absenteísmo, queixas, produtividade etc.) e respostas subjetivas, sobre conforto, bem-estar e ambiente de trabalho. Esses indicadores servem para orientar as novas decisões estratégicas e para a busca da qualidade de vida nas empresas.

A gestão da saúde corporativa: uma evolução de conceitos e perspectivas para a atuação multidisciplinar

Telma Terezinha Ribeiro da Silva

O ambiente de trabalho sofreu grandes mudanças desde o início da industrialização, ocorrida na Primeira Revolução Industrial, entre o fim do século XVIII e início do século XIX, na Inglaterra. As mudanças tornam-se rápidas e complexas com a aceleração da globalização e o consequente aumento da competitividade e da instabilidade econômica; o avanço tecnológico, a precarização e informalidade do trabalho; a maior demanda por flexibilidade e as novas práticas organizacionais afetam a qualidade do trabalho, a saúde e o bem-estar dos trabalhadores (Kompier, 2006; Oliveira, Gomes e Targino, 2011).

Durante muito tempo, o escopo da especialidade Medicina do Trabalho esteve relacionado às condições precárias de higiene, à alimentação, ao sono, à ocorrência de epidemias e às descobertas e ao tratamento de doenças ocupacionais, evoluindo, nas décadas de 1970, 1980 e 1990, para o conceito de "saúde ocupacional", atuando sobre os aspectos relacionados à higiene industrial, à ergonomia e à segurança do trabalho (Marchi e Aurélio Dias, 1997). Nos dias de hoje, a chamada Saúde do Trabalhador integra a promoção da saúde e bem-estar, por meio do trabalho de equipes multidisciplinares nas organizações.

Essa nova abordagem é conceitualmente fundamentada no modelo de atenção à saúde, que estabelece a Saúde do Trabalhador como parte integrante do Sistema Único de Saúde (SUS), no Brasil, ampliando a visão exclusivamente ocupacional. Deixamos de lado, portanto, a visão restrita da Medicina do Trabalho como modelo centrado no diagnóstico de doenças ocupacionais, e passemos para o modelo técnico da Saúde Ocupacional, centrado na identificação e no controle de riscos ocupacionais e, dele, para o modelo holístico da Saúde do Trabalhador, voltada à promoção da saúde e do bem-estar.

O termo "promoção da saúde" evoluiu ao longo do tempo e, atualmente, associa-se a valores como: vida, saúde, solidariedade, equidade, democracia, cidadania, desenvolvimento, participação e parceria. Além disso, está relacionado à ideia de "responsabilidade múltipla", uma vez que envolve as ações do Estado (políticas públicas de saúde), dos indivíduos (desenvolvimento de habilidades pessoais), do sistema de saúde (reorientação do sistema de saúde) e de parcerias intersetoriais (Buss, 2006). Vale ressaltar que termos como "*empowerment*" e "autocuidado" vêm sendo cada vez mais utilizados, uma vez que a promoção da saúde envolve o desenvolvimento de habilidades individuais, a fim de permitir a tomada de decisões favoráveis à qualidade de vida e à saúde (Marchi e Aurélio Dias, 1997).

A Saúde do Trabalhador, portanto, combina ações e programas de saúde ocupacional, educação em saúde e programas com intervenções destinadas a facilitar a mudança de comportamento e adaptação do ambiente, a fim de melhorar ou proteger a saúde, incluindo a abordagem com foco na qualidade de vida, que envolve conceitos holísticos voltados aos domínios físico, emocional e social.

Uma evolução desse modelo inclui iniciativas mais robustas relacionadas à Gestão Integrada de Saúde, que prevê um modelo integrativo de intervenções na gestão dos planos de assistência médica e de serviços de medicina preventiva, direcionados aos funcionários e seus dependentes; um modelo que envolva gestão de grupos de funcionários com doenças crônicas, e que trabalhe o absenteísmo, o bem-estar, a qualidade de vida e a reabilitação. O objetivo desse modelo de atuação em saúde do trabalhador é fazer intervenções primárias, secundárias e terciárias para o suporte à melhoria da saúde e dos indicadores em todas as áreas de gestão da saúde.

Programas de promoção à saúde no local de trabalho integram um processo de gestão voltado à obtenção de melhores resultados financeiros, embora tais resultados ainda sejam demonstrados por poucas organizações (Jenkins, 2003). Avaliar o retorno de investimento advindo do desenvolvimento de programas que promovam mudança de comportamento dos funcionários de determinada empresa ainda é um desafio nos dias atuais. Além disso, a alta rotatividade dos funcionários em razão dos contratos temporários de trabalho compromete muito a verificação desses resultados.

Segundo pesquisa mundial realizada em 2009 pela Buck Consultants em parceria com outras organizações, abrangendo mais de 1.100 empresas e cerca de 10 milhões de empregados, programas de bem-estar são mais prevalentes na América do Norte, onde são oferecidos por 77% dos empregadores participantes da pesquisa. Porém, a popularidade da promoção da saúde pelos empregadores está crescendo no restante do mundo, apesar das atuais condições econômicas.

Ainda segundo essa pesquisa, "os objetivos estratégicos mais comuns" das iniciativas de promoção da saúde e de bem-estar, em todo o mundo, são a melhoria da produtividade e a redução da "presença de trabalhadores doentes" (quando os funcionários não estão plenamente produtivos em razão de questões pessoais de saúde). Entre os empregadores, nos Estados Unidos, o principal objetivo continua a ser a redução dos custos com a doença (Buck Consultants, 2009).

Podemos destacar, como pré-requisitos para a gestão da saúde e para o desenvolvimento de programas de promoção à saúde e bem-estar nas organizações, os seguintes aspectos:

- *Condições de segurança e bem-estar*: seria contraditório que uma empresa demonstrasse interesse pela saúde e bem-estar de seus funcionários sem condições mínimas de segurança no trabalho, com um ambiente insalubre ou sem condições de higiene.
- *Oportunidades de desenvolvimento e crescimento contínuo*: empresas que realmente se preocupam com seus funcionários desenvolvem programas de capacitação profissional e permitem que seus colaboradores tenham oportunidades de carreira.

- *Reconhecimento e recompensa*: associada ao desenvolvimento profissional, uma política sólida de reconhecimento e recompensa demonstra ética e respeito pelo trabalhador.
- *Retenção*: empresas que valorizam a sua mão de obra instituem programas competitivos de benefícios e primam pelas relações sadias no trabalho.
- *Orgulho profissional*: empresas que infundem respeito e admiração em seus funcionários por meio de uma comunicação efetiva e de *endomarketing*.
- *Integração empresa, sociedade e família*: realização de programas junto à comunidade em que está inserida e benefícios estendidos aos familiares demonstra o valor da empresa e enriquecem as ações de um programa de qualidade de vida.

Diante desse cenário, torna-se imprescindível a existência de uma equipe de saúde multidisciplinar nas organizações, a fim de atender ao modelo de intervenção da Saúde do Trabalhador. Entre esses profissionais, o Educador Físico tem um importante papel a cumprir nos programas de promoção à saúde. As intervenções mais comuns feitas por esses profissionais são: programas de GL, avaliação física e de postura; aconselhamento para a prática de atividade física; administração de centros esportivos e de academias; intervenções focadas em atividades de lazer e desportivas, de recreação e culturais, e gestão de programas de bem-estar e qualidade de vida.

Vale lembrar que é necessária a capacitação do Educador Físico desde o início de sua vida acadêmica, para que esse profissional adquira habilidades para a atuação na área de saúde do trabalhador, deixando de ser um coadjuvante nos programas de saúde e tornando possível a criação de ferramentas inovadoras para a promoção da saúde e do bem-estar no trabalho.

O que se observa no momento é que, após anos de evolução na gestão da saúde do trabalhador, há uma maior compreensão, por parte dos empregadores, sobre o impacto da saúde no desempenho e na produtividade dos trabalhadores e sobre o impacto que os altos custos com a assistência médica têm sobre a mão de obra (Anderson, Serxner e Gold, 2001). O aumento de investimentos em ações de promoção à saúde e de gestão de benefícios demonstra o reconhecimento crescente de que tais investimentos podem contribuir para um melhor posicionamento da marca e da imagem da organização no mercado.

Associada a esse fato, há uma mobilização governamental em favor do crescente por parte dos governos no desenvolvimento de políticas públicas, com o objetivo de melhorar os indicadores de saúde da população, em especial para que haja redução dos principais fatores de risco associados a DCNT. Por essas razões, a Agência Nacional de Saúde Suplementar mobiliza-se para contribuir com estratégias e produtos voltados à promoção da saúde (Brasil, 2007).

Todos esses fatores devem acelerar os investimentos na área de promoção à saúde nos próximos anos, e o ambiente de trabalho é um local fundamental para o sucesso desses projetos.

6 Benefícios do programa de treinamento de flexibilidade no ambiente de trabalho

Segundo Achour Junior (1999), a integridade do sistema morfofuncional relacionado à saúde depende das capacidades de força, da resistência aeróbia, da flexibilidade e do controle de peso.

Vários autores compartilham a teoria de que a flexibilidade é fundamental para facilitar os movimentos, sejam eles executados durante as atividades profissionais, sejam durante as tarefas diárias, e a consideram como um dos fatores de manutenção da capacidade funcional.

A análise do papel da flexibilidade – de seus componentes estático e dinâmico – nas ações cotidianas tem caráter claramente multidisciplinar, interessando tanto a profissionais da área de morfologia, fisiologia, *fitness* e *wellness*, quanto àqueles ligados à engenharia de produção, biomecânica e ergonomia, e ainda se encontra no seu estágio inicial de desenvolvimento (Araújo, 2005).

Para que um maior número da população tenha a oportunidade de usufruir dos benefícios de um treinamento de flexibilidade, são necessários programas que implementem condições para um estilo de vida mais ativo. O programa de Ginástica Laboral (GL), por meio de uma ação de investimento das empresas, pode levar os trabalhadores a praticarem exercícios que auxiliem essa movimentação natural do corpo. Com isso, quando forem solicitados movimentos com maiores amplitudes, não haverá predominância de encurtamento muscular, mas, sim, mobilidade e conservação da postura.

De acordo com Kisner e Colby (2009), para que haja amplitude de movimento normal é necessário haver mobilidade e flexibilidade dos tecidos moles que circundam a articulação, ou seja, músculos, tecido conectivo e pele, e mobilidade articular. Para desempenhar a maioria das tarefas cotidianas funcionais, bem como atividades ocupacionais e recreativas, em geral, é necessário uma Amplitude de Movimento (AM) sem restrições e sem dor.

Uma nova visão sobre flexibilidade e alongamento

A *flexibilidade* é descrita como a habilidade de mover articulações por meio da amplitude do movimento, e o *alongamento*, como um termo geral usado para descrever os exercícios elaborados para alongar as estruturas de tecidos moles encurtadas e, desse modo, aumentar a amplitude do movimento.

Para Dantas (2005), embora a flexibilidade, como qualidade física, seja percebida de forma integral, acontece de modo totalmente específico para cada articulação ou movimento. Para o autor, pode-se definir flexibilidade como qualidade física responsável pela execução voluntária de um movimento de amplitude angular máxima, por uma articulação ou conjunto de articulações, dentro dos limites morfológicos e sem risco de provocar lesão.

Segundo Kisner e Colby (2009), quando o tecido mole é alongado, ocorrem tanto alterações elásticas quanto plásticas. A *elasticidade* é a capacidade do tecido mole de retornar ao seu comprimento de repouso, após o alongamento passivo. A *plasticidade* é a tendência do tecido mole de assumir um comprimento novo e maior, após a força de alongamento ter sido removida.

Nossas ações são realizadas por meio de um corpo que permite movimentos, mas que necessita de equilíbrio entre a postura (ação da gravidade), a capacidade de contração muscular (força muscular) e a boa flexibilidade.

Todos nós, independentemente da ocupação, necessitamos de uma boa mobilidade para realizar as tarefas diárias. Ela facilita os movimentos realizados nas diversas atividades profissionais, conforme citado anteriormente, pois as partes de nosso corpo interligam-se pelas articulações. É necessário que elas se movam com facilidade e não sofram dores ou lesões, em virtude da modificação da elasticidade muscular e da redução da amplitude articular.

Em um programa inserido na empresa, deve ser apresentada uma nova visão sobre a oportunidade e o resultado de desenvolver uma boa flexibilidade por intermédio da GL.

É mais fácil prevenir o encurtamento com exercícios de alongamento do que fazer exercícios de alongamento após o encurtamento muscular crônico (Achour Junior, 1999).

O profissional de Educação Física deve explorar, dentro do treinamento de flexibilidade voltado para trabalhadores, exercícios que possibilitem o relaxamento muscular e a movimentação da articulação, por meio de uma amplitude de movimento normal (não limitada), sem estresse excessivo. Os exercícios devem ser elaborados de uma forma progressiva em seu planejamento, pois também existe possibilidade de lesão sob condições físicas inadequadas e/ou aplicação de um programa de exercícios inadequado, com prejuízo de desempenho da função exercida.

O tecido conjuntivo desempenha um papel importante na determinação da amplitude de movimento de uma pessoa. Esse tecido é influenciado por uma variedade de fatores, como envelhecimento, imobilização, agressões ao corpo, distúrbios metabólicos, deficiências ou excessos nutricionais. Foi determinado que a resistência total para o movimento é exercida em 10% pelo tendão, em 47% pelo ligamento e em 41% pela fáscia. Pelo fato de os tecidos conjuntivos serem um dos componentes mais influentes na limitação da amplitude de movimento, o alongamento lhes é favorável (Alter, 2010).

As aulas de alongamento nas academias recebem cada vez mais adeptos. Atualmente, as pessoas procuram atividades físicas que lhes proporcionem, além de condicionamento, bem-estar e uma postura firme, mas relaxada.

Benefícios do exercício de alongamento

Para que os participantes obtenham benefícios do programa de treinamento de flexibilidade, ou de qualquer outra modalidade, o profissional de Educação Física deve conhecer e entender, além dos objetivos de cada participante, o que pode ou não ser alcançado por seu público.

Quando aplicamos um treinamento de flexibilidade para um grupo específico, praticante de alguma modalidade esportiva, avaliamos os movimentos característicos dessa atividade e seu caráter repetitivo, relacionado às articulações (ou a uma articulação específica), enfim, quais os padrões que determinarão o sucesso daquela modalidade.

Seguindo a maioria dos regimes de exercícios, o treinamento de flexibilidade é um programa de aquecimento e desaquecimento, definido também como programa de exercícios planejado, deliberado e regular, feito imediatamente antes e logo depois de uma atividade, para aumentar o desempenho e reduzir o risco de lesão na atividade (o termo *desaquecimento* é sinônimo de *esfriamento*).

A prática regular e orientada de flexibilidade por meio dos exercícios de alongamento ajuda a evitar ou eliminar encurtamentos musculares e lesões pelos esforços repetitivos, e alivia as tensões musculares provocadas por posturas estáticas (Queiroga, 2005).

Para Chaitow (2008), em disfunções musculoesqueléticas, alongar os músculos tensos proporciona automaticamente maior funcionalidade para os músculos debilitados, sem que eles tenham necessariamente de ser fortalecidos, já que não é possível impedir o esforço dos músculos já tensos durante o exercício. O resultado pode ser uma disfunção com dor e rigidez ainda maiores do que se fosse dissipado primeiro o tônus excessivo.

Outro ponto importante é manter os grupos musculares em alongamento equilibrado. Embora não implique a melhora da força, o indivíduo melhora a postura e reduz os riscos de dores na coluna; o equilíbrio é promovido pela capacidade de relaxamento e tem menor gasto energético na realização das atividades (Greve e Amatuzzi, 2003).

Durante os períodos de descanso das atividades de trabalho, colocar em uma amplitude de movimento significativa o grupo muscular que, em geral, permanece em tensão, pode contribuir para eliminar as tensões ocasionadas pelo trabalho e melhorar as posturas estáticas e dinâmicas (Achour Junior, 2004).

De acordo com Allsen, Harrison e Vance (2001), o propósito de um programa de flexibilidade, além de aumentá-la, é aliviar a tensão e a contração muscular. Para esses autores, o alongamento diário relaxa não só os músculos utilizados nas atividades corriqueiras, como também os músculos contraídos pelas tensões do dia a dia. Para eles, poucos minutos de alongamento, diariamente, podem ser excelentes para combater o estresse, sem importar a hora em que são realizados.

Para Sakata (2004, p. 33),

> [...] exercício de alongamento é útil para síndrome miofascial. Durante dor aguda geralmente o exercício não deve ser feito, exceto para mobilização da parte afetada do corpo do paciente. Na dor crônica os exercícios são indicados para restaurar a função da área afetada.

De acordo com Clemente (2003, p. 298):

> O exercício de alongamento muscular deve ser preconizado em virtude do seu amplo efeito benéfico e da importância da capacidade de adaptação do músculo esquelético ao alongamento: a plasticidade muscular. A aplicação de graus variados de tensão permite ao músculo a recuperação e a ampliação do seu comprimento inicial e a regularidade no alongamento favorece a melhora na capacidade de extensibilidade do músculo.

O programa de GL permite certa regularidade, por ser uma atividade realizada, na maioria das vezes, diariamente. Algumas empresas podem optar por um programa de duas ou três vezes por semana. Ainda assim, é possível seguir um programa de exercícios planejado e regular, realizado antes e depois das atividades profissionais, para aumentar o desempenho dos funcionários e reduzir o risco de lesões.

Segundo Achour Junior (1999), exercícios de alongamento para as articulações dos dedos e punhos são fundamentais para garantir a independência dos movimentos e amenizar as tensões musculares que prejudicam o fluxo sanguíneo normal. Dessa forma, os exercícios de alongamento podem ser feitos antes, durante e depois do dia de trabalho – em particular, por digitadores, costureiros, bancários, entre outros.

FIGURA 6.1 – Em pé, apoiar as palmas das mãos em uma mesa: alongamento dos flexores do punho.

Relaxamento muscular

O estresse, encarado como um desgaste físico e mental é, muitas vezes, inevitável. Nosso corpo recebe estímulos de todos os tipos, gerando uma reação generalizada que afeta negativamente algumas pessoas, prejudicando sua saúde e diminuindo sua tendência ao relaxamento após o fim do período estressante.

Como afirmado por diversos estudiosos, "corpo, mente e espírito" são inseparáveis e, mesmo com os avanços da Medicina, é cada vez mais comum a influência da saúde emocional na saúde física. Claro que existem outros fatores envolvidos, por exemplo, o estilo de vida, a alimentação, o tabagismo e a prática de atividades físicas. Um dos sintomas imediatos à soma dos fatores de risco em nosso cotidiano é a tensão muscular e seus resultados negativos.

Já nas primeiras aulas do programa de GL, notam-se posturas encurtadas (inconscientes) e relatos como: "*Sinto dores na região do pescoço constantemente*"; "*Sinto meus músculos doloridos*"; "*Meus ombros estão muito duros*", entre outros.

Uma associação de músculos tensos e/ou fracos tem sido relacionada a síndromes musculoesqueléticas, inclusive cervicais, como elevação e protração do ombro, e rotação e elevação da escápula, exigindo um auxílio compensatório do elevador da escápula e do trapézio superior. A postura com a cabeça projetada para a frente implica, também, músculos peitorais tensos e, com frequência, o subescapular (Mense, Simons e Russell, 2008).

Alguns estudos mostram a utilização da massagem no auxílio do relaxamento muscular. Como recurso para conseguir relaxar as fibras musculares, são utilizados materiais como bolinhas de tênis e massageadores de madeira, combinados entre si.

No âmbito da ginástica corretiva, o relaxamento pode utilizar várias técnicas, como o Treinamento Autógeno, de J. H. Schultz; o Relaxamento Progressivo, de E. Jacobson; a Eutonia, de G. Alexander; o *Stretching* Global Ativo, de Ph. E. Souchard; *Yoga*, *Tai Chi Chuan* e *Lian Gong*.

O relaxamento é um momento importante no contexto geral das atividades motoras e as melhorias por ele proporcionadas ocorrem espontaneamente. Conforme os funcionários participam das aulas, liberam suas tensões e aumentam seu estado de relaxamento. Este favorece a descontração do indivíduo, sendo fundamental para o alcance de resultados benéficos à inclusão de exercícios respiratórios à atividade.

Segundo Battison (1998), algumas pessoas desenvolvem hábitos respiratórios tão ruins que perdem a capacidade de respirar normalmente. Sintomas comuns de hiperventilação, por exemplo, tontura e sensação de "pontadas" podem ser facilmente observados durante a aula de GL. O trabalho respiratório pode ser modificado e melhorado com a prática, de modo a auxiliar na diminuição da ansiedade e no aumento do relaxamento.

Ainda conforme Battison (1998), o mecanismo de respiração é sensível à estimulação e, ao menor sinal de excitamento físico ou emocional, o padrão é alterado. Essas reações podem ser observadas durante o desenvolvimento das aulas, quando se notam hábitos respiratórios prejudiciais, como:

- respiração "rápida" e superficial durante a execução dos exercícios;
- nenhum sinal visível de expansão na região abdominal, no momento em que é solicitada uma maior inspiração;
- padrão respiratório irregular, com suspiros profundos durante os exercícios de relaxamento.

Cuidados importantes com o sofrimento muscular e a função respiratória

Os exercícios de alongamento exigem cuidados importantes quanto à intensidade de aplicação, e de maneira alguma a dor pode fazer parte de um programa de GL. Segundo Alter (2010), há cinco hipóteses que tentam explicar a natureza do sofrimento muscular, por isso, é preciso estar atento ao preparar o trabalhador para sua jornada diária:

- hipótese do músculo danificado ou rompido;
- hipótese do tecido conjuntivo danificado;
- hipótese do acúmulo metabólico ou pressão osmótica e dilatação;
- hipótese do ácido láctico;
- hipótese do espasmo localizado de unidades motoras.

Mesmo sendo feitas avaliações adequadas no início do projeto, sabemos da impossibilidade de conhecer totalmente as particularidades de cada trabalhador, o que dificulta a segurança na aplicação dos exercícios.

No programa de GL, é mais seguro partir do ponto de que a maioria (senão todos) é hipoativa, e que os métodos lentos e estáticos de alongamento promovem um resultado melhor e mais seguro, pois movimentos bruscos, balísticos ou de grande intensidade podem provocar reflexos negativos.

Segundo Nahas (2001), é recomendado realizar exercícios de alongamento (para manter ou desenvolver a flexibilidade) ao menos três vezes por semana (o ideal seria diariamente), durante 10 a 15 minutos, estendendo os músculos lentamente, sem que haja dor; no início, por um período de 5 a 10 segundos, aumentando gradativamente a duração para 20 a 30 segundos por exercício.

A função respiratória eficaz sempre foi reconhecida como necessária em todas as atividades físicas. Levando-se em conta o nível de estresse encontrado nos locais de trabalho, a respiração pode ser incluída na seleção de exercícios para a obtenção de um maior controle corporal e emocional. Desvios posturais podem alterar a função respiratória, pois algumas pessoas "economizam" a respiração, realizando-a de forma curta e rápida, mesmo durante os exercícios.

A educação do ato respiratório e a consciência da respiração nasal, torácica, abdominal e completa, auxiliam na adaptação do ritmo respiratório com movimento, aumentando a capacidade de rendimento no alongamento sem dor.

Devemos instruir os funcionários a não realizar movimentos bruscos, nem de forma rápida e/ou próxima à sua amplitude máxima, pois esses movimentos podem provocar contraturas e dores. O objetivo é a realização dos exercícios de forma a proporcionar prazer e alívio, e não dor, sempre aliando uma boa postura a uma respiração adequada, e dando continuidade a esse processo o máximo possível durante o dia.

Alongamento estático no programa de Ginástica Laboral

A posição do alongamento estático no programa de GL favorece os seguintes aspectos:

- *Permanência*: a permanência por um determinado período durante o exercício facilita sua execução, tanto para o indivíduo, que pode apresentar dificuldade, quanto para o profissional, que pode corrigir a postura do grupo.

- *Controle do movimento*: os participantes podem adquirir um maior controle do movimento, inclusive nos exercícios que exigem algum tipo de equilíbrio.
- *Maior concentração*: a posição do alongamento estático permite ao indivíduo desenvolver maior concentração no movimento que está realizando, coordenar a respiração para proporcionar maior relaxamento muscular e obter, conforme o limite individual, maior amplitude do movimento.
- *Local de execução*: outra vantagem do alongamento estático é que pode ser realizado em qualquer local e requer pouco espaço para execução.

Segundo Achour Junior (1999), em relação à saúde, o alongamento estático é o mais indicado aos ambientes escolares e empresariais, pois o excesso de tensão muscular aumenta a pressão sanguínea e desperdiça energia mecânica, diminuindo a produtividade no trabalho, no qual os exercícios de alongamento são utilizados para diminuir o estresse muscular.

Com a evolução do treinamento aplicado no programa de GL, os trabalhadores estarão propensos a executar movimentos com maior amplitude, aumentando seus limites com segurança. Nessa fase, pode-se fazer uma combinação favorável do método estático e balístico, incluindo ao alongamento os movimentos que a maioria desses trabalhadores realizam no dia a dia, que não são de postura estática, mas, sim, balística.

Apesar dos exercícios que envolvem o alongamento estático com pouca duração já permitirem dissipar o acúmulo de tensão e melhorar a irrigação sanguínea, ainda assim, o programa de GL deve abranger exercícios específicos que promovam uma amplitude de movimento significativa e melhora das posturas estáticas e dinâmicas.

É importante que o profissional de Educação Física conscientize os funcionários sobre a importância do relaxamento e da descontração do grupo muscular, quando se combina respiração, leveza e suavidade nos movimentos.

No início, o programa é causa de grande inibição. Porém, com a prática, todos adquirem o hábito de utilizar uma respiração mais "enfatizada", inclusive com a emissão de sons ao expirar.

Exercícios de alongamento geral e específico

- *Alongamento estático*: de pouca duração, permite dissipar o acúmulo de tensão, além de melhorar a irrigação sanguínea.
- *Exercícios específicos*: permitem uma amplitude de movimento significativa e melhora das posturas estáticas e dinâmicas.

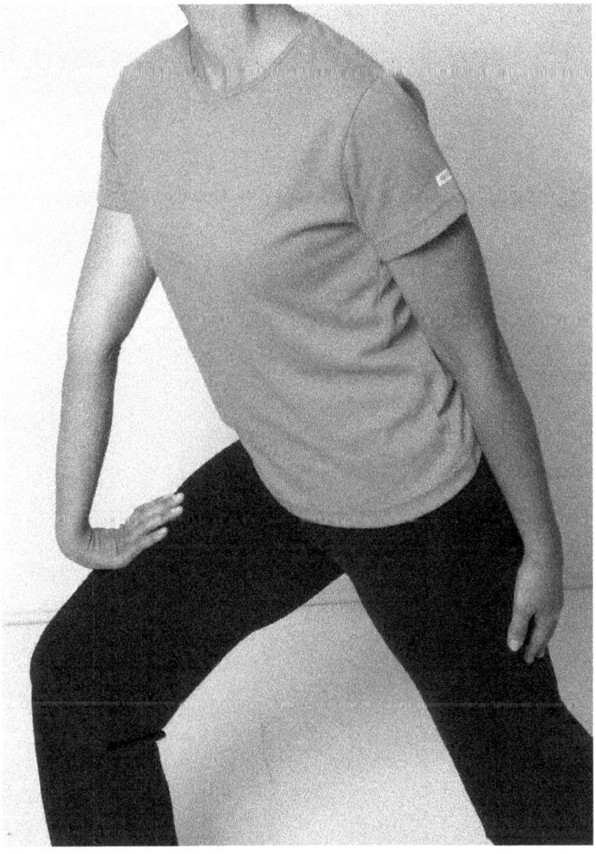

FIGURA 6.2 – Exercício específico: afastamento anteroposterior com alongamento dos flexores do punho.

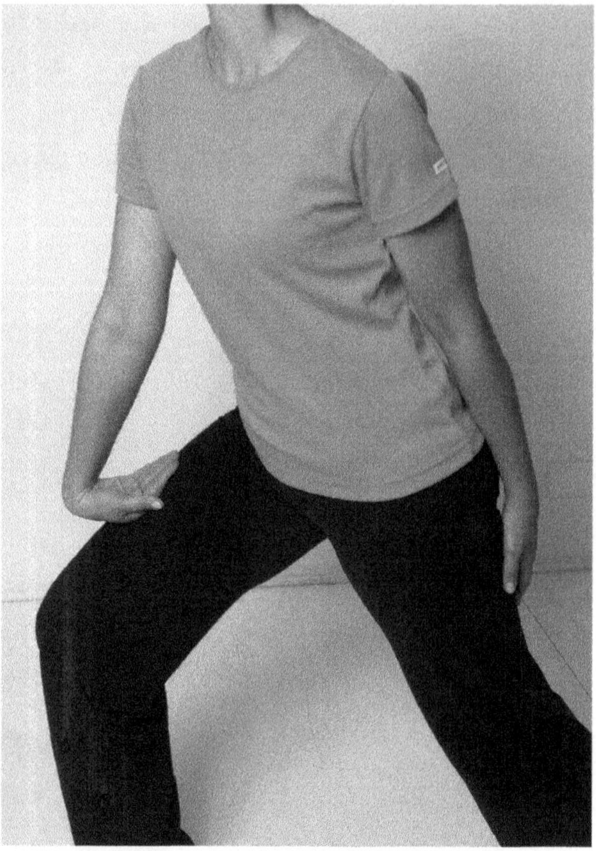

FIGURA 6.3 – Exercício específico: afastamento anteroposterior com alongamento dos extensores do punho.

Alongamento para trabalhadoras gestantes

No ambiente de trabalho, o profissional de Educação Física deve dar atenção especial às mulheres em fase de gestação, orientando-as sobre os cuidados a serem tomados em outras atividades físicas.

Historicamente, as recomendações de exercício físico para gestantes variaram de acordo com os contextos socioculturais, lembrando que tivemos períodos em que havia contraindicações para a atividade física durante a gestação, mas sem qualquer embasamento científico.

De acordo com o posicionamento oficial da Sociedade Brasileira de Medicina do Esporte: Atividade Física e Saúde na Mulher, de 2000:

> A atividade física na gestação é recomendada na total ausência de qualquer anormalidade, mediante avaliação médica especializada. As contraindicações absolutas são o sangramento uterino de qualquer causa, a placentação baixa, o trabalho de parto pré-termo, o retardo de crescimento intrauterino, os sinais de insuficiência placentária, a rotura prematura de membranas e a incompetência istmocervical. Durante uma gestação normal, quem já praticava exercícios pode continuar a fazê-lo, adequando a prescrição à gestação. (Leitão et al., 2000, p. 218).

Na GL, se a funcionária já participa do programa, podemos orientar que continue, avisando ao instrutor sempre que sentir qualquer alteração. Por medida de segurança, recomenda-se a diminuição dos movimentos que exigem equilíbrio e relaxamento do tronco à frente com flexão do quadril. A gestante também deve utilizar as aulas como um meio para ativar a circulação sanguínea e manter uma boa postura (em especial da coluna lombar), pois, orgulhosas da barriga, algumas mulheres acabam adotando uma posição hiperlordótica.

Se no início de um programa for constatada a presença de funcionárias grávidas, é necessário explicar os objetivos da aula e informá-las de que não há nenhum exercício de alto impacto, deixando-as à vontade para realizarem somente as aulas que desejarem. É essencial aconselhar que consultem seus médicos sobre o novo programa que a empresa está implantando.

A maioria das trabalhadoras grávidas realiza os exercícios, inclusive, solicita orientações para determinados desconfortos comuns no período de gestação, como inchaço dos membros inferiores e dores na coluna. A integração de participantes nessa condição é muito importante para não caracterizar a gravidez como fator de limitação, mas, sim, como um estado normal de saúde.

Sabe-se que a gestação é vivida de forma muito individual pela mulher. Portanto, o que pode ser excelente para algumas, pode não proporcionar bem-estar a outras. Nesses casos, o respeito e o profissionalismo, mais uma vez, devem prevalecer.

Encurtamento muscular

É uma das justificativas para implantação da atividade física no ambiente de trabalho, pois uma região encurtada pode aumentar a tensão muscular e dificultar a realização de alguns movimentos, por exemplo, ações da articulação do ombro, requisitada desde a hora em que o trabalhador levanta da cama para se vestir, pentear os cabelos e segurar nas barras do ônibus ou dirigir até o trabalho.

Segundo Achour Junior (1999), a flexão do ombro, se realizada com os músculos dorsais encurtados, pode aumentar a lordose na coluna lombar quando se está em pé. Se esse movimento for feito com pouca flexibilidade na articulação escapuloumeral, pode-se, por mecanismos compensatórios, utilizar outros grupos musculares, por exemplo, aumentando a tensão da região superior do trapézio.

Dessa forma, reforça-se a importância de uma análise das estruturas que deverão ser exercitadas de acordo com a necessidade e a função exercida, além da capacidade de um profissional de Educação Física em aplicar exercícios e posicionar corretamente os funcionários.

Há evidências de que muitos dos problemas posturais, insuficiência de flexibilidade e dor muscular têm origem na infância; por isso, a necessidade de adotar um estilo de vida ativo no ambiente escolar e, depois, levá-lo ao local de trabalho.

As crianças em idade escolar podem apresentar erros posturais crônicos, que as conduzem a inúmeros problemas na coluna vertebral por causa da falta de atividade física (Weineck, 2003).

Muitos trabalhadores não tiveram oportunidade de vivências esportivas ou de desenvolver níveis de aptidão física na infância e na adolescência que os estimulassem a praticá-los por toda a vida. Daí a necessidade de estudos e publicações sobre programas para minimizar o encurtamento muscular e prevenir problemas posturais entre os trabalhadores, suprimindo a tensão, o espasmo muscular e a instabilidade musculoarticular.

Medir a flexibilidade permite indicar a conduta correta a ser apresentada durante a realização de exercícios de alongamento em benefício da saúde (reabilitação, lombalgias) e do desempenho esportivo. Os resultados possibilitam programar exercícios de alongamento com diferentes intensidades, durações e frequências para grupos musculoarticulares que precisem de mais ganhos, ou para outros que requeiram manutenção (Queiroga, 2005).

Procedimentos nas aulas de Ginástica Laboral

Seguem, no Quadro 6.1, sugestões de procedimentos que, durante a execução dos exercícios no programa de GL, podem ser introduzidos para proporcionar esclarecimentos e para enriquecer a execução dos movimentos:

Quadro 6.1 – Sugestões de procedimentos em aulas de GL

- Avaliar o estado físico geral e a postura corporal do grupo, para que não sejam aplicados exercícios com intensidade excessiva ou mais complexos do que o limite dos funcionários.
- Orientar acerca das posições corretas dos exercícios, como manter-se em uma posição estável, mudando a posição lentamente; sobre o movimento adequado e o controle do equilíbrio, pois se uma região estiver fora de alinhamento, é provável que a coluna se desequilibre para compensar.
- Esclarecer sempre sobre os principais objetivos da aula.
- Destacar que os exercícios de alongamento e demais técnicas são relacionados à saúde, e não ao desempenho atlético.
- Averiguar se cada funcionário está realizando corretamente os movimentos, se está atingindo uma percepção de relaxamento e, até mesmo, se sente alguma diferença nos segmentos trabalhados.
- Incluir exercícios respiratórios para auxiliar na promoção do relaxamento e corrigir padrões respiratórios ineficientes causados pelo sedentarismo e pelo estresse. Exercícios para coluna cervical, ombro e tronco são excelentes para trabalhar coordenados à respiração.

Importante:

Os programas de GL devem respeitar os princípios de treinamento e, sobretudo, a resposta individual, já que cada indivíduo responde de forma diferente à mesma atividade. Recorde-se sempre de que, assim como o indivíduo tende a trabalhar melhor quando associa o trabalho às suas metas pessoais, a série de exercícios também deve estar envolvida especificamente com as atividades de trabalho (de acordo com a análise postural), com objetivos e benefícios bem-definidos, para que a adesão ao programa seja satisfatória. Naturalmente, *especificidade* não significa que não devemos exercitar outros grupos musculares; pelo contrário, essa prática evita desequilíbrios.

Quando o objetivo da aula for o aumento da flexibilidade e da mobilidade articular, deve-se ficar muito atento quanto à deformação plástica, que origina um enfraquecimento temporário da fibra muscular, caracterizando um momento inoportuno para que se apliquem intensidades maiores. O profissional deve estar atento à intensidade de cada exercício a ser passado antes das tarefas e exigências laborativas do dia a dia.

Intensidade, duração e frequência do alongamento no local de trabalho

- Baixa intensidade com média duração é considerada a forma mais segura de alongar.
- A duração entre 30 e 60 segundos é indicada para o desenvolvimento da flexibilidade e para a manutenção da amplitude articular.
- Se a permanência em alongamento durante esse período for alcançada com facilidade, aumenta-se a tensão.
- A frequência do alongamento precisa ser de, no mínimo, duas vezes por semana para indivíduos saudáveis.

É necessário considerar que os programas de GL, em geral, são implantados em formatos de duas, três e cinco vezes por semana, e que nem sempre é possível conseguir adesão de todos os funcionários de forma permanente. Portanto, um programa feito com menos frequência tem menor probabilidade de atingir resultados específicos de melhoria da flexibilidade do que um programa realizado com mais frequência, já que muitos são os compromissos internos da empresa, os quais, muitas vezes, impedem o funcionário de participar da aula de GL. Assim, quanto maior o número de inserções implantadas, até mesmo em mais de um horário, mais oportunidades haverá para que o objetivo mínimo de duas vezes na semana seja atingido.

Pressupõe-se que, após a vivência agradável e o bem-estar adquirido com os exercícios de alongamento, o funcionário poderá continuar com a prática em outros momentos que sentir necessidade, mas não podemos esquecer que educar para a saúde é um processo de longo prazo, variável de acordo com as condições e motivações de cada indivíduo.

Correções do movimento, toque e corpo

Nas correções dos exercícios durante as aulas de GL, deve ser seguida uma ordem em que, inicialmente, o professor fale e demonstre o movimento de forma geral para todos. Com a evolução do programa – ao adquirir mais conhecimento e empatia do grupo, o que lhe permitirá maior desenvoltura para tocar as pessoas –, o professor poderá realizar correções individualmente, auxiliando os participantes na correta execução dos exercícios.

O contato verbal dentro das aulas tem grande valor como apoio, porém, algumas pessoas apresentam dificuldades para realizar exercícios físicos quando o profissional apenas verbaliza o movimento, fazendo que o toque seja necessário para melhorar a compreensão do exercício. O profissional deve conduzir essas situações com cuidado, além de estar atento aos tipos de roupas utilizadas pelos funcionários.

Por exemplo, em uma academia, é comum e considerado normal que o profissional ajude o aluno a realizar um movimento correto de membros inferiores, como glúteos ou extensão de joelhos. No entanto, no ambiente empresarial, será totalmente estranho o profissional segurar a perna de um participante na frente de seus colegas, até mesmo porque o profissional que aplica a GL não conhece o nível de intimidade e as ligações de amizade, de amor, de inveja ou de ciúme que podem existir naquele ambiente. Deve-se, também, ter muito cuidado para não permitir que acontecimentos aparentemente inofensivos se transformem em "piadinhas" entre o grupo. Assim, mais uma vez, a criatividade é imprescindível e a ética, indispensável.

Outros procedimentos de correção também podem ser utilizados, como:

- desenvolvimento da percepção do funcionário na postura desequilibrada e equilibrada;
- instruções verbais a todos, interagindo de forma geral, para que não haja constrangimentos entre os funcionários quando realizarem os movimentos perante os colegas;
- reforço visual, para que eles possam se ver, mesmo que não haja espelhos no ambiente – nesse caso, o próprio profissional deve reforçar uma postura apropriadamente alinhada ou utilizar um funcionário como exemplo.
- reforço tátil, valendo-se do toque para posicionar de forma correta os segmentos corporais de cada participante da aula de GL, é fundamental, apenas exige certos cuidados.

Exercícios de resistência muscular localizada

Segundo Sharkey (1998), a resistência muscular é essencial para o sucesso em muitas atividades profissionais e atléticas. Uma vez que você tenha força para desempenhar uma tarefa repetitiva, a melhora adicional dependerá da resistência muscular e da capacidade de persistência.

Os exercícios resistidos podem ser utilizados para diferenciar as aulas, sendo possível desenvolver uma resistência considerável em pequenos músculos, como flexores do dedo e flexores e extensores do punho, estimulando a capacidade funcional do indivíduo.

Essas aulas são dinâmicas; nelas, é possível utilizar materiais como bolinhas de espuma e garrotes, que possibilitam a avaliação individual da fadiga, além de desafiar cada um a melhorar seu desempenho nos exercícios.

Dessa forma, durante as inserções de GL, é fundamental uma avaliação prévia das tarefas ocupacionais, e, em casos de movimentos que já exijam muita contração isométrica durante as aulas de aquecimento ou pausa ativa, são mais indicados exercícios de relaxamento e alongamento com objetivo compensatório. Caso contrário, haverá sobrecargas em músculos que já se encontram fatigados.

Nos casos em que haja necessidade de fortalecimento de estruturas enfraquecidas, pode ser proposto um programa complementar à GL, fora do expediente de trabalho, visando, inclusive, ao condicionamento físico geral.

De acordo com Åstrand et al. (2006), para o indivíduo que busca apenas condicionamento físico, recomendam-se algumas contrações isométricas próximas do esforço máximo por alguns segundos, para permitir que todas as fibras musculares no músculo em atividade sejam recrutadas. Para esses casos, o ideal é estabelecer um programa simples e efetivo, com frequência de três vezes por semana.

Sendo a resistência muscular a capacidade de um segmento do corpo de realizar e sustentar um movimento por um determinado período, os exercícios resistidos adaptados para aulas de GL podem ser englobados na série de exercícios de prevenção para melhorar a resistência, como forma de melhor suportar determinados esforços sem comprometer a saúde.

Os exercícios também podem ser desenvolvidos de forma progressiva. Nessa variação, o funcionário deve iniciar o exercício resistido com um esforço mínimo e, a cada aula, progredir para maior resistência.

Um estudo conduzido entre operadores de computador com queixas em coluna cervical e extremidades superiores concluiu que, num curto prazo, é possível reduzir as queixas de dor com um processo educativo apropriado e exercícios de mobilização, de alongamento, de fortalecimento e de relaxamento (Dalager et al., 2015). Em outro estudo entre trabalhadores industriais, um programa de exercícios utilizando treinamento de força com base em princípios de sobrecarga progressiva obteve reduções significativas na percepção de dor e desconfortos musculares, principalmente nas regiões do pescoço e dos ombros (Zebis et al., 2011).

Portanto, são necessários estudos mais controlados (do ponto de vista científico) para investigar e determinar se houve melhora, ou não, da resistência muscular dos participantes do programa de GL. Lembre-se de que, independentemente do tipo de trabalho realizado, para estruturar as séries de exercícios que compreenderão uma sessão de GL, é necessário identificar antecipadamente as estruturas corporais sobrecarregadas, e, até mesmo, as que tendem a apresentar dor em virtude da maior requisição. A seguir, listamos os benefícios das práticas em GL que visam exercitar, em equilíbrio, as diferentes estruturas musculares.

Equilíbrio muscular = Flexibilidade e força

- eficiência muscular;
- melhor coordenação e amplitude nos movimentos;
- alívio das tensões musculares;
- diminuição da rigidez aguda e desconforto crônico;
- controle das alterações postural e corporal.

Segundo Chaitow (2008), movimentação correta das articulações e dos membros é gerada pelos músculos mais superficiais e depende do tônus e da resistência dos músculos estabilizadores mais profundos. Para esse autor, os músculos profundos devem ser capazes de manter a estabilidade por períodos longos. Assim, a resistência é um dos fatores necessários para que a coluna vertebral e o corpo como um todo tenham plena funcionalidade.

De acordo com Mendonça (2005), a ineficiência do alinhamento esquelético resulta em padrões de hipertonia muscular e unilateral, e na diminuição da elasticidade muscular, por isso, a tendência dos músculos à restrição dos movimentos, a necessidade de maior força de contração muscular para superá-la e a maior vulnerabilidade a traumatismos articulares, ligamentares e musculares. O ajuste postural está relacionado à conscientização do eixo corporal e à flexibilidade, mas, também, à boa regulação do tônus muscular.

O treinamento resistido manual, por não necessitar de equipamentos para sua execução, pode enriquecer as séries de exercícios nos programas de GL, tendo em vista sua praticidade e fácil aplicabilidade a qualquer ambiente (Teixeira, 2011).

Massagem e automassagem

Andrezza Moretti

A manipulação sistemática dos tecidos moles do corpo (músculos, tecidos fibrosos e adiposos, pele, vasos sanguíneos e linfáticos) é uma prática preconizada por muitas culturas. Desde a Antiguidade, a massagem, combinada com os exercícios físicos, tem sido prescrita por médicos e terapeutas para a prevenção e o tratamento de doenças, e para a promoção e a recuperação da saúde.

A referência bibliográfica mais antiga conhecida sobre essa prática aparece no *Nei Ching* (texto médico de origem chinesa) escrito por volta de 2.500 a. C. Entretanto, também é possível encontrar textos escritos em hindu, em francês, em sueco e em italiano, publicados entre 1600 e 1900 (Cassar, 2001).

Independentemente de sua origem, sabe-se, na atualidade, que a massagem atua pelo menos em dois planos básicos. Primeiro, ela ativa a corrente sanguínea e linfática (Fritz, 2002) e, consecutivamente, provoca reações no campo motor e visceral, por meio da liberação de aderências subcutâneas e de estímulos reflexos. Além disso, pesquisas científicas comprovam a liberação de neurotransmissores como a endorfina e a serotonina, ligados à melhora do sistema imunológico, à diminuição de dores e ao controle do humor, entre outros benefícios, após uma sessão de massagem terapêutica (Field et al., 2002; Hernandes-Reif et al., 2000; Moyer, Rounds e Hannum, 2004; Shulman e Jones, 1996).

Conhecimentos sobre massagem são frequentemente documentados e disseminados em textos especializados e por profissionais das áreas de Medicina, do Esporte e da Estética. Entretanto, a massagem não é somente praticada por esses sujeitos, pois ela é utilizada de forma instintiva pela maioria dos seres humanos. Ao contundir uma parte do corpo, temos por hábito friccionar o local com as mãos, a fim de aliviar a dor e o desconforto. Ou seja, o uso do toque para fins terapêuticos configura-se como um gesto universal, utilizado para "curar", acalmar, ou eliminar tensões, mas, sobretudo, para "dizer" que nos importamos com o outro.

Como uma clareira na floresta, o toque direcionado a essa finalidade ilumina e nos dá liberdade para relaxar o corpo e reorientar nossa mente e emoções. Quando tocamos o nosso próprio corpo e/ou o corpo do outro, resgatamos uma série de registros de experiências vividas. A manipulação dos tecidos moles não constitui apenas um evento periférico que envolve uma porção de pele, uma articulação aqui e outra ali, ou um grupo de músculos. Ela envolve situações passadas, arquivadas na memória sensitiva de cada sujeito, e representa um catalisador de intensas reações físicas, psíquicas e emocionais (Lidell, 2002).

Desse modo, a massagem pode ser um meio de compensar o volume implacável das pressões de nosso cotidiano. Para muitos de nós, a rigidez e a dor são situações às quais nos habituamos. Muitas vezes, somente quando tocamos alguém ou recebemos um abraço é que percebemos como nossos músculos estão retesados, ou o quanto de nossa energia é consumida pela tensão. A massagem pode nos fazer lembrar do prazer de estar em sintonia com um corpo que pode respirar suavemente, que pode sentir os pés contra o chão e movimentar-se livremente.

Quando crianças, subíamos em árvores e corríamos descalços para cá e para lá. Brincávamos e tocávamos em tudo que era possível. Porém, conforme envelhecemos, passamos um tempo cada vez maior vivendo exclusivamente na "cabeça". Está na hora de recuperarmos o equilíbrio, voltarmos ao corpo e redescobrirmos a delicada arte do toque (Lidell, 2002).

Técnicas de massagem

Encontramos na literatura e no mercado de prestação de serviços diferentes técnicas de massagem. Algumas dessas técnicas são fundamentadas em conhecimentos da medicina ocidental e visam estimular a circulação sanguínea, propiciar o relaxamento dos músculos superficiais e profundos, mobilizar ligamentos e tendões, auxiliar a liberação de toxinas como o ácido láctico, o ácido úrico e outros resíduos metabólicos e, consequentemente, favorecer a circulação linfática. Como exemplo, podemos citar a *massagem clássica*, ou *sueca*, e a *drenagem linfática*.

Outras são baseadas em uma visão de corpo diferenciada, focada no equilíbrio físico, mental e emocional do sujeito e em um fluxo de energia que conecta e integra o mundo exterior com o mundo interior de cada um. Na massagem de origem oriental, toques e manipulações foram desenvolvidos para auxiliar a liberação e a circulação do *Qi* (força ou fluxo vital), fazendo que este se mova adequadamente por todo o corpo, forneça vitalidade para todos os órgãos e todos os tecidos, regule as emoções e promova serenidade. O *Qi* circula em canais denominados *meridianos*, e pode estagnar-se ou acumular-se em pontos específicos. Tal estagnação enfraquece as defesas naturais do organismo e a massagem é uma forma de restabelecê-las. Como exemplo de práticas que se originam desse conhecimento, podemos citar o *Shiatsu* e a Reflexologia.

Independentemente da origem da técnica de massagem (ocidental ou oriental), em alguns casos, como na presença de tumores locais, sepse (infecção), trombose, irritações da pele e doenças inflamatórias das articulações, ela pode ser contraindicada. É importante que o profissional massagista realize uma anamnese preliminar e informe ao receptor os benefícios e possíveis riscos da técnica que será utilizada. No caso da GL, não é necessária essa anamnese em razão do tempo disponível para a prática, mas é imprescindível que o profissional informe aos participantes as indicações e as contraindicações de cada manobra aplicada.

Salientamos, também, que o profissional que desejar incluir técnicas orientais no programa de GL deve procurar especializar-se por meio de cursos de formação sobre o tema, para que conceitos específicos como *Qi*, meridianos, *Yin* e *Yang* não sejam apresentados de forma equivocada e irresponsável.

A massagem nos programas de Ginástica Laboral

A massagem, quando aplicada corretamente e por um profissional habilitado, é de grande valia para se atingir os objetivos da GL, seja esta realizada como um trabalho preparatório, compensatório ou de relaxamento. É uma importante ferramenta na manutenção de programas de GL, porque, além de combater e prevenir posturas inadequadas, fadiga, dores musculares, estresse e ansiedade, pode servir como um instrumento motivacional e de interação (Lima e Moretti, 2010).

Apesar da boa aceitação, a implementação de práticas de massagem no ambiente de trabalho requer habilidade do profissional que deseja incluí-la no programa de GL. Tais habilidades estão relacionadas a questões de ordem operacional e didática.

Em relação às questões didáticas, é importante que o condutor da massagem disponha de conhecimentos teóricos e práticos de variadas técnicas, tenha ciência das indicações e das contraindicações de cada manobra proposta e tenha sensibilidade para observar e ensinar as pessoas a tocarem conscientemente em si mesmas e nos outros.

Sobre as questões operacionais, o professor precisa ser responsável pela adequação do local em que será realizada a aula. Isso significa que ele precisa se certificar de que tanto o receptor quanto o executor da massagem disponham de espaço e estejam em posição adequada e confortável, para que seja possível controlar a qualidade e a quantidade de pressão aplicada a determinada área corporal, e o ritmo das manobras.

Uma manobra súbita ou excesso de pressão pode causar danos nos tecidos superficiais, desconforto e rigidez. Perceber a sensibilidade do receptor da massagem e ajustar o tempo e a pressão exercida com destreza e continuidade é fundamental. Para Achour Junior (2002), é interessante criar uma escala de dor (desconforto) entre zero e quatro, e requisitar um *feedback* ao receptor. Para zero, baixa tensão; para quatro, tensão muito forte, sendo ideais os valores entre 2 e 3. Lima e Moretti (2010) sugerem que o ritmo seja alternado na realização das manobras de massagem, mas que isso seja informado com antecedência ao receptor.

Outro fator que deve ser observado pelo profissional que se propõe a aplicar a massagem em programas de GL é a existência de setores com pessoas somente do sexo masculino e que se sentem incomodadas em massagear o colega. O respeito ao tocar o outro é fundamental para o sucesso de uma aula de massagem.

Para grupos que têm resistência ao toque, bolinhas de espuma e de tênis podem ser utilizadas para diminuir o contato direto das mãos com o corpo do outro. O uso de acessórios de massagem também ajuda, porque elimina as sensações relacionadas diretamente ao toque, permitindo que a pessoa que não se sente bem com esse contato participe da atividade e concentre-se na área que está sendo massageada.

Instrumentos para facilitar as aulas de massagem

- Bolas de vários tamanhos e densidades (tênis e espuma).
- Bolas de gude.
- Massageadores de madeira.

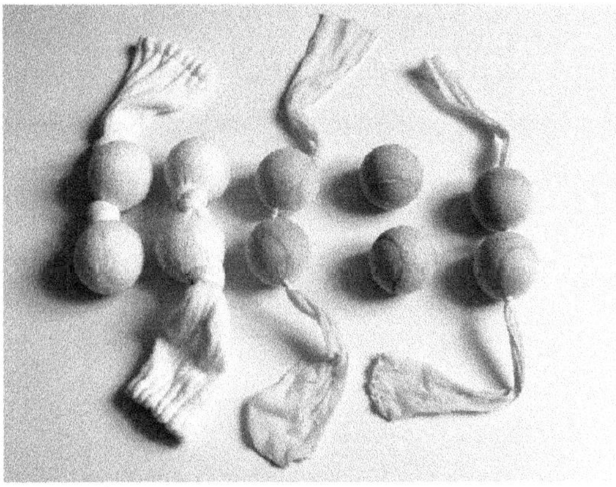

FIGURA 6.4 – Massageadores.

A automassagem é igualmente uma alternativa. Massagear a si pode ser muito eficiente para o tratamento do estresse e para o controle da dor. Por causa da maneira como o cérebro processa os *inputs* sensórios, algumas formas de massagem são mais eficientes que outras (Fritz, 2002).

O profissional condutor da GL precisa ser capaz de garantir que o grupo se respeite e jamais satirize qualquer atitude de um colega com dificuldades relacionadas ao toque. Precisa ter cuidado em adequar a atividade ao ambiente de trabalho e ao tipo de roupa utilizada pelos funcionários, o que pode dificultar ou, até mesmo, inviabilizar a realização da aula. Controlar o tempo disponível para explicação, execução e correção sobre as formas de realizar as manobras é um fator que precisa ser levado em consideração para a eficácia da massagem no programa de GL. Nesse caso, trilhas sonoras tranquilas e com sons da natureza são bem-vindas, pois amplificam o efeito da atividade e auxiliam no controle do tempo. Sobre questões didáticas para aplicação da massagem no ambiente laboral, sugerimos a leitura do livro *Massagem no ambiente de trabalho* (Lima e Moretti, 2010).

A aula de massagem ou de automassagem pode ser acompanhada por exercícios de alongamento no início e/ou final. Para Achour Junior (2002), exercícios de alongamento, combinados com diversos tipos de massagem, são indicados porque facilitam a eliminação de nódulos que podem causar cefaleia e dor cervical.

Por meio de observações realizadas durante as aulas de GL, percebemos que os participantes podem localizar no organismo tais nodosidades e/ou aderências musculares e relatar dor ao receber o toque, sobretudo quando o trabalho realizado enfatizar atividades repetitivas ou uma única postura. As regiões corporais com maior relato de incidência de pontos dolorosos são:

- esternoclidomastóideo;
- esplênio da cabeça;
- trapézio (parte superior);
- parte posterior da coluna cervical;
- deltoide;
- extensores e flexores do carpo;
- dorso e palma da mão.

Desse modo, a preparação de aulas que atinjam tais áreas em diferentes níveis de profundidade é fundamental para que, aos poucos, a tensão vá se dissolvendo e o trabalhador aprenda formas de prevenir e/ou minimizar a tensão nessas regiões.

Observações importantes

Precisamos ser muito cuidadosos na aplicação das massagens, pois cada indivíduo tem seus próprios conceitos morais, religiosos e sociais, podendo apresentar resistência ao toque, principalmente quando é realizado entre colegas de trabalho. Contudo, existem pessoas que se sentem muito bem com a massagem e pedem para que essa aula seja realizada diariamente, o que também não é o foco do programa de GL.

Devemos desenvolver o bom senso e a sensibilidade para compreender o limite do outro, porque sabemos que o toque não é muito fácil para algumas pessoas, e jamais se deve satirizar qualquer atitude do outro nesse sentido. Nunca force ninguém à massagem; não vulgarize essas técnicas milenares, praticando-a em qualquer lugar ou de qualquer jeito: é nosso dever respeitar essa arte. O profissional que desejar incluir essa técnica deve especializar-se em massagem terapêutica, por meio de cursos de formação sobre o tema.

Yoga no ambiente empresarial: adaptações à Ginástica Laboral

Carlos Alberto Legal Filho
Carlos Eduardo Legal

Vivemos em uma cultura imediatista, de resultados rápidos e de informação fácil a qualquer hora. O homem moderno não dá conta de todos os seus afazeres; as coisas mudam na velocidade da luz. Hoje, dormimos com uma ideia e, no dia seguinte, ela já está defasada. O velho conceito é substituído por outro mais novo; a empresa é vendida, o gerente, demitido, e os cenários econômico, político e ambiental são alterados tão rapidamente que os mais desavisados perdem-se nas conversas no café da manhã. O homem comum tenta acompanhar esse ritmo imposto pelo estilo de vida moderna dos grandes centros urbanos, de mudanças tão velozes, mas não consegue. Muitas vezes, ao acompanhar esse ritmo, o homem tem como consequência o prejuízo da saúde e do bem-estar, contribuindo para uma sociedade doente, em um mundo paradoxal, em que se sofre não de fome, mas de obesidade – doença que castiga sobretudo as crianças, muitas vezes, em razão da ausência das mães, que trabalham fora e não conseguem mais tratar os filhos com comida fresca e brincadeiras ao ar livre. O resultado disso são inúmeros problemas de saúde e desequilíbrios emocionais, como depressão, síndrome do pânico e estresse. Esse é, muitas vezes, o preço da sobrevivência e da luta diária dos habitantes dos grandes centros.

Será que um dia o mundo vai mudar, as coisas vão se acalmar e conseguiremos ter um pouco de paz e harmonia para desfrutar da vida e das conquistas? Para sermos realistas, acreditamos que não. Será que podemos fazer alguma coisa? Sim! Podemos mudar a realidade, começando pela redescoberta de si mesmo, respondendo às máximas: "Quem sou eu?" e "Qual meu papel e propósito neste mundo?".

Sem dúvida, temos um grande problema, que faz a humanidade sofrer a tríplice miséria existencial da humanidade (segundo o pensamento hindu, o sofrimento pode ser causado pelo próprio indivíduo, por outrem ou por fenômenos naturais), motivado pela ignorância, em um sentido mais amplo, sobre a vida. A única maneira de superar isso é exercer o conhecimento, melhorando a percepção de si e do mundo; aperfeiçoar nosso corpo e nossa mente, refinar o espírito para que possamos gozar da saúde integral, e, dessa forma, sermos o que realmente somos: um ser completo.

Nosso propósito ao contribuir com este capítulo é, humildemente, esclarecer alguns aspectos dessa prática milenar e tão atual como o *Yoga*, que vai além de uma simples técnica. *Yoga* é arte, ciência e filosofia. É a arte de viver no presente, que nos afasta do sofrimento, daquilo que não temos controle; é a ciência da ação correta, de fazer o que tem de ser feito, sem gerar expectativas com seus resultados. Por isso, o *Yoga* é um caminho.

O que é *Yoga*?

O termo *Yoga* vem da raiz *yuj*, da língua sânscrita, que significa "ungir", "ligar", "atar". União e comunhão também são seus significados, os quais convergem para algo mais profundo, como unir o Eu individual com o Ser Divino. No íntimo, todo ser humano tem esse desejo inconsciente.

Porém, como é possível unir-se com o sagrado se não há boa saúde e se grande parte das pessoas ainda têm dificuldades para realizar as coisas boas da vida, viver com amor e compaixão? Se não há respeito pelo próximo e pelas gerações futuras, por meio da responsabilidade e do compromisso individual com a sustentabilidade do planeta?

Patañjali, grande sábio que viveu por volta de 200 a.C., e que sistematizou o método em sua obra clássica *Yoga Sutras* (*Aforismos do Yoga*), define *Yoga* como "o cessar os turbilhões / pensamentos da mente" (*Sutra I*, p. 2).

É, reconhecidamente, a compilação mais antiga e abrangente de técnicas contemplativas de que se tem notícia, tornando-se, por essa razão, um dos seis *darśanas* ("pontos de vista") do hinduísmo.

Por que o *Yoga*?

O mundo moderno é extremamente exigente no âmbito cognitivo e pouco estimulante para o corpo. Esse padrão anaboliza a mente e adoece o corpo. Porém, segundo o pensamento *Yogue*, o corpo é o nosso instrumento de ação e a mente, nosso instrumento de percepção. A proposta do *Yoga* é aprimorar e refinar esses instrumentos, pois um corpo saudável e uma mente livre e focada potencializam nossa capacidade de realização na vida. O corpo é o caminho, mas seu foco vai além do desenvolvimento físico. Para o *Yoga*, o ser humano é um "pacote" formado por aspectos físico, mental, emocional e espiritual; vivente em um ambiente social. O *Yoga* sugere que somos um sistema integrado como um todo, aceitando que mente e emoção estão em cada célula de nosso corpo. Afirma, ainda, que pertencemos a algo maior, à natureza, com a qual devemos buscar uma harmonia (interna e externa).

Preservando seus fundamentos, o *Yoga* vem adequando-se às necessidades do homem moderno, mantendo seu propósito de livrar o ser humano dos condicionamentos que aprisionam sua mente e de torná-lo apto a resgatar a liberdade e o contato com sua verdadeira essência.

A prática do *Yoga*, como conhecemos hoje, ajuda o indivíduo a se conhecer melhor, a aperfeiçoar sua saúde e satisfação consigo mesmo e com a realidade. Por meio da prática de exercícios físicos e respiratórios, e por meio do treino da concentração e do relaxamento, observa-se uma melhora significativa em pouco período de tempo. Aos poucos, as pessoas começam a mudar suas atitudes e seus comportamentos, a fazer escolhas mais saudáveis e coerentes, com um estilo de vida que favorece o bem-estar individual e coletivo.

Sutra significa, literalmente, "cordão", "linha", mas pode ser traduzido como "aforismo". Ele caracteriza o estilo literário, em prosa, no qual aparece redigida grande parte dos textos filosóficos do hinduísmo. A palavra *darśana*, por sua vez, deriva da raiz *drś*, que significa "ver, refletir, contemplar, compreender", e quer dizer "ponto de vista, visão, compreensão".

O problema

Segundo Patañjali, existem cinco causas de dor e sofrimento, chamados *Klésa*. São eles: *Avidyā* (ignorância de um sentido amplo da vida, falta de conhecimento espiritual); *Asmita* (sentimento de individualidade ou egoísmo); *Rāga* (apego pelo prazer, exaltação da paixão); *Dvesa* (aversão injustificada); *Abhinivesha* (temor de perder tudo para a morte, apego à vida).

Essas causas de dor ficam na mente das pessoas e, enquanto não forem eliminadas, a pessoa não terá paz. O *Yogue* aprende a esquecer o passado e a não se preocupar com o futuro, vivendo no presente com responsabilidade e comprometido com o seu dever, acalmando sua mente pelo estudo constante, livrando-se de desejos. Mas como?

A solução

Patañjali descreve um método para o homem erradicar o sofrimento: o *Ashtanga Yoga*, ou *Yoga de Oito Passos*. Cada passo é, em si, uma prática que envolve o aprimoramento da conduta pessoal, do corpo e da mente, e, por fim, o refinamento do espírito humano. A seguir, no Quadro 6.2, trazemos uma descrição dos Oito Passos, tomando o cuidado de alertar ao leitor que os termos sânscritos são amplos em seu significado, e que a tradução aqui exposta é excessivamente simples, objetivando apenas situar o leitor sobre a estrutura do *Yoga*.

Quadro 6.2 – Os Oito Passos do *Yoga*

Passo		Função	Definição
1	*Yamas* (autodomínio): composto por cinco valores sociais que formam as regras da ética ou disciplinas sociais	Melhorar o relacionamento com o mundo.	*Ahiṃsā* (não violência); *Satya* (verdade); *Asteya* (não cobiça); *Brahmacharya* (controle do prazer e impulso sexual); *Aparigraha* (não possessividade).
2	*Niyamas* (autodisciplina): composto por mais cinco valores, íntimos e individuais.	Melhorar o relacionamento com si mesmo e a capacidade de realização.	*Saucha* (higiene e pureza física e mental); *Saṃtoṣa* (contentamento); *Tapas* (ardor, austeridade); *Svādhyāya* (autorreflexão, conhecimento); *Īśvara Praṇidhāna* (autoentrega ao Divino).

Continua

Continuação

Passo		Função	Definição
3	*Āsanas* (posturas físicas)	Melhorar o instrumento de ação (o corpo), elevando o nível de vitalidade física.	As posturas têm nome de animais, figuras míticas e coisas da natureza. O *āsana* propõe ir além da atividade física, estimulando concentração profunda na ação física, na respiração e nas sensações físicas e emocionais.
4	*Prānāyāmas* (condução da energia vital pela respiração)	Melhorar o fluxo de energia vital, elevando o nível de vitalidade física e mental.	Há uma relação muito estreita entre o padrão respiratório e os padrões mental e emocional. A finalidade dos *prānāyāmas* é conduzir a energia vital que percorre o corpo e a mente, com o objetivo de harmonizar e de purificar nossos "instrumentos".
5	*Prathyāhāra* (introspecção e disciplina dos sentidos)	Diminuir a excitação e a conexão dos sentidos com o exterior.	O olfato, o paladar, a visão, o tato e a audição são os meios pelos quais a mente se conecta com o ambiente. A interação dos sentidos com os estímulos externos excita a mente, gerando reações. Trata-se de um passo preliminar para a concentração.
6	*Dhāraṇā* (concentração)	Melhorar a capacidade de foco da mente.	A concentração é um passo preliminar para a meditação. É quando a mente permanece fixa e focada, por um tempo considerável, em um objeto. Por exemplo, quando a mente de um praticante permanece fixa na respiração ou na sensação nos braços durante uma postura do *Yoga*.
7	*Dhyāna* (meditação)	Melhorar a capacidade de absorção da mente.	Meditação é a capacidade da mente absorver-se totalmente em um objeto. Por exemplo, quando a mente de alguém durante a prática de *Yoga* penetra profundamente na experiência do momento, percebendo, ao mesmo tempo, a respiração e todas as sensações físicas no corpo.
8	*Samādhi* (estado de harmonia e consciência plena)	Melhorar a consciência e a inteligência humana.	Também definido como iluminação, é um estado de potencialidade pura, impossível de descrever. Essa é a meta no *Yoga*.

Os dois primeiros passos (*Yamas* e *Niyamas*) visam aprimorar a conduta do indivíduo, restringindo comportamentos que podem gerar sofrimento para os outros, e fortalecer seu caráter, estimulando atitudes positivas para a realização pessoal. Os três seguintes (*Āsanas*, *Prānāyāma* e *Pratyāhāra*) visam gerar reintegração e melhoria das condições física, mental e emocional, por meio da prática regular das posturas e exercícios respiratórios. Servem para manter o corpo forte, flexível, livre de doenças, e torná-lo um veículo adequado para uma mente calma, refinada e disciplinada, preparada para a prática da atenção e concentração. Isso torna o ser humano apto para vislumbrar sua essência, a alma. *Dhāraṇā*, *Dhyāna* e *Samādhi* são os resultados da prática, concentração, meditação e o estado de consciência e harmonia plena.

Yoga no ambiente empresarial

Aplicar o *Yoga* no ambiente de trabalho é um desafio árduo, pois o ambiente empresarial, com foco em resultados e decisões rápidas, é, por si só, agitado. Teoricamente, seria um ambiente inadequado para a prática do *Yoga*. No entanto, há diversas alternativas para aplicar o *Yoga* no ambiente empresarial, como treinamento para equipes que utiliza os preceitos de *Yamas* e *Niyamas*; aulas regulares de *Hatha Yoga*; meditação e até inserção de *āsanas* em sessões de GL. Isso é possível pela simplicidade do *Yoga*. Todavia, para compreendê-la, é fundamental ter profundo conhecimento teórico e prático do *Yoga*.

O interessante do *Yoga* é a profundidade da prática. Ao realizar um *āsana*, o praticante não estimula apenas o corpo, pois o *āsana* atinge a respiração, a mente e as emoções, atuando em todo o seu ser. Usar o corpo para trabalhar a mente baseia-se na sabedoria dos antigos mestres, que diziam "ser mais fácil começar a trabalhar com os aspectos mais densos, palpáveis e visíveis da natureza humana – o corpo –, do que tentar atingir logo os mais sutis – a mente". O *Yoga* propõe começar pelas posturas, para desenvolver a consciência corporal, a flexibilidade, a força, a resistência e a agilidade, para adquirir boa capacidade respiratória e usá-la como motivação para a concentração.

Yoga e Ginástica Laboral

Em geral, as sessões de GL são curtas e baseadas em um planejamento para grupos ou departamentos, nas quais é possível incluir sessões de "*Yoga* laboral" como atividades complementares.

Em caso de ausência de um local mais adequado, onde o praticante tenha a garantia de não ser interrompido, a GL pode utilizar-se de diversos *āsanas* adaptados, que podem ser desenvolvidos em pé, com apoio de cadeiras e de acessórios específicos; em duplas, sentados no chão, ou utilizando esteiras e colchonetes. Os *āsanas* do *Yoga* assemelham-se à ginástica e sua principal diferença em relação a ela está na importância da respiração durante a execução dos movimentos e posturas, durante os quais se deve atentar ao momento presente, observando sensações e sentimentos. Toda sessão deve terminar com um breve relaxamento, que ajuda o indivíduo a absorver os efeitos das posturas. Podemos, ainda, destacar outras características importantes na execução dos *āsanas*:

- "Ação holística", ou seja, ênfase no corpo inteiro, desde a superfície da pele até a musculatura profunda (inclusive vísceras), e não apenas no movimento localizado.
- Consideração da conduta proposta por *Yamas* e *Niyamas* durante a prática física (movimentos suaves, sem violência; autenticidade e respeito com sua condição física, contentamento com o próprio corpo; austeridade e compromisso com a prática pessoal etc.).
- Absorção da mente na postura física, levando-a a perceber e a observar as sensações físicas, pensamentos e emoções.
- Segundo Patañjali, no *Sutra* (II, p. 46), o "*Āsana* deve ser estável e confortável".
- Nas posturas estáticas, ênfase na permanência e no ajuste anatômico.
- Nas posturas dinâmicas, ênfase no ritmo respiratório.

A prática regular dos *āsanas* e dos exercícios respiratórios, acompanhados de contemplação e relaxamento, melhoram a resistência cardiovascular, a flexibilidade, a força, a coordenação motora, o equilíbrio, a consciência corporal, a autoestima e o entusiasmo pela vida. A prática ajuda a aprimorar a atenção e a concentração, habilitando o praticante regular a transferir esse estado de atenção a qualquer outra atividade no seu cotidiano. Sua aplicação se faz por meio de posturas em pé, sentadas, deitadas, invertidas, explorando diversas possibilidades de movimentos, mas privilegiando movimentos da coluna vertebral, flexões laterais, extensões e rotações. Outra possibilidade é a adaptação das posturas ao mobiliário e espaço físico disponíveis, utilizando como apoio cadeiras, mesas e paredes. Recordamos que o mais importante é o foco mental e a respiração consciente e profunda, concluindo a sessão com um relaxamento que ajude a acalmar o corpo, a mente, a respiração e o sistema nervoso.

Um bom começo é estimular as pessoas a cultivar a gentileza e a autenticidade nas relações, a evitar o desperdício de tempo e de energia, bem como não se apropriar da boa vontade das pessoas, ser honesto consigo mesmo e com os outros, e não se apegar aos bens materiais. Isso ajuda a pessoa a conviver melhor com o outro.

Desenvolver qualidades como pureza de pensamentos, de palavras e de ações; manter-se contente com o que possui; aprimorar condições físicas e emocionais para lidar melhor com os desafios da vida; buscar o "eu interior" por meio da autoanálise e do estudo de textos inspiradores e transformadores (textos de filosofia e cultura espiritual); aceitar que existe algo além de tudo isso que sustenta a vida no universo, que anima a vida no planeta (inclusive a nossa).

Em nossa experiência nas empresas, com aulas mais longas (de 60 minutos), as pessoas relatam melhoria significativa nos sintomas de estresse, maior alegria de viver, mais disposição e controle da ansiedade. Algumas empresas têm políticas bem-estruturadas de qualidade de vida no trabalho, que permitem aos seus funcionários desfrutarem de atividades mais longas. Contudo, também sabemos das dificuldades das pessoas, mesmo havendo permissão de se ausentarem do local de trabalho, de encontrarem espaço em suas agendas para atividades mais demoradas, que, certamente, trazem um resultado muito mais eficaz e efetivo. O mais importante é que as pessoas façam alguma coisa para manter a saúde; entretanto, elas precisam ter acesso a métodos que contribuam para isso. É papel do profissional que atua com qualidade de vida encontrar alternativas, adaptar métodos e buscar conhecimento para beneficiar o maior número de pessoas possível, com seriedade e responsabilidade.

Por isso, acreditamos que a GL, que tem um vasto repertório de técnicas e métodos, pode incorporar técnicas e conceitos do *Yoga* em suas sessões. Isso ajudaria a plantar uma semente virtuosa na vida das pessoas.

7 Reestruturação postural global na empresa

A reestruturação postural global (RPG) tem como um de seus objetivos melhorar os aspectos holísticos da qualidade de vida, resgatando, por intermédio de atividades corporais melhores padrões posturais e emocionais (expressão psicossomática). O corpo é visto como um sistema de segmentos que formam uma cadeia estrutural e funcionalmente fechada, interatuante e interdependente; influenciável, não só nos limites do corpo estrutural e emocional, mas também sofrendo influências de variáveis externas, de origem concreta ou abstrata. Essa área do conhecimento tem como meta potencializar as funções corporais, quando prejudicadas ou não.

Na área da Compensação Postural, a contribuição de exercícios físicos bem elaborados para atender ao padrão postural em questão é altamente positiva, visto que um trabalho adequado da musculatura e de outras variáveis, quando estimuladas da maneira correta, têm um papel de destaque na estética e na dinâmica corporais. Além das estruturas contráteis, temos uma série de variáveis que influenciam na qualidade postural; por isso a importância de ressaltar a possibilidade de a postura ideal existir como modelo teórico referencial, porém, na prática, os modelos são muito variados.

Postura pode ser definida como uma posição corporal que varia de indivíduo para indivíduo, mantida pela atividade muscular contra a força da gravidade, e que está, intimamente relacionada à personalidade e à manifestação do emocional, podendo ser influenciada por circunstâncias variadas. Dessa forma, podemos concluir que o padrão postural também é:

- uma manifestação singular, ou seja, de personalidade;
- um fenômeno que vem do íntimo;
- uma forma de comunicação e expressão;
- mutante, de acordo com circunstâncias físicas, emocionais e sociais;
- de variedade tão infinita quanto as características humanas;
- um fenômeno dos mais subjetivos.

É importante ressaltar que a subjetividade e a complexidade da postura humana são influenciadas por uma ampla gama de fatores, entre os quais podemos destacar: fatores genéticos (hereditários ou congênitos), sociais, culturais, emocionais, situacionais ou circunstanciais e estruturais, além de hábitos, modismos, indumentárias, desequilíbrios musculares, doenças, cirurgias, traumatismos, personalidade, entre outros.

Um padrão postural inadequado pode influenciar negativamente na funcionalidade, na estrutura e na estética corporais, bem como afetar a personalidade e o emocional, sem omitir possíveis algias ou desconfortos.

No intuito de orientar e facilitar a forma de aplicação de exercícios para melhoria do padrão postural, conceituamos, a seguir, alguns desvios posturais relacionados à coluna vertebral:

- *hipercifose torácica*: acentuação da angulação fisiológica da curvatura torácica no plano mediano;
- *costa plana*: diminuição da angulação fisiológica das curvaturas da coluna vertebral;
- *cifose lombar*: tendência à inversão da curvatura fisiológica lombar da coluna vertebral;
- *hiperlordose*: acentuação da angulação fisiológica das curvaturas cervical e lombar da coluna vertebral em um plano mediano; por exemplo: hiperlordose cervical e hiperlordose lombar;
- *escoliose*: qualquer desvio lateral da coluna vertebral em um plano coronal. Em geral, esses desvios laterais são acompanhados de rotação vertebral. Exemplos da doença são: escoliose total, escoliose torácica,

escoliose lombar, escoliose toracolombar e escoliose com dupla curvatura. As escolioses são denominadas de acordo com a localização do desvio lateral e o lado da convexidade. No caso da escoliose torácica sinistro convexa, tem-se: *escoliose*, por caracterizar desvio lateral; *torácica*, por estar na região torácica; *sinistro convexa*, em razão da convexidade voltada para o lado esquerdo.

Mais adiante, veremos que alguns grupamentos musculares apresentam-se mais encurtados e outros mais alongados (tensionados). Valendo-nos da análise biomecânica do modelo postural, facilitaremos a elaboração da melhor estratégia para os exercícios musculares, com o intuito de colaborar, de forma efetiva, para a compensação dos referidos desvios posturais.

Primeiramente, é importante ressaltar relação entre adaptação muscular e diferentes formas de amplitude de movimento vivenciadas pelo músculo, como mostra a Figura 7.1:

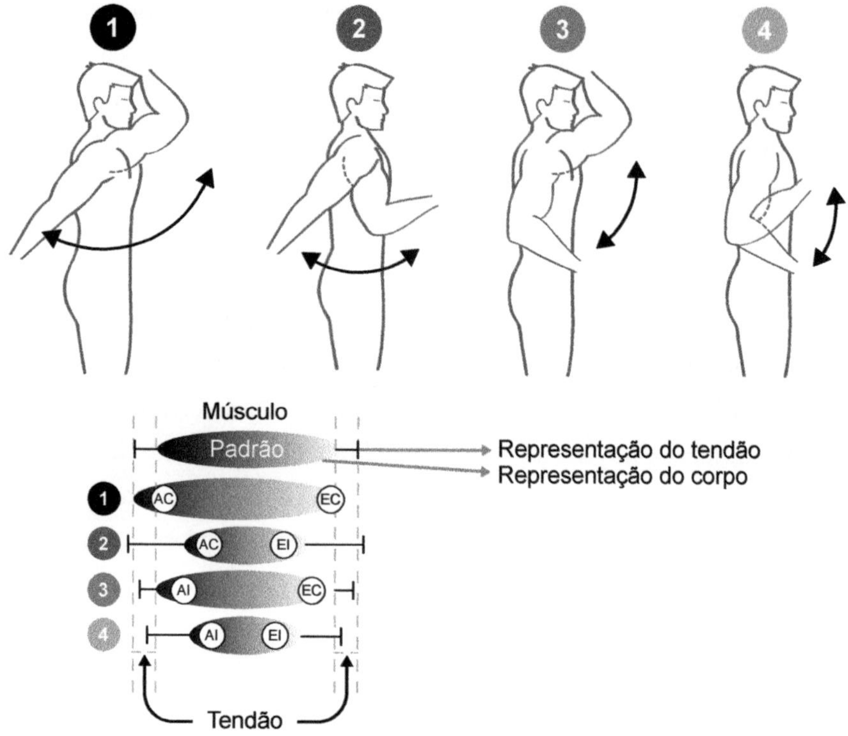

FIGURA 7.1 – Comprimento muscular referencial.

1. O músculo, ao vivenciar movimentos partindo de um Alongamento Completo (AC) para um Encurtamento Completo (EC), ganha no comprimento das fibras musculares.

2. O músculo, ao vivenciar movimentos partindo de um Alongamento Completo (AC) para um Encurtamento Incompleto (EI), ganha em comprimento total, mas perde no comprimento das fibras contráteis.

3. Ao partir de um Alongamento Incompleto (AI) para um Encurtamento Completo (EC), o músculo adapta-se, perdendo pouco no comprimento total e no comprimento de suas fibras musculares.

4. Quando o músculo vivencia movimentos, partindo de um Alongamento Incompleto (AI) para um Encurtamento Incompleto (EI), ele perde no comprimento total de suas partes contráteis e não contráteis.

Como já citado, com base em uma análise criteriosa da biomecânica do desvio postural, podemos indicar a forma mais adequada de execução dos exercícios, para alcançar desejada adaptação muscular.

Esquemas de adaptação muscular nos desvios posturais

Sérgio Guida
Érica Verderi

Na Figura 7.2, serão mostrados, de forma esquemática, os músculos "encurtados" (retraídos) e os alongados (tensionados), com o objetivo de facilitar a elaboração das estratégias relacionadas aos músculos que devem sofrer essas adaptações.

Na realidade, o que procuramos alcançar com os músculos é a adaptação a uma posição mais harmoniosa (equilibrada). Portanto, é necessário que um músculo ou grupamento muscular ceda (aumente a distância entre origem e inserção), e que outro tracione (diminua a distância entre origem e inserção), gerando maior capacidade de sustentação do padrão postural hipercorrigido.

Nessa ação conjunta de agonistas e antagonistas, no jogo de manutenção dos segmentos corporais contra a ação da gravidade, usa-se o termo:

- *encurtado*: quando, em determinado padrão postural, a origem se aproxima da inserção;
- *alongado*: quando, na mesma situação, a origem se afasta da inserção por adaptação.

Quando nos referimos ao grupamento alongado no padrão postural, não significa que tal grupamento tenha boa elasticidade, portanto, este também deve vivenciar estratégias de alongamentos.

Quando nos referimos à adaptação muscular no padrão postural, aludimos à capacidade de os músculos se adaptarem às funções que desempenham. Por exemplo, se uma pessoa permanece muito tempo em determinado padrão postural, provocará uma adaptação muscular e ligamentar compatível com o referido padrão, ou seja, uma região irá adaptar-se a uma forma mais encurtada e outra, a uma mais alongada.

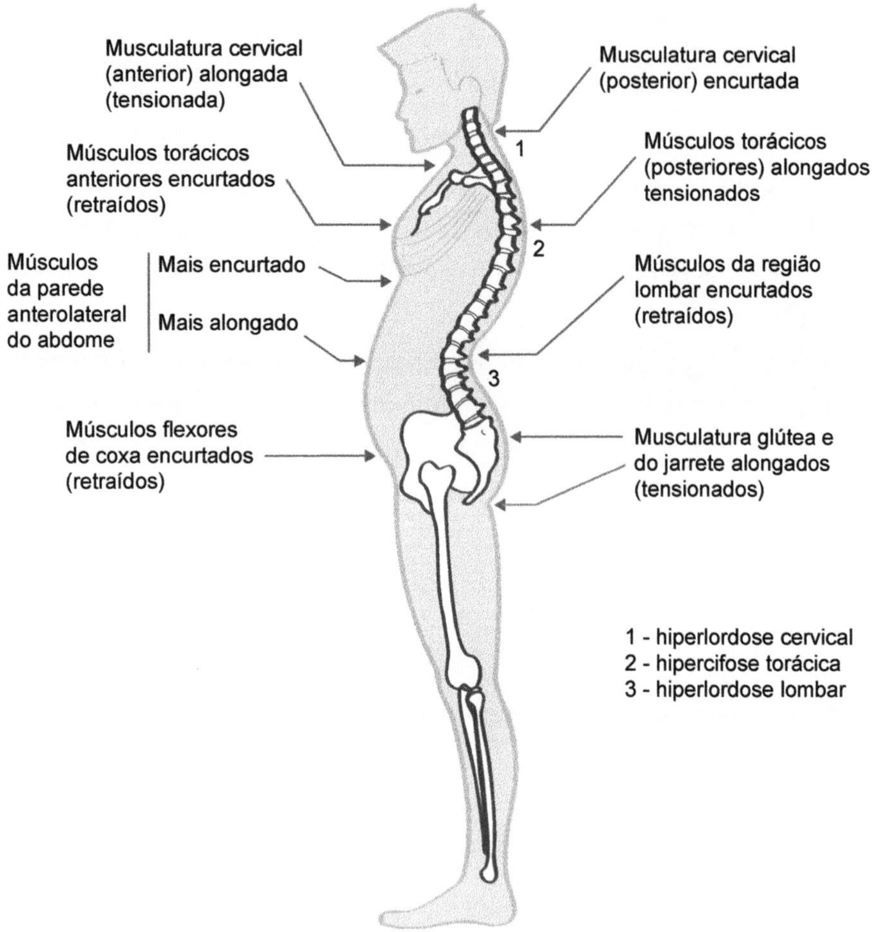

FIGURA 7.2 – Adaptação muscular em uma cifolordose.

Adaptação muscular na costa plana e na cifose lombar

Na cifose lombar, a coluna lombar apresenta-se retificada e, às vezes, invertida; na costa plana, todas as curvaturas da coluna vertebral encontram-se com angulação diminuída.

Os músculos da região anterolateral, o abdome e o sacrolombar, normalmente apresentam as características do esquema mostrado na Figura 7.3. Contudo, os outros grupamentos musculares nem sempre seguem o modelo da estética corporal do esquema.

Adaptação muscular nas escolioses

Existem músculos de ação longitudinal (indireta) e transversal (direta) sobre a coluna vertebral.

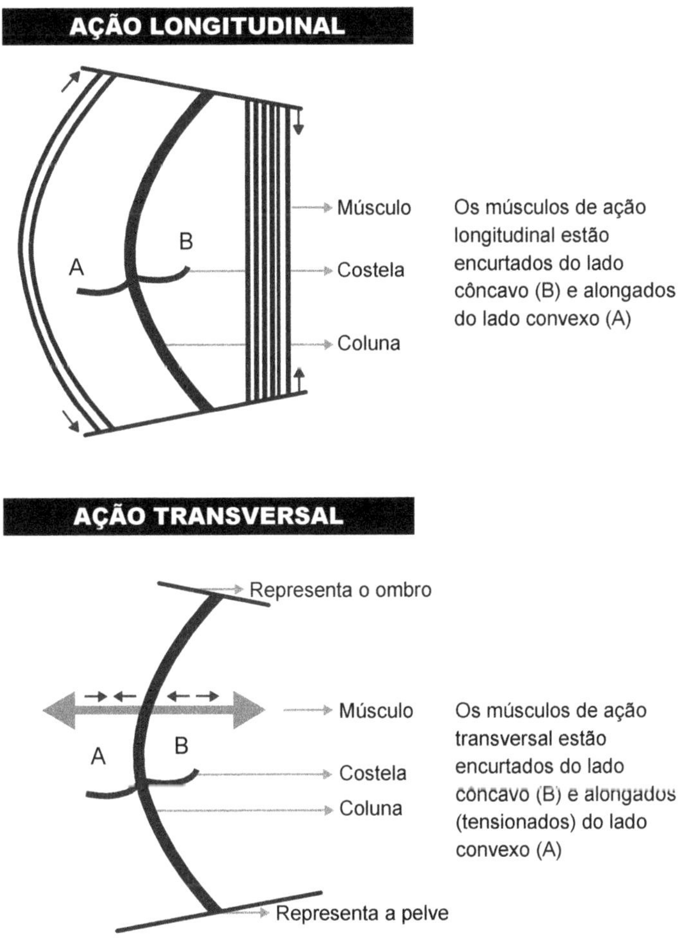

FIGURA 7.3 – Músculos de ação longitudinal e de ação transversal.

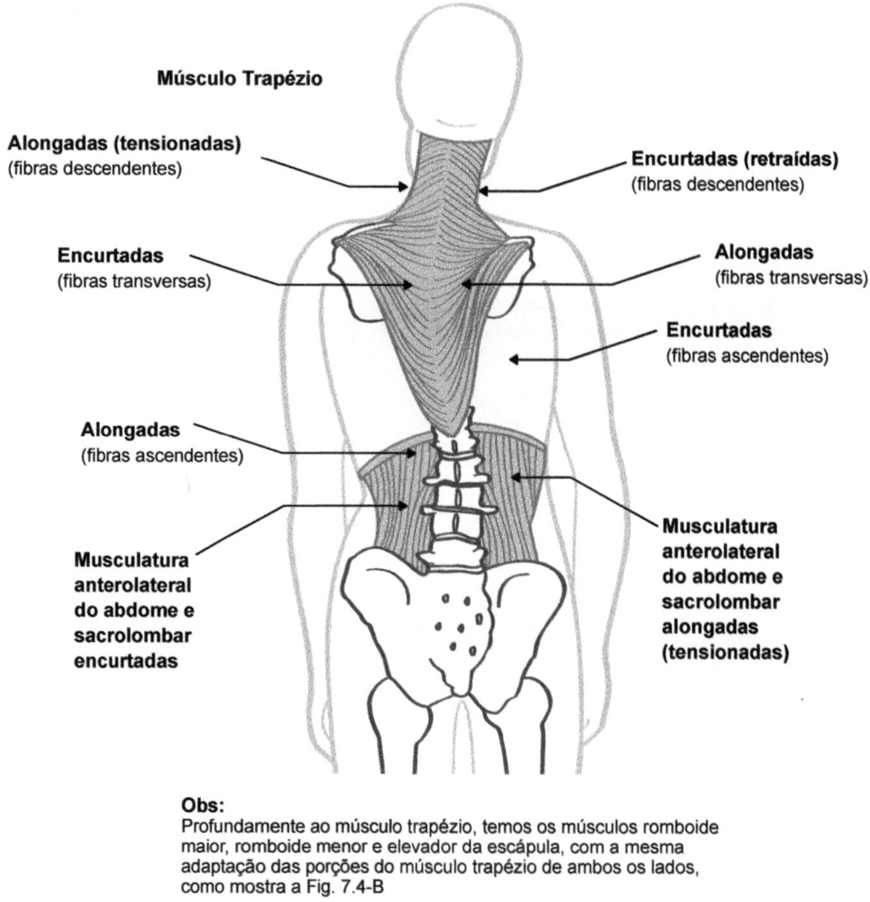

FIGURA 7.4a – Adaptação muscular em uma escoliose com dupla curvatura.

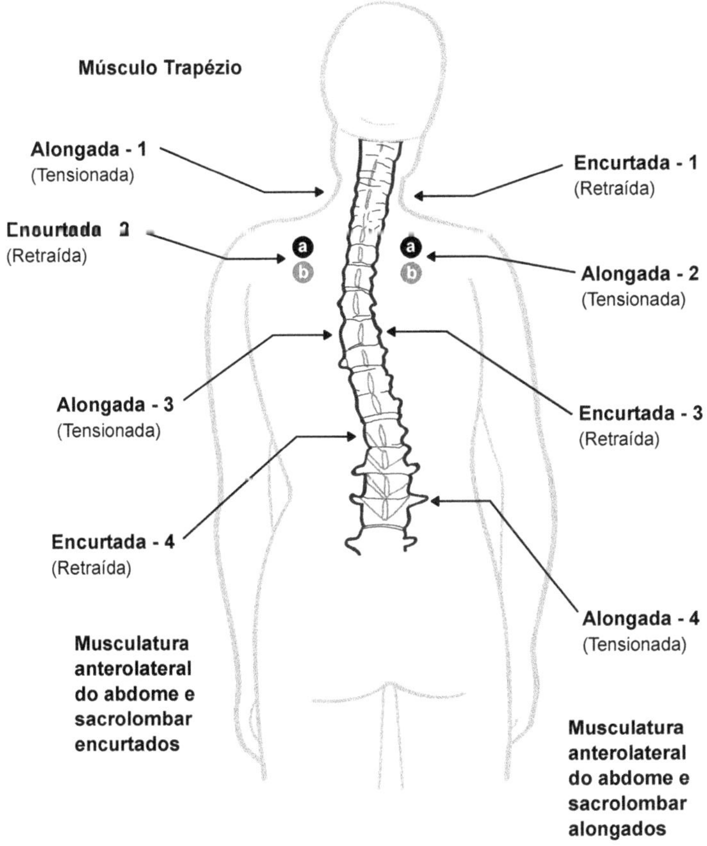

FIGURA 7.4b – Adaptação muscular em uma escoliose com dupla curvatura (complementação da Fig. 7.4a).

Observações:

- O desvio postural exemplificado na Figura 7.4a (escoliose de dupla curvatura lombar direita e torácica esquerda) pode apresentar características diferentes e, consequentemente, adaptação muscular compatível.
- Localizados abaixo do músculo trapézio, temos os músculos romboide maior, romboide menor e elevador da escápula, com a mesma adaptação das porções do músculo trapézio de ambos os lados, como mostra a Figura 7.4b.
- O músculo latíssimo do dorso, que não foi mostrado na Figura 7.4a-b, adapta-se de acordo com a localização de suas fibras e com o modelo do desvio, visto que se fixa em uma grande área da coluna vertebral.

Músculos:

1. Elevador da escápula.
2. Romboides menor e maior.
3. Musculatura eretora da espinha (região torácica).
4. Musculatura sacrolombar e anterolateral do abdome.

Tomemos como exemplo uma hiperlordose lombar, conforme esquematizada na Figura 7.5.

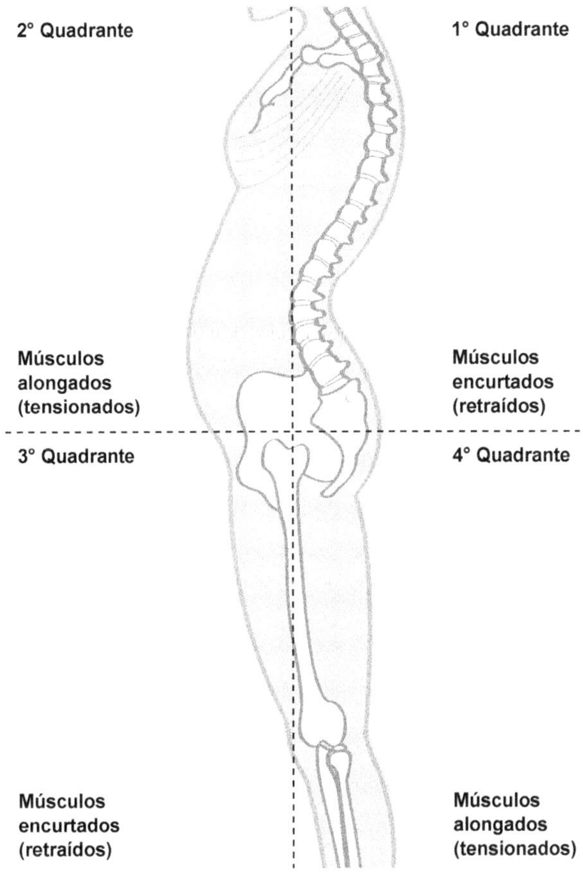

FIGURA 7.5 – Maneira de esquematizar os músculos, facilitando a elaboração dos programas de adaptação muscular com vistas à reestruturação postural.

É oportuno ressaltar que os componentes dos quadrantes aos quais nos referimos não são compostos apenas de estruturas musculares, mas, também, de tecido conjuntivo frouxo e fibroso.

Apesar de o trabalho objetivar a adaptação muscular nos desvios posturais, é importante frisar que um programa voltado para a compensação deles compõe-se de variações múltiplas, tendo em vista facilitar não só a adaptação muscular, como também o padrão postural global. É importante frisar que as informações aqui trabalhadas não esgotam o assunto. A intenção primordial foi proporcionar uma visão objetiva para facilitar o raciocínio na elaboração de programas de adaptação muscular, que visem a um melhor equilíbrio postural.

A postura de um indivíduo é única e pessoal, como sua voz e sua personalidade; portanto, não existe uma única postura ideal para todos. A melhor postura é aquela na qual os segmentos corporais estão equilibrados na posição de menor esforço e máxima sustentação (Uhlendorff, Basile Júnior e Pedrosa, 2003).

A melhor postura no ambiente de trabalho é aquela que, ao distribuir a sobrecarga mecânica, possibilita um menor gasto energético e exige menor esforço das articulações responsáveis pelo movimento principal. Considerando que a postura é única e pessoal, entende-se que o estímulo motor terá ação diferenciada em cada eixo e em cada indivíduo.

Seguindo esses conceitos, torna-se de suma importância a valorização da postura no ambiente de trabalho associada à reestruturação e/ou ao controle da saúde articular, entendida por ausência de atrito, manutenção do jogo articular e fluência dos movimentos na execução da amplitude articular.

Há quem diga que "o corpo fala", e acreditamos que os desequilíbrios posturais são expressões não verbais do corpo que dizem que algo está errado, que algumas partes estão sobrecarregadas e tendem a se tornar zonas hipermóveis ou hipomóveis, provocando, assim, disfunções e desencadeando patologias. Mais importante do que reeducar a postura, é fundamental saber por que ela desequilibrou e identificar as forças externas que, se não forem compensadas, comprometem a funcionalidade de todo o sistema musculoesquelético.

Toda sobrecarga não compensada será responsável por diferentes desequilíbrios que, se não forem detectados no início, poderão levar o colaborador a buscar os ambulatórios, comprometendo, assim, a saúde ocupacional.

Posturas constantes e fatigantes limitam o movimento e promovem encurtamento adaptativo dos músculos. Os desconfortos corporais relatados pelos colaboradores associam-se, em grande parte, a posturas incorretas e desarmoniosas adotadas nos postos de trabalho. Portanto, vale a pena frisar que a melhor postura a ser adotada por um indivíduo é aquela que preenche todas as suas necessidades mecânicas corporais e que também possibilita ao indivíduo manter-se em posição funcional com o mínimo esforço muscular.

A considerar

Quando estiver em pé

Fixar a pelve de forma a manter a lordose lombar fisiológica. Repousar um dos pés em um banquinho ou em um apoio qualquer, com cerca de 10 a 15 cm de altura. Isso relaxará o grupo muscular iliopsoas e provocará alívio na região lombar.

Levantar peso

Flexionar os joelhos com um dos pés ligeiramente à frente. Segurar o objeto a ser levantado, colocando uma das mãos por debaixo dele e usando o outro braço para firmá-lo. Manter as costas eretas e inclinar-se ligeiramente para a frente. Levantar devagar, mantendo o objeto próximo do corpo. Fazer todo o esforço para levantá-lo somente com as pernas, e nunca com o tronco. Ao locomover esse objeto, mantenha-o ainda próximo do corpo e, para colocá-lo no chão novamente, realize o movimento na ordem inversa.

Posição sentada

Ao sentar, manter as curvas fisiológicas da coluna. O encosto deverá apoiar a região intermediária entre a torácica e a lombar. Se o encosto permitir, faça uma pequena extensão do tronco, em torno de 10°. Essa atitude relaxa bastante a região lombar, livrando-a de sobrecarga maior. As coxas devem posicionar-se horizontalmente, com flexão dos joelhos, formando, assim, uma angulação de 90°.

Ajustar a distância entre os olhos e o monitor do computador ajuda a melhorar a postura ao sentar. O olhar deve estar horizontalizado para não tensionar a região cervical. Adaptar a posição de maneira a sentir-se o mais confortável possível. Quanto menor pressão no tronco, melhor. Os canhotos merecem móveis adequados.

Ao levantar

Os braços devem apoiar-se na cadeira, forçando os pés no solo e fazendo força com as coxas. Evite dar um impulso para a frente, curvando o tronco.

Ao telefone

Evite a torção do tronco ao atender chamadas telefônicas. Não segure o telefone com os ombros, pois essa postura pode trazer desconforto para os músculos do pescoço.

Norma Regulamentadora

Érica Verderi

> NR – 17.3.2. Para trabalho manual sentado ou que tenha de ser feito em pé, as bancadas, mesas, escrivaninhas e os painéis devem proporcionar ao trabalhador condições de boa postura, visualização e operação e devem atender aos seguintes requisitos mínimos:
>
> a) ter altura e características da superfície de trabalho compatíveis com o tipo de atividade, com a distância requerida dos olhos ao campo de trabalho e com a altura do assento;
>
> [...]
>
> NR – 17.3.4. Para as atividades em que os trabalhos devam ser realizados sentados, a partir da análise ergonômica do trabalho, poderá ser exigido suporte para os pés, que se adapte ao comprimento da perna do trabalhador.
>
> [...]
>
> NR – 17.4.1. Todos os equipamentos que compõem um posto de trabalho devem estar adequados às características psicofisiológicas dos trabalhadores e à natureza do trabalho a ser executado. (Brasil, 1978)

Se o trabalho exigir muitas horas sentado ou em pé, caminhe um pouco, para descansar os músculos e para minimizar a pressão nos discos da coluna vertebral.

Evite colocar objetos pesados ou documentos em gavetas que estejam muito perto do chão.

Para acessar o texto completo da Norma Regulamentadora Nº 17, acesse <http://trabalho.gov.br/images/Documentos/SST/NR/NR17.pdf>.

*****

Ação muscular

Sugerimos um estímulo para a estática corporal (posição ereta da cabeça e colocação do pé no solo) e para os músculos envolvidos funcionalmente com essa ação. Os exercícios devem ativar os músculos que asseguram a possibilidade de manter qualquer postura: os músculos da estática. São eles: esternoclidomastóideo, escalenos, espinhais, intercostais, tibial posterior, isquiotibiais, iliopsoas, elevador da escápula e flexores plantares.

Para os músculos dinâmicos, que não têm nenhum papel na posição ereta, são facilmente fatigáveis e não têm boa sustentação, estimular a reprogramação e a manutenção consciente da postura já lhes proporcionará maior força de contração.

Falar em boa ou em má postura depende das relações que os músculos da estática conservam entre si, pois seu enrijecimento pode comprometer a funcionalidade das articulações e ocasionar total desequilíbrio em nosso sistema tônico-postural. O tensionamento de um músculo retraído provocará o desalinhamento em outros planos de segmentos ósseos sobre os quais ele se insere. Quando os músculos da estática se tornam hipertônicos, eles nos achatam, pois um músculo rígido é tão fraco quanto um músculo relaxado demais.

Considerando que cada indivíduo adota uma postura em sua forma particular de realizar as séries dos exercícios laborais, o orientador deve salientar aos colaboradores a importância de se adotar o melhor padrão postural durante a execução dos exercícios, com o objetivo de promover benefícios individualizados que minimizem os esforços e melhorem as limitações que podem se desenvolver na execução diária das atividades laborais.

Com a percepção e a automatização do padrão postural, podem-se esperar bons resultados na execução dos exercícios e os benefícios podem surgir mais rapidamente. Para esse fim, deve-se priorizar o caráter qualitativo, e não o quantitativo das atividades.

Tendo em vista que o homem ainda está se adaptando à postura ereta em sua evolução como bípede, a postura corporal perfeita torna-se utópica. Faz-se possível, com base nos conceitos abordados neste capítulo, a adaptação do sistema tônico-postural aos estímulos estáticos e dinâmicos, que ainda sofre com inúmeras sequelas dessa evolução incompleta.

Em conclusão, salientamos a importância de uma postura que ajude o colaborador a se opor contra as forças externas, que lhe dê equilíbrio na realização do movimento e que o auxilie a vencer as forças contra a ação da gravidade.

Postura cotidiana no ambiente de trabalho

Não podemos pensar em organizações sem o seu espaço social e sem seus objetos, que são sempre referência a um grupo de pessoas. O espaço físico representa o local onde os indivíduos devem produzir e, desempenhando diferentes funções, representar a imagem da empresa.

Em diversas referências bibliográficas, encontramos dados que afirmam que as más condições ergonômicas e a má postura em postos de trabalho são tidas como fatores críticos para ocasionar lesões nos membros superiores. Segundo Couto, Nicoletti e Lech (1998), as lesões por traumas cumulativos nos membros superiores são decorrentes da interação inadequada de quatro fatores biomecânicos principais:

- força;
- postura incorreta dos membros superiores;
- repetitividade;
- vibração e compressão mecânica.

A postura incorreta advém da má condição ergonômica e/ou da falta de conhecimento. A orientação pode ocorrer por meio de treinamento para conscientizar sobre a importância da postura cotidiana no ambiente de trabalho.

De acordo com Mense, Simons e Russel (2008, p. 190):

> Desequilíbrio muscular e má postura muitas vezes estão combinados. Em alguns casos, uma anormalidade esquelética é a razão para o desequilíbrio muscular. Posições incômodas mantidas podem provocar dor extremamente forte depois de poucos minutos. As fontes dessa dor são provavelmente os ligamentos e as cápsulas articulares, que se encontram sob tensão contínua.

Atualmente, os estudos de ergonomia observam que não é suficiente adaptar as ferramentas de trabalho ao homem, mas, sim, fazer que ele também se adapte e se ajuste a elas. Com a influência dos fatores biomecânicos, durante o desenvolvimento do programa de Ginástica Laboral (GL), observam-se posturas nos postos de trabalhos que precisam ser ajustadas com móveis mais adequados, mas o indivíduo que irá utilizá-los também deve se ajustar. Durante o desenvolvimento das aulas, o profissional pode fornecer orientações sobre a postura em pé ou sentada (posto de trabalho fabril ou administrativo), com o objetivo de corrigir os vícios mais comuns e de incentivar os funcionários a manterem boas posturas durante a jornada de trabalho.

Para Bricot (1999), os diferentes trabalhos e profissões praticados ao longo de centenas de anos levam-nos a considerar o sistema postural como um "todo estruturado", de entradas múltiplas, e com muitas funções complementares, como:

- lutar contra a gravidade e manter a postura ereta;
- opor-se às forças externas;
- situar-se no espaço-tempo estruturado que nos envolve;
- guiar e reforçar o movimento;
- equilibrar-se durante o movimento.

Para realizar essas ações neurofisiológicas, o organismo utiliza fontes exteroceptoras (tato, visão, audição) e proprioceptoras, posicionando as diferentes partes do corpo no espaço.

Entretanto, sob situações de estresse emocional e mental, ainda que exista a realização de movimentos, o corpo reage a eles, criando barreiras/bloqueios energéticos, impedindo o funcionamento do sistema cinestésico, que aparentemente é apenas neurofisiológico. O sistema cinestésico envia informações ao cérebro sobre o funcionamento do corpo no que diz respeito às posições, às alterações posturais, ao nível de tensão/relaxamento, e à amplitude de movimento, entre outros aspectos (Guiselini, 2001).

A GL, nesse contexto, pode ajudar no funcionamento do corpo, incluindo mais experiência corporal ao dia a dia do trabalhador, com sua proposta de atividades diárias. A atenção à postura corporal por parte das organizações introduz uma variedade de conceitos que tratam do desenvolvimento de hábitos posturais no ambiente de trabalho, influências que podem afetar a rotina e a qualidade de vida dos funcionários.

A postura é considerada forma de expressão e linguagem do corpo, que determina como será realizado cada movimento e a acomodação deste no ambiente. Pode ser considerada um reflexo integrado dos aspectos corporais e mentais, e envolve três componentes estruturais: *postura mecânica*, *postura neurofisiológica* e *postura psicomotora*.

Os problemas posturais na população manifestam-se da infância à vida adulta. Estudos indicam que a maior parte desses problemas é resultado de efeitos cumulativos, como a má postura nos postos de trabalho, a forma de dirigir, de dormir e de executar as atividades domésticas, além dos altos níveis de estresse e estilos de vida não saudáveis.

O objetivo da GL, como agente da postura corporal, é de introduzir um programa útil em termos preventivos e que promova, por meio dos exercícios e da conscientização, uma identificação dos vícios posturais mais comuns. Ao utilizar uma abordagem positiva, deve-se ensinar, dentro dos limites possíveis, um melhor posicionamento no ambiente de trabalho e, consequentemente, uma melhor postura.

Na GL, para modificar o esquema corporal inadequado, é essencial a consciência da postura alterada. Por meio dos exercícios aplicados, podemos perceber as dificuldades (ou habilidades) dos participantes em executar os movimentos. Durante as aulas, deve-se estimular sempre os participantes a encontrarem uma postura satisfatória para o fortalecimento, o controle corporal e o relaxamento muscular, a fim de que ganhem maior consciência, para, durante o expediente, dar continuidade a essa postura, livre de vícios e tensões.

Portanto, instruir as empresas e seus colaboradores (funcionários) sobre a maneira de se posicionarem (postura) e sobre sua organização espaçotemporal é de grande importância, pois a má postura pode desencadear todo um processo de desvios, síndromes dolorosas, lombalgias e lesões como as LER/DORT (Lesões por Esforços Repetitivos/Distúrbios Osteomusculares Relacioanados ao Trabalho). O profissional de Educação Física deve estar atento para trabalhar com o objetivo de prevenção e de manutenção da capacidade funcional do quadro de funcionários saudáveis, ou seja, aqueles que ainda não manifestaram sinais e sintomas característicos de lesões.

Atualmente, existem poucos estudos que validam os programas de GL como instrumento efetivo de diminuição de problemas posturais e de promoção da saúde do trabalhador, mas as associações encontradas entre dores musculares e a prática de GL têm grande potencial para incentivar outros estudos, já que os resultados evidenciam diminuição de queixas em várias regiões corporais.

Alguns levantamentos recentes realizados por profissionais que atuam na área demonstraram efeito aditivo da GL nas variáveis de aptidão física relacionadas à saúde. Esses estudos indicaram uma tendência, entre os funcionários que aderiram às aulas de GL, em apresentar maior força muscular nos membros superiores e melhor flexibilidade, em comparação aos funcionários que não aderiram à GL, mas que tinham o mesmo nível de atividade física ocupacional e de lazer.

Um estilo de vida fisicamente ativo, em conjunto com hábitos alimentares adequados, visitas constantes ao médico, menor exposição ao estresse biopsicossocial e posturas inadequadas, representam os principais comportamentos característicos da busca pelo bem-estar.

Comportamento postural na área administrativa

Ao longo dos anos, em virtude das mudanças dos processos de produção, o conceito de trabalho tem sofrido alterações. Cada vez menos, as funções atuais exigem dos indivíduos tarefas que envolvam atividade física. As atividades sentadas substituíram a posição em pé e diminuíram os movimentos durante a jornada de trabalho. Essa mudança está relacionada à transição da sociedade industrial para a sociedade de comunicação e informatizada, em que é enorme o número de pessoas que trabalham sentadas.

Não podemos generalizar ao dizer que as linhas de produção e montagem são as que mais têm necessidade de pausas durante o expediente, com exercícios compensatórios. O trabalho sentado ou em um posto administrativo, apesar da baixa solicitação física, geram fadiga, estresse e, sobretudo, má postura.

Na implantação de programas relacionados à saúde e à segurança no trabalho, a conscientização postural é fundamental, já que, dentro dos fatores de risco de natureza biomecânica, a sobrecarga muscular estática ou a movimentação repetitiva pode ser considerada nociva, pelo fato de afastar o segmento corporal da sua posição de neutralidade funcional ou anatômica (Rocha e Ferreira Junior, 2000).

Segundo Couto (2007), a enorme incidência de distúrbios osteomusculares em indivíduos que trabalham com computador dá-se por causa da pouca mobilidade do corpo durante o trabalho e das contrações estáticas. Para essas situações específicas de sobrecarga biomecânica, as três formas principais de prevenção são: melhorar os postos de trabalho, reduzindo as contrações musculares desnecessárias; instituir pausas periódicas; praticar ginástica e exercícios de distensionamento. O autor destaca, ainda, como recomendação de ergonomia para uso correto de músculos e do sistema locomotor, realizar exercícios de aquecimento e de alongamento ao início da jornada de trabalho ou imediatamente antes de um esforço muscular significativo, reafirmando a importância da instituição de pausas para a prática de ginástica de distensionamento, quando a atividade for predominantemente estática, como trabalhar por tempos prolongados no computador.

Com o programa de GL, temos a oportunidade de intervir nessas situações, junto com médicos do trabalho e técnicos de segurança, por meio de programas de prevenção da má postura.

A aula de GL é também um motivo para o indivíduo levantar-se e mudar sua posição estática. As dores nas costas – advindas de posições estáticas durante um longo tempo, como nas atividades escolares, laborativas ou condução de veículos – vêm ganhando cada vez mais importância no meio científico.

Monteiro (2006) destaca que o trabalho no computador por longos períodos pode ocasionar também problema circulatório pela falta de movimento, principalmente retorno venoso nos membros inferiores, diminuição da flexibilidade, e aumento da tensão muscular pela tensão psicológica e mental.

Em algumas obras, podemos encontrar expressões como "prisioneiros da informática" e "prisioneiros do escritório". Por muito tempo, priorizou-se mais a orientação em setores da área fabril – como transportar carga adequadamente e levantar peso –, pois, aparentemente, na área administrativa não havia objetos perigosos e posturas de risco. Porém, o risco de desenvolver lombalgias, cervicalgias e outras lesões decorrentes da posição sentada por tempo prolongado é, muitas vezes, imperceptível e silencioso.

A inserção de exercícios para operadores de computador, realizados na própria estação de trabalho, pode contribuir para a diminuição do desconforto musculoesquelético e da fadiga, reduzindo a imobilidade postural (Fenety e Walker, 2002).

Posição sentada

Trabalhar na posição sentada pode ser menos cansativo para os membros inferiores por causa da menor carga de peso nas articulações dos quadris, joelhos e tornozelos, desde que a postura esteja correta – facilitando o retorno venoso – e com apoio correto para a coluna. Com o cansaço do trabalho e dos estudos, automaticamente a postura é sobrecarregada, surgindo, após algumas horas, dores na região dos ombros, da coluna, dos punhos e, até mesmo, nas pernas, podendo ocorrer inchaço em alguns casos.

O simples fato de sentar já traz consequências, pois estamos alterando um comportamento mecânico da coluna vertebral. Segundo Esnault e Viel (2000), o ato de sentar em uma cadeira tradicional produz uma retificação acentuada da lordose lombar. Na posição posterior, os ligamentos são tensionados, assim como as fibras posteriores dos discos intervertebrais.

Para Assunção (2004, p. 52):

> A posição sentada confortável para a maioria das pessoas é aquela que mantém as articulações intervertebrais em algum ponto da amplitude média, permitindo liberdade de movimento e tendo os músculos anteriores e posteriores balanceados [...]. Desvios da amplitude média por períodos prolongados conduzem à sobrecarga nas articulações e nas estruturas ligamentares.

Essa sobrecarga natural da postura sentada não deve ser encarada apenas como um problema, porque, ao sentarmos, também permitimos o repouso dos membros inferiores. O profissional que atua em programas de GL deve estar atento para a elaboração de exercícios que minimizem as pressões do peso do tronco na região lombar, além de orientar os participantes a sentarem-se adequadamente, utilizando os ajustes existentes na cadeira. Outra orientação fundamental é quanto ao relaxamento do abdome e o deslocamento dos quadris para a frente, os quais aumentam a cifose torácica para realizar os movimentos.

Diante da concentração mental e da fadiga gerada durante o expediente, os movimentos tornam-se viciosos, e a GL encaixa-se perfeitamente nesse momento, porque pode conscientizar e compensar as estruturas, alterando positivamente o padrão postural corporal.

Muitas pessoas, de maneira inconsciente, permanecem por um longo tempo com as pernas entrelaçadas sobre a cadeira, ou sentadas sobre uma delas, diminuindo o ângulo da fossa poplítea e dificultando o retorno venoso.

Segundo Brandimiller (1999), mesmo quando se está sentado, para manter o tronco em qualquer postura é preciso um trabalho contínuo dos músculos das costas, sem o qual o corpo desabaria, como acontece quando alguém desmaia. O esforço invisível desses músculos das costas, dos ombros e dos braços – que estão silenciosamente lutando contra a gravidade – é denominado *trabalho postural.*

Posição ao computador

Para previnir, e, em alguns casos, minimizar dores musculares e lesões, é necessário elaborar exercícios que compensem a utilização dos movimentos da mão no *mouse*, relaxando constantemente os músculos e tendões que compõem a região do punho, das mãos e dos dedos.

A distância entre o documento e/ou a tela do computador e os olhos de uma pessoa é de ajuste individual.

O monitor deve estar bem posicionado, de frente para os olhos. Regular a posição da tela em relação ao horizonte do olhar possibilita o relaxamento dos músculos da coluna cervical. Alguns autores colocam que a posição ideal do monitor é em torno de 15 graus abaixo do horizonte dos olhos, o que permite manter a cabeça um pouco inclinada para a frente. Podem ser incluídos na programação das aulas movimentos oculares que propiciem maior conforto e relaxamento aos olhos, diminuindo o ressecamento provocado pelo contato com o ar.

Para a coluna cervical, movimentos amplos são mais toleráveis do que movimentos de amplitude reduzida e estática.

É importante a preocupação do indivíduo com a organização de sua mesa ou de seu posto de trabalho para melhoria da produtividade. Deve-se dar atenção, também, à posição dos documentos e dos materiais a serem utilizados. Há exemplos importantes que influenciam a postura do cotidiano em uma função administrativa:

- *pausas entre uma tarefa e outra*: ao realizar tarefas por tempo prolongado (por exemplo, digitação), prever uma alternância com outras tarefas, como levantar e ir até a copiadora, falar ao telefone em pé ou ir pessoalmente até outros setores, a fim de mudar a posição sentada e estática;
- *atender ao telefone de forma adequada*: não atender ligações segurando o telefone com o ombro, pois esse movimento provoca a elevação unilateral da escápula e da articulação do ombro, provocando contração dos músculos da região cervical. Essa postura, se contínua, é considerada fator de risco para um desequilíbrio postural.

A seguir, apresentaremos um cálculo envolvendo o número de atendimentos telefônicos que podem ser feitos ao longo de um ano, por um funcionário que trabalha nessa função. Nesse caso, atender às ligações com má postura pode causar danos à saúde:

Uma ligação a cada 10 minutos por 8 horas diárias = 6 atendimentos por hora; multiplicado por 8 horas de expediente = 48 atendimentos.
48 atendimentos em 1 mês (20 dias úteis) = 960 atendimentos.
Em 1 ano (+/- 240 dias úteis) = 11.520 atendimentos.

Em algumas funções, o atendimento telefônico com certeza ultrapassa esses números. São milhares de movimentos repetitivos, que, muito provavelmente, não são realizados pelo funcionário com o outro lado do corpo, para efeitos de compensação.

- *Posição do teclado e da mesa*: ao questionar funcionários sobre a razão de colocar o teclado em posições que exigem rotação da coluna, eles costumam responder que não percebem e, ao realizar o ajuste, assumem que da maneira anterior realmente era mais cansativo.
- *Excesso de força nos movimentos sem necessidade, despendendo mais energia que o necessário*: nesse item, a GL, por meio do seu trabalho muscular, promove o relaxamento das tensões. Muitas vezes, a postura pode estar relacionada a fatores físicos e emocionais, e, novamente, de maneira inconsciente, o indivíduo algumas vezes pode transferir sua tensão mental para o físico, ou ter dificuldade de coordenação motora ao teclar com força excessiva.

Descrição cinesiológica dos padrões posturais ao computador

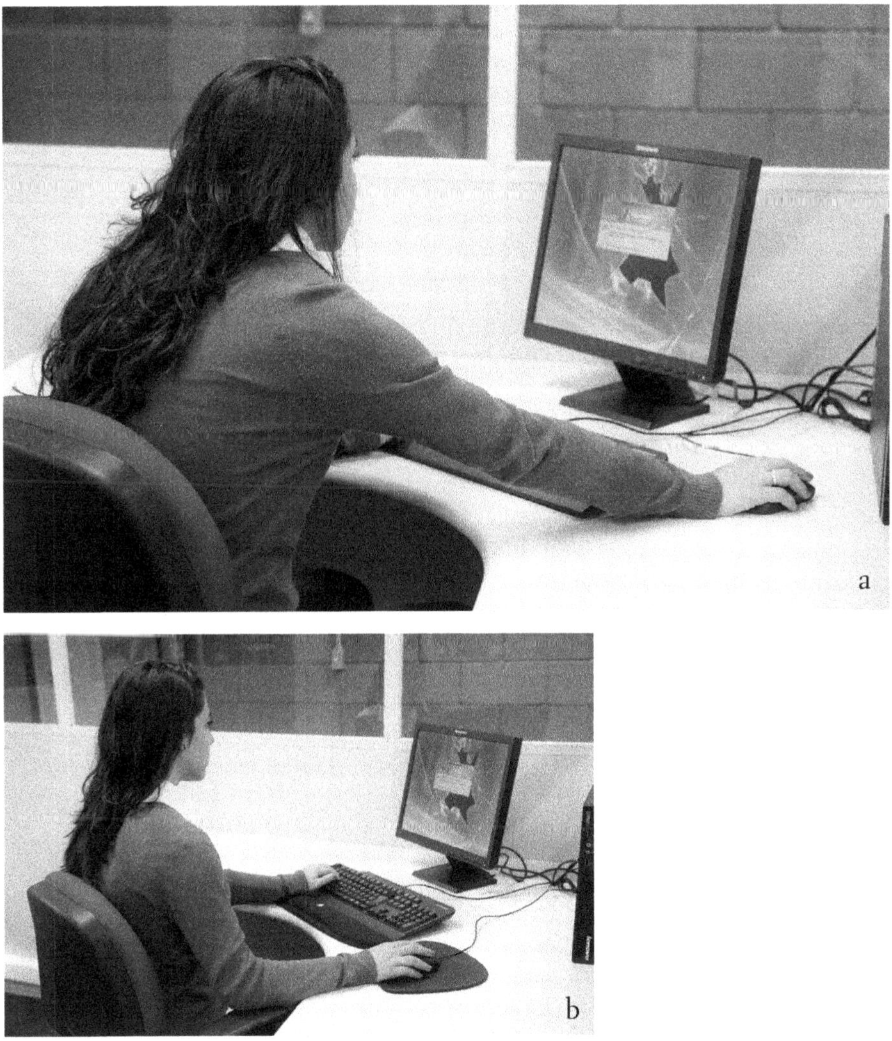

FIGURA 7.6 – Postura predominante: sentada. (a) Postura inadequada. (b) Postura adequada.

Descrição estática

O colaborador senta-se de frente para o monitor em sua atividade diária funcional e apresenta:

- extensão do crânio, sugerindo aumento da lordose cervical, associada a uma ligeira rotação cervical para esquerda;
- anteriorização do crânio;
- falência postural em cifose da coluna dorsal, comum em processos de fadiga por falência muscular;
- protusão dos ombros, típica por falência muscular da cintura escapular;
- abdução com rotação interna do úmero, flexão com apoio do epicôndilo medial na mesa do cúbito, ligeira extensão do punho com flexão dos dedos sobre o teclado, no membro superior direito;
- membro superior esquerdo em suspensão de cúbito, com descarga de peso em região de carpo, e flexão de dedos sobre o teclado;
- tronco em rotação, pelo posicionamento do monitor sobre a mesa.

Riscos

Levando em conta a descrição estática, concluímos que:

- estruturas anatômicas cervicais, como vértebras, artérias e plexos, estão sob risco de compressão em razão do aumento da curvatura cervical associada à sua rotação;
- sobrecarga dos músculos externos do crânio e da face em razão da anteriorização e da proximidade do olhar com o monitor pode acarretar cefaleias por tensão;
- pode haver risco de dorsalgias posturais por causa do aumento da curvatura da coluna dorsal, ligadas ao sistema musculoesquelético;
- compressão de estruturas morfológicas do ombro, com destaque para o tendão do músculo supraespinhoso e a bursa subacromial do membro superior direito, em razão da manutenção da abdução com rotação interna;

- pode haver risco de mialgia do trapézio esquerdo, em virtude do ato de suspensão dele e pela falta de apoio do cotovelo, bem como em razão da sobrecarga do músculo supraespinhoso e da bursa subdeltoideana, em membro superior esquerdo;
- a falência postural da dorsal sugere, também, a falência da região lombar, levando-se em conta o princípio das cadeias musculares, o que coloca em risco as estruturas lombares, bem como as vértebras, os discos intervertebrais e o plexo lombar.

Também podemos salientar que a manutenção da postura sentada por períodos prolongados, principalmente associada a falências posturais, pode comprometer o músculo piriforme, gerando a compressão do nervo ciático.

Para Couto (2007), um dos fatores de dolorimento muscular na coluna cervical ao trabalhar com computador são grupamentos musculares mantidos em contração estática, como o músculo trapézio e os paravertebrais. Para evitar distúrbios nessa região, deve-se instituir pausas periódicas, praticar ginástica e exercícios de distensionamento e melhorar os postos de trabalho, reduzindo ao máximo as contrações musculares desnecessárias.

Descrição cinesiológica dos padrões posturais ao telefone

FIGURA 7.7 – Postura predominante: sentada. (a) Postura inadequada. (b) Postura adequada.

Observação: não foram descritos erros ergonômicos; apenas os padrões estáticos foram avaliados nesse trabalho.

Descrição estática

Posição sentada, com computador em posição lateral, apresentando:

- inclinação lateral do crânio, para manutenção do telefone;
- protusão com elevação do ombro, abdução e ligeira flexão do úmero, extensão do cúbito, extensão do carpo e flexão dos dedos sobre o *mouse*, e membro superior direito;
- protusão do ombro, flexão com rotação interna do úmero, extensão do cúbito, posição neutra de carpo com apoio de mesa, utilizando as flexões dos dedos para manter "garra" de apoio na lateral da estrutura.

Riscos

Levando em conta a descrição estática, concluímos que:

- há riscos para as estruturas cervicais, salientando o plexo braquial no nível cervical, artérias cervicais, músculos escalenos, esternoclidomastóideo e esplênio da cabeça, em razão da manutenção na inclinação lateral;
- pode haver sobrecarga muscular do músculo trapézio superior direito, em razão da manutenção da elevação do ombro, bem como de demais estruturas da cintura escapular do membro superior direito;
- pode haver sobrecarga de estruturas correlacionadas ao ombro esquerdo, como manguito rotador, bursa subacromial e tendão longo do bíceps braquial.

A manutenção prolongada de posturas estáticas, em extensão de membros superiores, provavelmente ligadas a *deficit* ergonômicos, como a manutenção da distância do teclado e do *mouse*, pode exigir posturas em isometria excêntrica, o que pode acarretar fadigas musculares precoces.

Chamamos *percepção de desconforto* a relação entre mobiliário inadequado e mau posicionamento do corpo que aumenta o desconforto e a possibilidade de ocorrência de lesões. É importante, diante da percepção de cansaço, que sejam realizadas pausas, alternância de tarefas e, também, exercícios que estejam de acordo com os conhecimentos adquiridos no programa de GL. Com alguns minutos de exercício respiratório, ou com um simples espreguiçamento, já é possível relaxar e retomar as atividades de trabalhos com maior sensação de bem-estar.

A postura corporal (ou o movimento repetitivo excessivo de uma articulação) pode influenciar no desencadeamento de fadiga. Identificar a presença de posturas estáticas é uma parte importante da análise de tarefas ocupacionais. Permanecer por período extenso na posição sentada e trabalhar com os braços à frente sem apoio podem provocar carga estática na região escapular e cervical, e agravar os distúrbios existentes no ombro e no pescoço (Ranney, 2000).

Assim, concluímos que, durante as inserções de exercícios, os funcionários que trabalham na posição sentada devem respeitar todas as alterações que já acontecem naturalmente na coluna vertebral e não contribuir para que essas curvaturas tornem-se anormais. Também não devem relaxar o abdome de maneira excessiva, sobrecarregando a coluna lombar, mas ajustar a cadeira e sentar da forma mais confortável possível diariamente.

Comportamento postural na área fabril

No ambiente de trabalho fabril, o corpo dos trabalhadores assume duas posturas básicas: *em pé* ou *sentado* (essa última, sobretudo, nas linhas de montagem). Ainda sobre a questão da postura, temos o trabalho *estático* e o *dinâmico*.

Postura em pé

A maior parte das posturas estáticas nos locais de trabalho exige imobilização de membros inferiores (articulações dos pés, dos joelhos e da cintura pélvica). Essa postura torna-se cansativa após longos períodos, não apenas por causa do esforço muscular, mas, também, em razão do aumento da pressão hidrostática do sangue nas veias das pernas e do acúmulo progressivo de líquidos tissulares nas extremidades inferiores (Grandjean, 1998).

Para essas posturas, o programa de GL deve prever exercícios que estimulem a circulação sanguínea de membros inferiores, para compensar a pressão hidrostática do sistema venoso e minimizar o surgimento de doenças originárias da circulação, como varizes e edema dos tecidos dos pés e das pernas.

Segundo Schonhorst (1999), quanto às posturas em pé – por causa do acúmulo de sangue na malha venosa das pernas –, surge uma sensação de pernas pesadas e o risco de aparecerem varizes. Também pode haver aumento da tensão muscular, dificultando os trabalhos de precisão, e uma maior tensão lombar, podendo provocar um sério encurtamento de iliopsoas, antevertendo a pelve para manter o equilíbrio. As posturas agachadas ou de carregamento de pesos requerem um esforço muscular grande da região lombar (discos intervertebrais, principalmente L4 e L5, L5 e S1), coxas e pernas, para manter o equilíbrio quando parado e sustentar a carga durante seu deslocamento.

Uma segunda observação na determinação da série de exercícios são as estruturas sobrecarregadas, relacionadas ao dimensionamento do local de trabalho e às medidas antropométricas dos trabalhadores. Por exemplo, se o indivíduo permanece em uma bancada ou mesa muito baixa, as colunas cervical e torácica podem apresentar estruturas sobrecarregadas em razão do excesso de curvatura e, futuramente, o funcionário pode queixar-se de dores nas costas, em pé ou na postura sentada. Em caso de bancada ou mesa muito alta, pode ocorrer elevação dos ombros e contração excessiva das regiões escapular e cervical (Figura 7.8).

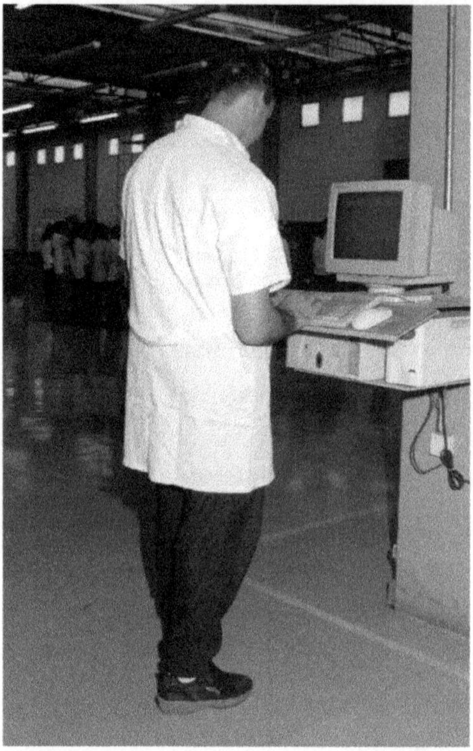

FIGURA 7.8 – Postura incorreta.

1. Há flexão excessiva da coluna cervical.
2. Desvio lateral de coluna torácica e lombar.

Músculos acometidos:

- *Coluna cervical*: trapézio, esplênio da cabeça, levantador da escápula.
- *Coluna torácica e lombar*: trapézio, romboide maior, latíssimo do dorso, paravertebrais, trígono lombar.

Postura sentada

Em linhas fabris, a GL pode estimular a melhora da postura, compensando a flexão da coluna cervical, a flexão lateral da coluna e o movimento dos braços (grande parte com exigência estática), que manipulam ferramentas, materiais e máquinas, com grande utilização das articulações de punho e cúbito, em movimentos quase sempre de grande precisão e que exigem destreza de membros superiores. A distância do objeto de trabalho também é importante para não causar hipercifose (Figuras 7.9 e 7.10).

O distúrbio mais comum relacionado ao trabalho é a dor muscular ocasionada por fadiga da musculatura das costas, sobretudo quando se permanece durante muito tempo numa mesma postura (sentada), realizando atividades repetitivas (Monteiro, 2006).

Com o auxílio dos estudos ergonômicos, muitos trabalhos que requerem braços elevados podem ser amenizados com apoios de antebraços e de cúbito, inclusive com regulagens, assim como nos apoios para os pés.

Nessa posição, as medidas antropométricas também influenciam no conforto diário do trabalhador. Contudo, a frequência de dores no corpo, em sua maioria, relacionadas à postura, ainda é alta.

Alternar a postura de trabalho entre sentado e em pé possibilita um menor comprometimento das estruturas, pois a alternância diminui as complicações de fadiga em determinados grupos musculares, e a carga em outros, incluindo os que protegem discos invertebrais (Grandjcan, 1998).

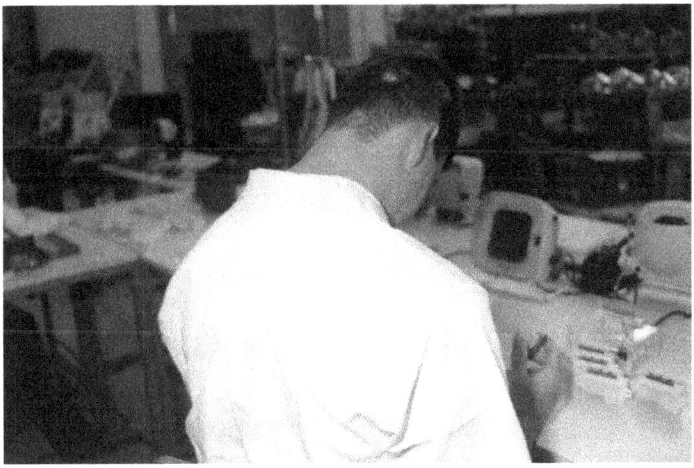

FIGURA 7.9 – Postura incorreta.

1. Há flexão da coluna cervical.
2. Ocorre flexão de punho.
3. Existe protusão horizontal de ombros.

Músculos fletidos:

- *Coluna cervical*: trapézio, esplênio da cabeça, levantador da escápula.
- *Punhos*: flexor radial e ulnar do carpo, flexor superficial dos dedos, flexor longo do polegar, palmar longo.
- *Ombros*: trapézio, deltoide.

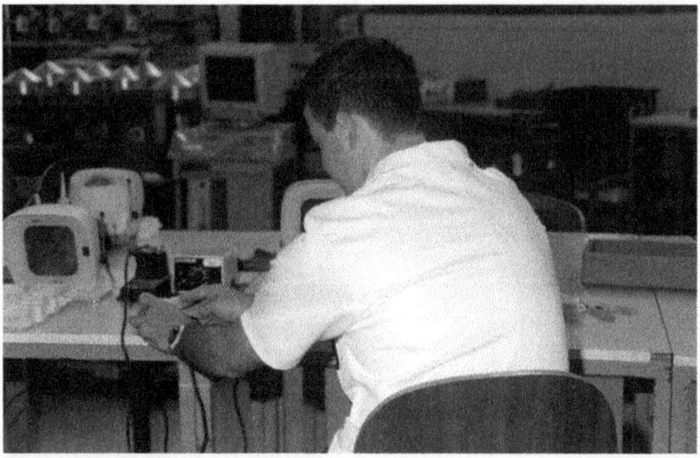

Figura 7.10 – Postura incorreta.

1. Há rotação do tronco para o lado esquerdo.
2. Ocorre flexão de ombros.
3. Existe rotação e flexão da cabeça para o lado esquerdo.

Músculos acometidos:

- *Tronco*: trapézio, redondo menor, redondo maior, romboide maior, latíssimo do dorso.
- *Cabeça*: trapézio, esternoclidomastóideo, escaleno.
- *Ombros*: deltoide, coracobraquial, peitoral maior.

Superfícies inclinadas

Existe, ainda, outra postura comumente encontrada na área de desenho técnico: posição sobre mesas cujos tampos apresentam uma inclinação para o desenvolvimento de desenhos, leitura e escrita. Essa postura exige todas as observações realizadas para as posturas sentada e em pé, de modo que a altura e a inclinação devem ser ajustadas de acordo com as medidas do indivíduo.

Devemos nos lembrar também de outros aspectos importantes relacionados à postura no dia a dia, como:

- colchão adequado e dentro do prazo de validade;
- travesseiros adequados ao biótipo, com altura adequada à coluna cervical;
- forma de dirigir;
- hipoatividade.

Os aspectos ergonômicos e os exercícios físicos podem constituir uma excelente forma de prevenção e impedir muitos problemas de coluna lombar.

A Ginástica Laboral e os cuidados com a coluna vertebral

Nos programas de GL, é importante avaliar o comportamento dos trabalhadores com relação à presença de desvios patológicos e posturais provocados por posturas inadequadas, resultantes, principalmente, da forma com que se posicionam no posto de trabalho – seja administrativo ou fabril – e na forma como executam os movimentos (carregar peso, digitar um documento, atender ao telefone, entre outros), pois podem provocar instabilidade e sobrecarga para estruturas anatômicas, como vértebras, cartilagens, discos e ligamentos.

Outro ponto importante é conscientizar os trabalhadores sobre a função da coluna vertebral, pois qualquer problema nessa estrutura pode desencadear disfunções em várias outras partes do corpo, assim como uma casa com falhas em seu alicerce.

Os exercícios de alongamento e de mobilidade articular devem, adequadamente, manter a direção e o grau do movimento vertebral, diminuindo o enrijecimento precoce dos processos articulares. Os discos intervertebrais desempenham um importante papel na amplitude dos movimentos da coluna, funcionando como amortecedores que permitem compressão e distorção das vértebras.

A dor na região lombar, ou lombalgia, e a lombociatalgia, vêm assumindo, na sociedade atual, proporções de uma verdadeira epidemia com consequentes custos sociais e econômicos; impactos físicos, emocionais e sociais, sendo causa frequente de dor crônica e de ausências no trabalho (Greve e Amatuzzi, 2003; Ballone e Ortolani, 2007).

De acordo com Sakata e Issy (2004), as dores na região lombar estão associadas a fatores individuais, como ganho de peso, má postura, fraqueza dos músculos abdominais e espinhais, falta de condicionamento físico, e a fatores ocupacionais, como a permanência na posição sentada por períodos prolongados e sedentarismo.

A fadiga localizada na musculatura de estabilização da coluna vertebral pode ocorrer em razão de atividades repetitivas ou esforço exagerado.

Há maior chance de lesão nas estruturas de suporte da coluna quando os músculos estabilizadores se fadigam (Kisner e Colby, 2005).

Segundo Schultz (1982 apud Achour Júnior, 1999), indivíduos com dor na coluna têm menor rendimento profissional, movimentos limitados, produtividade reduzida e têm dificuldade em realizar determinadas funções diárias. Essas situações limitantes podem sugerir que a carga na coluna deve ser um fator de desordem e que os esforços cooperativos das diversas áreas da ciência são imprescindíveis para a sua integridade.

Exercícios e cuidados com os movimentos da coluna no trabalho

Os funcionários devem ser orientados quanto ao exagero contínuo das curvaturas, aos comprometimentos posturais e aos desequilíbrios de força e de flexibilidade. O profissional da GL deve enfatizar a orientação e a aplicação dos exercícios envolvidos em cada movimento da coluna, assim como seus limites de execução.

Flexão lateral

A *flexão lateral* pode ser definida como uma inclinação do tórax para o lado direito ou para o esquerdo, em direção às coxas (Figura 7.11). Nem sempre o indivíduo utiliza o músculo reto do abdome para efetuar a flexão do tronco contra a gravidade, realizando, na maioria das vezes, a rotação das vértebras junto com o movimento de flexão lateral.

Na flexão do tronco, o movimento ocorre quase exclusivamente na região lombar, em razão da orientação desfavorável das facetas articulares na região torácica.

Em um trabalho de conscientização corporal, devemos priorizar os movimentos na avaliação do exercício a ser aplicado, determinando quais músculos devem ser enfatizados durante a flexão da coluna torácica ou a flexão lateral da coluna como um todo.

A maioria dos trabalhadores apresenta outro fator agravante, principalmente para a coluna lombar: a proeminência e a flacidez abdominal, o que implica maior atenção na correção durante esses exercícios.

O desempenho dos participantes em um programa de GL é seguro quando o profissional aplica uma combinação adequada entre exercícios de alongamento, de força e de mecânica do movimento.

FIGURA 7.11 – Aula com ênfase no exercício de flexão lateral da coluna.

Extensão do tronco

O movimento de hipertensão do tronco (inclinação dorsal) não é normalmente utilizado pelos trabalhadores em suas tarefas. Contudo, por falta de consciência corporal, é comum as pessoas acentuarem a coluna lombar para compensar outras deficiências, sobrecarregando o anel fibroso e os ligamentos anteriores, com o contato ósseo dos processos espinhosos. Os exercícios compensatórios devem ser realizados com alongamentos de flexão da coluna lombar.

Quando aplicamos exercícios de alongamento, devemos orientar as pessoas a distinguirem músculos tensos, mas não alongados, de músculos tensos e enfraquecidos, bem como nos certificar de que somente os grupos musculares desejados serão alongados, para que o movimento não envolva, desnecessariamente, outras estruturas.

Movimentos da região cervical

Essa região, mais móvel, realiza movimentos de flexão, extensão, flexão lateral e rotação. Também é uma região extremamente utilizada para as tarefas cotidianas e uma das mais comuns a sofrer acúmulo de tensões musculares, resultando em dor e desconforto ao final do expediente.

A flexão da coluna cervical (movimento da cabeça para a frente do tórax) é comum em quase todas as atividades laborativas, pois o olhar, em razão do manuseio de peças ou da concentração mental na posição vertical do corpo, e a própria ação da gravidade favorecem a flexão.

Sendo o esternoclidomastóideo o principal músculo envolvido na flexão da coluna cervical, assistido pelos escalenos, reto anterior da cabeça, longo da cabeça e cervicais, os trabalhadores sentem grande conforto ao realizar exercícios de alongamento, de relaxamento e de automassagem nessa região. É eficaz, também, o alongamento dos extensores, que auxilia a amplitude de movimento na flexão.

Segundo Pryszo (2000), as cefaleias tensionais, na maioria das vezes consideradas psicogênicas e apresentadas como "nervosas", manifestam-se como uma pressão ou um peso, como se a pessoa estivesse usando um capacete apertado, e vem acompanhada de contraturas cervicais limitadas aos esternoclidomastóideos, aos escalenos ou aos esplênios. De acordo com o autor, as cefaleias tensionais estariam ligadas a uma contração dos músculos do pescoço, transmitidas por uma conexão tissular.

Espera-se que os exercícios de alongamento e de relaxamento para a coluna cervical diminuam as contraturas e os movimentos cervicais limitados, para que cefaleias tensionais não aconteçam com frequência (principalmente no final do expediente), em razão de tensões excessivas dos músculos da coluna cervical.

Ginástica Laboral em 20 séries funcionais

O objetivo desta proposta é que o profissional de Educação Física, dentro do planejamento de aula e com os conceitos de periodização ou de sistematização, priorize o aspecto funcional dos exercícios aplicados no programa de GL, para melhorar a aptidão física dos trabalhadores.

Dessa forma, um mesmo exercício poderá ser realizado com diferentes estratégias e técnicas, e, portanto, atingirá objetivos e resultados diferentes. Com foco em reeducação postural, pode-se, por exemplo, utilizar a técnica de alongamento estático para realizar a flexão lateral da coluna cervical. Em outro momento, pode-se passar o mesmo exercício, dessa vez, acompanhado de música, enfatizando a respiração, a mobilidade articular e o relaxamento muscular.

A variação das séries de exercícios, para diversificação da técnica, dependerá do planejamento, do objetivo e do foco estabelecidos para cada sessao. Portanto, o profissional deverá avaliar, dentro do seu planejamento, as técnicas que poderão contribuir para a melhora do controle postural, do tônus muscular, da estabilidade e da coordenação motora, além da mobilidade articular e da flexibilidade.

O termo *Consciência Corporal e Muscular* (CCM) será utilizado nas séries de exercícios com o objetivo de incentivar os profissionais de Educação Física a usarem uma abordagem com base na motricidade humana, fazendo que o trabalhador compreenda e perceba o corpo em sua totalidade.

Os músculos não devem ser citados durante a aplicação dos exercícios como "músculos envolvidos", mas como "músculos *acionados*" para o movimento. O objetivo é que, com a transferência de conhecimento durante o desenvolvimento do programa, por meio da educação postural, seja desenvolvida uma maior consciência corporal e muscular.

A educação corporal e a percepção de bem-estar são mecanismos fundamentais para o reconhecimento, por parte dos participantes e de empresários, da importância da pausa para prática de exercícios físicos no local de trabalho. Cada série deve ser executada uma vez:

- *Sem música*: foco em reeducação postural e respiratória.
- *Com música*: foco em relaxamento muscular.
- *Com uso de materiais*: foco em coordenação motora.
- *Postura em pé*: foco em percepção corporal.
- *Postura sentada*: foco na organização espaçotemporal.

Assim, as 20 séries poderão ser utilizadas por pelo menos cinco vezes, com estratégias e técnicas diferentes, totalizando cerca de cem aulas.

Alguns aspectos devem ser observados durante a realização dos exercícios, como a atenção e a consciência voltadas aos movimentos, e a manutenção em cada postura ou exercício pelo menos de 15 a 30 segundos – para que o trabalhador tenha um tempo mínimo para se posicionar corretamente e relaxar a tensão muscular (se houver). Ademais, a respiração consciente durante os exercícios contribui para aprimorar a capacidade de concentração e para aliviar o estresse e a ansiedade.

Importante:

De acordo com Achour Júnior (2009, p. 196):

> Para aumentar as possibilidades de consonância entre corpo e mente durante o alongamento, requer-se iniciar e manter-se consciente no exercício estático ou dinâmico feito lentamente; consciente do posicionamento corporal, da expressão facial, do fluxo da respiração, da tensão, da amplitude de movimento e da ocorrência de compensação.

Exercícios para funcionários de áreas administrativas

1ª série: coluna cervical

Aquecimento

Em pé, em afastamento lateral médio de membros inferiores (MMII). Abduzir os ombros a 180°, realizar uma respiração mais profunda para aliviar a tensão física e retornar lentamente.

Consciência Corporal e Muscular (CCM): trapézio (parte ascendente) e latíssimo do dorso.

Exercício específico 1

Em pé, em médio afastamento lateral de MMII. Abduzir a 90° o ombro direito e flexionar a coluna cervical para o lado esquerdo. Apoiar a mão esquerda na região temporal, para intensificar o alongamento.

CCM: esternoclidomastóideo, levantador da escápula, escalenos anterior, médio e posterior.

Variação: apoiar a mão direita próximo à região das escápulas.

Exercício específico 2

Após realizar o exercício anterior para o lado direito e para o esquerdo, repetir novamente o exercício, porém, ao flexionar a coluna cervical lateralmente, rotacionar o pescoço, aproximando o queixo do ombro.

CCM: esplênio da cabeça e do pescoço.

Finalização

Em pé, em médio afastamento lateral de MMII, joelhos relaxados, abdome contraído e braços estendidos na lateral do tronco. Realizar rotação do tronco de forma lenta de um lado para outro. O movimento deve ser dinâmico.

2ª série: coluna cervical

Aquecimento

Em pé, em médio afastamento lateral de MMII, entrelaçar os dedos e apoiá-los na região occipital. Direcionar os cotovelos para trás e o olhar para cima; hiperestender a coluna cervical sem pressionar sua parte posterior. Manter a posição por 15 segundos, diminuir a tração da coluna cervical e realizar o movimento novamente por mais 15 segundos. Coordenar os movimentos e a respiração para aumento do relaxamento físico e mental.

CCM: peitoral maior.

Exercício específico 1

Em pé, em médio afastamento lateral de MMII, com os dedos entrelaçados e os cotovelos abduzidos, apoiar os polegares na região occipital para intensificar a tração e o alongamento. Realizar flexão da cervical.

Exercício específico 2

Realizar flexão da cervical com os cotovelos relaxados. Deixar os dedos entrelaçados atrás da cabeça, para intensificar o alongamento.

CCM: extensores da coluna cervical e da cabeça.

Finalização

Em pé, em médio afastamento lateral de MMII, contrair as escápulas e entrelaçar os dedos atrás do tronco, e hiperestender os ombros, mantendo os cotovelos estendidos.

3ª série: cintura escapular

Aquecimento

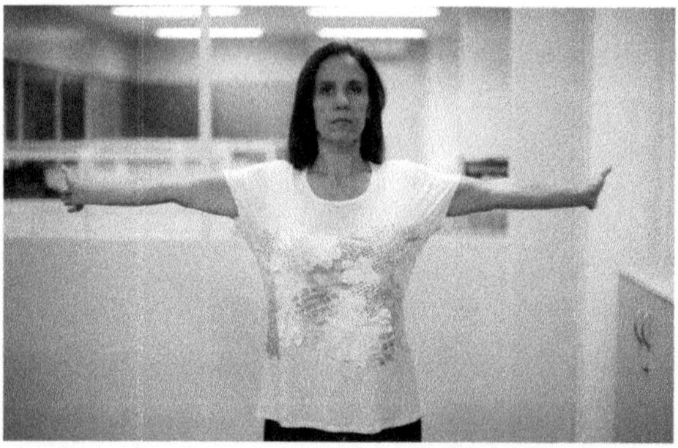

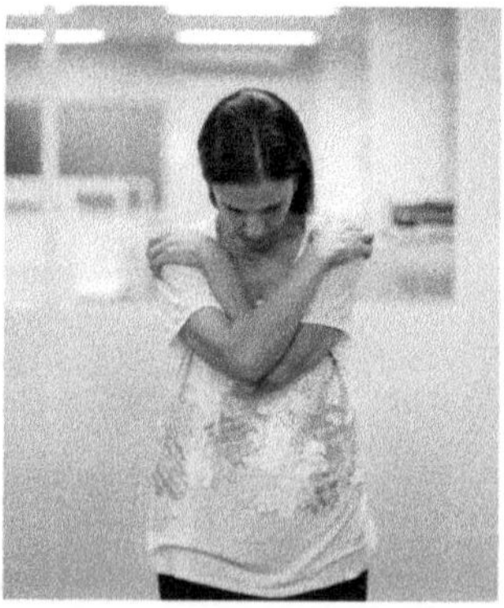

Em pé, em médio afastamento lateral de MMII, ombros abduzidos a 90°, cotovelos e punhos estendidos. Inspirar e direcionar os braços para trás; expirar e aduzir os braços, cruzando-os à frente do tronco. Simultaneamente, flexionar e relaxar a cervical.

Exercício específico

Em duplas, frente a frente, ambos os envolvidos devem realizar afastamento anteroposterior. O aluno A deve apoiar as mãos na região da crista ilíaca; o aluno B deve apoiar as mãos nos cotovelos de A, tracionando os braços do colega para a frente, realizando adução dos braços do aluno A.

CCM: deltoide parte espinal, redondo maior e menor, infraespinhal e romboides.

Finalização

Em duplas, lado a lado, em médio afastamento lateral de MMII, abduzir os braços, realizando a flexão do tronco.

4ª série: ombros

Aquecimento

Em pé, em médio afastamento lateral de MMII, abduzir os ombros a 180° e flexionar os cotovelos. As mãos devem segurar os antebraços. Realizar retração das escápulas por 15 segundos, relaxar e repetir o movimento.

Exercício específico 1

Em pé, em médio afastamento lateral de MMII, abdução dos ombros com flexão do cotovelo direito e mão direita apoiada no antebraço esquerdo. Realizar tração do antebraço esquerdo para cima e para a direita.

Exercício específico 2

Em duplas, lado a lado, o aluno A realiza adução horizontal do ombro com braço esquerdo, e o aluno B, adução do ombro com braço direito. Os alunos devem dar as mãos e realizar a tração em sentidos opostos.

CCM: alongamento dos adutores da escápula, romboide maior e menor, parte transversal do trapézio parte transversal.

Finalização

Em duplas, frente a frente, os alunos devem aduzir os braços cruzando-os e segurar as mãos um do outro. Realizar protração das escápulas flexionando o tronco.

5ª série: membros superiores

Aquecimento

Realizar rotação do tronco para o lado direito e elevar o braço esquerdo. Inspire no momento da rotação e expire calmamente, mantendo a posição por 15 segundos.

Exercício específico 1

Em duplas, frente a frente, os alunos devem apoiar as mãos no antebraço do outro (mão direita no antebraço esquerdo). Solicitar aos alunos que rotacionem o tronco, para que fiquem um de costas para o outro.

Exercício específico 2

Em duplas, frente a frente, os alunos devem apoiar uma das mãos na palma da mão do colega, e não no antebraço, rotacionando o tronco até que fiquem de costas um para o outro, a fim de alongar também os músculos flexores do punho.

CCM. peitoral maior, braquiorradial, pronador redondo e quadrado, flexores do punho.

Finalização

Em pé, joelhos estendidos, realizar adução da perna direita, cruzando-a à frente da perna esquerda. Flexionar o tronco em sua máxima amplitude; relaxar toda a cadeia dos extensores do tronco e do quadrado do lombo até o semiespinal da cabeça.

6ª série: antebraço

Aquecimento

Em pé, em médio afastamento lateral de MMII, flexionar o braço direito a 180° e posicionar o braço esquerdo ao longo do corpo. Realizar tração, direcionando os dois braços para trás, com os punhos estendidos.

Exercício específico 1

Em pé, em médio afastamento lateral de MMII, flexionar os ombros a 90°, com o punho esquerdo em extensão. Apoiar a mão esquerda na palma da mão direita e tracionar os dedos para trás.

Exercício específico 2

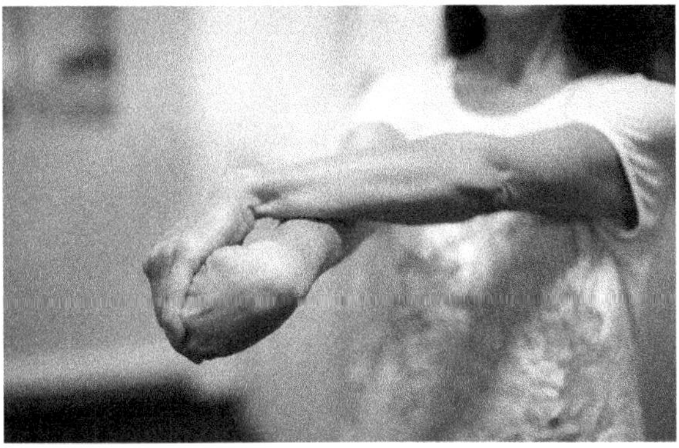

Em pé, em médio afastamento lateral de MMII, flexionar os ombros a 90°, com o punho esquerdo em extensão. Apoiar a mão esquerda no dorso da mão direita e tracionar os dedos para trás.

CCM: alongamento dos extensores e flexores dos punhos.

Finalização

Em pé, em médio afastamento lateral de MMII, flexionar os ombros a 90°, dedos entrelaçados. Realizar flexão do tronco simultaneamente à protração dos ombros.

7ª série: mãos e dedos

Aquecimento

Em duplas, frente a frente, ombros flexionados a 90°. Apoiar as palmas das mãos nas palmas das mãos do colega e realizar força contrária (empurrá-lo), alongando músculos flexores dos punhos e dos dedos.

Exercício específico 1

Em pé, em médio afastamento lateral de MMII, com ombros flexionados a 90°. Realizar o alongamento dos flexores dos dedos, um de cada vez, exercendo uma pressão suave sobre eles.

Exercício específico 2

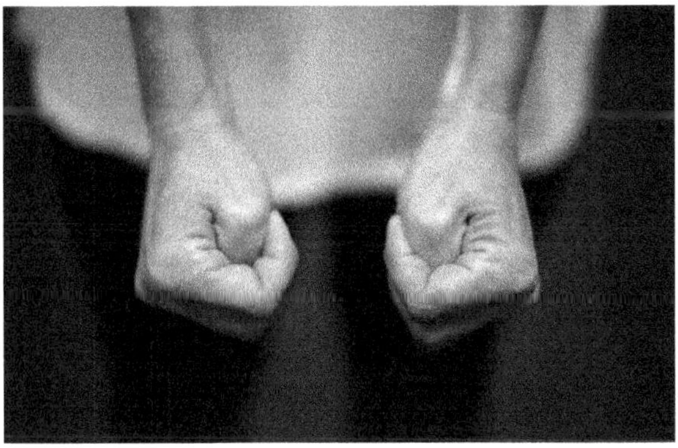

Em pé, em médio afastamento lateral de MMII, com ombros flexionados a 45°, mãos fechadas, com o polegar posicionado no interior da palma da mão. Realizar rotação externa dos ombros e desvio radial.

CCM: flexor superficial e profundo dos dedos, extensor curto e longo do polegar.

Finalização

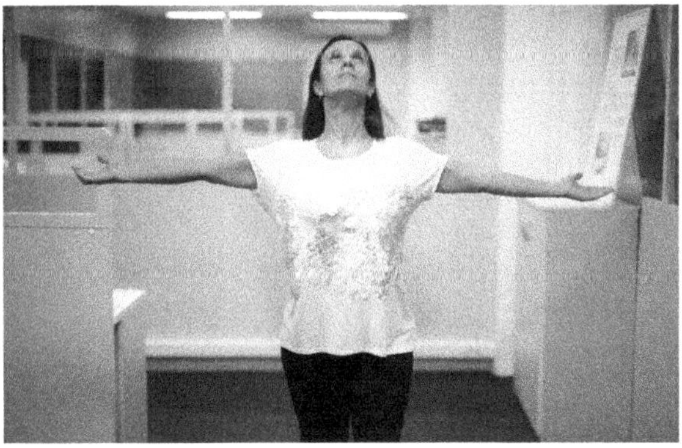

Em pé, em médio afastamento lateral de MMII, realizar abdução dos braços a 90° e rotação externa dos ombros. Hiperestender a coluna cervical e realizar leve inclinação do tronco para trás, com uma inspiração mais profunda.

8ª série: coluna lombar

Aquecimento

Em pé, em afastamento anteroposterior, com joelhos semiflexionados, realizar flexão a 90° do ombro direito e hiperextensão do ombro esquerdo, simultaneamente à flexão do tronco. Tracionar os braços em direções opostas.

Exercício específico 1

Em duplas, aluno A em médio afastamento lateral de MMII, com os joelhos semiflexionados, flexionar o tronco à frente, apoiando as duas mãos no antebraço do aluno B. Manter toda a coluna alinhada, inclusive a coluna cervical.

Variação

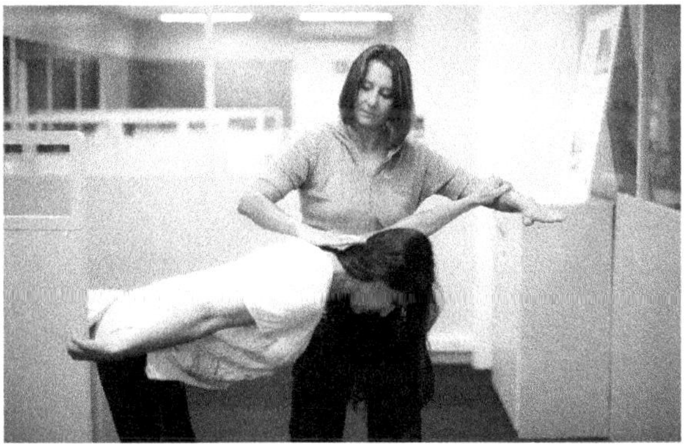

O aluno A, no mesmo posicionamento do exercício anterior, deve apoiar somente uma das mãos no aluno B, e, em seguida, a outra.

CCM: alongamento dos extensores do tronco.

Importante: orientar os participantes sobre a contração do abdome e sobre o alongamento da parte anterior do tronco. Ao finalizar o exercício, relaxar o tronco e retornar lentamente.

Finalização

Em pé, em médio afastamento lateral de MMII, com joelhos em semiflexão. Realizar a flexão do tronco, aproximando o queixo do esterno. Apoiar as mãos atrás dos joelhos e realizar tração da coluna, mantendo o abdome contraído.

9ª série: membros inferiores

Aquecimento

Em pé, em médio afastamento lateral de MMII, flexionar o joelho direito e manter o joelho esquerdo estendido. Após 15 segundos, alternar os joelhos e repetir o movimento de duas a quatro vezes. Os ombros podem ser flexionados a 90°, entrelaçando as mãos e virando as palmas para fora, a fim de auxiliar o espreguiçamento e o aquecimento geral.

Exercício específico 1

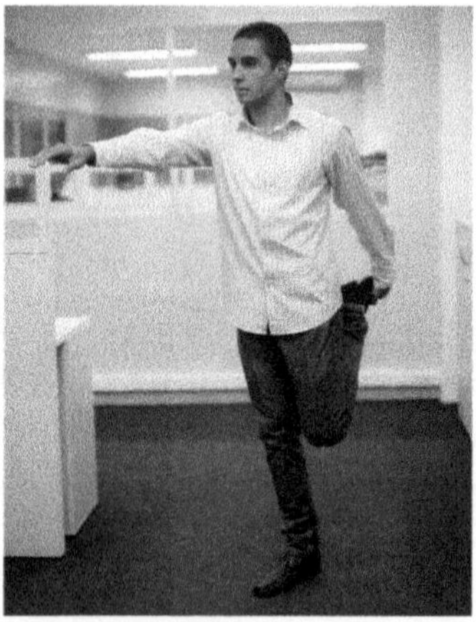

Em pé, em médio afastamento lateral de MMII, flexionar a perna esquerda segurando o dorso do pé com a mão esquerda.

Importante: estabilizar a coluna lombar durante a extensão do quadril.

Exercício específico 2

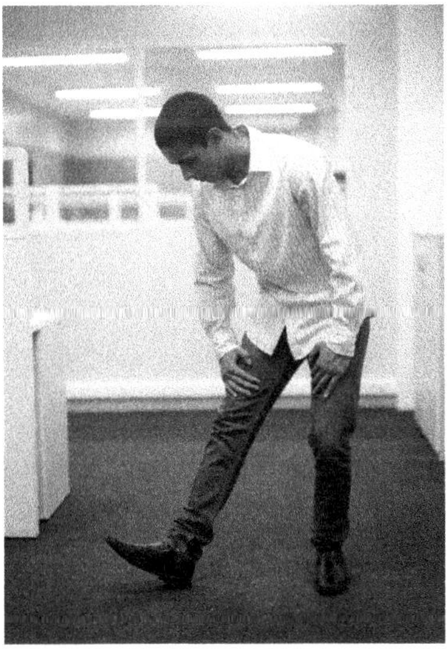

Em pé, em afastamento anteroposterior, posicionar a perna direita à frente com joelho em extensão e pé em dorsiflexão; perna esquerda atrás, com joelho flexionado.

CCM: flexores e extensores do quadril.

Finalização

Em pé, em médio afastamento lateral de MMII, posicionar os braços ao longo do corpo, realizando elevação e depressão dos ombros.

10ª série: membros inferiores

Aquecimento

Em pé, em médio afastamento lateral de MMII, posicionar os braços ao longo do corpo e realizar flexão plantar.

Exercício específico 1

Em pé, em afastamento anteroposterior, colocar a perna direita à frente do corpo, com joelho flexionado e pé totalmente apoiado no chão; a perna esquerda fica atrás, com o joelho estendido.

Exercício específico 2

Em duplas, frente a frente, os alunos devem dar as mãos e elevar a perna direita, com o joelho estendido e com o tornozelo em dorsiflexão. Realizar suave pressão contra a perna do colega. Manter semiflexionado o joelho da perna de apoio e contrair o abdome, mantendo a coluna alinhada.

CCM: gastrocnêmio e fibular longo.

Finalização

Em pé, em médio afastamento lateral de MMII, com os joelhos semiflexionados, flexionar os ombros a 90°, sobrepor as mãos e flexionar o tronco.

Exercício para área fabril

1ª série: coluna cervical

Aquecimento

Em pé, em médio afastamento lateral de MMII, entrelaçar os dedos e apoiá-los na região occipital. Realizar flexão lateral do tronco, mantendo a coluna alinhada.

Exercício específico 1

Em pé, em médio afastamento lateral de MMII, entrelaçar os dedos e apoiá-los na região occipital, realizando flexão da cervical.

CCM: esplênio da cabeça e do pescoço; semiespinal do pescoço e iliocostal do pescoço.

Exercício específico 2

Em pé, em médio afastamento lateral de MMII, entrelaçar os dedos atrás do tronco e hiperestender os ombros mantendo os cotovelos estendidos.

Variação: flexão lateral da coluna cervical, deprimindo os dois ombros.

CCM: peitoral menor, serrátil anterior (alongado), deltoide e tríceps braquial.

Finalização

Em pé, em pequeno afastamento lateral de MMII, com os joelhos semiflexionados e os braços estendidos ao longo do corpo. Realizar depressão dos ombros e leve hiperextensão cervical, mantendo o alinhamento da coluna.

2ª série: ombros

Aquecimento

Em pé, em médio afastamento lateral de MMII, realizar abdução dos ombros a 180°. Com os dedos entrelaçados, realizar tração com os braços para cima.

Exercício específico 1

Em pé, em afastamento anteroposterior, com os joelhos semiflexionados, realizar flexão do ombro direito a 90° e hiperextensão do ombro esquerdo, simultaneamente à flexão do tronco. Tracionar os braços em direções opostas.

CCM: deltoide (parte espinal e clavicular), redondo maior e latíssimo do dorso.

Exercício específico 2

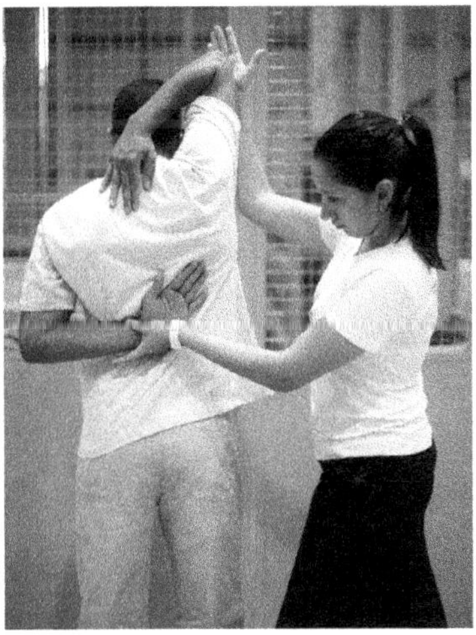

Em duplas, o aluno A, com médio afastamento lateral de MMII, deve flexionar o cotovelo esquerdo, posicionando o antebraço na região da coluna. O braço direito é colocado em abdução total e o cotovelo deve ser flexionado, aproximando a mão das escápulas. O aluno B auxiliará o aluno A a aproximar as mãos, realizando tração.

CCM: adutores do ombro e tríceps braquial.

Finalização

Em pé, em grande afastamento lateral de MMII, com os joelhos estendidos, flexionar o tronco, aproximando as mãos da perna direita. Alternar o lado e retornar lentamente.

3ª série: ombros

Aquecimento

Em pé, em médio afastamento lateral de MMII, realizar abdução dos braços a 90° e rotação externa dos ombros. Tracionar os braços para "fora" e retrair as escápulas.

Exercício específico 1

Em pé, em médio afastamento lateral de MMII, com braço direito aduzido, apoiar a mão direita na parte externa da coxa esquerda. Manter o braço direito hiperestendido em supinação, combinado com leve rotação do tronco. A coluna cervical acompanha o movimento.

CCM: rotadores do tronco.

Exercício específico 2

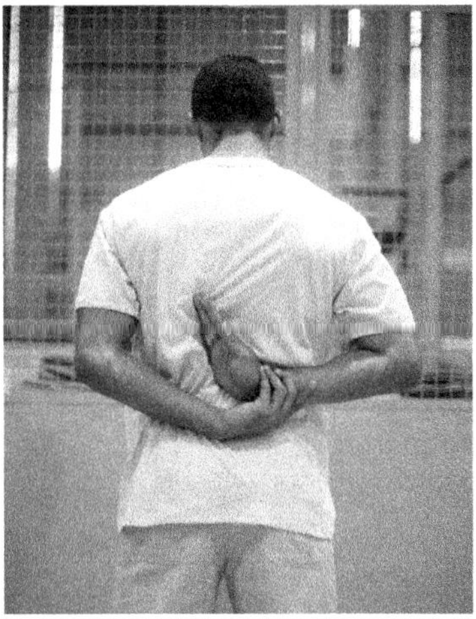

Em pé, em médio afastamento lateral de MMII, hiperestender o braço direito, flexionando o cotovelo e apoiando o antebraço na região da coluna torácica. Punho em extensão. A mão esquerda segura o antebraço direito, realizando tração.

CCM: adutores do ombro, flexores dos punhos e dos dedos.

Finalização

Em pé, em médio afastamento lateral de MMII, aduzir os braços, cruzando-os à frente do tronco. Simultaneamente, flexionar a cervical e o tronco.

4ª série: coluna torácica

Aquecimento

Em pé, em médio afastamento lateral de MMII, posicionar os braços ao longo do corpo; realizar rotação interna dos ombros e protração das escápulas. Repetir o movimento duas a quatro vezes, com ênfase na inspiração no início do movimento.

Exercício específico 1

Em pé, em médio afastamento lateral de MMII, posicionar os braços ao longo do corpo. Realizar rotação externa dos ombros e retração das escápulas.

Exercício específico 2

Em pé, em médio afastamento lateral de MMII, posicionar o braço direito ao longo do corpo. O aluno deve se posicionar ao lado de uma parede, hiperestender o braço esquerdo, apoiando-o na parede, e realizar leve tração, para ampliar o movimento.

CCM: extensores e adutores do ombro

Finalização

Em duplas, frente a frente, os envolvidos devem dar as mãos direitas, flexionar os joelhos e soltar o peso do tronco para trás.

5ª série: antebraço e punho

Aquecimento

Em pé, em médio afastamento lateral de MMII, com ombros flexionados a 90°, realizar rotação interna dos ombros e protração das escápulas. Repetir o movimento de duas a quatro vezes, com ênfase na inspiração no início do movimento.

Exercício específico 1

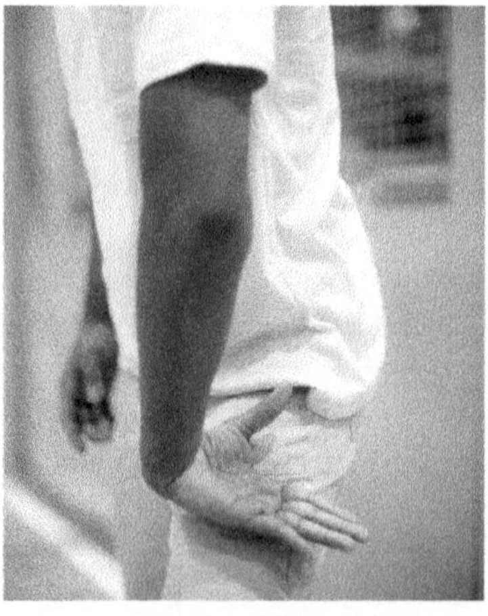

Em pé, em afastamento anteroposterior, posicionar a perna esquerda à frente do corpo, com o joelho semiflexionado. Flexionar o punho esquerdo e apoiar o dorso da mão na porção superior da coxa esquerda.

CCM: supinador, braquiorradial.

Exercício específico 2

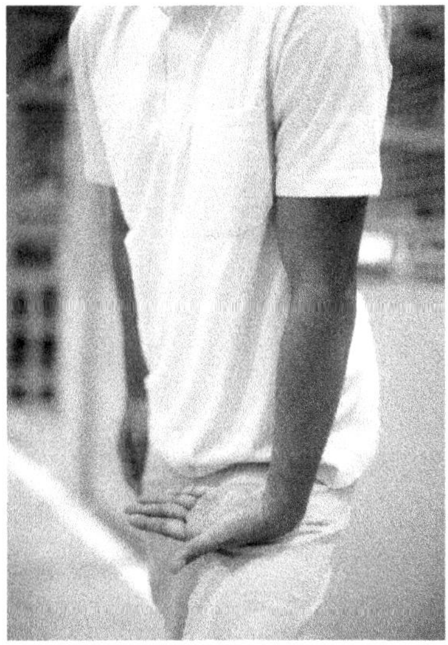

Em pé, em afastamento anteroposterior, posicionar a perna esquerda à frente do corpo, com joelho semiflexionado. Flexionar punho esquerdo e apoiar o dorso da mão na porção superior da coxa esquerda.

CCM: extensor radial longo do carpo, extensor ulnar do carpo.

Finalização

Em pé, em grande afastamento lateral de MMII, com os joelhos flexionados, apoiar as mãos em uma mesa ou parede. Realizar flexão do tronco e soltar levemente o peso para trás. É importante o relaxamento dos músculos que envolvem a coluna e os membros superiores.

6ª série: mãos e dedos

Aquecimento

Em pé, em médio afastamento lateral de MMII, com os cotovelos flexionados, entrelaçar os dedos e realizar circundução dos punhos.

Exercício específico 1

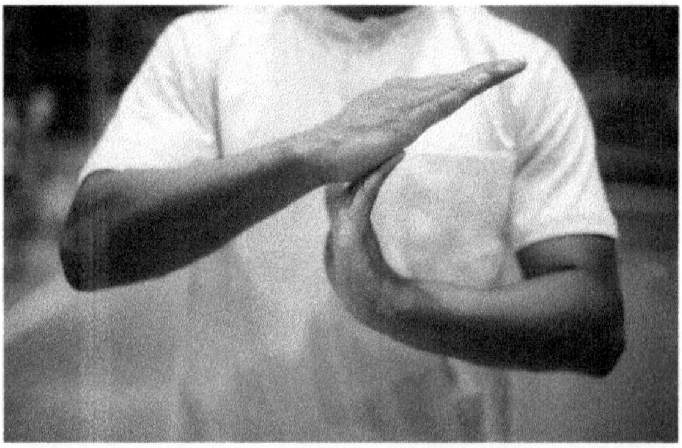

Em pé, em pequeno afastamento lateral de MMII, com os cotovelos flexionados, os alunos devem unir as palmas das mãos e hiperestender o punho esquerdo com a tração da mão direita.

Exercício específico 2

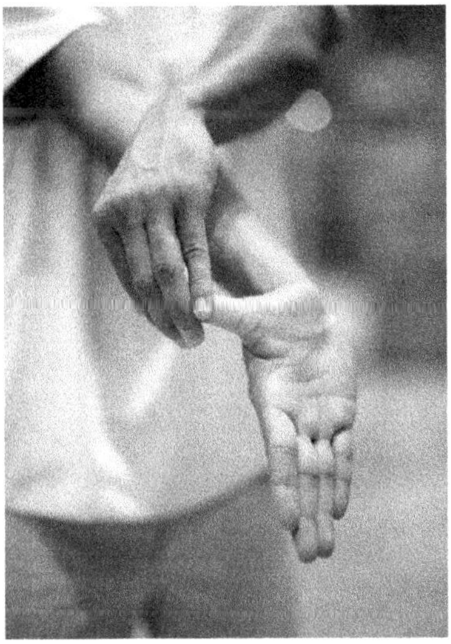

Ombros flexionados a 45°, braço direito em supinação, braço esquerdo em adução e mão esquerda realizando tração no polegar direito.

CCM: abdutores, adutores e oponente do polegar.

Finalização

Em pé, em médio afastamento lateral de MMII, com os joelhos semiflexionados, apoiar as mãos na região da cintura, e alongar os rotadores e flexores do tronco.

7ª série: coluna lombar e abdome

Aquecimento

Em pé, em pequeno afastamento lateral de MMII, com as mãos apoiadas na região occipital, flexionar quadril e joelho direito simultaneamente, e rotacionar o tronco de forma que o cotovelo esquerdo se aproxime do joelho direito. Repetir o movimento duas a quatro vezes cada lado.

Exercício específico 1

Em pé, em médio afastamento lateral de MMII, com os joelhos semiflexionados, braço direito abduzido e cotovelo flexionado, apoiar a mão direita na região occipital, estendendo o braço esquerdo ao longo do corpo. Realizar flexão do tronco para o lado do braço estendido.

Exercício específico 2

Em pé, em pequeno afastamento lateral de MMII, com os joelhos semiflexionados e os braços abduzidos, segurar, com a mão esquerda, o antebraço direito, tracionando-o para a esquerda e rotacionando o corpo para o lado esquerdo, simultaneamente.

CCM: flexores laterais do tronco e latíssimo do dorso.

Finalização

Em pé, em médio afastamento lateral de MMII, jogar os braços em direção ao chão, realizar flexão do tronco à frente e relaxar os músculos extensores. Em seguida, intensificar o alongamento, solicitando aos alunos que aproximem as mãos dos pés de acordo com o limite de cada um. Retornar lentamente.

8ª série: coluna lombar

Aquecimento

Em pé, em médio afastamento lateral de MMII, com os joelhos semiflexionados, jogar os braços em direção ao chão e realizar flexão do tronco à frente, permanecendo com as mãos próximo aos joelhos. Em seguida, rotacionar levemente o tronco para o lado direito e para o esquerdo.

Exercício específico 1

Buscar apoio para as costas em uma parede, com pequeno afastamento lateral de MMII. Posicionar os braços ao longo do corpo e alinhar a coluna. Realizar flexão de quadril e entrelaçar as mãos embaixo da coxa, uma de cada vez.

Exercício específico 2

Repetir o exercício anterior com flexão do tronco, aproximando-o ainda mais do joelho.

CCM: extensores do quadril.

Finalização

Em pé, em pequeno afastamento lateral de MMII, braços abduzidos, com cotovelos flexionados e mãos dadas, realizar flexão do tronco para o lado direito e esquerdo.

9ª série: isquiotibiais (quadril, coxa)

Aquecimento

Em pé, em grande afastamento lateral de MMII. Flexionar o joelho direito, apoiar as mãos um pouco acima dele e manter a coluna alinhada. Estender o joelho esquerdo e repetir duas a quatro vezes o exercício, alternando lados direito e esquerdo.

Exercício específico 1

Em duplas, frente a frente, em afastamento anteroposterior, apoiar no antebraço do colega. Ambos devem estar com a perna direita à frente, com o joelho flexionado, e com a perna esquerda atrás, com o joelho estendido.

CCM: gastrocnêmio, sóleo e tibial posterior.

Exercício específico 2

Repetir o exercício anterior, perna direita à frente, com o joelho flexionado, e perna esquerda atrás. Contrair o glúteo e o abdome, e, com o joelho levemente flexionado, alongar o reto femoral.

CCM: orientação acerca da importância do alinhamento postural da coluna, da consciência da região abdominal. O joelho da perna que está à frente, flexionado, não deve passar da linha dos pés.

Finalização

Em pequeno afastamento lateral, com os braços abduzidos e os cotovelos flexionados, as mãos devem estar sobrepostas, de modo que as palmas estejam unidas; a mão que estiver em cima deve tracionar a outra mão.

10ª série: joelho, panturrilha

Aquecimento

Em pé, em pequeno afastamento lateral, com os braços apoiados na parede, realizar flexão plantar.

Exercício específico 1

Em pé, em afastamento anteroposterior, posicionar a perna esquerda à frente do corpo, com o joelho flexionado e o pé totalmente apoiado no chão. A perna direita deve ser colocada para trás, com o dorso do pé apoiado no chão. Apoiar as mãos em uma parede ou realizar o exercício em dupla, para favorecer o equilíbrio e para executar corretamente o movimento.

CCM: tibial anterior, extensor longo do hálux e dos dedos.

Exercício específico 2

Em pé, em afastamento anteroposterior, posicionar a perna esquerda à frente do corpo, com o joelho flexionado e o pé totalmente apoiado no chão. A perna direita deve ser colocada para trás, com o joelho estendido. Apoiar as mãos em uma parede e realizar o movimento como se a estivesse empurrando.

CCM: flexor longo do hálux e dos dedos.

Finalização

Em pé, em afastamento anteroposterior, posicionar a perna esquerda à frente do corpo, com joelho flexionado e pé totalmente apoiado no chão. A perna direita deve ser colocada para trás, com o joelho estendido. Flexionar o tronco e apoiar as mãos na perna (no tornozelo) ou no chão.

Cuidados importantes

A abdução do ombro (ou elevação lateral) deve ser realizada no plano da escápula, para diminuir o risco de pinçamento das estruturas com o arco coracoacromial (Neumann, 2006). Dessa forma, mesmo que os músculos do manguito rotador se apresentem enfraquecidos e menos capazes de exercer sua função estabilizadora, o risco será menor.

Exercícios no posto de trabalho

O *movimento* é o meio pelo qual interagimos com o nosso ambiente, o que eleva a importância dos fatores biomecânicos ligados à postura de trabalho, principalmente aqueles que podem influenciar no acúmulo de tensão muscular. A fadiga muscular pode ser minimizada com breves intervalos de descanso, realizados ao longo do dia de trabalho. Durante essas pausas, se o trabalhador tiver boa consciência corporal, poderá realizar exercícios de distensionamento, que já foram bem orientados por um profissional, utilizando o próprio posto para alternar as posturas.

Nesse sentido, enfatizamos, novamente, a importância de o trabalhador compreender o movimento, como realizar cada exercício de modo adequado, demonstrando coordenação, estabilidade e equilíbrio. Estabelecer uma rotina de exercícios que podem ser realizados em qualquer ambiente, a qualquer momento, contribui para uma nova visão de que se alongar pode aliviar o estresse e reduzir desconfortos relacionados à postura.

No que se refere às práticas de promoção da saúde, a capacidade do indivíduo em reconhecer sua condição de saúde, suas necessidades e prioridades, compreendida como *empoderamento*, é fundamental para lhe permitir maior autonomia em adotar hábitos, posturas e comportamentos que contribuam cada vez mais para uma boa saúde.

Os exercícios a seguir podem ser utilizados pelo profissional durante as aulas de GL e pelos trabalhadores ao longo da jornada, como uma pausa de recuperação, já que somente a GL pode ser, muitas vezes, insuficiente para todo o período de trabalho, ainda mais se o programa for oferecido apenas de duas a três vezes por semana.

Sentado, apoiar as mãos no computador: relaxamento da cadeia posterior da coluna e dos membros superiores.

Sentado, com os pés apoiados no chão, e com os dedos entrelaçados, apoiados na região occipital. Realizar tração dos cotovelos, direcionando-os para trás.

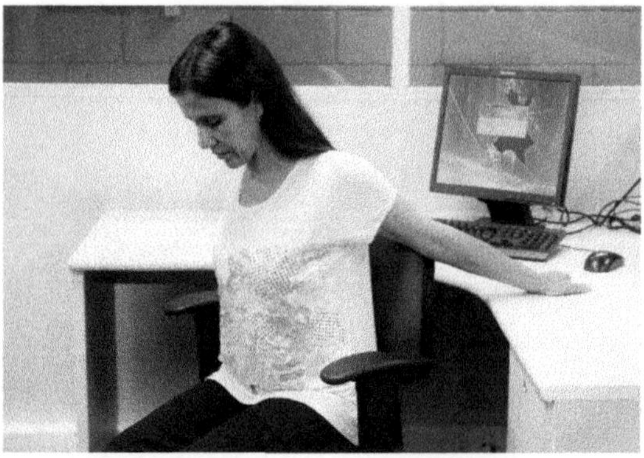

Sentado, com os pés apoiados no chão, de costas para uma mesa. Abduzir os ombros e apoiar as palmas das mãos na mesa, mantendo o tronco alinhado e a cervical relaxada.

Sentado com os pés apoiados, cruzar a perna esquerda sobre a perna direita e realizar rotação do tronco para o lado esquerdo, apoiando a mão direita abaixo do joelho esquerdo, e o braço esquerdo, no encosto da cadeira. Repetir o movimento para o lado oposto.

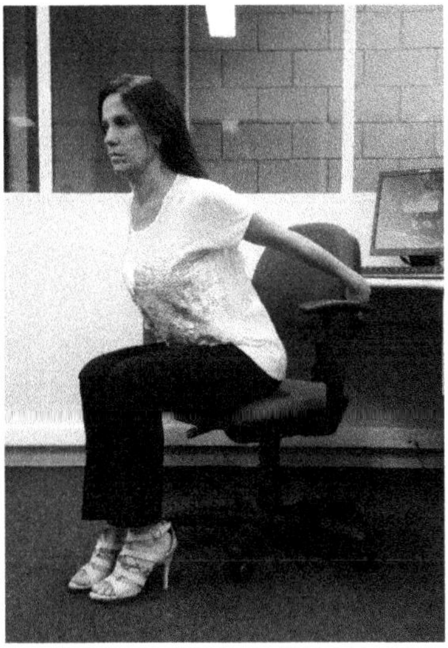

Na postura sentada, abduzir os ombros e apoiar as mãos atrás do encosto da cadeira. Realizar retração das escápulas e alongamento dos peitorais.

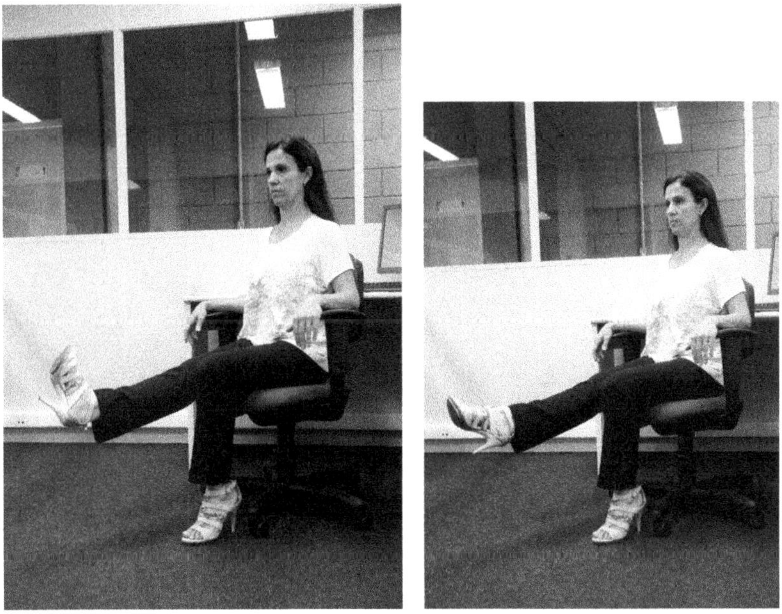

Na postura sentada, elevar perna direita e realizar dorsiflexão e flexão plantar.

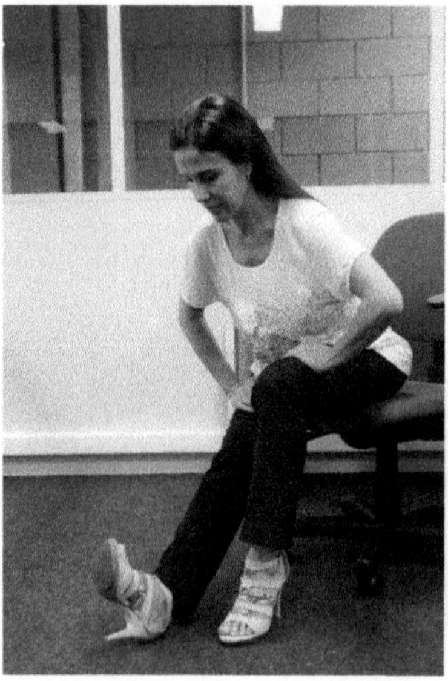

Na posição sentada, flexionar a perna esquerda e estender a perna direita, apoiando o calcanhar no chão, com o pé em dorsiflexão. Alongar a parte posterior da perna e inverter o lado de execução. Para intensificar o exercício, peça aos alunos que segurem a ponta do pé.

Em pé, em pequeno afastamento lateral dos MMII, flexionar a perna esquerda, segurando o dorso do pé com a mão esquerda. Para os alunos com mais dificuldade, o exercício pode ser realizado utilizando o assento da cadeira como apoio para a perna flexionada.

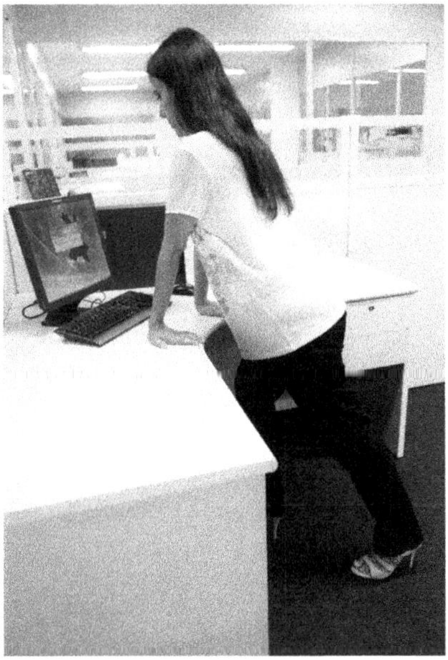
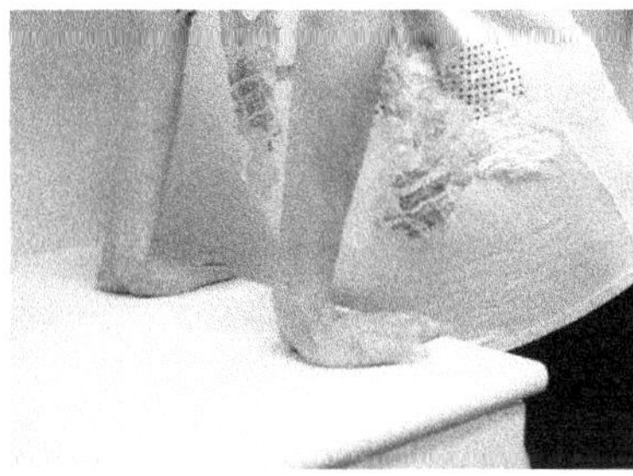

Em pé, de frente para uma mesa ou bancada, em afastamento anteroposterior, realizar supinação do antebraço e apoiar as palmas das mãos sobre o apoio, mantendo os cotovelos estendidos.

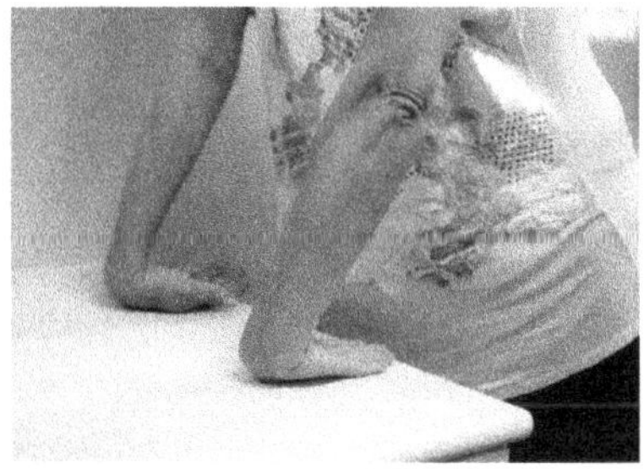

Em pé, de frente para uma mesa ou bancada, em afastamento anteroposterior, realizar pronação do antebraço e apoiar o dorso das mãos sobre o apoio, mantendo os cotovelos estendidos.

Na posição sentada, abduzir totalmente os braços, entrelaçar os dedos e realizar tração dos braços. Em seguida, flexionar o tronco para os lados.

Na posição sentada, flexionar a perna direita e apoiar o maléolo lateral no joelho da perna esquerda. Inclinar o tronco à frente, apoiando os antebraços na perna. Manter o joelho de apoio flexionado ao longo do exercício.

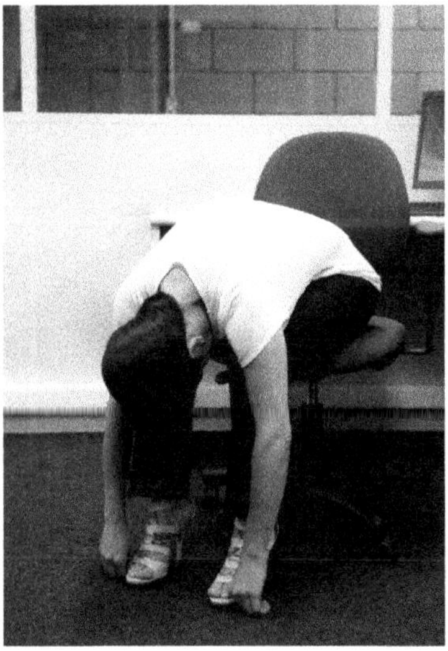

Na posição sentada, flexionar o tronco à frente, relaxando os braços e toda a região dorsal, da coluna lombar à coluna cervical. Manter os joelhos flexionados ao longo do exercício.

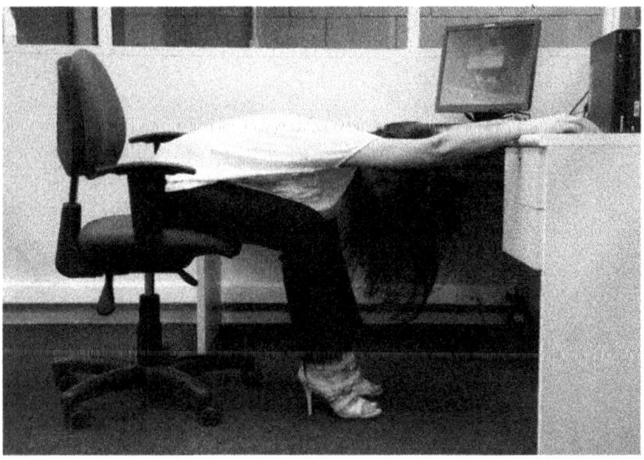

Na posição sentada, utilizar uma mesa ou bancada para apoiar as mãos, mantendo os cotovelos estendidos. Flexionar o tronco à frente, mantendo a coluna alinhada. Manter os joelhos flexionados ao longo do exercício.

Na posição sentada, flexionar a cervical lateralmente para a direita, apoiando a mão direita sobre a região temporal, com o braço esquerdo em abdução a 90°. Como variação, flexionar a cervical lateralmente e rotacionar a cabeça, aproximando o queixo do ombro.

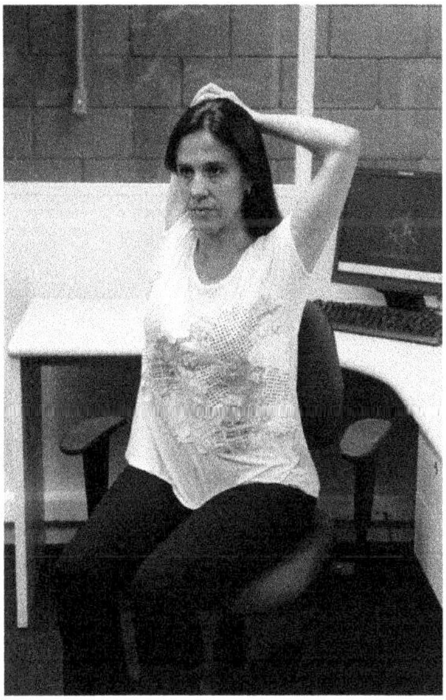

Na posição sentada, realizar abdução total do braço direito, com flexão do cotovelo. Apoiar a mão esquerda no cotovelo direito e realizar tração.

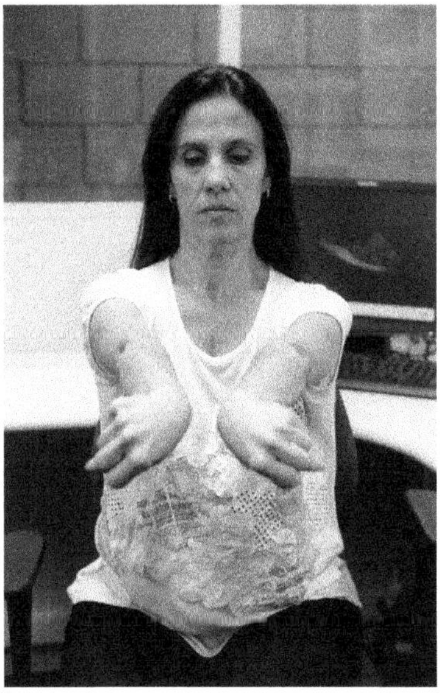

Na posição sentada, com os ombros flexionados a 90° e com as mãos fechadas, rotacionar os ombros internamente e flexionar os punhos para fora.

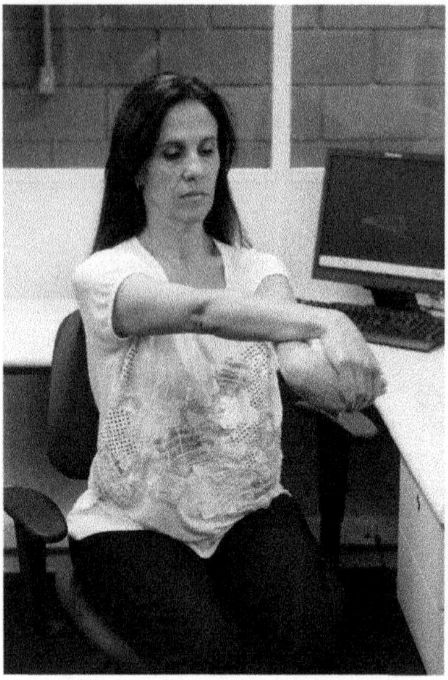
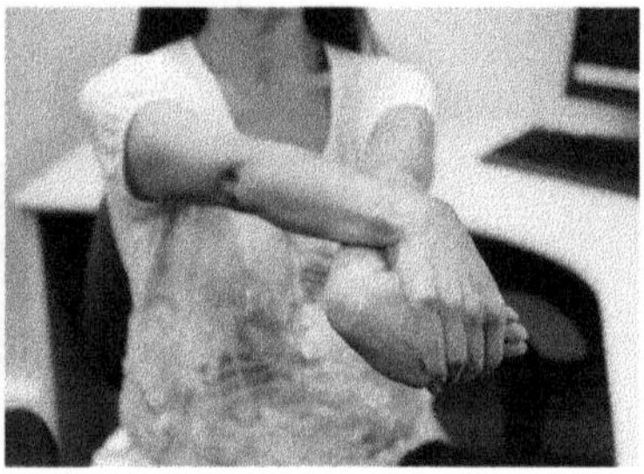

Na posição sentada, realizar flexão dos ombros a 90° e rotacionar internamente o ombro esquerdo, com flexão do punho esquerdo, enquanto a mão direita segura o dorso da mão esquerda.

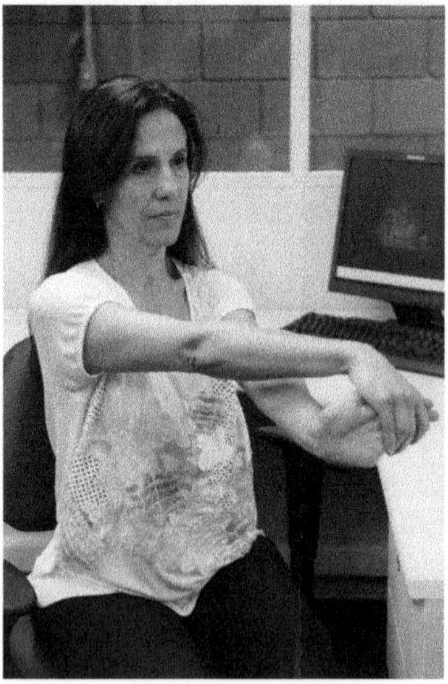
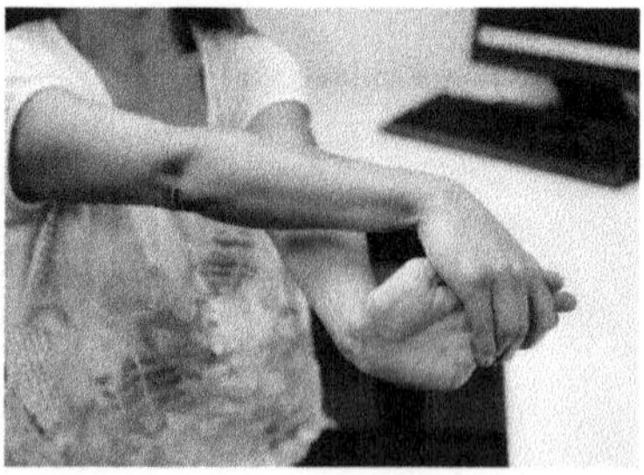

Na posição sentada, realizar flexão dos ombros a 90° e rotacionar internamente o ombro esquerdo, com extensão do punho esquerdo, enquanto a mão direita segura os dedos da mão esquerda, cuja palma deve estar virada para fora.

Em pé, em médio afastamento lateral de MMII, apoiar os dedos entrelaçados na região occipital. Realizar tração dos cotovelos, direcionando-os para trás.

Exercícios com materiais

Na posição sentada, apoiar a bolinha de espuma no lado direito do pescoço, segurando-a com a mão esquerda, e massagear a região lateral. A mão direita segura o cotovelo esquerdo, para proporcionar melhor execução do movimento e menor fadiga.

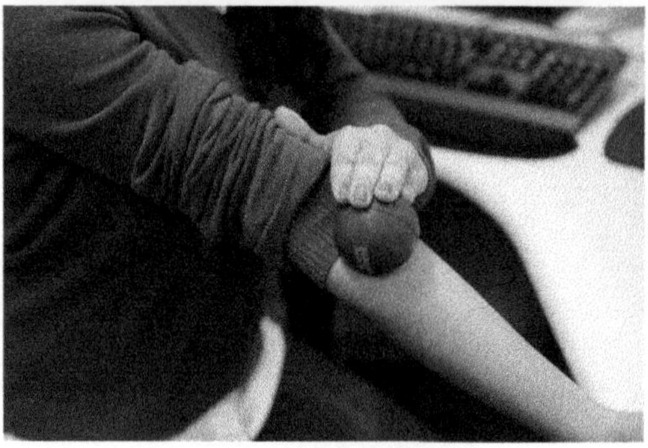

Na posição sentada, segurar a bolinha de espuma com a mão esquerda e deslizar a bolinha por toda a extensão do antebraço.

Em pé, em médio afastamento lateral de MMII, ombros flexionados a 90° e mãos fechadas pressionando levemente a bolinha, realizar a circundução dos punhos.

Em pé, em médio afastamento lateral de MMII, realizar abdução total do braço esquerdo, com flexão do cotovelo, segurando a bolinha de espuma entre as escápulas. Apoiar a mão esquerda no cotovelo direito e realizar tração.

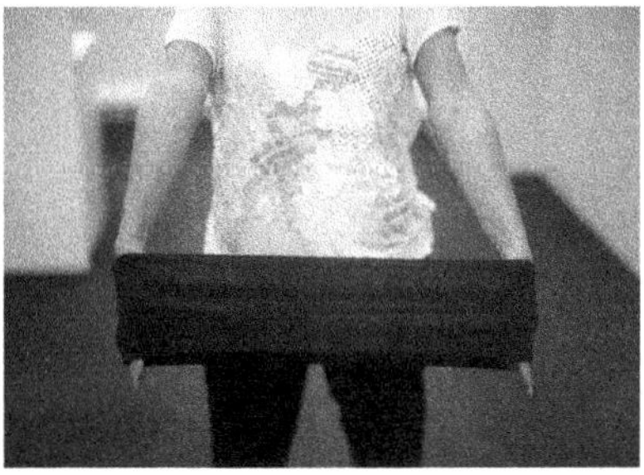

Em pé, em médio afastamento lateral de MMII, posicionar os braços ao longo do corpo, envolver o dorso das mãos com a faixa elástica, abduzir os ombros e retrair as escápulas.

Em pé, em médio afastamento lateral de MMII, envolver o dorso das mãos com a faixa elástica, aduzir os ombros e retrair as escápulas.

Em pé, em médio afastamento lateral de MMII, realizar flexão do tronco lateralmente e rotacioná-lo. Manter o alinhamento da coluna até a finalização do exercício.

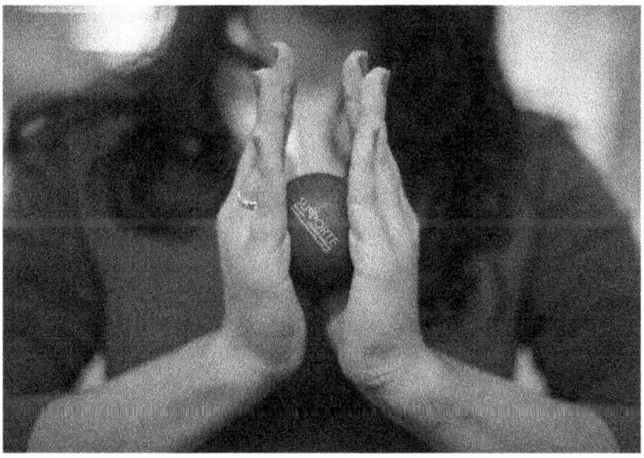

Em afastamento lateral, com os ombros flexionados a 90° e os cotovelos também flexionados, posicionar a bolinha de espuma entre as palmas das mãos e pressioná-la. Cuidado para não elevar ou tensionar a região dos ombros.

Segurar a bolinha entre os dedos e realizar pressão entre o polegar e cada um deles, alternadamente.

Segurar a argola entre as falanges distais e realizar a circundução dos punhos.

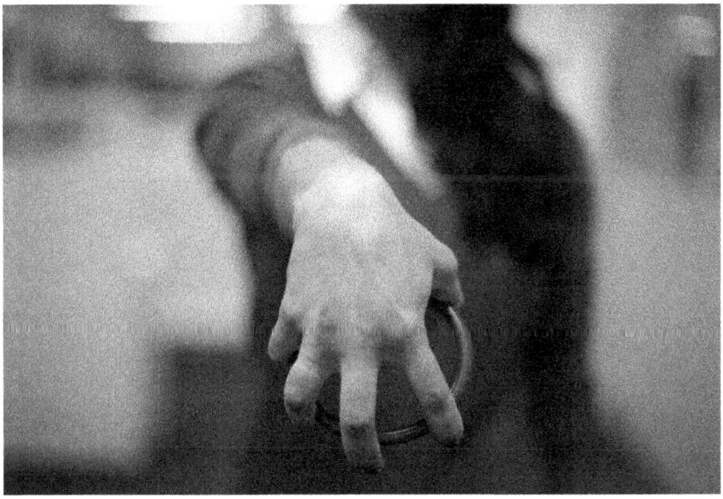

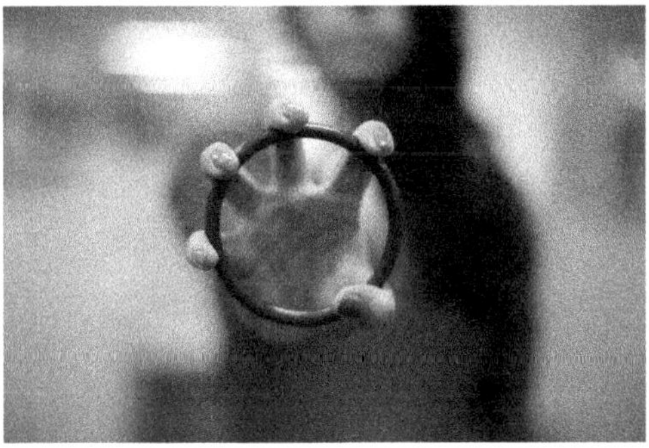

Segurar a argola entre as falanges distais e realizar a flexão e a extensão do punho.

Flexionar internamente ombro direito, envolver as falanges distais da mão direita com a argola e tracionar o punho com a mão esquerda.

Flexionar os ombros e realizar rotação externa deles. Envolver as falanges distais de ambas as mãos com a argola e realizar tração dos ombros.

Em afastamento anteroposterior, perna direita à frente do corpo (com joelho estendido) e perna esquerda para trás (com joelho semiflexionado). Envolver a planta do pé direito com o elástico e tracioná-la, aproximando o tronco da coxa.

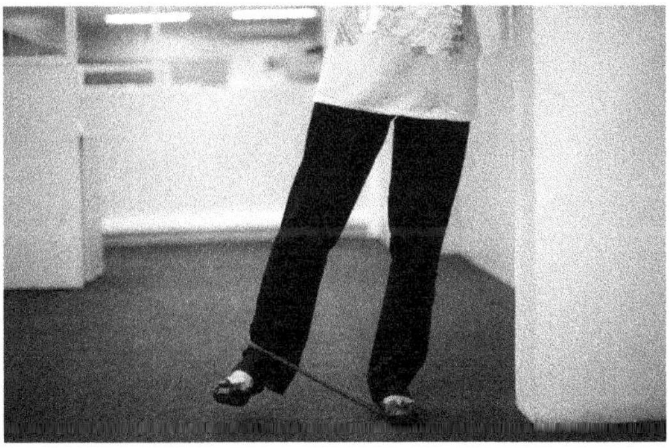

Com os joelhos semiflexionados, posicionar uma das extremidades do elástico sob a planta do pé esquerdo, passar o tornozelo direito pelo centro do elástico e realizar abdução do quadril.

Segurar uma das extremidades do elástico com a mão direita, passar as falanges da mão esquerda pelo centro do elástico e realizar tração, alongando o punho esquerdo, voltando-o para cima.

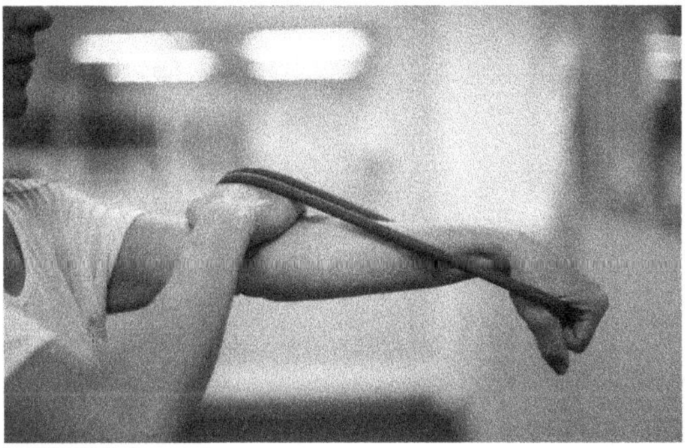

Segurar uma das extremidades do elástico com a mão direita, passar as falanges da mão esquerda pelo centro do elástico e realizar tração, alongando o punho esquerdo, voltando-o para baixo.

Em duplas, um à frente do outro, o aluno A deve segurar as extremidades da faixa, hiperestendendo os ombros externamente, e o aluno B, posicionado atrás de A, deve segurar no centro da faixa e tracionar os ombros do colega.

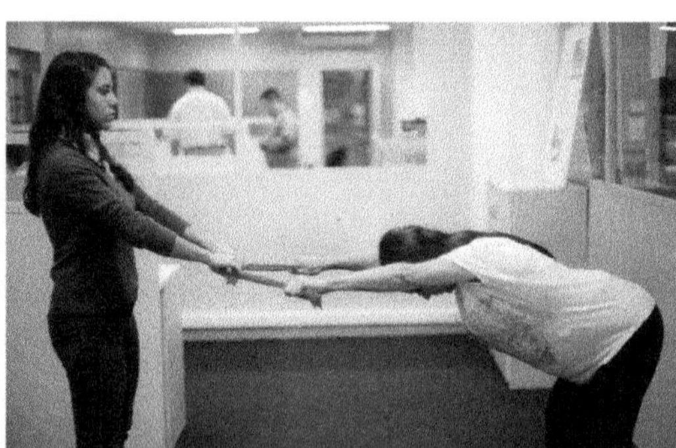

Em duplas, o aluno A deve se posicionar em médio afastamento lateral e com os joelhos semiflexionados e, segurando as extremidades da faixa, flexionar o tronco à frente, enquanto o aluno B segura o centro da faixa. Manter a coluna alinhada.

Abdução total do ombro direito, enquanto a mão direita segura uma das extremidades do garrote. O braço esquerdo deve ficar hiperestendido e a mão esquerda deve segurar a outra extremidade do garrote. Realizar flexão e extensão do cotovelo direito.

Em duplas, lado a lado, ambos em médio afastamento lateral, devem abduzir os braços, flexionando o tronco para o lado em que está o colega. Os dois devem segurar as extremidades de uma folha de sulfite, para realizar suavemente a rotação do tronco.

Colocar uma folha de rascunho no chão e, sobre ela, realizar movimentos coordenados, como se estivesse fazendo *step*, criando uma sequência com os lados direito e esquerdo do corpo, de acordo com a coordenação do grupo. A atividade pode ser realizada com ou sem música.

Massagem em dupla e automassagem

Sequência 1

Aquecimento: iniciar o contato com um deslizamento sobre a parte superior do trapézio, mantendo as mãos relaxadas (*a*, *b*), realizando uma pressão mediana em um ritmo homogêneo. *Duração*: 1 minuto.

Desenvolvimento: amassamento sobre o trapézio superior, levantador da escápula e supraespinal (*c*, *d*, *e*). Realizar, primeiro, uma pressão leve e aumentar a intensidade, de acordo com o *feedback* do colega (cuidado para não pressionar a fossa supraclavicular). É importante que toda a região dos ombros e pescoço seja percorrida e que seja mantido um ritmo homogêneo. *Duração*: 3 minutos.

Finalização: tapotagem em toda região torácica e ombros (*f*). Iniciar com um ritmo mais ágil, para ativar a circulação, diminuir periodicamente a intensidade e finalizar com percussões leves, mais lentas, visando reduzir o estímulo e propiciar o relaxamento. *Duração*: 1 minuto.

Sequência 2

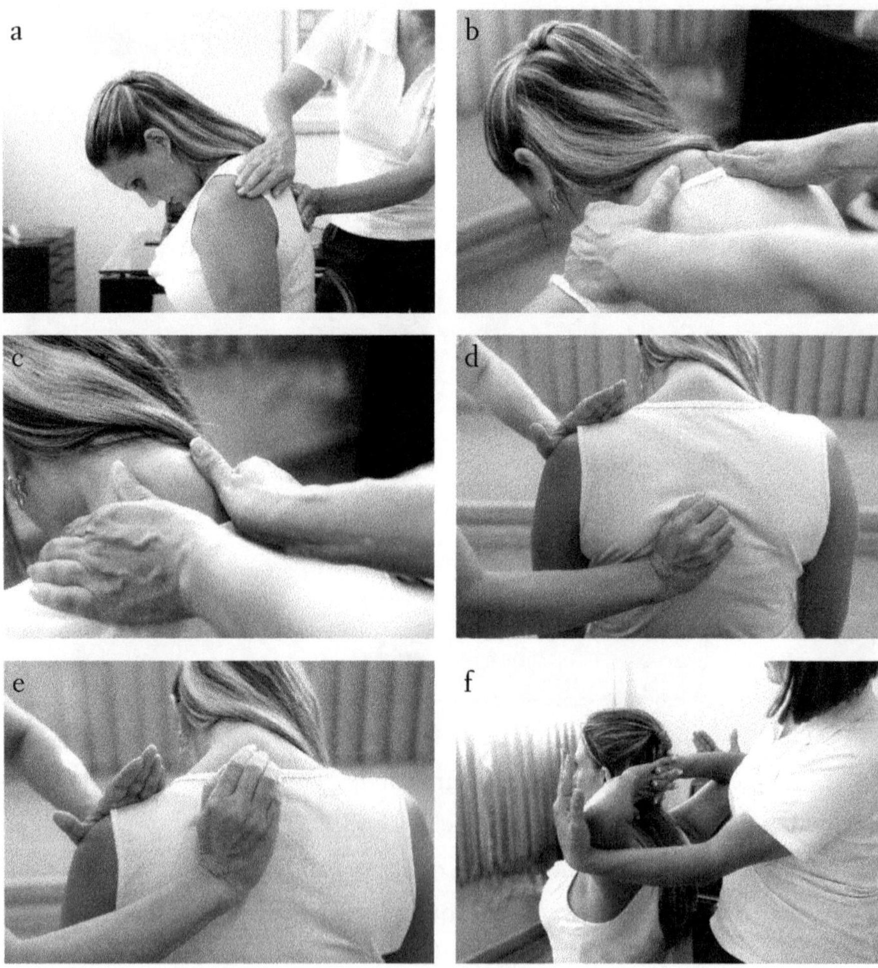

Aquecimento: posicionar-se lateralmente à pessoa que será massageada e iniciar o contato com um deslizamento, em zigue-zague, sobre a região torácica (no sentido horizontal, tal como indicado em *a*), mantendo uma pressão mediana e um ritmo homogêneo, com o objetivo de aquecer os tecidos e induzir ao relaxamento. *Duração*: 1 minuto.

Desenvolvimento: fricção com os dedos e o polegar (*b*, *c*). Apoiar as mãos sobre os ombros do aluno e realizar movimentos circulares com o polegar ao lado da coluna cervical (eretores da espinha). A seguir, localizar a escápula e realizar fricção circular com a base da mão ao redor dela, mobilizando os romboides (*d*, *e*). (*Observação*: o apoio da palma da mão sobre o ombro auxilia na manutenção da pressão a ser realizada.) *Objetivo*: redução da tensão muscular, alongamento dos músculos e fáscias presentes nas regiões citadas. *Duração*: 3 minutos.

Finalização: solicitar ao aluno que entrelace os dedos, flexione os cotovelos e posicione os braços na parte de trás da cabeça. Segure os cotovelos do aluno e realize certa pressão para trás, propiciando o alongamento da região peitoral e uma sensação de leve espreguiçamento (*f*). *Duração*: 1 minuto.

Sequência 3

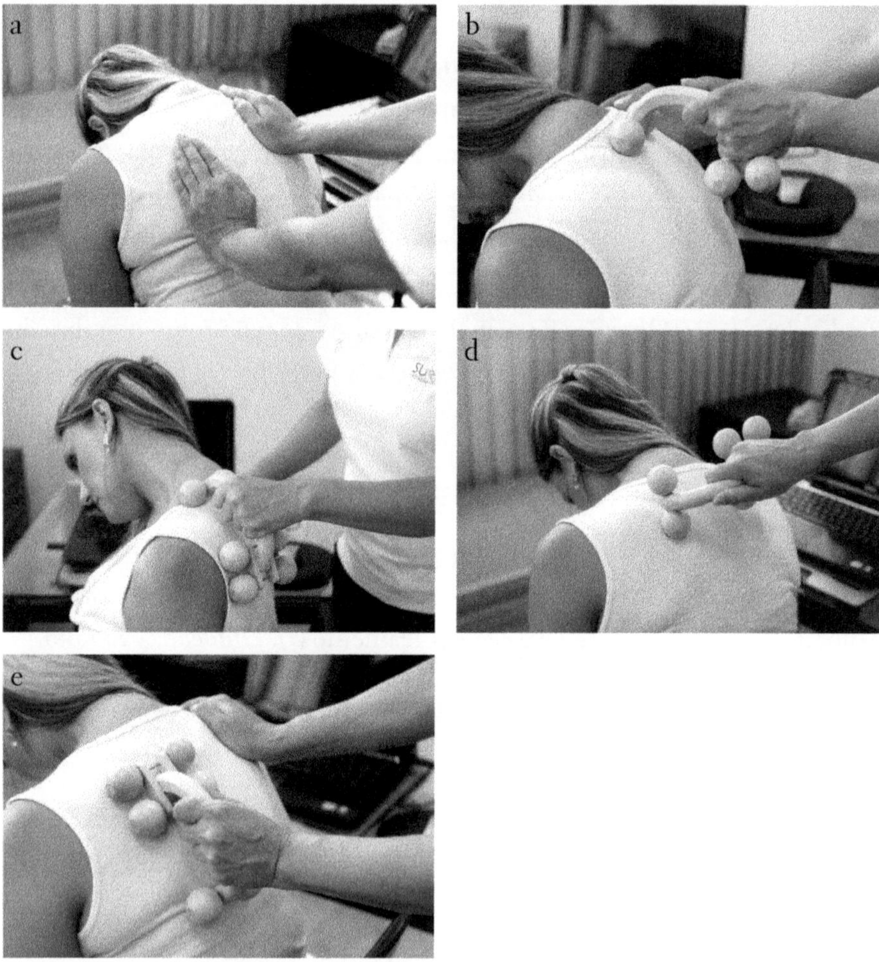

Aquecimento: iniciar o contato apoiando as mãos sobre as escápulas. A seguir, realizar um deslizamento em zigue-zague longitudinal, paralelamente à coluna, abrangendo a região torácica e lombar (*a*). *Duração*: 1 minuto.

Desenvolvimento: apoiar as duas rodas do carrinho de massagem ao lado da sétima vértebra cervical (*b*) e realizar movimentos de deslizamento desse local até a décima segunda vértebra torácica, mantendo uma pressão mediana. Em seguida, pressionar apenas uma roda do carrinho contra as costas do aluno e realizar movimentos circulares, contornando a escápula (*c*, *d*, *e*). *Duração*: 3 minutos.

Finalização: deslizamento leve e relaxante com o carrinho sobre as costas. *Duração*: 1 minuto.

Sequência 4

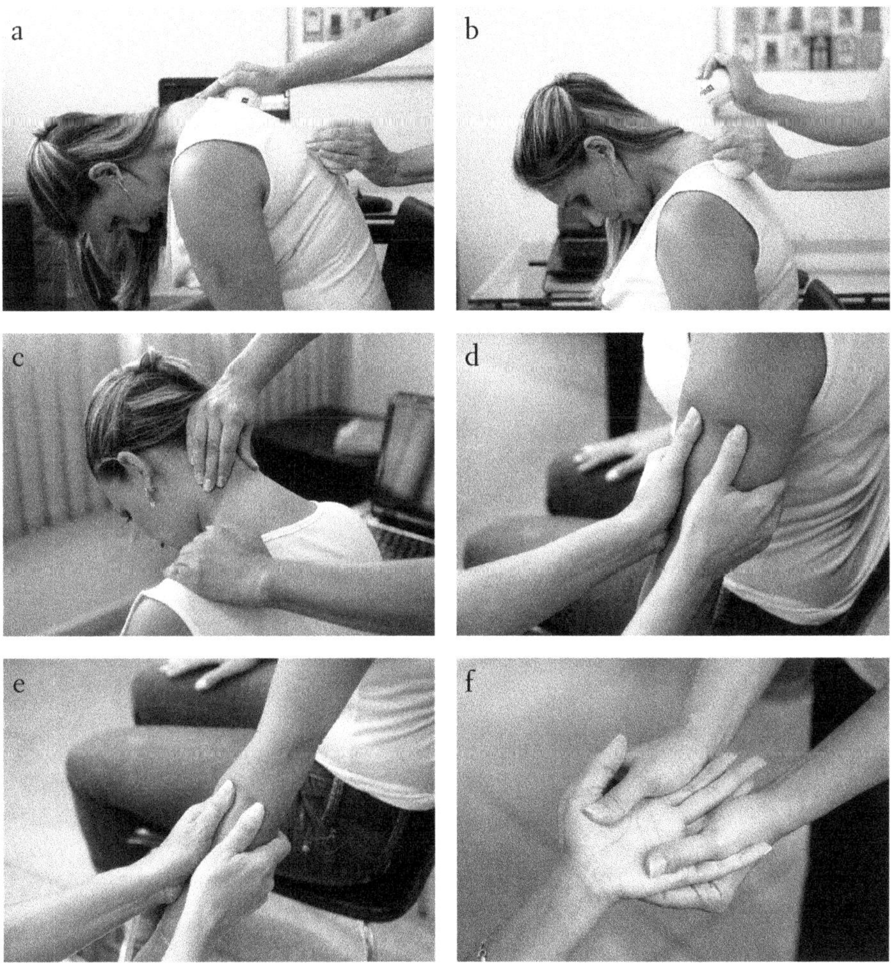

Aquecimento: com duas bolinhas de tênis, realizar deslizamentos sobre o eretor da espinha e manobras de percussão sobre a região dos ombros e região escapular (*a*, *b*). *Duração*: 1 minuto.

Desenvolvimento: realizar uma compressão com as pontas dos dedos sobre a região cervical (*c*), alongando e relaxando os músculos extensores. Em seguida, segurar os braços do aluno, e realizar amassamento (*d*, *e*), com movimentos ritmados, até chegar às mãos. *Duração*: 3 minutos.

Finalização: deslizar os polegares sobre as palmas das mãos (*f*), manipulando especialmente os músculos da eminência tenar e hipotenar. *Duração*: 1 minuto.

Sequência 5 (automassagem)

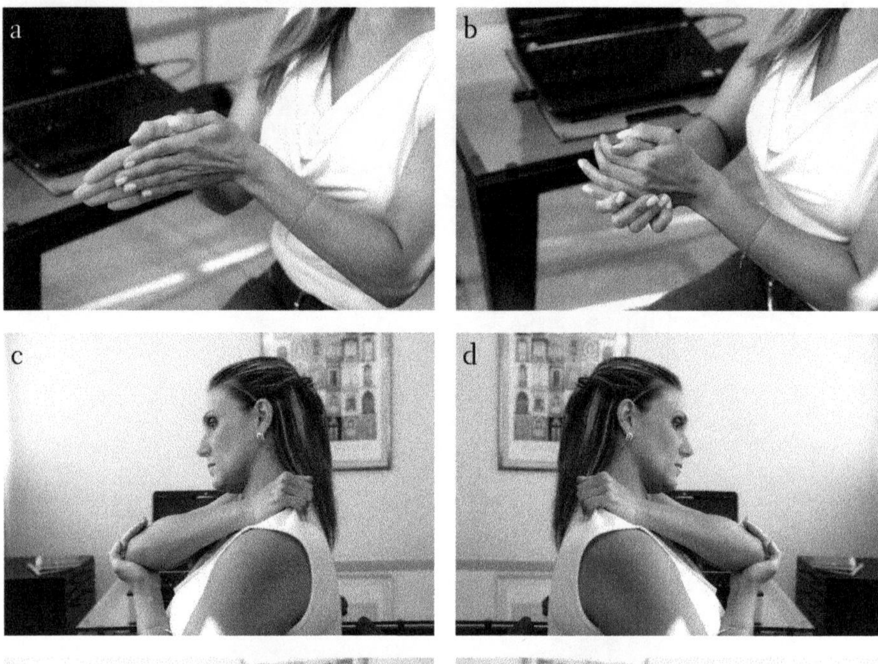

Aquecimento: friccionar vigorosamente as duas mãos, com o objetivo de aquecê-las (*a*). A seguir, realizar movimentos de compressão em toda a palma e dorso da mão (*b*), ativando a circulação e alongando as fibras musculares. *Duração*: 1 minuto para cada mão.

Desenvolvimento: apoiar uma mão no cotovelo para ter melhor apoio e, com a palma da outra mão, realizar amassamento (*c*, *d*, *e*, *f*). Iniciar na coluna cervical, passar pela região do supraespinal e finalizar nos deltoides. *Duração*: 1 minuto de cada lado.

Finalização: realizar circundução do pescoço, lentamente, coordenando o movimento com as respirações (três movimentos para cada lado). *Duração*: 1 minuto.

8 Depoimentos

Qualidade de vida

A *qualidade de vida* é um conceito holístico, aplicado a todas as pessoas, que inclui saúde física, emocional e financeira; um sentimento de conexão, de pertencimento pessoal e com um forte sentido de propósito. Todos os domínios (por exemplo, propósito financeiro, emocional, social, físico e comunitário) estão interconectados e são interdependentes. Portanto, a ocorrência de problemas em qualquer um desses elementos pode acarretar uma diminuição no bem-estar geral (Johnson, 2017).

Segundo a Organização Mundial da Saúde (OMS), 80% das doenças coronarianas, diabetes tipo 2 e derrames seriam eliminados se os principais fatores de risco para essas doenças, como tabagismo, alimentação não saudável, inatividade física, estresse, obesidade e consumo excessivo de álcool, não existissem. Ao propor o enfrentamento das Doenças Crônicas Não Transmissíveis (DCNTs) focando prioritariamente as quatro doenças, a OMS elegeu também como alvo os quatro principais fatores de risco para elas – fumo, inatividade física, alimentação inadequada e uso prejudicial do álcool –, que são comuns no Brasil (WHO, 2008).

Além disso, há de se considerar a questão dos custos de assistência médica e da produtividade. Uma proporção considerável dos custos de assistência médica está relacionada a fatores associados a estilos de vida (estresse, tabagismo, obesidade, diabetes, sedentarismo, depressão e hipertensão arterial). Portanto, uma abordagem que integre as doenças e os estudos de seus fatores de risco, combatendo-se do estresse à obesidade, levaria à redução dos custos de assistência médica. No entanto, apesar dessas evidências, observamos que, no Brasil, há iniciativas bastante tímidas e pouco estruturadas para isso, tanto por parte dos planos de saúde, quanto das empresas, que não procuram relacionar programas de qualidade de vida aos benefícios que eles podem trazer. Consideramos, porém, que é plenamente possível efetivar-se uma sinergia entre essas duas vertentes.

Vários estudos têm demonstrado as influências da melhoria do estilo de vida na redução das faltas ao trabalho, no presenteísmo, na produtividade e na diminuição das doenças ocupacionais.

O ambiente de trabalho tem se mostrado um espaço privilegiado para se abordar a questão do estilo de vida. Possibilita a realização de programas mais abrangentes, com maior participação, melhor disseminação das informações, acompanhamento dos fatores de risco e apoio para as mudanças comportamentais. Para o empregado, esses programas constituem uma oportunidade única de poderem participar de atividades saudáveis no próprio ambiente de trabalho, frequentemente com o apoio financeiro da empresa, de reduzirem fatores de risco e de melhorarem sua qualidade de vida.

No entanto, para que melhores resultados sejam atingidos, os programas devem ser bem elaborados, utilizando-se forte base científica e apoio técnico. As empresas estão cada vez mais envolvidas com programas de gestão em saúde e qualidade de vida, e os gestores estão conscientes de que o bem-estar dos empregados está relacionado com a produtividade corporativa. A questão é se as empresas estão preparadas ou não para essa ação. Os programas mais típicos estão voltados para atividades educativas em saúde e rastreamento de doenças. Recentemente, as empresas têm procurado parcerias com planos de saúde e corretoras, visando oferecer tratamentos e ações diferenciados para os empregados.

Para que se consiga a redução dos custos com assistência médica, o controle do absenteísmo ou do presenteísmo, o aumento da produtividade e a melhoria do clima organizacional, os programas devem incluir os seguintes estágios: avaliação de necessidades, planejamento, implantação participativa, consolidação/manutenção e *feedback* dos resultados. Os benefícios já estão amplamente comprovados. O sucesso das empresas está relacionado a um conjunto de profissionais criativos, motivados e, acima de tudo, saudáveis. O desafio é construir programas com elevada participação e que se consolidem com o tempo. A pesquisa *Working well: a global survey of workforce wellbeing strategies*, publicada em 2016 pelo Global Centre for Healthy Workplaces, mostrou que a promoção da atividade física é uma prioridade para 56% das empresas entrevistadas na América Latina.

Em nosso país, ainda há poucas publicações e poucos estudos envolvendo a abordagem de fatores relacionados ao estilo de vida no ambiente corporativo. Nesse contexto, é de particular importância o presente trabalho da professora Valquíria de Lima, que tem vasta experiência na gestão de programas de Ginástica Laboral (GL).

Acredito que o momento atual seja o ideal para uma reflexão sobre a questão da GL, que se tornou uma prática relativamente comum em nosso país. Ela passou a ser coordenada por professores de Educação Física, por fisioterapeutas e por empresas com diferentes metodologias, mas nem sempre com o adequado embasamento científico. Constata-se que, mesmo hoje, os níveis de sedentarismo reduzem-se lentamente. Desse modo, o desafio é fazer a GL deixar de ser vista como um momento de pausa para alongamento e tornar-se uma ação efetiva que apoie mudanças no estilo de vida e melhore a qualidade de vida em suas várias dimensões.

Alberto José Niituma Ogata
Presidente eleito da International Association for Worksite Health Promotion

Alongamento: um componente importante da Ginástica Laboral

Em geral, a realização de atividades repetidas e a permanência em posturas estáticas por prolongado período de tempo desenvolvem no trabalhador monotonia, fadiga, estresse e microlesões, as quais afetam psicofisicamente sua produtividade e sua qualidade de vida.

Uma estratégia interessante para relaxar o sistema muscular é realizar exercícios de alongamento. Eles são considerados importantes quando bem aplicados: aumentam a qualidade do movimento, mesmo se utilizar uma mesma amplitude, o que gera economia de energia; diminuem a rigidez muscular com promoção de relaxamento; desenvolvem a flexibilidade e favorecem a consciência corporal, que influencia positivamente o modo de se posicionar e de se locomover durante o trabalho. Por esses motivos, exercícios de alongamento evitam distúrbios no sistema muscular. Entretanto, os exercícios de alongamento devem ser inseridos em uma proposta integrada de atividades ao trabalhador, como mostrado ao longo desta obra.

Abdallah Achour Júnior
Professor da Universidade Estadual de Londrina (UEL).
Mestre em Educação Física na área de Atividade Física e Saúde
pela Universidade Federal de Santa Catarina (UFSC).
Doutor em Educação Física, na área de Biodinâmica
do Movimento Humano, pela Universidade de São Paulo (USP).
Editor da *Revista Brasileira de Atividade Física e Saúde* (Londrina, PR).
Autor dos livros *Flexibilidade e alongamento: saúde e bem-estar*
e *Exercícios de alongamento: anatomia e fisiologia*.

Ginástica Laboral faz a diferença

A Ginástica Laboral (GL) é uma técnica de exercícios físicos aplicada em trabalhadores nos seus locais de trabalho antes, ao longo ou depois de cada jornada, a exemplo do que acontece com atletas, que, pouco antes de irem para suas competições, aquecem, alongam e preparam o corpo para uma solicitação física mais exigente.

Essa preparação ou reparação, dependendo do momento da jornada em que é feita, é capaz de gerar uma sensação de bem-estar que influencia o ajuste equilibrado entre saúde e trabalho.

Fisicamente, o indivíduo que faz as séries de exercícios sente-se mais capaz de executar as ações exigidas pelo trabalho, cuja organização e demandas biomecânicas são adequadas do ponto de vista ergonômico.

Além dos efeitos no corpo, é importante salientar que também ocorrem influências positivas no psiquismo. Os trabalhadores que participam da GL são mais ativos, mais alegres, têm mais prazer ao trabalhar e no viver, porque sofrem menos.

Outro aspecto a se ressaltar é a contribuição dessa prática para o âmbito social, pois, por ser uma atividade em grupo, facilita a sociabilidade, aproximando pessoas, gerando um bom "clima" entre os trabalhadores e destes em relação à empresa.

Programas de GL bem estruturados, com exercícios variados, estimulantes, incluindo música e acompanhados de jogos lúdicos, com avaliações e *feedbacks* dados aos participantes e à empresa contratante, despertam interesse e consolidam a adesão do trabalhador. Além disso, podem contribuir com ações de prevenção da fadiga, do estresse e dos Distúrbios Osteomusculares Relacionados ao Trabalho (DORT).

Dr. Valmir Antonio Zulian de Azevedo
Departamento de Saúde do Trabalhador
Faculdade de Ciências Médicas da Universidade
Estadual de Campinas (Unicamp).

Programas de atividade física no local de trabalho e Ginástica Laboral

A evolução dos programas de atividade física no local de trabalho e da Ginástica Laboral (GL), a meu ver, dependem de nossa habilidade de respeitar as recomendações de órgãos de saúde, legislações, princípios éticos, técnicos e científicos, e, acima de tudo, dependem de uma perfeita convivência entre os vários profissionais que fazem parte desse processo.

Quero agradecer imensamente a todos os profissionais que aceitaram oferecer uma parte de sua compreensão e de seu conhecimento à área, na tentativa de ampliar e orientar nossa visão sobre esse novo conceito em atividade física: Ginástica Laboral.

A prática da GL em empresas ganhou grande popularidade em nosso meio nos últimos anos, provando ser uma iniciativa de boa aceitação, sobretudo em instituições nas quais as atividades de trabalho estão relacionadas ao aparecimento de Lesões por Esforços Repetitivos/Distúrbios Osteomusculares Relacionados ao Trabalho (LER/DORT).

Apesar do impacto preventivo da GL nas LER/DORT não ter sido completamente elucidado, do ponto de vista científico, a sua prática nas empresas, desde que resguardada a adesão voluntária dos trabalhadores, parece colaborar para uma maior integração psicossocial entre eles, com momentos de descontração e relaxamento, que podem funcionar como "quebras" bem-vindas ao longo de jornadas cujo ritmo de trabalho é muito intenso.

Estudos científicos bem desenhados e com métodos adequados, que já estão em andamento ou em fase de implantação no mundo todo, mostrarão, dentro de alguns anos, o significado real da GL como iniciativa de prevenção das dores e de LER/DORT.

Mário Ferreira Júnior
Médico formado pela Faculdade de Medicina da USP (FMUSP).
Mestre em Saúde Ocupacional pela Universidade de Louvain, na Bélgica.
Doutor em Patologia do Trabalho pela FMUSP.

Sem indicadores o voo é cego!

Essa expressão é particularmente rica quando se trata de Ginástica Laboral (GL).

Tema de literatura farta (Valquíria de Lima é nossa mestra e inspiradora) e de estudos tão ricos (Valquíria de Lima sempre encabeçando as mais importantes iniciativas nessa área), porém, com grande dificuldade em demonstrar aos gestores o ganho que essa iniciativa traz para as organizações. Não sabemos responder à pergunta "quanto vou ganhar se parar a produçao para meu pessoal fazer GL", e esse vazio é fatal.

A GL é uma boa iniciativa? Claro que é.

A GL reduz sinistralidade? Claro que reduz.

A GL melhora as relações interpessoais? Sim, sem dúvida.

Mas, quanto custa? E o projeto morre aí.

Morre porque estamos nos apoiando sobre um viés equivocado.

Estamos focando a GL em seus aspectos bons, mas nem sempre são esses os pontos que queremos ver resolvidos.

Notemos a diferença: uma empresa tinha um Fator Acidentário de Prevenção (FAP) alto, por conta de afastamentos provocados por doenças classificadas sob o código CID-M (Classificação Internacional de Doenças – doenças do sistema osteomuscular). Ao analisar os casos, identificamos a incidência de M40 – cifose e lordose–, concentrada no pessoal de estocagem e armazenagem.

Identificamos também que havia grande incidência de procura pelo ambulatório e apresentação de atestados médicos, predominando, naquela área, queixas de dores lombares.

Os Serviços Especializados em Engenharia de Segurança e em Medicina do Trabalho (SESMT) lideraram uma força-tarefa com o objetivo de reduzir as causas e os efeitos dessa circunstância. A empresa de GL foi chamada para integrar esse projeto e desenvolveu exercícios de relaxamento, de reforço muscular e exercícios compensatórios, voltados para mitigar os problemas. A área de segurança, por sua vez, redimensionou equipamentos, estabeleceu normas e procedimentos e os fez cumprir.

Resultado medido: a empresa reduziu o número de afastamentos sob CID-M, reduziu o absenteísmo, reduziu a sinistralidade, reduziu o uso dos ambulatórios, reduziu o consumo de medicamentos. Traduzindo: a GL contribuiu para um Retorno Sobre Investimento (ROI) de 50 vezes.

No projeto desenhado, o compromisso já se mostrara imenso apenas por prever um ROI de 20 vezes!

Se quisermos falar que a GL melhorou o relacionamento na área, é verdade. Se quisermos dizer que a GL foi uma boa iniciativa, os números falam por si. Ocorre que, nas organizações, precisamos primeiro entender os problemas que enfrenta, traçar objetivos para, por fim, medir os resultados.

Se fizermos isso, a GL vai mostrar a importância dessa iniciativa e toda a literatura aflorará, considerando-a uma excepcional medida de qualidade de vida, de proteção à saúde, de redução de custos para as organizações, de redução de adoecimentos e de acidentalidades, enfim, um modelo do que é o certo a se fazer.

Que seja feita a GL, mas com indicadores. Senão, o voo é cego.

É bom lembrar: uma prática bastante útil, mas pouco praticada, para se medir resultados é ter claro o que se objetiva com a GL.

Falando sinceramente, se o prestador de serviços objetiva ter um contrato de prestação de serviços, o seu indicador é o contrato assinado.

Se ele pretende longevidade, o seu indicador é medir por quanto tempo está vinculado ao contrato.

É assim para a remuneração, é assim para tudo; inclusive, e principalmente, para os objetivos que se pretende alcançar com a GL.

Antes, é fundamental que haja uma reunião técnica, para se discutir o que se espera da GL. Espera-se redução de absenteísmo? Melhorar o relacionamento na área? Reduzir queixas de dores e de desconfortos? É diagnóstico da área de ergonomia para evitar afastamentos? Não importa o "o que" se objetiva, mas é preciso que todos os propósitos estejam claramente postos na mesa. E que sejam concretos (não podemos trabalhar com conceitos etéreos como "quero melhorar o moral do grupo"). Como assim? Precisamos de objetivos concretos, mensuráveis e localizados no tempo.

O passo seguinte é o profissional de GL saber o que fazer para atingir esses objetivos, traçando um plano de ação e emprestando toda a sua competência técnica para, no eixo do tempo, acompanhar a evolução e medir o quanto de progresso se está atingindo e se haverá eventuais mudanças de rotas. Se ajustes serão necessários para, antes da entrega, corrigir rotas.

Tendo o objetivo quantificado e localizado no tempo, não será difícil medir os resultados e, com certeza, o subproduto pelo qual tanto buscamos: o encantamento do cliente. Isso só será alcançado se forem utilizados indicadores corretos; do contrário, o voo é cego.

Oswaldo Merbach e Marlene Capel
B2P – Business to Person

Ginástica Laboral e a educação postural

Para mim, escrever sobre postura e educação postural é sempre uma grande satisfação. Considero um privilégio poder acompanhar e participar da evolução de diferentes especialidades da Educação Física.

Há poucos anos, alguns profissionais isolados já "balançavam suas bandeiras" na caminhada da educação postural, rumo ao reconhecimento de sua importância na correção dos desvios posturais, na prevenção dos desequilíbrios musculoligamentares e em intervenção e controle dos processos degenerativos por esforço repetitivo, ou simplesmente na ação dos processos de envelhecimento.

Hoje, encontramos a educação postural mais valorizada nas diferentes modalidades de nossa Educação Física, inclusive amparada pela lei. Isso nos concede plenos direitos de intervenção em diferentes espaços institucionais, em aplicabilidades de controle de sintomatologias dolorosas. Concede-nos o direito de trabalhar a correção dos desvios posturais, de minimizar as ações degenerativas e as consequências dos esforços repetitivos, e, também, de disseminar informações acerca de padrões corporais mais adequados para as Atividades da Vida Diária (AVDs) e Laborais.

Podemos encontrar, hoje, inúmeros profissionais especializando-se e buscando novas maneiras de aplicação da educação postural em sua carreira profissional, como um recurso importante na valorização de sua atuação e na obtenção de melhores resultados aos seus alunos/clientes, rumo a dias melhores e de mais qualidade.

Com certeza, cada especialidade de nossa Educação Física busca uma cultura corporal condizente com as necessidades de uma prática pedagógica inovadora, que rompa com a antiga abordagem da Educação Física como uma disciplina do currículo escolar.

Iniciamos a construção de uma nova Educação Física, que nos trouxe subsídios que permitiram tecer novas considerações acerca da ampliação de sua atuação no mercado de trabalho. Nesse contexto, a Educação Física ganhou espaços, ampliando e ramificando sua natureza, atendendo às necessidades da realidade natural, social, educacional, política e econômica. Construiu um universo no qual uma visão de totalidade se fez emergencial para que seus conteúdos se entrelaçassem na construção de um ser uno, e para que pudessem atender todas as necessidades cognitivas, motoras, laborais, sociais e afetivas de cada um.

Laborais, esse é o tema dessa oportunidade. Acredito que a Ginástica Laboral (GL) e a educação postural, até então não idealizadas, já seriam necessárias nas décadas iniciais do século XX, quando o Brasil era marcado por modificações na estrutura econômica e tensões no campo social. Voltemos um pouco no tempo.

Era necessária a formação de recursos humanos. A pedagogia tecnicista marcou essa época. Criou-se um ambiente favorável para uma educação capaz de responder às exigências do mercado. Muitas indústrias foram instaladas, era necessária mão de obra qualificada e, para tal, uma escolarização ampliada, uma tecnologia educacional que pudesse qualificar o indivíduo para as necessidades do mercado. A partir de então, as atividades laborais cresceram, e, com elas, a intervenção do profissional da Educação Física dentro da empresa. Pontapé inicial!

Considero Ginástica Laboral e Postural um "casamento perfeito": a intervenção e o controle, os ajustes e a manutenção, a prevenção e a correção, a orientação e a observação.

Com todas as intervenções da GL hoje na empresa, acredito ser a abordagem postural indispensável na busca por melhores resultados, com a intenção de prevenção e controle das sintomatologias dolorosas, associadas aos esforços repetitivos e às sobrecargas mecânicas que os funcionários das empresas enfrentam em sua jornada de trabalho diária.

A GL, como abordagem postural, deve fundamentar-se na valorização da funcionalidade motora como instrumento de prevenção, recuperação e controle. Faz-se importante, na rotina do trabalhador, a construção de novos conceitos corporais, de melhores posicionamentos que minimizem o esforço repetitivo, a interpretação do movimento laboral consciente e cuidadoso, e a oportunidade diária de oferecer expectativas por uma boa qualidade de vida e torná-la efetiva.

Para essa atuação, o profissional de Educação Física deve buscar o conhecimento amplo e minucioso de nosso sistema musculoesquelético, relacionando-o também com sua funcionalidade, para, dessa forma, ser apto a identificar, em cada posto de trabalho, o padrão postural mais adequado a cada queixa de desconforto; o ajuste ideal nos desequilíbrios posturais existentes; a educação postural nas sintomatologias dolorosas; o conforto nos processos degenerativos; a cautela. Cinesiologia, Fisiologia, Anatomia, Educação Motora, Ergonomia, todas estão ao nosso alcance e dispor. Basta conhecê-las, entendê-las e aplicá-las. A GL não é, e nunca foi, o simples ato de oferecer ginástica ao trabalhador. Suas raízes são mais profundas; seus galhos, volumosos.

Rompam barreiras, desbravem os campos: o nosso melhor momento é o agora. A GL estruturou-se, ganhou espaço e reconhecimento. Cabe a seus admiradores e seguidores sustentar a bandeira da conquista, e ampliar suas fronteiras.

Érica Verderi
Graduada em Educação Física e em Pedagogia.
Pós-graduação *lato sensu* em Educação do Excepcional.
Mestrado em Educação Motora.
Especialização no Back Institute em Reabilitação Física para
Indivíduos Portadores de Hérnia de Disco Lombar (Los Angeles, CA).
Autora dos livros: *Dança na escola*; *Encantando a Educação Física*;
Programa de educação postural; *O corpo não tem idade*;
Gestantes: elaboração de programas de exercícios.

Ginástica Laboral e educação corporal: caminhos para a promoção da saúde nas organizações

Fiquei muito feliz ao ser convidada para fazer este depoimento, especialmente sob a solicitação de estabelecer relações entre minha visão de Educação Corporal e de Ginástica Laboral (GL). Tenho enfrentado esse desafio profissional, por isso, considero gratificante poder compartilhar minhas ideias.

O ritmo frenético do viver não parece estar perto de se acalmar; a quantidade de coisas que fazemos ao mesmo tempo é cada vez maior. A tecnologia privilegia-nos com suas descobertas e, ao mesmo tempo, deixa-nos atônitos perante a nossa incapacidade de lidar com a quantidade de informação disponível.

Acabamos sempre nos adaptando, somos mestres em nos adequarmos às situações e às convenções, mesmo que a adequação a um novo padrão não seja parte da nossa natureza primária. O problema é que essas adaptações geram demandas diretas do nosso corpo, solicitando que ele se modifique constantemente para atender às necessidades impostas pelo trabalho, pela sociedade e pela nossa autocrítica e autocobrança.

Todo esse processo ocorre, na maioria das vezes, de forma inconsciente. Nós vamos "arcando" com nossa coluna o "peso do mundo", e nem nos damos conta disso; "torcemos" nossas articulações quando nossa "estabilidade" é ameaçada; mantemos uma respiração curta e rápida para que ela se harmonize com o modo como vivemos: tudo muito rápido e superficial, para dar resultados imediatos, é claro. Raros são os momentos em que dançamos e sorrimos por puro prazer. Todos esses ajustes têm um custo e, na maioria das vezes, nós somente os percebemos quando alguma dor aparece. Como, então, manter a nossa saúde?

É necessário aprender a fazer escolhas que nos permitam propiciar equilíbrio a todas as questões que interfiram em nosso bem-estar. Por exemplo: é importante que tenhamos um cuidado especial com nossa alimentação e com a prática regular de exercícios, mas qual a melhor dieta e quais exercícios iremos praticar são decisões que se estabelecem no plano individual.

Acredito que a busca por uma vida sadia e plena esteja diretamente relacionada à maneira como tomamos decisões. Em uma sociedade democrática, poderíamos supor que temos liberdade para fazer escolhas e para agirmos de modo coerente com nossas crenças, nossos princípios e nossos valores.

Porém, será que somos capazes de tomar sempre as decisões mais apropriadas? Ou melhor, será que somos realmente livres para decidir sobre como nos alimentar de forma balanceada, sobre a boa qualidade do sono, sobre o tempo adequado para a prática de exercícios, sobre a boa relação com amigos e família?

Nos últimos anos, os meios de comunicação têm divulgado exaustivamente pesquisas e novas descobertas que reforçam os males do tabagismo, os benefícios da prática de exercícios, e que trazem as melhores orientações sobre uma boa nutrição. No entanto, a sociedade brasileira continua aumentando seus índices de obesidade, ainda apresenta índices elevados de sedentarismo (cerca de 67%) e cerca de 32% de sua população mantém hábitos tabagistas.

Se tomássemos decisões baseadas exclusivamente no que existe de mais moderno em termos de orientações e de prescrições, esse quadro seria um pouco diferente. Por isso, fica claro que não temos a tão esperada liberdade de escolhas, no entanto, caminhamos em busca dessa autonomia.

A construção dessa autonomia começa com informação e conhecimento, contudo, estes ainda não são suficientes para alcançarmos nossa liberdade de escolha. Acredito que muitos dos fumantes não irão, necessariamente, parar de fumar apenas por tomarem ciência de todos os males que o cigarro acarreta. Precisamos de algo mais; algo que realmente nos motive e estimule uma mudança de comportamento de maneira mais permanente.

Além do conhecimento, é necessário desenvolver filtros que nos permitam saber como utilizá-los. Como ouvir as recomendações de especialistas e adequá-las às nossas necessidades e características, alcançando um fino ajuste do processo individual de autoconhecimento? Afinal, quem melhor do que você mesmo para quantificar sua sensação de bem-estar e sua qualidade de vida?

Sabemos que muitas pessoas conseguem iniciar seus processos de mudança de comportamento, mas a manutenção desses hábitos é complexa e, muitas vezes, a falta de prazer faz que se volte ao ponto de partida. Dessa forma, a construção dessa autonomia deve também estar vinculada à busca pelo prazer de viver, pois só dessa maneira as mudanças de comportamento podem permanecer de forma duradoura.

A GL poderia ser um ponto de partida para a promoção da saúde. O diferencial encontra-se no perfil do profissional que atuará dentro das organizações. É fundamental que esse profissional tenha uma visão ampla do ambiente organizacional e desenvolva suas atividades com valores efetivamente agregados, como a disponibilização de conhecimentos, o estabelecimento de vínculos afetivos e a oferta de alternativas prazerosas para a prática de exercícios.

Dessa forma, o profissional que atua com GL deveria ser um facilitador do processo de autoconhecimento e de mudança de comportamento dos colaboradores, contribuindo decisivamente para a melhora da qualidade de vida deles.

Daniele Barrionuevo Kallas
Mestra em Ciências da Saúde pela Escola Paulista de Medicina.
Licenciada em Educação Física pela USP.
Terapeuta Corporal pelo Centro de Desenvolvimento Reichiano de São Paulo e
Especialista em Reabilitação Cardíaca e Fisiologia do Exercício (InCor/FMUSP).
Qualificada para implantação de Programas de Saúde e Qualidade
de Vida nas Empresas pela American University of Washington, D.C.
Atualmente, é sócia-diretora da Educação Corporal e Saúde (ECOS)
e docente na Universidade Presbiteriana Mackenzie.

A atividade física e a promoção da saúde em empresas: oportunidades para o profissional de Educação Física

O mundo passa por grandes transformações, que podem ser observadas em todos os níveis de nossa sociedade: nas relações sociais, nas manifestações culturais e, sobretudo, no trabalho. Novas formas de organizar e gerir o trabalho, viabilizadas pelos avanços tecnológicos, acabaram por modificar os modos de vida, trazendo graves consequências à saúde do trabalhador e, por fim, a deterioração da qualidade de vida.

Entre as modificações nos modos de vida, gostaria de destacar o sedentarismo. A questão do sedentarismo tornou-se uma preocupação mundial e um problema para as organizações, que hoje gastam milhões com o absenteísmo, com a baixa produtividade e em despesas com o seguro-saúde de seus funcionários.

Com base nesse contexto, destaco a importância dos programas de atividade física nas empresas que promovem a prática de exercícios físicos, conscientizando os funcionários da importância em adotar um estilo de vida ativo. Isso é feito por meio da oferta de ambientes e de atividades adequadas, reduzindo os custos decorrentes do sedentarismo, o que proporciona ganhos para a saúde e para a qualidade de vida dos colaboradores.

Trata-se de um novo e importante mercado de trabalho que se abre para o profissional de Educação Física.

Ana Lúcia Aquilas Rodrigues
Graduada em Educação Física pela USP.
Pós-graduada em Exercício e Qualidade de Vida
pela Universidade Federal do Paraná (UFPR).
Mestra em Ciências – Fisiopatologia Experimental da FMUSP.
Consultora para Programas de Promoção da Saúde
e Qualidade de Vida em Empresas.

Programa de exercícios físicos no local de trabalho

A Ginástica Laboral (GL) é um programa de exercícios desenvolvido no local de trabalho, reconhecido como uma alternativa relevante, que contribui para a promoção, a educação, a prevenção e a manutenção da saúde do trabalhador.

As literaturas internacional e nacional concordam que o ambiente de trabalho é um espaço importante para ofertar estratégias, como exercícios aplicados nos Programas de Ginástica Laboral (PGL), que promovam o efeito contrário ao desencadeado por fatores de riscos geradores de acidentes e de doenças ocupacionais, pois se considera que trabalhadores passam a maior parte de suas vidas desempenhando atividades laborais, o que, na maioria das vezes, acarretará prejuízo para a sua saúde.

Diante do exposto, o ambiente de trabalho, entendido como um local que agride, degrada e maltrata o indivíduo, passa a ser também (por que não?) um espaço de amenização desses eventos.

Por meio das vivências diárias no PGL, os trabalhadores terão a oportunidade de adquirir conhecimentos sobre os benefícios de um estilo de vida saudável, experimentar e perceber os efeitos físicos, psicológicos e sociais provenientes dos exercícios propostos, que alcançarão os objetivos delineados para amenizar os fatores de risco existentes no trabalho, e que também os transcenderão, refletindo na melhora da percepção da qualidade de vida do trabalhador.

Para elaboração dos planejamentos, o profissional de Educação Física concebe o sujeito trabalhador de maneira global, além das características da empresa e as necessidades dos trabalhadores no exercício de sua tarefa, com o objetivo de levar-lhes, diariamente, uma pausa ativa recheada de novas experiências em saúde.

Julgo que as empresas necessitam e necessitarão, cada vez mais, de modelos que atendam às suas especificidades e às de seus trabalhadores, a fim de reverterem problemas, como os altos gastos com saúde do trabalhador, e de que entendam que um PGL deve ser implantado por auxiliar essa realidade.

Desejo sucesso e vida longa a essa modalidade da Educação Física, criada para atender indivíduos em um espaço social tão importante.

Cynara Cristina Domingues Alves Pereira
Doutora em Atividade Física Adaptada pela Unicamp.
Professora e coordenadora de cursos de graduação, Pós-graduação e extensão.
Palestrante convidada em eventos nacionais e internacionais.

Coaching em saúde e bem-estar: um novo aliado para a Ginástica Laboral

A Ginástica Laboral (GL) ocupa cada vez mais espaço e reconhecimento. Ela torna-se necessária no ambiente corporativo para promover a saúde e o bem-estar dos colaboradores.

A inserção e a aceitação de programas que levam em conta a saúde no trabalho ganham proporção com a mudança de pensamento dos gestores, que passam a observar que a saúde da empresa começa com a boa saúde daqueles que a fazem funcionar.

Para pensar em vida saudável na empresa, é preciso ultrapassar a ideia da simples ausência de doença. É preciso ampliar o conceito de saúde e pensar em ações que transformem o ambiente de trabalho, tanto no aspecto físico quanto emocional dos funcionários. É recomendado oferecer um posto de trabalho ergonomicamente correto, cultivar relações agradáveis entre os colegas de trabalho e diretores. Fazer que o colaborador se identifique com o local de trabalho, sinta-se pertencente ao local a que dedica boa parte do seu tempo e se conscientize de que é possível pensar e cuidar da saúde, mesmo durante as horas dedicadas ao ofício. Para isso, é preciso que o colaborador se conecte a ele mesmo, percebendo suas necessidades. Quando ele tem a noção exata de que precisa buscar novos hábitos para sua vida melhorar, o engajamento aos programas de GL começa a fazer sentido. E quando esse cuidado com a saúde ganha sentido e significado, o colaborador entrega-se às aulas com entusiasmo, sabendo dos benefícios que levará para si.

Despertar essa consciência nos colaboradores nem sempre é uma tarefa fácil. Talvez a participação deles nas aulas e nas ações propostas seja a maior dificuldade dos programas de GL. Praticar as atividades exige disciplina e vontade, e muitos acreditam que não é possível conquistar um estilo de vida mais saudável também no trabalho. Essa falta de entendimento é um desafio a ser vencido.

Para auxiliar nessa tomada de consciência do indivíduo em suas ações para cuidados com a saúde, a participação do *coach* em saúde e em bem-estar pode ser uma boa aliada aos programas de GL.

O *coaching* é um processo que visa elevar a *performance* de uma pessoa, aumentando os resultados positivos de seu desempenho por meio de metodologias, de ferramentas e de técnicas cientificamente validadas. O processo de *coaching* leva o cliente/aluno a novas possibilidades, alternativas e opções capazes de fazer que ele amplie suas realizações e conquistas, na busca pela sua saúde e qualidade de vida.

Adquirir novos hábitos em busca de melhores condições de saúde requer planejamento, estabelecimento de metas, disciplina e motivação. Para cumprir todas essas etapas e alcançar os resultados desejados, o *coach* em saúde e bem-estar assume o papel de treinador de mudanças de hábitos, levando à conscientização da importância da prática regular de atividade física, da recuperação das capacidades físicas e do desenvolvimento das capacidades funcionais para realizar as tarefas do cotidiano e alcançar mudanças duradouras para um estilo de vida saudável.

O *coaching* em saúde e bem-estar ajudará o colaborador a identificar como está sua saúde e qual caminho ele poderá seguir para melhorá-la. Com essa visão melhorada, e consciente de que é necessária uma mudança de comportamento para ser mais saudável, o programa de GL poderá ser mais bem compreendido e, assim, se estabelecerá um comprometimento com a adesão às aulas e os cuidados com a saúde.

O paradigma de que não é possível ser feliz no trabalho deve ser substituído; é possível, sim, ter equilíbrio entre saúde, trabalho e vida pessoal. E a GL vem como o elo entre esses pontos, à medida que harmoniza homem e trabalho. E, por ser uma função de tamanha responsabilidade, os profissionais dessa área devem ser altamente qualificados, pois, além de técnicas corretas de exercícios específicos para o ambiente de trabalho, é preciso ter sensibilidade para entender as necessidades emocionais dos participantes. Não é simplesmente fazer que os outros reproduzam exercícios ou dinâmicas, mas, sim, fazer que o outro se perceba importante naquele espaço e, sobretudo, que cuidar de si é algo que o manterá íntegro e pleno, não só para desempenhar o seu papel naquele ambiente corporativo, mas, também, para cumprir adequadamente os outros papéis sociais (pai, mãe, filho, namorado, amigo, vizinho).

Por isso, torna-se tão evidente a parceria entre várias áreas do conhecimento, com o objetivo de fortalecer a GL como ferramenta essencial para a prevenção e a manutenção da saúde no trabalho.

E que seja nossa preocupação maior o cuidado com o outro.

Junara Paiva
Graduada em Educação Física pela Faculdade de Educação Física e Fisioterapia da Universidade Federal de Uberlândia (Faefi/UFU).
Especialista em Ginástica Laboral pelo Centro Universitário Volta Redonda (UniFOA).
Mestra em Ciências da Saúde pela Faculdade de Medicina da UFU (Famed/UFU).
Coach em Saúde e Bem-Estar.

Especialização: uma necessidade para os profissionais de Ginástica Laboral

Primeiramente, gostaria de agradecer o convite e dizer que estou honrada e orgulhosa em poder participar, mesmo que de uma forma muito pequena, nesta iniciativa tão importante para a nossa área.

Conheci a autora há alguns anos, e nosso contato se fortaleceu por causa de nossas conversas sobre a área de Educação Física e, em especial, sobre a laboral e o que poderíamos fazer para melhorar e profissionalizar mais a área.

Nos cursos que montamos em diversos locais do Brasil, sobretudo em Santos (SP), nossa preocupação sempre foi além do curso em si. Questionávamos sobre qual seria a influência daquele conteúdo nos participantes e que benefícios poderiam ser revertidos para os seus clientes na volta à sua cidade de origem.

Pensávamos em como influenciar os profissionais a ter uma postura séria e consciente em relação à sua prestação de serviços, demonstrando a importância do planejamento e do desenvolvimento de aulas bem-estruturadas, com objetivos definidos e com controle das variáveis envolvidas, deixando claro como essas atitudes diárias podem se reverter em benefícios para o educador físico – agente responsável pela prevenção do sedentarismo, assim como para seus clientes/alunos e para a empresa contratante.

Durante esses anos, acompanhei o profissionalismo, a seriedade e o esforço da Professora Valquíria, ao promover estudos científicos, aperfeiçoando a técnica de trabalho, e em sua busca constante por profissionais comprometidos, que pudessem somar conhecimentos para que o educador físico interagisse melhor com o ambiente administrativo da empresa e com os departamentos médico e de recursos humanos.

Esta é uma leitura fundamental para todos os profissionais que investem na sua carreira e que querem implantar programas sérios de Ginástica Laboral. Sucesso!

Teresinha Daninger Isobe
Diretora da Isobe – Consultoria e Eventos

Atividade física como fator de promoção da saúde e do bem-estar

Liderar pessoas tem sido o maior desafio a mim imposto, não só pelo meu desenvolvimento profissional, mas também pela minha crença em conceitos e em valores que muito diferem do comportamento expressado pelas pessoas nos dias de hoje.

Nesse contexto, as empresas educadoras e voltadas a processos sustentáveis podem, em acordo com os mais modernos conceitos de gestão, contar com as várias práticas corporais apresentadas pelas atividades físicas laborais como meio de promoção da saúde de seus colaboradores, justamente os que propiciam os resultados econômicos por elas esperados. Reequilibrar as tensões dos funcionários e revigorar suas energias faz diferença na harmonização dos relacionamentos e na consequente melhora nas decisões.

A OMS, atenta aos grandes desafios da humanidade, já aponta como um dos objetivos do milênio a necessidade de mudanças, e, assim, chama a nossa atenção para os determinantes sociais da saúde, entre eles, o aquecimento global, o sedentarismo, a segurança alimentar e suas influências, nas doenças respiratórias e na saúde mental, e seus impactos nas economias de empresas e de países.

A saúde privada, à qual milhares de trabalhadores têm acesso, necessita urgentemente se integrar às ações públicas em um planejamento conjunto, de forma a se tornar, de fato, suplementar; do contrário, estará fadada ao fracasso. Em vista disso, ela deve educar e promover, em curtíssimo prazo e de forma preventiva, ações que transformem hábitos como tabagismo e sedentarismo, e que diminuam estatísticas relacionadas à obesidade e a acidentes de trânsito, entre outros problemas, frutos da ampliação do acesso a várias tecnologias e dos anseios da humanidade, como alimentação, conforto, facilidade de transporte etc. A atividade física dentro do ambiente de trabalho, portanto, é fundamental como ferramenta moderadora dessas ofertas na área de Saúde, não somente pela atividade, mas também pela educação.

Nesse âmbito, surge uma grande oportunidade para o profissional de Educação Física repensar as atividades nas empresas de forma a torná-las simultaneamente úteis e agradáveis; trazendo, por meio de processos inovadores, bem-estar e maior produtividade.

Carlos Eli Ribeiro
Administrador de Empresas.
Especialista em Sistemas de Informação e em Sistemas Públicos de Saúde.
Atualmente, é Sócio proprietário e Consultor de Negócios
da ATIVOS Wellness and Consulting.

A Ginástica Laboral e sua ação nos Recursos Humanos

A minha visão quanto à Ginástica Laboral (GL) no ambiente de trabalho é que a atividade física precisa e deve ser engajada aos Programas de Qualidade de Vida. Essa afirmação baseia-se nos resultados obtidos, especialmente comportamentais, quando administrava a área de benefícios em uma empresa multinacional de grande porte. Vivenciamos mudanças sensíveis tanto no comportamento social quanto no comportamento físico dos funcionários.

Fazendo um paralelo, pense em um gato acabando de acordar. A sua primeira atitude é a de espreguiçar-se ou alongar-se, só então ele dá início a um caminhar lento, altivo e elegante. Agora, pense em um cão: ele faz a mesma coisa, e, só a partir daí, está pronto para todas as brincadeiras e interações com seu meio.

Ao assumir a função, pude analisar as atitudes dos funcionários ao serem convidados a participar dos "10 minutos de atividade". A expressão física tornava-se leve e descontraída, a expressão fisionômica evidenciava tranquilidade e alegria... A integração somava-se à criatividade implementada na GL, a qual envolvia música, massagens com bolinhas, exercícios interativos etc.

Os benefícios que pareciam subjetivos eram, na verdade, uma conscientização da satisfação e do bem-estar promovidos pelas atividades e, desse modo, a resposta na participação aos demais Programas de Qualidade de Vida era mais bem aceita.

Petrô Gazafi
Consultora de RH e de Administração de Empresas.

A Ginástica Laboral e os programas de qualidade de vida no trabalho

Sinto-me muito grata por fazer parte do grupo de profissionais que têm a honra e a responsabilidade de escrever um depoimento neste livro de Valquíria de Lima. Ingressei na Ginástica Laboral (GL) em 1998, época em que ainda se falava muito sobre LER e DORT; o principal foco de intervenção ainda estava sobre os postos de trabalho nos setores de informática e de teleatendimento. As linhas de produção eram ainda subatendidas, pois havia uma grande barreira: "quebrar" o ritmo da produção. A Supporte, empresa fundada pela Valquíria, foi uma das primeiras no Brasil a conseguir implementar programas de GL no "chão da fábrica".

Desde o final dos anos 1990, acompanho a evolução dos programas de Qualidade de Vida no Trabalho (QVT), seja por meio da minha atuação como professora, consultora e pesquisadora, ou somente pela leitura do que se publica nas diferentes áreas envolvidas. A mudança do contexto nos ambientes de trabalho levou à incidência de doenças diferentes das que conhecíamos antes e, atualmente, o maior inimigo de todos os trabalhadores (inclusive nosso) é o estresse. E ele tem um grande "parceiro": o estilo de vida sedentário. Esses são dois gatilhos para inúmeras doenças crônicas que afetam o corpo humano. O estresse ocupacional é considerado endêmico pela OMS e é causado por vários fatores de organização do trabalho: pressão para a produtividade, retaliação, insegurança no trabalho, falta de orientação e/ou treinamento, falta de controle sobre a tarefa, ciclos de trabalho-descanso incoerentes com limites biológicos, relação abusiva entre supervisores e subordinados.

Procurei, também, obter conhecimentos na área de gestão de recursos humanos para poder atender adequadamente às demandas da elaboração e da implantação de projetos. No contexto atual, é essencial entender minimamente a política de gestão de custos, os recursos humanos, a responsabilidade social da empresa e suas estratégias de posicionamento no mercado. Observando esses elementos, é possível entender exatamente qual é o lugar da GL e o que se espera dela; quais serão seus principais obstáculos; quais resultados ela precisa proporcionar àquele grupo de trabalhadores; de que forma podemos mensurar as variáveis envolvidas; e, principalmente, como devemos apresentar os resultados do programa.

Na gestão dos programas de QVT, é muito comum que haja um impasse: os gestores não têm conhecimento profundo em saúde, pois são administradores ou engenheiros (por sorte, alguns são médicos) e os profissionais da área da Saúde não têm conhecimento profundo em gestão empresarial... Dessa forma, enquanto a empresa espera um retorno financeiro pelo investimento feito no programa de QVT, o profissional da área da Saúde apresenta resultados que sabemos que são importantes do ponto de vista de saúde, mas que não são considerados relevantes por quem está em busca de valores monetários. A consequência disso é que na primeira crise financeira enfrentada pela empresa, o programa de QVT é reduzido. Frequentemente, a GL, assim como outras intervenções em atividade física essenciais para o combate ao estresse e ao sedentarismo, são cortadas.

Acredito que o maior problema que enfrentamos nos programas de GL seja a adesão dos colaboradores. Em geral, a participação não é obrigatória e, apesar dos nossos esforços para conscientizá-los dos benefícios que podem ser obtidos, em muitos casos, o índice de adesão é baixo. Observando o clima organizacional, não é difícil identificarmos gestores com perfis "tóxicos" que, apesar de informarem corretamente sobre a GL e contribuírem na divulgação dos horários e locais de prática, exercem pressão sobre os colaboradores para que não diminuam sua produção. Em alguns setores, se estabelecem metas muito altas e premiações para as equipes que as superam. Dessa forma, os 10 minutos de GL que poderiam ser aproveitados para "restauração das energias individuais e coletivas", por exemplo, se tornam 10 minutos de angústia, durante os quais o colaborador só pensa no tempo que está perdendo para a "equipe concorrente". Já ministrei aulas em setores em que os resultados da semana (os melhores e os piores) ficavam expostos em um painel. Esse mesmo painel era usado como justificativa pelo colaborador para não participar das aulas: quem estava melhor não queria perder a posição e quem estava pior não queria perder o emprego.

Nós sabemos o quanto é difícil promover a mudança de comportamento. Sabemos também que, para os sedentários ou pouco ativos, é muito mais fácil encontrar motivos para "não se movimentar" do que para "se movimentar". A empresa, por sua vez (e por definição), visa ao lucro. Saúde, no entanto, não se mede somente em números... Ainda que haja redução de custos com planos de saúde, afastamentos, absenteísmo e presenteísmo, o resultado da GL só é considerado importante pelos gestores quando atinge alta porcentagem de colaboradores. Tenho consciência de que vencer essa batalha é uma missão bastante difícil, já que vivemos num mundo cada vez mais consumista, mais caro, mais competitivo, que leva pessoas a ignorarem a existência do próprio corpo em nome do trabalho e dos bens materiais. Em nome disso, no mundo todo, cada vez mais pessoas dormem mal, comem mal, não se exercitam. Porém, a nossa intervenção deve mostrar a que veio. As sessões de GL devem agregar certo valor de saúde aos colaboradores para que sua prática seja considerada essencial e enriquecedora. Para mudar o comportamento dos colaboradores e dos gestores, precisamos ser profissionais atualizados, comprometidos e estratégicos. Precisamos entrar de verdade no jogo empresarial, pois já fazemos parte dele.

Ester Francisca Mendes
Mestra em Educação Física pela Escola de Educação
Física e Esporte da USP (EEFE-USP).
Especialista em Psicopedagogia (Uni Sant'Anna).
Graduada em Educação Física pela Escola Superior de Educação Física de Jundiaí.
Docente do curso de Graduação em Educação Física
das Faculdades Metropolitanas Unidas (FMU).
Docente convidada em cursos de pós-graduação em Educação Física
da FMU e da Universidade Estácio de Sá.
Coordenadora Científica da Metodologia Gustavo Borges.
Consultora, pesquisadora e professora em programas
de Ginástica Laboral e Qualidade de Vida no Trabalho.
Divulgadora científica na área de Exercício, Qualidade de Vida e Saúde
e *personal trainer* com foco em saúde, com atuação
em Atividades Aquáticas e em Treinamento Funcional.

Lazer e trabalho: uma estreita relação no mundo Pós-Revolução Industrial

O ócio e o lazer são tão antigos quanto o trabalho. Entretanto, somente após a Revolução Industrial (ocorrida na Inglaterra entre os séculos XVIII e XIX), foi evidenciada a dicotomia entre trabalho e lazer. A diminuição das horas de trabalho e a incapacidade de organizar o tempo livre favoreceram o lazer.

A sociedade organizou suas tarefas segundo a concepção e idealização de *tempos*. Sua categorização é dada em: *tempo de trabalho* (destinado às ações laborais, produtivas e obrigatórias); *tempo destinado às práticas essenciais à vida* (sono, alimentação e outros); e *tempo livre* (disponível para as práticas lúdicas, culturais e recreativas). Nota-se que o fator temporal da atual sociedade passa por mudanças significativas, nas quais essa fragmentação não é reconhecida de forma tão clara e objetiva, que, muitas vezes, confundem-se ou estão relacionadas.

O lazer é parte integrante da cultura, representado e acionado no tempo "livre" das pessoas e cujo objetivo, quando se veem nessa situação, é satisfazer suas vontades e seus anseios.

O mundo corporativo exige, atualmente, excelente desempenho de seus colaboradores, em sua atuação coletiva e individual. O trabalho é mensurado por meio do estabelecimento de metas e de objetivos, gerando, assim, a produtividade adequada para satisfazer o que foi estabelecido.

As atividades de lazer – recreativas, culturais e lúdicas – são meios de transformação das organizações cuja finalidade é gerar benefícios para os sujeitos participantes dos programas voltados para isso, como melhora da qualidade de vida e promoção social no coletivo de colaboradores, entre outros, bem como benefícios para a empresa, como melhor integração entre os colaboradores, promoção da felicidade e melhora da imagem da empresa diante do corpo técnico, entre outros.

Segundo as reflexões de Dumazedier, o lazer pode ser apresentado como um conjunto de atividades que devem ser voluntárias, gratuitas, prazerosas e libertatórias, bem como organizadas sob o olhar dos interesses culturais: manuais (artesanato, cerâmica etc.), físicos (atividades físicas, caminhada etc.), intelectuais (leitura, palestras, jogos de tabuleiro etc.), artísticos (dança, teatro, circo etc.) e sociais (passeios, viagens e encontros). Um programa de lazer sistematizado com excelência deverá conter atividades que estejam de acordo com as necessidades do sujeito participante, bem como do coletivo.

Indica-se, atualmente, que as empresas estimulem os seus colaboradores a terem uma vida ativa frente às atividades de lazer, propiciando ações relacionadas ao descanso, desenvolvimento e diversão.

Tiago Aquino da Costa e Silva (Paçoca)
Membro do Laboratório de Estudos do Lazer (LEL)
da Universidade Estadual de São Paulo (Unesp/ Rio Claro).
Membro da World Leisure Organization.
Graduado em Educação Física pela FMU.
Especialista em Educação Física Escolar, em Recreação e
Lazer pela FMU, e em Administração e Marketing Esportivo
pela Universidade Gama Filho (UGF).
Coordenador da Pós-graduação em Lazer e Recreação da FMU, da Estácio
e do Centro Universitário das Faculdades Associadas de Ensino (Unifae).
Presidente da Associação Brasileira de Recreadores (Abre).
Diretor da Kids Move Fitness Programs e da SP Produções em Entretenimento.
Consultor empresarial e palestrante internacional.

Treinamento de força

Falar de atividade física na atualidade sem mencionar o treinamento de força é quase impossível. Em virtude da popularidade e dos avanços científicos relacionados a essa temática, a inserção de exercícios resistidos em quaisquer programas de treinamento tem se tornado uma realidade. Confirmando essa ideia, estudos que elencam as principais tendências mundiais do mercado *fitness* apontam o treinamento de força na lista das top 20. Cabe ressaltar que a Ginástica Laboral (GL) também ocupa posição de destaque entre as tendências. Assim, por que não unir o útil ao agradável? Por que não explorar a força e a funcionalidade nos programas de GL?

A força muscular é uma das capacidades biomotoras mais relevantes para o desempenho das tarefas cotidianas, esportivas e laborais dos seres humanos. Desde as tarefas mais simples, como a manutenção postural, até as mais complexas e árduas, como o carregamento de grandes objetos, níveis diferentes de força são exigidos e o pobre desenvolvimento dessa capacidade pode comprometer a eficiência e a segurança do trabalho.

Considerando as afirmações supramencionadas, é recente, porém crescente, o interesse de profissionais e pesquisadores da área da GL pelo treinamento de força, de modo que a sua inserção junto aos trabalhadores, em associação com o treinamento de outras capacidades biomotoras, tem agregado valor à intervenção.

No entanto, apesar de ser uma modalidade de treinamento simples em relação à manipulação das variáveis, sua aplicação no ambiente de trabalho é dificultada em razão da falta de equipamentos específicos para tal finalidade. Dessa forma, ferramentas alternativas de treinamento, não dependentes de equipamentos, devem ser exploradas pelos profissionais no intuito de viabilizar a aplicação dos exercícios resistidos, facilitando a logística e diminuindo custos. Nesse contexto, destacamos três ferramentas simples que poderão fazer a diferença nas aulas de GL: *exercícios calistênicos, exercícios autorresistidos, exercícios resistidos manuais.*

- *exercícios calistênicos* (*calisthenics*): são aqueles que utilizam o peso corporal como resistência para os movimentos. Apesar de simples, são altamente funcionais, pois simulam situações cotidianas, aprimorando o desempenho para a realização delas. Como exemplo, podemos citar os exercícios de agachamento (sentar e levantar);

- *exercícios autorresistidos* (*self-resistance exercises*): são aqueles que utilizam ações contrárias entre os membros, ou seja, um membro faz resistência à ação do outro membro. Como exemplo, podemos citar o movimento de flexão do cotovelo direito contra a resistência imposta pelo braço esquerdo, por meio de uma extensão do cotovelo;
- *exercícios resistidos manuais* (*manual resistance exercises*): baseiam-se no treinamento em duplas, no qual uma pessoa faz resistência na direção contrária à do movimento executado pelo colega de trabalho. Para melhor visualização, imagine duas pessoas, uma de frente para a outra, ambas com os braços estendidos para a frente. Uma das pessoas estará com as mãos juntas, e a outra colocará suas mãos sobre as mãos do colega. Agora, a pessoa que tem as mãos seguradas pelo colega fará força para abrir os braços, e a pessoa que está com as mãos por fora fará força contrária, a fim de mantê-las unidas.

Investigações prévias sobre as três técnicas supracitadas mostram que elas podem promover o aumento da força muscular, inclusive, em níveis semelhantes ao treinamento de força convencional (pesos livres). Cabe ao profissional de GL tomar posse desse conhecimento disponível por meio de leituras e práticas, no intuito de ampliar o repertório de técnicas que contribuirão para o enriquecimento das intervenções no ambiente de trabalho.

Cauê Vazquez La Scala Teixeira
Mestre em Ciências da Saúde.
Especialista em Treinamento de Força.
Graduado em Educação Física.
Chefe da Seção de Avaliação Física da Prefeitura de Santos.
Docente de diversos cursos de pós-graduação e de extensão universitária.
Palestrante em congressos e eventos.
Autor de vários livros sobre treinamento de força e treinamento funcional.

O RP2 e sua importância na Ginástica Laboral

Primeiramente, gostaria de expressar minha alegria e meu orgulho em deixar meu registro na obra dessa superprofissional, Valquíria de Lima, minha parceira de profissão e amiga.

Hoje, já não se discute mais sobre a importância do movimento na vida do ser humano por meio da prática inteligente e sistemática de uma atividade física, objetivando a manutenção da saúde tanto física quanto mental. No mundo empresarial, muitas ações vêm sendo aplicadas, justamente com o objetivo de oferecer aos trabalhadores a oportunidade de participarem de uma prática que possa, de certa forma, propiciar um reequilíbrio corporal e mental, resultando em uma melhor qualidade de vida e, em consequência, em um melhor rendimento nas tarefas dentro do ambiente de trabalho.

Para Valquíria de Lima, a preocupação em encontrar técnicas que previnam ou que amenizem problemas e doenças crônicas degenerativas, causadas pela constante repetição de movimentos pela falta de orientação adequada no trabalho, é algo cada vez mais comum.

No tempo restrito direcionado à Ginástica Laboral (GL), os profissionais responsáveis por essa prática necessitam de um repertório de exercícios que julgo desafiadores em relação ao tempo disponível e às infinitas variáveis presentes no contexto das aulas.

Na maioria das vezes, os funcionários devem participar da prática na posição em pé, que considero uma das mais difíceis, em virtude da base restrita de sustentação, a qual necessita de uma dinâmica corporal equilibrada, para que se dê início aos exercícios específicos.

Em relação aos parâmetros desenvolvidos nos exercícios destinados à GL, o alongamento aparece com uma posição de destaque. Na literatura, percebemos que os principais objetivos da aplicabilidade dos exercícios de alongamento são o relaxamento muscular, a correção da postura, a redução do estresse e o alívio de tensões.

Acredito ser esse o momento para refletirmos um pouco mais sobre motricidade humana, neurociência e a sua colaboração no contexto da GL.

É uma abordagem muito complexa para ser desenvolvida em um texto, mas sua importância deve ser esclarecida e divulgada; não como crítica, mas como uma colaboração ao trabalho desenvolvido na GL.

Trata-se de uma visão inovadora e diferenciada na aplicação dos exercícios, cujo resultado será a otimização tanto das ações quanto do tempo disponibilizado para elas.

Ao longo de 25 anos de estudo e pesquisa, investigo o tema Inteligência Corporal, que resultou na sistematização do Método RP2 (respiração / relaxamento / passagem / postura).

É uma abordagem na qual o veículo em questão é o parâmetro flexibilidade/alongamento. Tema fascinante, que apresenta em seu contexto um rico processo analítico resultante da interação entre a inteligência e a motricidade. Envolve o conhecimento e a administração (inteligência analítica = processamento) de nossa realidade corporal, de nossos limites (campo de ação), possibilidades de movimento, dinâmica e equilíbrio entre nossa força e nossas amplitudes funcionais, resultando em aprimoramento, eficácia, controle e funcionalidade plena de nosso aparelho locomotor.

Se resumirmos o Método RP2 em poucas palavras, teremos: equalização motora = descompressão óssea / distencionamento miofacial / alinhamento articular / equilíbrio muscular.

Finalizo parabenizando Valquíria de Lima, sua equipe e todos os profissionais que atuam com a GL nas empresas. O trabalho de vocês é de extremo valor, pois sabemos o quão difícil é conscientizar as pessoas em relação aos benefícios que essa prática propicia e, na verdade, não se trata apenas de competência do profissional, mas de muita dedicação e carinho!

Meg Mendonça
Mestra em Educação Física pela EEFE-USP.
Especialista docente da EEFE-USP por 15 anos.
Criadora do Método de Alongamento RP2.
Autora do livro *Método de Alongamento RP2*, pela Phorte Editora,
e coautora do livro *Ser + saudável e melhorar seu bem-estar*.
Especialista em Neurociências Aplicadas
ao Treinamento – Universidade da Inteligência.
Realiza palestras e cursos pelo Brasil, Chile, Argentina, Suíça e Itália.
Docente dos cursos de pós-graduação da FMU.

Massagem laboral: a prática na promoção do bem-estar no mundo corporativo

No final da década de 1980, tive a grata honra de ter as minhas primeiras aulas em cursos de ginástica na empresa. Eu já trabalhava com massagem, tive um *insight*, associando as duas práticas: ginástica e massagem. Em pouco tempo, já estava com o Instituto Nessi e atuando no mercado corporativo com práticas de técnicas de massagens para promoção do bem-estar.

Empresas de serviços e indústrias começaram a perceber a necessidade de investir em bons programas na promoção de bem-estar, qualidade e estilo de vida. Assim, começávamos a orientar as pessoas em escritórios ou em grandes galpões, onde, com caixas de som e sobre paletes, apresentávamos a prática da massagem laboral, rapidamente aceita por diversos segmentos, além de todos os profissionais que atuavam com Ginástica Laboral (GL) na época. Entre os grandes profissionais, encontrava em eventos, em cursos de extensão universitária ou em pós-graduações a querida autora, professora e mestra Valquíria de Lima. Após alguns anos, precisamente em 2003, estávamos juntos na mesma livraria, em nossa noite de autógrafos, lançando, pela Phorte Editora, eu, o livro *Massagem antiestresse: uma abordagem teórica e prática para o bem-estar*, e ela, o livro *Ginástica Laboral: atividade física no ambiente de trabalho*.

Quero aqui registrar primeiro a definição de massagem:

> é um conjunto de manobras e manipulações realizadas com riquezas de movimentos através das mãos e aplicadas sobre o corpo humano com objetivos como: preventivo, higiênico, terapêutico, desportivo, psicológico, educacional, relaxante, clínico, estético e laboral, de forma metódica e ordenada. (Nessi, 2013, p. 88)

Já a massagem laboral é a

> prática de técnicas direcionadas para o ambiente de trabalho e dentro do período de trabalho, de forma manual ou instrumental, atendendo às necessidades na prevenção de lesões por esforços repetitivos, na manutenção dos ganhos com a Ginástica Laboral, promovendo estímulos nas atividades musculares antes e durante o trabalho e relaxamento muscular durante ou após o trabalho. Seguindo os princípios das boas práticas de

> massagens, começando suave, aumenta as pressões e termina suave, seguindo um método, com começo, meio e fim. (Nessi, 2015, p. 87).

Hoje, as grandes empresas de GL atuantes, que investem em seus colaboradores e seguem as orientações para programas de bem-estar e estilos de vida, utilizam a prática de massagem laboral como um ótimo recurso a mais para o sucesso.

Sinto-me honrado e emocionado por esta oportunidade, construída pela amizade, pelo exemplo, e, acima de tudo, pelo profissionalismo com que levanta essa bandeira nacional da GL, a querida Valquíria de Lima.

Parabéns, e que seus passos sejam firmes e determinados para levar sempre avante os programas de bem-estar por meio da GL, associando-a à massagem laboral, para promover trabalhadores mais saudáveis e felizes.

Meu forte abraço massoterápico e laborativo a você, autora, e a todos que prestigiarem esta rica e histórica obra sobre a GL.

André Nessi
Professor de Educação Física.
Diretor do Instituto Nessi de Qualidade de Vida e Massoterapia.
Delegado Regional da Federação Internacional de Educação Física (FIEP), de São Paulo.
Professor da graduação e pós-graduação da Universidade Anhembi Morumbi .
Professor de Técnicas de Massagens e Massagem Laboral em eventos pelo Brasil e exterior.

Aplicación de programas de actividad física en el contexto laboral

Desde hace muchos años el cuidado de la salud de las personas dejó de ser una responsabilidad del estado, ya que el aumento de la proporción del producto bruto interno (PBI) consumido por los costos de salud y seguridad así lo demuestran. El diseño de políticas públicas involucra tanto al sector público como al privado, y los ámbitos de trabajo son lugares primordiales para la promoción de la salud y la seguridad. En el año 1950 la OMS y la Organización Internacional del Trabajo (OIT) se reunieron por primera vez para acordar en conjunto recomendaciones para el cuidado de la salud de los trabajadores. Desde ese momento continúan trabajando mancomunadamente, y las recomendaciones de incluir programas de salud en el trabajo son cada vez mayores, ya que numerosos estudios demuestran que la aplicación de estos programas ayudan a reducir la demanda de todo el sistema de salud de un país.

Los programas de salud en el trabajo (PST) incluyen la aplicación de estudios ergonómicos y de gimnasia laboral, los que impactan de manera significativa en la reducción de los costos directos (seguros de salud y accidentes) e indirectos (menor ausentismo, rotación de personal, mayor productividad) de una empresa. En el año 2008 se presentó en el Foro Económico Mundial realizado en Ginebra un estudio exhaustivo centrado en el rendimiento económico de los PST, y se llegó a la conclusión de que los programas en el lugar de trabajo consiguen reducir los costos médicos y relacionados con el ausentismo laboral en un 25%-30% durante un periodo promedio de unos 3,6 años.

La aplicación de este tipo de programas no solo tiene como objetivo disminuir el impacto de las enfermedades crónicas no transmisibles, que son causadas en gran parte por la mala alimentación y la inactividad física, y que según la OMS llegarían a explicar casi el 75% de todas las muertes en el año 2020, sino también a reducir los días por baja laboral a causa de los trastornos de los músculos esqueléticos (TME) producida por postura inadecuada en los lugares de trabajo o por sobreesfuerzo físico, los costos en Argentina por baja laboral relacionada con esta problemática representan casi el 4% del PBI, con lo que se puede dar una dimensión económica a dicha dificultad.

Casi el 40% de la población en nuestro país pasa 8 horas o más en su lugar de trabajo, de allí la trascendencia de adoptar PST, que mejoren el bienestar y seguridad de las personas, ya que el respectivo impacto económico en la actualidad es importante. Pero a futuro, el impacto negativo del desarrollo económico puede tener una progresión exponencial, de no asumir políticas públicas que atiendan al cuidado y seguridad de las personas en sus lugares de trabajo.

Allí radica la importancia de la aplicación de programas de actividad física en los entornos laborales, por la trascendencia que tiene en la salud de las personas, su entorno familiar y el costo financiero que esto implica para el estado y las empresas.

Muchas gracias, Valquíria, por esta oportunidad de publicación en tu libro y mis más sinceras felicitaciones por todo el esfuerzo que permanentemente realizas en pro de la difusión de la gimnasia laboral, no solo en Brasil, sino a nivel internacional. ¡Mis saludos y mi respeto!

Néstor Colazo
Magister en Educación física.
Socio Gerente de Colazo & Cía.
Miembro Activo de la Red de Actividad Física y Desarrollo Humano (Argentina).
Delegado Fiep.

¿Qué piensa usted de los beneficios y del papel de los profesionales de la educación física en la salud de los trabajadores?

"La implantación de programas de ejercicio físico específico en las empresas es el complemento perfecto para la ergonomía y la solución de bajo coste en Promoción de la Salud con retorno de la inversión".

La inversión en Salud y Seguridad en el Trabajo (SST) reporta ventajas en las empresas, además de constituir una obligación jurídica y social para ellas. Aun así, las evidencias actuales demuestran que a día de hoy estas medidas no son suficientes y se debe integrar la promoción de la salud como estrategia para mejorar la optimización del rendimiento de la organización. Es por este motivo que la puesta en práctica de un sistema de gestión de SST como estrategia empresarial ofrece un marco eficaz para prevenir o reducir al mínimo los accidentes y enfermedades, consiguiendo ventajas significativas para la inversión en SST de la empresa: aumento de la competitividad, la rentabilidad y la motivación de su activo, los trabajadores.

La introducción de la Gimnasia Laboral (tal y cómo se nombra en Brasil) como programa de promoción y prevención de la salud en las empresas es una solución eficiente, lejos de ser una tendencia de moda, que ha demostrado a nivel mundial ser una herramienta capaz de mejorar la calidad de vida de los trabajadores y ofrecer ventajas competitivas a nivel económico para la empresa.

El ejercicio físico como promoción de la salud tiene impactos a tres niveles: *fisiológico*, *psicológico* y *social*. La sensibilización, la concienciación y el aprendizaje de herramientas para mejorar la condición física básica pueden ayudar a prevenir y reducir los costes directos e indirectos en el análisis de coste-beneficio final de la empresa. La mejora de la fuerza o la flexibilidad, el cambio de humor y de hábitos de salud, combinado con la pérdida de peso al integrar otros programas de salud, pueden ser la solución por la mejora de la productividad, teniendo trabajadores que rinden más al mejorar su salud y más satisfechos en su lugar de trabajo; además de disminuir las bajas laborales y/o absentismos o presentismos, disminuyendo el riesgo de padecer enfermedades no transmisibles como cardiopatías, obesidad, diabetes, hipertensión, colesterol, etc. Por lo tanto, la mejora de su educación ayuda a trasferir las herramientas aprendidas en su vida diaria, llegando a todas las familias, y creando estados de bienestar.

En el campo de la prevención (SST), el complemento perfecto para la ergonomía y la vigilancia de la salud es la implantación de programas de ejercicio físico específico con el objetivo de disminuir los trastornos musculoesqueléticos (TME). Los tipos de trabajo vinculados a altos niveles de sedentarismo, estrés, movimientos repetitivos o de carga comportan potenciales riesgos que mediante la aplicación de un ejercicio físico periódico y controlado pueden disminuirse o eliminarse. La nueva visión es que no solo se debe adaptar el lugar de trabajo al individuo sino que también se debe adaptar al individuo a las características de su lugar y tipo de trabajo. Con la aplicación de ejercicios específicos se busca que los trabajadores tengan la mínima condición física para soportar las cargas de su trabajo, disminuyendo los factores de riesgo de TME y pudiendo realizar eficazmente su función al mismo tiempo que se mejora su estado de salud personal. La mejora de la funcionalidad del cuerpo humano, de su sinergia muscular entre cadenas musculares, de su postura, de su hipertrofia muscular dan las condiciones óptimas para la realización de sus tareas dentro de la empresa. Por lo tanto, finalmente se disminuye el riesgo de pérdidas económicas causadas por bajas laborales, absentismos y/o presentismos. Muchos estudios demuestran que el coste directo de una enfermedad es inferior a su coste indirecto.

Por estas razones, el impacto de la introducción de programas de ejercicio físico específico en el ámbito laboral no solo mejora el bienestar de la persona en el trabajo sino que también aumenta la salud de la población, la competitividad y productividad de la empresa, y por consecuente, el coste sanitario del país. Por ejemplo, actualmente el coste de los accidentes de trabajo y las enfermedades profesionales oscila en la Europa de los Quince entre el 2,6% y el 3,8% del producto nacional bruto.

Para crear programas exitosos es necesario personalizarlos tanto a las necesidades de la empresa como del trabajador, con un seguimiento, estableciendo objetivos individuales medibles, de forma integral y con la implicación/compromiso de la dirección de la empresa y distintos departamentos: Recursos Humanos (RRHH), Prevención de Riesgos Laborales, Servicio Médico y Producción. Estas características hacen estos programas replicables a todos los sectores empresariales del país, adaptándose según el tipo de trabajo (tipo de esfuerzo físico).

Por estos motivos, los profesionales aptos para poder implementar programas de "Gimnasia laboral" son los Licenciados en Ciencias de la Actividad Física y Deporte (LCAFD). Sus competencias con respecto a los métodos de entrenamiento del sistema musculoesquelético, la visión global e integral del cuerpo humano, junto con los valores humanos que aporta la práctica del ejercicio en la sociedad, evidencian que por la seguridad en salud y éxito de los programas deben ser realizados por este tipo de profesionales formados en LCAFD.

En conclusión, el mensaje es claro: una buena SST es un buen negocio. Las empresas deberían integrar la SST en su gestión y mejorar la sensibilización al respecto de sus responsables en la toma de decisiones sobre la salud de sus trabajadores. La inversión en una buena SST puede suponer para la empresa un rendimiento de hasta un 12:1 (es decir, 12 euros de beneficio por cada euro que se invierte). ¿A qué están esperando?

Quiero felicitar a Valquíria por su dedicación, profesionalidad, pero mejor persona, y su capacidad de movilizar esta idea con tanta energía y convicción. Conocerla en 2012 fue una de las cosas más extraordinarias que he hecho. Compartimos nuestras experiencias, aprendí a su lado y puedo afirmar que sus largas investigaciones y vivencias en el campo de la Gimnasia Laboral la hacen una de las mejores profesionales de referencia a nivel mundial. Este libro es el resultado de estos logros en un campo tan específico y con mucho que explorar.

Deseo poder seguir teniendo la oportunidad de trabajar durante los próximos años a su lado.

La motivación te pone en marcha, el hábito te permite continuar y con la persistencia alcanzas el éxito. *Sentirse bien, para trabajar mejor.*

Estel Mallorquí Ayach
Directora de Biwel Salud Empresarial (España).
Licenciada en CAFD (Ciencias de la Actividad Física y Deporte).
Máster en Actividad Física y Salud.
Máster Profesional en Alto Rendimiento en Deportes de Equipo.

A importância da Ginástica Laboral

A Ginástica Laboral (GL), ou Ginástica no Trabalho, como alguns denominam, ou, ainda, a Rádio Taissô, vem ganhando cada vez mais adeptos no Brasil, entre empresas dos mais variados portes e segmentos, o que não ocorre por um simples acaso.

A atividade física como uma prática salutar e capaz de manter a saúde e a produtividade em níveis ótimos já era conhecida na Antiguidade. Ao longo dos séculos, esse hábito foi sendo, infelizmente, esquecido.

Na década de 1930, os japoneses resgataram essa prática, e a inseriram na cultura do país como um valor. Organizaram e sistematizaram a ginástica por meio da Rádio Taissô, disseminando esse hábito pela transmissão por rádio diariamente, de modo que todos pudessem praticar, seja nas empresas, nas ruas ou, até mesmo, nas suas residências.

Hoje, a Rádio Taissô está espalhado por todo o Japão, existindo inclusive um departamento da NHK, maior rede de telecomunicações do país, voltado exclusivamente para manter essa prática em vigor na sociedade japonesa.

No Brasil, a influência japonesa chegou com os imigrantes e foi aos poucos atingindo as empresas e a comunidade de algumas cidades, a partir do estado de São Paulo. O movimento que ocorreu foi interessante, pois levou tanto à prática da ginástica, assim como acontece no Japão, quanto gerou experiências novas de adaptação dessa atividade à cultura e aos padrões brasileiros.

Da inspiração oferecida pela Rádio Taissô, surgiu, paulatinamente, o que se chama hoje Ginástica Laboral, uma atividade física voltada especificamente para tratar e prevenir problemas de saúde geral nos trabalhadores. Utilizada também para promover o melhor desempenho e a melhoria da produtividade, bem como a redução dos acidentes de trabalho, inclusive de doenças ocupacionais, como LER ou DORT, refletindo, de forma positiva, nos resultados e na lucratividade das empresas.

Falar sobre a importância da GL, passados vários anos desde uma pesquisa que fiz sobre o surgimento e a experiência com essa prática nas empresas brasileiras; passados também vários anos desde que publiquei a primeira edição do meu primeiro livro *Humanização: desafio da empresa moderna*, é uma grande satisfação para mim. É, também, uma oportunidade de refletir sobre o tema e sua evolução em nosso país.

Justamente ao olhar para tudo o que aconteceu nos últimos anos, relacionado à disseminação e à assimilação da prática da GL nas empresas brasileiras, constato quantos avanços ocorreram.

Quando comecei a pesquisar, em 1993, não existiam livros sobre o tema, nem no Brasil nem fora dele. Encontrar empresas e profissionais que estivessem realmente focados em desenvolver essa prática foi bastante difícil, já que eram raros e, além disso, tudo ainda era muito incipiente. Contudo, como estava determinada e tinha um desejo que vinha da alma, acabei contando com o que chamamos "sorte" e que, na verdade, chama-se *sincronicidade*, ou seja, o Universo conspirando a favor de nossos sonhos e desejos, quando eles são sinceros e profundos.

Foi assim que encontrei pessoas-chave e fui abrindo novos caminhos. Entre as gratas descobertas e pessoas que conheci, está o Sr. Antônio Matuura, Presidente da Federação Brasileira de Rádio Taissô. Ele me concedeu entrevista logo no primeiro contato por telefone; foi tão gentil e encantador quanto esclarecedor. Explicou-me tudo o que sabia sobre a Rádio Taissô, sua origem e história no Japão, sua posterior introdução no Brasil e situação na época (1994).

Porque ficamos amigos, aproveito essa oportunidade, gentilmente oferecida pela autora, para declarar publicamente minha admiração pelo Sr. Antônio Matuura, um exemplo de ser humano, de trabalhador, de cidadão. Ele é, sem dúvida, um pioneiro, um desbravador e um exemplo de dignidade, de disciplina, de coragem, de determinação, de simplicidade e de sabedoria. Ele me fez admirar ainda mais os valores e a cultura japonesa, a qual ele representa e enaltece entre nós. O Sr. Matuura é um amigo que guardo em um lugar especial no meu coração. Na verdade, eu devo ser grata pela sua essencial contribuição no âmbito da saúde coletiva e pública.

As informações que obtive, tanto sobre a Rádio Taissô como sobre as primeiras experiências com a GL, no Vale dos Sinos, Rio Grande do Sul, deram-me base, inspiração e ainda mais motivação para realizar uma pesquisa atualizada sobre a experiência com a GL nas empresas.

Quanto mais estudava e resgatava dados e informações, mais o tema crescia em importância e em relevância para mim.

Hoje, tenho consciência de que, na época, eu vivenciei o resgate de muitos valores relacionados à saúde coletiva, ao nascimento de uma nova prática que podemos classificar como uma ferramenta gerencial. Um fato histórico? Por que não? Posso dizer que participei do surgimento da GL no Brasil, não apenas como uma experiência de estudo isolada, mas como uma prática eficaz implantada com sucesso em um número crescente de empresas, desde então. Um caminho capaz de conduzir a uma expansão da consciência, de quem é o ser humano, de forma mais ampla, profunda e completa. Consequentemente, capaz de tratar e de prevenir inúmeros problemas de saúde dos trabalhadores, além de promover a humanização das condições e dos ambientes de trabalho.

Hoje, podemos afirmar que a GL vem se consolidando como uma prática importante e poderia até mesmo classificá-la como fundamental, de resultados surpreendentes, que vão além dos esperados em um número crescente de estados brasileiros. Se ainda não chegou a todos eles, pode-se afirmar que isso não tardará em acontecer.

Podemos enumerar inúmeros avanços nos últimos anos, entre eles o surgimento de vários livros publicados sobre o tema; a realização de seminários e congressos tratando do assunto; o interesse e o envolvimento de órgãos e instituições, como o Sesi e o Ministério da Saúde; a criação do Instituto Nacional de Prevenção às LER/DORT; a criação de diversos cursos de pós-graduação em nível de especialização voltados para a qualificação de profissionais que possam atuar especificamente na implantação e gestão de programas de GL nas empresas. Além disso, a prática da GL e sua importância, bem como seus numerosos resultados, vêm sendo abordados em incontáveis artigos de revistas e em jornais, aliados à Ergonomia, que, por sua vez, insere-se dentro de uma visão holística de qualidade de vida no trabalho.

Os resultados obtidos com a implantação da GL, hoje em dia aliada à Ergonomia, são medidos mensalmente e por meio de gráficos ilustrativos, demonstrando aquilo que, há alguns anos, os empresários e alguns profissionais céticos pediam: dados numéricos e consistência. As empresas que implantaram a GL assessoradas por profissionais capacitados, que deram o tempo necessário para o amadurecimento da prática até sua inserção na cultura organizacional, não querem mais abrir mão dessa ferramenta gerencial. Ao longo desses anos, inúmeros depoimentos recebidos e casos registrados confirmam isso.

Pode-se afirmar, sem medo de errar, que a GL deve consolidar-se como um valor na cultura das empresas denominadas modernas, ou de gestão avançada, até o final desta década.

Ingrid Cañete
Psicóloga formada pela Pontifícia Universidade Católica do Rio Grande so Sul (PUC-RS).
Especialista em Administração de RH (PUC-RS).
Mestra em Administração de RH (PPGA-UFRGS).
Escritora e professora universitária.
Consultora de empresas em Saúde e Qualidade de Vida.
Especialista em Estresse.
Sócia-fundadora da ISMA-BR.
Autora dos livros: *Humanização – Desafio da empresa moderna: a Ginástica Laboral como um caminho*; *O brilho nos olhos*; *Crianças índigo*.

Rádio Taissô e Ginástica Laboral

Congratulo a edição deste livro, que trará muitos benefícios para a manutenção da saúde dos trabalhadores brasileiros, aumento de produtividade nas empresas e prevenção de acidentes e de doenças do trabalho.

Nasci em Ribeirão Preto, no dia 20 de março de 1930, sou descendente de imigrantes japoneses, agricultor, Mestre de Judô 7º Dan, Instrutor Internacional de Rádio Taissô e um dos fundadores da Rádio Japonesa de Ginástica (Taissô) no Brasil.

A Rádio Taissô, no Japão, estreou no dia 1º de novembro de 1928, em comemoração à posse do Imperador Hirohito. Após regulamentação, a prática de ginástica pela Rádio Taissô tornou-se quase obrigatória nas empresas, nos serviços e nas escolas. Atualmente, conta com 30 milhões de praticantes. Posteriormente à sua implantação, foram comprovados os seguintes fatos: aumento de produtividade, redução de acidentes e de doenças profissionais, aumento de aprovação nas escolas e nos cursos, além da diminuição acentuada de acidentes de trânsito.

No Brasil, a Rádio Taissô teve início no dia 18 de junho de 1978, em comemoração aos 70 anos de imigração japonesa no Brasil.

Ocupei o cargo de Presidente da Federação de Rádio Taissô do Brasil de 1991 a 2004, durante 14 anos consecutivos, em cumprimento ao pedido do

Governo Japonês na divulgação da ginástica para todo o território brasileiro. Para conseguir atingir a meta, oficializei o Dia da Rádio Taissô Municipal e Estadual, promulgado pelo Prefeito e pelo Governador de São Paulo, e que se comemora no dia 18 de junho, junto à data da imigração.

A federação tem 70 entidades filiadas, inclusive Secretaria de Educação do Estado de São Paulo, Prefeitura de Estância de Paraguaçu Paulista (a Câmara Municipal oficializou a Rádio Taissô como matéria de Educação Física para todas as escolas municipais). Temos filiais nos estados de São Paulo, Mato Grosso do Sul e Minas Gerais, totalizando mais de 10 mil praticantes. O *slogan* da Rádio é: "Ginástica que pode ser praticada em qualquer lugar, a qualquer hora e por qualquer pessoa".

Para finalizar o meu depoimento, lamento a falta de conhecimento, conscientização e valor da Rádio Taissô e da Ginástica Laboral pelos empresários e autoridades governamentais. A prática de ginástica durante 10 minutos diários traz benefícios incalculáveis para as empresas e os trabalhadores.

Antonio Matuura

Fundador da Rádio Taissô no Brasil em 18 de junho de 1978 em comemoração aos 70 anos da imigração japonesa. Atua até hoje na presidência da Associação de Rádio Taissô de São Miguel Paulista, no Centro de Referência do Idoso da Secretaria da Saúde do Estado de São Paulo. Recebeu, de órgãos governamentais, entidades associativas, clubes e empresas, diversas homenagens em reconhecimento pelo seu trabalho de divulgação da Rádio Taissô no Brasil.

Atividade física na empresa: fator fundamental na promoção da saúde e do bem-estar

A atividade física na empresa, em particular a Ginástica Laboral (GL), apareceu na minha vida profissional muito cedo (1977), pois meu primeiro estágio com vínculo foi na Ishikawajima do Brasil Estaleiros S/A (Ishibras), empresa com matriz no Japão que atua, entre outros, no ramo da construção naval.

Até meu ingresso na empresa, não sabia de outro estudante de Educação Física que atuasse nesse segmento no Rio de Janeiro. Juntamente com a minha admissão, foi feita a de um colega (Jorge Edson Ramos da Silva), também estagiário da mesma área.

O início do nosso estágio deu-se somente na esfera administrativa, para que tomássemos conhecimento de toda a estrutura organizacional da empresa.

Após o período probatório, fomos convidados a fazer parte da equipe de profissionais da Fundação Ishibras, do setor da empresa responsável pela área de bem-estar que envolvia plano de assistência médica, serviço social, seguridade e iniciava ao esporte e ao lazer de forma sistemática e permanente.

Na década de 1970, o Brasil disputava as primeiras posições na construção naval mundial com a União Soviética, os Estados Unidos, o Japão e a Holanda, entre outros. Com novas encomendas, a empresa aumentava seu corpo de trabalho, que chegou a contar com 5 mil colaboradores diretos, envolvendo, com isso, uma comunidade beneficiada de aproximadamente 20 mil pessoas.

Entre as atividades físicas, esportivas e recreativas da Fundação Ishibras, o programa de Ginástica Matinal, na época, era evidentemente um projeto pioneiro. Esse programa, ligado ao setor de Segurança e Medicina do Trabalho, inicialmente foi absorvido pela fundação para adequada apreciação e análise de seus técnicos.

Nossa análise culminou com a chegada de filmes vindos do Japão, país no qual se praticava rotineiramente esse tipo de atividade. Sentíamos que precisávamos alterar a metodologia, pois se tratava de uma cultura distinta da nossa e que, portanto, seriam necessárias algumas intervenções para que fosse incorporada por todos os participantes. A empresa via a GL também com objetivos organizacionais (disciplina e ordem) e funcionais (distribuição de tarefas).

O objetivo principal do programa era possibilitar um aquecimento muscular capaz de minimizar a incidência de afastamentos do trabalho e de acidentes causados por esforço físico sem preparação.

A ginástica preparatória era realizada diariamente às 7h30 da manhã, com a participação de todos os funcionários (administrativos e de produção). Ao som do Concerto nº 1 para piano e orquestra de Tchaikovsky, transmitido pelo serviço de alto-falante de toda a fábrica, iniciamos as alterações metodológicas. Os colaboradores eram dispostos em grupos ao ar livre, de acordo com seu setor de trabalho, tendo um "guia" (supervisor) à frente. Havia marcações em todas as ruas da fábrica, sobre as quais o funcionário poderia se posicionar para iniciar a GL, com a duração de 8 minutos.

A proposta inicial era que cada série deveria ter a duração de três meses, com capacitação dos supervisores para acompanhamento do trabalho. Procurávamos monitorar o programa com dados do setor de Segurança e Medicina do Trabalho, para avaliarmos a eficácia dele, e procedermos às alterações de exercícios, músicas, métodos etc.

O desporto na empresa naquela época dividia-se em *classista* e de *alto rendimento*. Nós optamos por um desporto de maior abrangência, pois, assim, beneficiaríamos mais participantes nos programas em andamento. Entretanto, a empresa também acreditava nas equipes representativas (de alto rendimento), que eram inscritas nos jogos empresariais (promovidos pelo Sesi) e jogos da construção naval (da Superintendência de Desportos do Estado do Rio de Janeiro – Suderj).

Nessa época, não havia nas empresas uma indução a mudanças favoráveis à saúde, que veio a acontecer apenas nas décadas de 1980 e 1990, com a promoção de programas de qualidade de vida. Hoje, a maioria das empresas entende que o resultado final de seu produto ou serviço passa, necessariamente, pela mão de seu colaborador, que tem de se sentir valorizado e atendido em suas necessidades básicas.

Agradeço imensamente à Professora Valquíria de Lima, que, com sua capacidade extraordinária, reforçou a minha crença de que a atividade física na empresa é fator fundamental na promoção da saúde e do bem-estar, com consequente ganho na qualidade de vida do trabalhador brasileiro.

"Há trinta anos, comecei um trabalho de atividade física na empresa que hoje é entendido como necessidade. Espero que amanhã seja visto como prioridade".

Hilton Setta
Profissional de Educação Física da Marinha do Brasil.
Pós-graduado em Docência Superior.
Presidente da Cooperativa dos Profissionais de Educação Física
e Atividades Afins Ltda. (Fisicoop)

Referências

ACHOUR JÚNIOR, A. *Bases para exercícios de alongamento*. 2. ed. São Paulo: Phorte, 1999.

______. *Exercícios de alongamento*: anatomia e fisiologia. Barueri: Manole, 2002.

______. *Flexibilidade e alongamento*: saúde e bem-estar. Barueri: Manole, 2004.

______. ______. 2. ed. Barueri: Manole, 2009.

AGÊNCIA NACIONAL DE VIGILÂNCIA SANITÁRIA (ANVISA). Resolução RDC nº 360, de 23 de dezembro de 2003. Diário Oficial da União, Anvisa, Brasília, DF, 25 dez. 2003. Seção 1, p. 33.

ALLSEN, P. E.; HARRISON, J. M.; VANCE, B. *Exercício e qualidade de vida*: uma abordagem personalizada. Barueri: Manole, 2001.

ALTER, M. J. *Ciência da flexibilidade*. 3. ed. Porto Alegre: Artmed, 2010.

ALVAREZ, B. R. *Estilo de vida e hábitos de lazer de trabalhadores, após dois anos de aplicação de programa de ginástica laboral e saúde*: caso Intelbras. 2002. Tese (Doutorado em Engenharia de Produção) – Universidade Federal de Santa Catarina, Florianópolis. 2002.

ANDERSON, D. R.; SERXNER, S. A; GOLD, D. B. Conceptual framework, critical questions, and practical challenges in conducting research on the financial impact of worksite health promotion. *American Journal of Health Promotion*, v. 15, n. 5, p. 281-8, 2001.

ARAÚJO, C. G. S. *Flexiteste*: um método completo para avaliar a flexibilidade. Barueri: Manole, 2005.

ARAÚJO, W. M. C.; ARAÚJO, R. A. C. Alimentos funcionais. *Revista Brasileira de Nutrição Clínica*, v. 14, n. 4, p. 237-46, 1999.

ASSOCIAÇÃO BRASILEIRA DE GINÁSTICA LABORAL (ABGL). *Manual de boas práticas de ginástica laboral*. São Paulo: ABGL, 2012.

ASSUNÇÃO, A. A. A cadeirologia e o mito da postura correta. *Revista Brasileira de Saúde Ocupacional*, São Paulo, v. 29, n. 110, p. 41-55, 2004.

ÅSTRAND P. O. et al. *Tratado de fisiologia do trabalho*: bases fisiológicas do exercício. Porto Alegre: Artmed, 2006.

AZEVEDO, V. A. Z.; LUCCA, S. R. Contribuições da psicanálise ao estudo das inter-relações entre saúde mental e trabalho na categoria profissional dos operadores de tráfego. *Cadernos de Psicologia Social do Trabalho*, São Paulo, v. 13, n. 2, 2010.

BAGRICHEVSKY, M.; ESTEVÃO, A.; PALMA, A. Saúde coletiva e educação física: aproximando campos, garimpando sentidos. In: BAGRICHEVSKY, M.; ESTEVÃO, A.; PALMA, A. (Org.). *A saúde em debate na educação*. Blumenau: Nova Letra, 2006. v. 2.

BALLONE, G. J.; ORTOLANI, I. V. *Da emoção à lesão*: um guia de medicina psicossomática. 2. ed. Barueri: Manole, 2007.

BARA FILHO, M. G.; DA COSTA, L. P.; RIBEIRO, L. S. Leisure, physical activity and stress management of female workers from Juiz de Fora – Brazil. *World Leisure Recreation*, v. 4, p. 23-5, 1998.

BARREDO R. V.; MAHON, K. The effects of exercise and rest breaks on musculoskeletal discomfort during computer tasks: an evidence-based perspective. *Journal of Physical Therapy Science*, v. 19, n. 2, p. 151-63, 2007.

BATTISON, T. *Vença o stress*. São Paulo: Manole, 1998.

BAUMAN, A.; CRAIG, C. L. The place of physical activity in the WHO global strategy on diet and physical activity. *International Journal of Behavioral Nutrition and Physical Activity*, v. 2, n. 10, 2005. Disponível em: <https://www.ncbi.nlm.nih.gov/pmc/articles/PMC1242353/>. Acesso em: 5 abr. 2018.

BERGAMINI, C. W. *Motivação nas organizações*. 4. ed. São Paulo: Atlas, 1997.

BERNARD B. P. (Ed.). *Musculoskeletal disorders and workplace factors*: a critical review of epidemiologic evidence for work-related musculoskeletal disorders of the neck, upper extremity, and low back. Cincinnati, OH: Institute for Occupational Safety and Health, 1997. Disponível em: <https://www.cdc.gov/niosh/docs/97-141/pdfs/97-141.pdf>. Acesso em: 5 abr. 2018.

BEZERRA, I. N.; SICHIERI, R. Características e gastos com alimentação fora do domicílio no Brasil. *Revista de Saúde Pública*, v. 44, n. 2, p. 128-32, 2010.

BIENFAIT, M. *Fáscias e pompages*: estudo e tratamento do esqueleto fibroso. São Paulo: Summus, 1999.

BLAIR, S.; HARDMAN, A. Special issue: physical activity, health and wellbeing – An internacional scientific consensus statement. *Research Quarterly for Exercise and Sport*, v. 66, n. 4, 1995.

BOTELHO, M. A.; MONTEIRO, A. M.; VALLS, V. A gestão do conhecimento esportivo: a experiência da biblioteca da Seme. *Ciência e Informação*, Brasília, v. 36, n. 1, p. 175-88, jan./abr. 2007.

BRANDIMILLER, P. A. *O corpo no trabalho*: guia de conforto e saúde para quem trabalha em microcomputadores. São Paulo: Senac, 1999.

BRASIL. Agência Nacional de Saúde Suplementar. *Promoção da saúde e prevenção de riscos e doenças na saúde suplementar*: manual técnico. 2. ed. rev. atual. Rio de Janeiro: ANS, 2007. p. 168.

______. Lei nº 11.346, de 15 de setembro de 2006. *Diário oficial da União*, Poder Executivo, Brasília, DF, 26 ago. 2010. Disponível em: <http://www4.planalto.gov.br/consea/conferencia/documentos/lei-de-seguranca-alimentar-e-nutricional>. Acesso em: maio 2017.

______. Ministério da Saúde. *Guia alimentar para a população brasileira*. 2. ed. Brasília: Ministério da Saúde, 2014.

______. Ministério da Saúde. Organização Pan-Americana da Saúde no Brasil. *Doenças relacionadas ao trabalho*: manual de procedimentos para os serviços de saúde. Brasília: Ministério da Saúde, 2001.

______. Ministério da Saúde. Secretaria de Vigilância em Saúde. *Vigitel Brasil, 2011*: vigilância de fatores de risco e proteção para doenças crônicas por inquérito telefônico. Brasília: Ministério da Saúde, 2012.

______. Ministério da Saúde. Secretaria de Atenção à Saúde. Departamento de Atenção Básica. *Guia alimentar para a população brasileira*: promovendo a alimentação saudável. Brasília: Ministério da Saúde, 2008.

______. Ministério da Saúde. Secretaria de Vigilância em Saúde. Departamento de Vigilância de Doenças e Agravos não Transmissíveis e Promoção da Saúde. *Vigitel Brasil, 2016*: vigilância de fatores de risco e proteção para doenças crônicas por inquérito telefônico. Brasília: Ministério da Saúde, 2017a.

______. Ministério do Trabalho e Emprego. Secretaria de Segurança e Saúde no Trabalho. *Portaria nº 25, de 29 de dezembro de 1994, que aprova a norma regulamentadora nº 9 e altera a nº 5*. Brasília: Ministério do Trabalho e Emprego, 1994.

Brasil. Ministério do Trabalho e Emprego. *Portaria nº 3.214, de 8 de junho de 1978. Aprova as Normas Regulamentadoras... relativas à Segurança e Medicina do Trabalho*. Brasília: Ministério do Trabalho e emprego, 1978. Disponível em: <http://www.camara.gov.br/sileg/integras/839945.pdf>. Acesso em: 12 dez. 2017.

______. Ministério do Trabalho e Emprego. *Trabalho em Teleatendimento/Telemarketing. Anexo II da NR-17*. Brasília: Ministério do Trabalho e Emprego, 2007. Disponível em: <http://www.mtps.gov.br/images/Documentos/SST/NR/NR17-ANEXO2.pdf>. Acesso em: 11 jun. 2017.

______. Ministério do Trabalho e Emprego. Programa de alimentação de trabalhadores tem adesão recorde. *Portal Brasil*. 2017b. Disponível em: <http://www.brasil.gov.br/economia-e-emprego/2017/03/programa-de-alimentacao-de-trabalhadores-tem-adesao-recorde>. Acesso em: maio 2017.

______. Ministério do Trabalho e Emprego. Portaria nº 193, de 5 de dezembro de 2006. Altera os parâmetros nutricionais do Programa de Alimentação do Trabalhador – PAT. *Diário Oficial da União*, Brasília, DF, 7 dez. 2006. Disponível em: <http://crn3.org.br/Areas/Admin/Content/upload/file-0711201572630.pdf>. Acesso em: 12 dez. 2017.

______. Previdência Social. *Anuário Estatístico da Previdência Social*. Brasília, v. 19, n. 350, p. 1-868, 2010.

______. Previdência Social. *Previdência social*: reflexões e desafios. Brasília, v. 30, 2009. (Coleção Previdência Social, Série Estudos). 232p.

Bricot, B. *Posturologia*. São Paulo: Ícone, 1999.

Buck Consultants e Parceiros. *Trabalhando bem*: uma pesquisa global de estratégias de promoção global de saúde no trabalho e bem-estar. 2009. Disponível em: <https://pt.scribd.com/document/22982161/Pesquisa-Global-sobre-Bem-Estar-no-Trabalho-2009>. Acesso em: jun. 2017.

Bukowitz, W. R.; Williams, R. L. *Manual de gestão do conhecimento*. Porto Alegre: Bookman, 2002.

Buss, P. M. Globalização, pobreza e saúde. In: Congresso Brasileiro de Saúde Coletiva, 8.; Congresso Mundial de Saúde Pública, 11., 2006, Rio de Janeiro. *Anais*... Rio de Janeiro: Fiocruz, 2006.

______. Promoção da saúde e qualidade de vida. *Ciência e Saúde Coletiva*, v. 5, n. 1, p. 163-77, 2000.

Canduro, M. T. O profissional de Educação Física e suas competências específicas. In: Marcellino, N. C. *Formação e desenvolvimento de pessoal em lazer e esportes*. Campinas: Papirus, 2003.

CAÑETE, I. *Humanização*: desafio da empresa moderna – A ginástica laboral como um caminho. Porto Alegre: Foco, 1996.

CANTARINO FILHO, M. R.; PINHEIRO, E. N. Ginástica de pausa, trabalho e produtividade. *Revista Brasileira de Educação Física*, Brasília, n. 20, p. 38-42, 1974.

CARNEIRO, M. A. B. *Brinquedos e brincadeiras*: formando ludoeducadores. São Paulo: Articulação Universidade Escola, 2003.

CARVALHO, T; MARA, L. S. de. Hidratação e nutrição no esporte. *Revista Brasileira de Medicina do Esporte*, v. 16, n. 2, p. 144-8, 2010.

CAUDILL, M. A. *Controle a dor antes que ela assuma o controle*: um programa clinicamente comprovado. São Paulo: Summus, 1998.

CASSAR, M. P. *Massagem*: curso completo. Barueri: Manole, 2001.

CESCHINI, F. L.; LIMA, V. Nível de atividade física em trabalhadores do setor administrativo e fabril: uma análise de acordo com o gênero, setor de trabalho e participação em programa de ginástica laboral. In: CONGRESSO PAULISTA DE EDUCAÇÃO FÍSICA, 9., 2005, Jundiaí. *Anais*... Jundiaí: Fontoura, 2005. v. 3. p. 149-52.

CHAITOW, L. *Guia prático*: disfunções musculoesqueléticas. Barueri: Manole, 2008.

CHOI, S. D.; WOLETZ, T. Do stretching programs prevent work-related musculoskeletal disorders? *Journal of Safety, Health and Environmental Research*, v. 6, n. 3, p. 1-19, 2012. Disponível em: <http://www.asse.org/assets/1/7/feature02.pdf>. Acesso em: 21 set 2016.

CLEMENTE, C. A. Exercícios terapêuticos. In: GREVE, J. M. A.; AMATUZZI, M. M. (Org.). *Medicina de reabilitação nas lombalgias crônicas*. São Paulo: Rocca, 2003.

CONFERÊNCIA NACIONAL DE SAÚDE, 8., Brasília. *Anais*... Brasília: Centro de Documentação, 1986. 430 p.

COSTA, B. R.; VIEIRA, E. R. Stretching to reduce work-related musculoskeletal disorders: a systematic review. *Journal of Rehabilitation Medicine*, v. 40, n. 5, p. 321-8, 2008.

COUTO, H. A. *Ergonomia aplicada ao trabalho*: conteúdo básico – guia prático. Belo Horizonte: Ergo, 2007.

______. *Ergonomia aplicada ao trabalho*: o manual técnico da máquina humana. Belo Horizonte: Ergo, 1995.

______. *Ergonomia do corpo e do cérebro no trabalho*: princípios e a aplicação prática. Belo Horizonte: Ergo, 2014.

COUTO, H. A.; NICOLETTI, S. J.; LECH, O. *Como gerenciar a questão das LER/DORT*. Belo Horizonte: Ergo, 1998.

COUTO, H. A.; NICOLETTI, S. J.; LECH, O. *Gerenciando a LER e os DORT nos tempos atuais*. Belo Horizonte: Ergo, 2007.

CRISPIM, C. A. et al. Trabalho em turnos e aspectos nutricionais: uma revisão. *Nutrire: Revista da Sociedade Brasileira de Alimentação e Nutrição, Journal of the Brazilian Society Food and Nutrition*, São Paulo, v. 34, n. 2, p. 213-27, ago. 2009.

CZERESNIA, D. O conceito de saúde e a diferença entre prevenção e promoção. In: CZERESNIA, D.; FREITAS, C. M. (Org.). *Promoção de saúde*: conceitos, reflexões e tendências. Rio de Janeiro: Fiocruz, 2003.

DA COSTA, L. P. (Org.). *Atlas do esporte no Brasil*. Rio de Janeiro: Shape, 2005.

______. *Esporte e lazer na empresa*. Brasília: Ministério da Educação/Secretaria de Educação Física e Desportos, 1990.

DA COSTA, L. P.; BARA FILHO, M. G.; RIBEIRO, L. S. Influência da atividade física na empresa na redução do estresse psicofísico em mulheres. In: CONGRESSO MUNDIAL DO LAZER, 5., 1998, São Paulo. *Anais*... São Paulo: Sesc, 1998.

DALAGER, T. et al. Does training frequency and supervision affect compliance, performance and muscular health? A cluster randomized controlled trial. *Manual Therapy*, v. 20, n. 5, p. 657-65, 2015.

DANTAS, E. H. M. *Flexibilidade*: alongamento e flexionamento. 5. ed. Rio de Janeiro: Shape, 2005.

DATAPREV. Instrução Normativa INSS/DC nº 98, de 5 de dezembro de 2003. Atualização clínica das lesões por esforços repetitivos (LER) e distúrbios osteomusculares (DORT). Diário oficial da União, Dataprev, Brasília, DF, 10 dez. 2003. Seção 1. Disponível em: <https://www.legisweb.com.br/legislacao/?id=75579>. Acesso em: 5 abr. 2018.

DEJOURS, C. *A loucura do trabalho*: estudo de psicopatologia do trabalho. 5. ed. Tradução de Ana Isabel Paraguay e Lúcia Leal Ferreira. São Paulo: Cortez-Oboré, 1992.

DESCANIO, D.; LUNARDELLI, M. C. Saúde e qualidade de vida na empresa familiar. *Revista Psicologia:* Organização e Trabalho, v. 7, n. 1, p. 159-78, jan./jun. 2007.

DI ALENCAR, T. A. M.; MATIAS, K. F. S. Princípios fisiológicos do aquecimento e alongamento muscular na atividade esportiva. *Revista Brasileira Medicina Esporte*, v. 16, n. 3, maio/jun. 2010.

DIAS, E. C. Organização da atenção à saúde no trabalho. In: FERREIRA JUNIOR, M. (Org.). *Saúde no trabalho*: temas básicos para o profissional que cuida da saúde dos trabalhadores. São Paulo: Roca, 2000.

DIEZ-GARCIA, R. W. Práticas e comportamento alimentar no meio urbano: um estudo no centro da cidade de São Paulo. *Cadernos de Saúde Pública*, Rio de Janeiro, v. 13, n. 2, p. 455-67, 1997.

DIEZ-GARCIA, R. W.; CERVATO-MANCUSO, A. M. (Org.). *Mudanças alimentares e educação nutricional*. Rio de Janeiro: GEN/ Guanabara Koogan, 2011.

DIONNE, E. D. One health management program taken daily: Rx for employees. *National Safety News*, Chicago, v. 128, n. 4, p. 66-9, out. 1983.

DRUCKER, P. *Administrando em tempos de grandes mudanças*. São Paulo: Pioneira, 1995.

DUTRA DE OLIVEIRA, J. E.; MARCHINI, J. S. (Ed.). *Ciências nutricionais*. São Paulo: Sarvier, 1998.

ESNAULT, M.; VIEL, E. *Lombalgias e cervicalgias da posição sentada*. São Paulo: Manole, 2000.

EUROPEAN AGENCY FOR SAFETY AND HEALTH AT WORK (EU-OSHA). *Work-related musculoskeletal disorders*: prevention report. Luxembourg: Office for Official Publications of the European Communities, 2008.

FENETY, A.; WALKER, J. M. Short-term effects of workstation exercises on musculoskeletal discomfort and postural changes in seated video display unit workers. *Physical Therapy*, v. 82, n. 6, p. 578-89, 2002.

FIELD, T. et al. Fibromyalgia pain and substance P decrease and sleep improves after massage therapy. *Journal of Clinical Rheumatology*, v. 8, n. 2, p.72-6, 2002.

FISCHER, F. M.; MORENO, C. R. C; ROTENBERG, L. *Trabalhos em turnos e noturno na sociedade 24 horas*. São Paulo: Atheneu, 2004.

FONSECA, A. B. et al. Modernidade alimentar e consumo de alimentos: contribuições sócio-antropológicas para a pesquisa em nutrição. *Ciência e Saúde Coletiva*, Rio de Janeiro, v. 16, n. 9, p. 3853-62, set. 2011.

FONSECA, S. A. Caracterização da veiculação e dos indicativos relacionados aos estudos de ginástica laboral. *EFDeportes*: Revista Digital, Buenos Aires, ano 11, n. 97, jun. 2006. Disponível em: <http://www.efdeportes.com/efd97/laboral.htm>. Acesso em: 14 fev. 2018.

FRANGAKIS, A. S. et al. A importância das atividades lúdicas em um programa de ginástica laboral. In: SIMPÓSIO INTERNACIONAL DE CIÊNCIAS DO ESPORTE, 31., 2008. *Anais*... São Paulo: Celafiscs, 2008.

FREI BETTO. *Ética nos negócios*. 23 jul. 2004. Disponível em: <http://www2.uol.com.br/debate/1218/colunas/colunas03.htm/>. Acesso em: jan. 2006.

FRITZ, S. *Fundamentos da massagem terapêutica*. Barueri: Manole, 2002.

GAYOTTO, M. L. C. (Org.). *Liderança II*: aprenda a coordenar grupos. Rio de Janeiro: Vozes, 2003.

Geraldo, A. P. G.; Bandoni, D. H.; Jaime, P. C. Aspectos dietéticos das refeições oferecidas por empresas participantes do Programa de Alimentação do Trabalhador na cidade de São Paulo. *Revista Panamericana de Salud Pública*, São Paulo, v. 23, n. 1, p. 19-25, 2008.

Ghilardi, R. Formação profissional em educação física: a relação teoria e prática. *Motriz*, v. 4, n. 1, jun. 1998.

Gigante, D. P. et al. Prevalência de obesidade em adultos e seus fatores de risco. *Revista de Saúde Pública*, São Paulo, v. 31, n. 3, p. 236-46, 1997.

Ginástica de Pausa. *Revista Ishibras*, n. 64, fev./mar. 1977.

______. *Revista Ishibras*, n. 86, jan. 1979.

______. *Comunidade Esportiva*, Rio de Janeiro, n. 10, dez. 1980.

______. *Comunidade Esportiva*, Rio de Janeiro, n. 12, fev. 1981.

Glina, D. M. R.; Rocha, L. E. (Org.). *Saúde mental no trabalho*: da teoria à prática. São Paulo: Roca, 2010.

Global Centre for Healthy Workplaces. *Working well*: a global survey of workforce wellbeing strategies. 2016. Disponível em: <http://www.globalhealthyworkplace.org/casestudies/2016_Global_Wellbeing_Survey_Executive-Summary.pdf>. Acesso em: jul. 2017.

Goetzel, R. Z.; Ozminkowski, R. J. The health and cost benefits of worksite health-promotion programs. *Annual Review Public Health*, v. 29, p. 303-23, 2008.

Goleman, D. *Emotional intelligence*: why it can matter more than IQ. New York: Bantam Books, 1995.

Gomez, C. M.; Machado, J. M. H; Pena, P. G. L. (Org.). *Saúde do trabalhador na sociedade brasileira contemporânea*. Rio de Janeiro: Fiocruz, 2011.

Gondim, S. M. G.; Siqueira, M. M. M. Emoções e afetos no trabalho. In: Zanelli, J. C.; Borges-Andrade, J. E.; Bastos, A. V. B. *Psicologia, organizações e trabalho no Brasil*. Porto Alegre: Artmed, 2004.

Grandjean, E. *Manual de ergonomia*: adaptando o trabalho ao homem. 4. ed. Porto Alegre: Bookman, 1998.

Gravina, M. E. R. *Bancários com LER (Lesões por Esforços Repetitivos) e sua reabilitação profissional*: possibilidades e limites no retorno ao trabalho. 2005. 218 f. Tese (Doutorado em Saúde Pública) – Faculdade de Saúde Pública da Universidade de São Paulo, São Paulo, 2005.

Green, P. E.; Schaffer, C. M.; Patterson, K. M. A reduced-space approach to the clustering of categorical data in market segmentation. *Journal of the Market Research Society*, v. 30, n. 3, p. 267-88, 1988.

GREVE, J. M. A.; AMATUZZI, M. M. (Org). *Medicina de reabilitação nas lombalgias crônicas.* São Paulo: Roca, 2003.

GUISELINI, M. *Integração do corpo.* São Paulo: Manole, 2001.

HARMAN, K.; RUYAK, P. Working through the pain: a controlled study of the impact of persistent pain on performing a computer task. *Clinical Journal of Pain*, v. 21, p. 216-22, 2005.

HASKEL, W. et al. Effects of intensive multiple risk factor reduction on coronary atherosclerosis and clinical cardiac events in men and women with coronary artery disease: the Stanford Coronary Risk Intervention Project (SCRIP). *Circulation*, v. 89, n. 3, p. 975-90, 1994.

HELFENSTEIN, M.; FELDMAN, D. Prevalência da síndrome da fibromialgia em pacientes diagnosticados como portadores de lesões por esforços repetitivos (LER). *Revista Brasileira de Reumatologia*, São Paulo, v. 38, p. 71-7, 1998.

HENNING R. A. et al. Frequent short rest breaks from computer work: effects on productivity and well-being at two field sites. *Ergonomics*, v. 40, p. 78-91, 1997.

HERNANDES-REIF, M. et al. High blood pressure and associated symptoms were reduced by massage therapy. *Journal of Bodywork and Movement Therapies*, v. 4, n. 1, p. 31-8, Jan. 2000.

HESS, J. A.; HECKER, S. Stretching at work for injury prevention: issues, evidence, and recommendations. *Applied Occupational and Environmental Hygiene*, v. 18, n. 5, p. 331-8, 2003.

HOCHSCHILD, A. R. *The managed heart*: commercialization of human feeling. Berkeley, CA. University of California Press, 1983.

HOFFMAN, D. L.; FRANKE, G. R. Correspondence analysis: graphical representation of categorical data in marketing research. *Journal of Marketing Research*, v. XXIII, p. 213-17, Aug. 1986.

HOWLEY, E. T.; FRANKS, B. D. *Manual do instrutor de condicionamento físico para a saúde.* 3. ed. Porto Alegre: Artmed, 2000.

INSTITUTO BRASILEIRO DE GEOGRAFIA E ESTATÍSTICA (IBGE). *Pesquisa de orçamentos familiares 2002-2003*: análise da disponibilidade domiciliar de alimentos e do estado nutricional no Brasil. Rio de Janeiro, 2004.

______. *Pesquisa de orçamentos familiares 2002-2003*: antropometria e análise do nutricional de crianças e adolescentes no Brasil. Rio de Janeiro, 2006.

______. *Pesquisa de orçamentos familiares 2008-2009*: tabelas de composição nutricional dos alimentos consumidos no Brasil. Rio de Janeiro, 2011.

INSTITUTO DO CORAÇÃO (INCOR). *Cartilha Meu Prato Saudável*: para o Brasil entrar em forma até a Copa do Mundo. São Paulo: InCor/HCFMUSP, 2012. Disponível em: <http://meupratosaudavel.com.br/cartilha/files/res/downloads/book.pdf>. Acesso em: 13 dez. 2017.

JACOBY, E.; BULL, F.; NEIMAN, A. Cambios acelerados del estilo de vida obligan a fomentar la actividade física como prioridad en la Región de las Américas. *Revista Panamericana de Salud Pública*, v. 14, n. 4, p. 223-5, 2003.

JENKINS, C. D. *Building better health*: a handbook for behavioral change. Washington, DC: Pan American Health Organization, 2003. v. 590.

JESUS, G. M. À geografia dos esportes: uma introdução. *Scripta Nova*: Revista Electrónica de Geografía y Ciencias Sociales, Barcelona, v. 3, n. 35, marzo 1999. Disponível em: <www.ub.es/geocrit/sn-35.htm>. Acesso em: 25 abr. 2012.

JOMORI, M. M.; PROENÇA, R. P. C.; CALVO, M. C. M. Determinantes de escolha alimentar. *Revista de Nutrição*, Campinas, v. 21, n. 1, p. 63-73, jan./fev. 2008.

JOHNSON, S. Novas tendências na mudança de comportamento: expandindo nosso modelo e abordagem. In: OGATA, A. J. N. (Org.). *Temas avançados em qualidade de vida*. Londrina: Midiograf, 2017. v. 5

KARPINSKI, D.; STEFANO, S. R. Qualidade de vida no trabalho e satisfação: um estudo de caso no setor atacadista de beneficiamento de cereais. *Revista Eletrônica Lato Sensu*, ano 3, n. 1, mar. 2008. Disponível em: <http://www.unicentro.br>. Acesso em: 25 maio 2011.

KISNER, C.; COLBY, L. A. *Exercícios terapêuticos*: fundamentos e técnicas. 5. ed. Barueri: Manole, 2009.

KOMPIER, M. A. J. New systems of work organization and workers' health. *Scandinavian Journal of Work, Environment and Health*, v. 32, n. 6, p. 421-30, 2006.

LACAZ, F. A. C. et al. Qualidade de vida, gestão do trabalho e plano de carreira como tecnologista em saúde na atenção básica do SUS em São Paulo, Brasil. *Cadernos de Saúde Pública*, Rio de Janeiro, v. 26, n. 2, p. 253-63, 2010.

LAGARDE, J. *Initiation à l'analyse dês donnés*. Paris: Dunod, 1995.

LAKATOS, E. M.; MARCONI, M. A. *Metodologia do trabalho científico*: procedimentos básicos para pesquisa bibliográfica, projetos e relatórios, publicações e trabalhos científicos. São Paulo: Atlas, 1992.

LARA, A. et al. Pausa para tu salud: reduction of weight and waistlines by integrating exercise breaks into workplace organizational routine. *Preventing Chronic Disease*, v. 5, n. 1, 2008. Disponível em: <http://www.cdc.gov/pcd/issues/2008/jan/06_0122.htm>. Acesso em: dez. 2016.

Leitão, M. B et al. Posicionamento Oficial da Sociedade Brasileira de Medicina do Esporte: Atividade Física e Saúde na Mulher. *Revista Brasileira de Medicina do Esporte*, v. 6, n. 6, nov./dez. 2000.

Levy, R. B. et al. Disponibilidade de "açúcares de adição" no Brasil: distribuição, fontes alimentares e tendência temporal. *Revista Brasileira de Epidemiologia*, São Paulo, v. 15, n. 1, p. 3-12, 2012.

Lessa, E. et al. O sistema organizacional de gestão do conhecimento do operador nacional do sistema elétrico. In: Congresso Anual da Sociedade Brasileira de Gestão do Conhecimento, 3., 2004, São Paulo. *Anais*... São Paulo: SBGC, 2004.

Levine, J. M.; Resnick, L. B.; Higgins, E. T. Social foundations of cognition. *Annual Review of Psychology*, v. 44, p. 585-612, 1993.

Lidell, L. *O novo livro de massagem*: guia passo a passo de técnicas orientais e ocidentais. Barueri: Manole, 2002.

Lima, D. G. Ginástica laboral. In: Congresso Paulista de Educação Física, 5., 2001, Jundiaí. *Anais*... Jundiaí: Fontoura, 2001.

______. *Ginástica laboral*: metodologia de implantação de programas com abordagem ergonômica. Jundiaí: Fontoura, 2004.

Lima, I. A. X; Reis, P. F.; Moro, A. R. P. *Um panorama da ginástica laboral no Brasil*. 2004. Disponível em: <http://educadores.diaadia.pr.gov.br/arquivos/File/2010/artigos_teses/EDUCACAO_FISICA/artigos/ginastic.laboral.pdf>. Acesso em: 05 abr. 2018.

Lima, V. *Efeitos de um programa de exercícios físicos no local de trabalho sobre a flexibilidade e percepção de dor musculoesquelética entre trabalhadores de escritório*. 2009. 161 f. Dissertação (Mestrado em Ciências) – Faculdade de Medicina, Universidade de São Paulo, São Paulo, 2009. Disponível em: <http://www.teses.usp.br/teses/disponiveis/5/5160/tde-10092009-164046/pt-br.php>. Acesso em: 14 fev. 2018.

______. *Ginástica laboral*: atividade física no ambiente de trabalho. 3. ed. São Paulo: Phorte, 2007.

Lima, V.; Achour Junior, A. Efeitos de um programa de exercícios físicos na flexibilidade em trabalhadores de escritório. *Revista Brasileira de Fisiologia do Exercício*, v. 13, p. 140-6, 2014.

Lima, V.; Ceschini, F. L. Pode um programa estruturado de ginástica laboral melhorar a qualidade de vida de trabalhadores administrativos? In: Simpósio International de Ciências do Esporte, 33., 2010, São Paulo. *Anais*... São Paulo: Celafiscs, 2010.

Lima, V. A.; Moretti, A. C. *Massagem no ambiente de trabalho*. São Paulo: Phorte, 2010.

Lima, V.; Mendes, E. F.; Romero, J. Nível de atividade física e estágios de mudanças de comportamento em trabalhadores de acordo com gênero e idade. In: Simpósio International de Ciências do Esporte, 37., 2014, São Paulo. *Anais*... São Paulo: Celafiscs, 2014.

LIMA, V.; ROMERO, J.; CESCHINI, F. L. Evolução nos níveis de aptidão física em trabalhadores do setor administrativo. In: SIMPÓSIO INTERNACIONAL DE CIÊNCIAS DO ESPORTE, 27., 2004, São Paulo. *Anais*... São Paulo: Celafiscs, 2004. p. 182.

______. Nível de atividade física de acordo com a participação em programa de ginástica laboral. In: SIMPÓSIO INTERNATIONAL DE CIÊNCIAS DO ESPORTE, 29., 2006, São Paulo. *Anais*... São Paulo: Celafiscs, 2006.

LIMA, V. et al. Barreiras para a não aderência em programa de ginástica laboral de acordo com idade e gênero. In: CONGRESSO PAULISTA DE EDUCAÇÃO FÍSICA, 7., 2003, Jundiaí. *Anais*... Jundiaí: Fontoura, 2003.

LIMA, V. et al. Relato de dores no corpo em trabalhadores do setor administrativo e fabril. Especialização esportiva precoce dilema do esporte nacional. In: CONGRESSO PAULISTA DE EDUCAÇÃO FÍSICA, 8., 2004, Jundiaí. *Anais*... Jundiaí: Fontoura, 2004. v. 2.

______. Verificar o impacto de um programa de ginástica laboral sobre a aptidão física em trabalhadores do setor administrativo. In: SIMPÓSIO INTERNACIONAL DE CIÊNCIAS DO ESPORTE, 24., 2001, São Paulo. *Anais*... São Paulo: Celafiscs, 2001. p. 146.

LIMONGI-FRANÇA, A. C. *Qualidade de vida no trabalho – QVT*: conceitos e práticas nas empresas da sociedade pós-industrial. 2. ed. São Paulo: Atlas, 2004.

LIMONGI-FRANÇA, A. C.; RODRIGUES, A. L. *Stress e trabalho*: uma abordagem psicomática. 4. ed. São Paulo: Atlas, 2005.

LONGEN, W. C. *Ginástica laboral na prevenção de LER/DORT*: um estudo reflexivo em uma linha de produção. 2003. 130 f. Dissertação (Mestrado em Engenharia de Produção) – Universidade Federal de Santa Catarina, Florianópolis. 2003.

LUCCA, S. R.; CAMPOS, C. R. Saúde mental e trabalho: uma discussão a partir do estudo de trabalhadores da atividade de teleatendimento. *Revista Brasileira Medicina Trabalho*. São Paulo, v. 8, n. 1, p. 6-15, 2010.

LUCKESI, C. Ludicidade e desenvolvimento humano. In: D'ÁVILA, C. M. (Org.). *Educação e ludicidade*: ensaios 4. Salvador: Universidade Federal da Bahia, Faculdade de Educação, Gepel, 2007. p. 11-19.

MACIEL, M. G. *Ginástica laboral*: instrumento de produtividade e saúde nas empresas. Rio de Janeiro: Shape, 2008.

MARCUS, B. H. Exercise behavior and strategies for intervention. *Research Quartely for Exercise and Sport*, v. 66, n. 4, p. 319-23, dez. 1995.

MARCHI, R.; AURÉLIO DIAS, M. da S. *Saúde e qualidade de vida no trabalho*. São Paulo: Círculo do Livro; Best Seller, 1997.

MARTÍNEZ-LÓPEZ, E.; SALDARRIAGA-FRANCO, J. F. Inactividad física y ausentismo en el ámbito laboral: sedentariness and absenteeism in the work setting. *Revista de Salud Pública*, v. 10, n. 2, p. 227-38, 2008.

MARTINS, C. O. *Efeitos da ginástica laboral em servidores da reitoria da Universidade Federal de Santa Catarina*. 2000. 110 f. Dissertação (Mestrado em Engenharia de Produção) – Universidade Federal de Santa Catarina, Florianópolis. 2000.

______. *Ginástica laboral no escritório*. Jundiaí: Fontoura, 2001.

______. *Repercussão de um programa de ginástica laboral na qualidade de vida de trabalhadores de escritório*. 2005. 184 f. Tese (Doutorado em Engenharia de Produção) – Universidade Federal de Santa Catarina, Florianópolis. 2005.

MARTINS, C. O.; DUARTE, M. F. S. Efeitos da ginástica laboral em servidores da reitoria da UFSC. *Revista Brasileira de Ciência e Movimento*, Brasília, v. 8, n. 4, p. 7-13, set. 2000.

MATSUDO, S. M. et al. Questionário Internacional de Atividade Física (IPAQ): estudo de validade e reprodutibilidade no Brasil. *Revista Brasileira de Atividade Física e Saúde*, v. 6, n. 2, p. 5-18, 2001.

______. Time trends in physical activity in the state of São Paulo: 2002-2008. *Medicine and Science in Sports and Exercise*, v. 42, n. 12, p. 2231-6, 2010..

______. The Agita São Paulo model in promotting physical activity. In: MEDEIROS-NETO, G.; HALPERN, A.; BOUCHARD, C. (Ed.). *Progress in Obesity Research*. Montrouge, France: Éditions John Libbey Eurotext, 2003.

MELO, L. E. V. *Gestão de conhecimento*: conceitos e aplicações. São Paulo: Érika, 2003.

MENDES, R. A.; LEITE, N. *Ginástica laboral*: princípios e aplicações. Barueri: Manole, 2008.

MENDONÇA, M. *RPZ: método de alongamento*. São Paulo. Phorte, 2005.

MENSE, S.; SIMONS, D. G.; RUSSELL, I. J. *Dor muscular*: natureza, diagnóstico e tratamento. Barueri: Manole, 2008.

MERLO, A. R. C. et al. O trabalho entre prazer, sofrimento e adoecimento: a realidade dos portadores de lesões por esforços repetitivos. *Psicologia e Sociedade*, v. 15, n. 1, p. 117 36, 2003.

MICHAELIS DICIONÁRIO BRASILEIRO DA LÍNGUA PORTUGUESA. *Prevenção*. São Paulo: Melhoramentos, 2018. Versão digital. Disponível em: <http://michaelis.uol.com.br/moderno-portugues/busca/portugues-brasileiro/preven%C3%A7%C3%A3o/>. Acesso em: 5 jan. 2018.

MIDDLETON, D. R. Emotional style: the cultural ordering of emotions. *Ethos*, v. 17, n. 2, p. 187-201, 1989.

MILITÃO, A. G. *A influência da ginástica laboral para a saúde dos trabalhadores e sua relação com os profissionais que a orientam*. 2001. 86 f. Dissertação (Mestrado em Engenharia de Produção) – Universidade Federal de Santa Catarina, Florianópolis. 2001.

MONGINI, F. et al. Effectiveness of an educational and physical programme in reducing headache, neck and shoulder pain: a workplace controlled trial. *Cephalalgia*, v. 28, n. 5, p. 541-52, 2008.

MONTEIRO, G. A. *Treinamento da flexibilidade*: sua aplicabilidade para saúde. Londrina: Midiograf, 2006.

MONTEIRO, C. A. et al. Increasing consumption of ultra-processed foods and likely impact on human health: evidence from Brazil. *Public Health Nutrition*, v. 14, n. 1, p. 5-13, 2011.

MOORE, T. M. A workplace stretching program. Physiologic and perception measurements before and after participation. *AAOHN Journal*, v. 46, n. 12, p. 563-8, 1998.

MOREIRA, C.; CARVALHO, M. A. P. *Reumatologia*: diagnóstico e tratamento. 2. ed. Rio de Janeiro: Medsi, 2001.

MORENO, S. T. S.; MARCELLINO, N. C. Lazer e formação profissional. *Licere*, Belo Horizonte, v. 9, n. 1, p. 108-34, 2006.

MORIN, E. *Os sete saberes necessários à educação do futuro*. Brasília: Cortez, 2006.

MORRIS, D. *The culture of pain*. Berkeley, CA: University of California, 1991.

MORRIS, J. A.; FELDMAN, D. A. The dimensions, antecedents, and consequences of emotional labor. *Academy of Management Review*, v. 21, p. 986-1010, 1996.

MOSCAROLA, J. *Enquêtes et analyse de données*. Paris: Vuibert, Gestion, 1990.

MOYER, C. A.; ROUNDS, J.; HANNUM, J. W. A meta-analysis of massage therapy research. *Psychological Bulletin*, v. 130, n. 1, p. 3-18, 2004.

NAHAS, M. V. *Atividade física, saúde e qualidade de vida*: conceitos e sugestões para um estilo de vida ativo. 2. ed. Londrina: Midiograf, 2001.

NAVARRO, F. *Terapia reichiana*. São Paulo: Summus, 1987.

NESSI, A. Massagem recreativa. In: AWAD, H.; PIMENTEL, G. *Recreação total*. Fontoura: Jundiaí, 2015.

______. Massagem relaxante corporal. In: PEREIRA, M. F. L. *Recursos técnicos em Estética*. Difusão: São Caetano do Sul, 2013. v. 1. (Série Cursos de Estética).

NETO, A. B. *O conhecimento e a prática dos acadêmicos da educação física com atuação na Saúde Pública*. 2003. 145f. Tese (Doutorado em Enfermagem) – Escola de Enfermagem de Ribeirão Preto, Universidade de São Paulo. 2003.

NEUMANN, D. A. *Cinesiologia do aparelho musculoesquelético*: fundamentos para a reabilitação física. Rio de Janeiro: Guanabara Koogan, 2006.

NONAKA, I.; TAKEUCHI, H. *Gestão do conhecimento*. Porto Alegre: Bookman, 2008.

OGATA, A.; MARCHI, R. *Wellness*: seu guia de bem-estar e qualidade de vida. Rio de Janeiro: Elsevier, 2008.

OLIVEIRA, J. R. G. *A prática da ginástica laboral*. Rio de Janeiro: Sprint, 2006.

OLIVEIRA, L. C. et al. Atividade física e ambiente: São Paulo, igual ou melhor que Curitiba? In: CONGRESSO BRASILEIRO DE ATIVIDADE FÍSICA E SAÚDE, 4., 2003, Florianópolis. *Anais*... Florianópolis: UFSC, 2003. p. 42.

OLIVEIRA, R. V.; GOMES, D.; TARGINO, I. (Org.). *Marchas e contramarchas da informalidade do trabalho*: das origens às novas abordagens. João Pessoa: Editora Universitária da UFPB, 2011.

OMER NASCIMENTO, S. R. Musculoskeletal system disorders in computer users: effectiveness of training and exercise programs. *Journal of Back and Musculoskeletal Rehabilitation*, v. 17, n. 1, p. 9-13, 2004.

ORGANIZAÇÃO PAN-AMERICANA DE SAÚDE. *Doenças crônico-degenerativas e obesidade*: estratégia mundial sobre alimentação saudável, atividade física e saúde. Organização Pan-Americana da Saúde. Brasília, 2003. 60 p. Disponível em: <https://www.opas.org.br/wp-content/uploads/2015/09/d_cronic.pdf>. Acesso em: jun. 2017.

ORLIKOWSKI, W. J.; ROBEY, D. Information technology and the structuring of organizations. *Information Systems Research*, v. 2, p. 143-69, jun. 1991.

PAFFENBARGER, R. et al. The association of changes in physical-activity level and other lifestyle characteristics with mortality among men. *New England Journal of Medicine*, v. 328, p. 538-45, 1993.

PATAÑJALI. *Os aforismos da yoga de Patañjali*. Rio de Janeiro: Brand, [1957].

PATE, R. R. et al. Physical activity and public health: a recommendation from the Center for Disease Control and Prevention and the American College of Sports Medicine. *Journal of the American Medical Association*, v. 273, n. 5, p. 402-7, 1995.

PEGATIN, T. O. et al. Ginástica laboral em um setor administrativo: avaliação crítica de efetividade. In: SIMPÓSIO DE ENGENHARIA DE PRODUÇÃO, 14., 2007, Bauru. *Anais*... Bauru: Unesp, 2007.

PEREIRA, C. C. D. A. *Excelência técnica dos programas de ginástica laboral*: uma abordagem didático-pedagógica. São Paulo: Phorte, 2013.

PEREIRA, C. C. D. A; CESCHINI, F.; LIMA, V. Comparação do auto-relato de dores corporais entre trabalhadores do setor administrativo e fabril. In: SIMPÓSIO INTERNACIONAL DE CIÊNCIAS DO ESPORTE, 28., 2005, São Paulo. *Anais*... São Paulo: Celafiscs, 2005.

PEREIRA, C. C. D. A.; LÓPEZ, R. F. A.; LIMA, V. Efeitos de um programa de ginástica laboral sobre os níveis de fadiga em trabalhadores de confecção. *EFDeportes*: Revista Digital. Buenos Aires, año 14, n. 133, jun. 2009. Disponível em: <http://www.efdeportes.com/efd133/programa-de-ginastica-laboral.htm>. Acesso em: 14 fev. 2018.

PEREIRA, T. I. *Atividade preventiva como fator da profilaxia das lesões por esforços repetitivos (LER) de membros inferiores*. 1998. 110 f. Dissertação (Mestrado em Ciências do Movimento Humano) – Escola Superior de Educação Física, Universidade Federal do Rio Grande do Sul, Porto Alegre. 1998.

PINTO, A. C. C. S. *Ginástica laboral aplicada à saúde do cirurgião dentista*: um estudo de caso da Secretaria Municipal de Saúde de Florianópolis, SC. 2003. 137 f. Dissertação (Mestrado em Ergonomia) – Universidade Federal de Santa Catarina, Florianópolis. 2003.

POHL, H. H. Ginástica laboral e estilo de vida. *Cinergis*, v. 4, n. 1, p. 75-88, 2003.

POLITO, E.; BERGAMASCHI, E. C. *Ginástica laboral*: teoria e prática. Rio de Janeiro: Sprint, 2006.

PROCHASKA, J. O; MARCUS, B. H. The transteoritical model: applications to exercise. In: DISCHMAN, R. H. (Ed.). *Advances in exercice adherence*. Champaign, IL: Human Kinetics, 1994. p. 161-80.

PROENÇA, J. P.; POULAIN, R. P. da C. O espaço social alimentar: um instrumento para o estudo dos modelos. *Revista de Nutrição*, Campinas, v. 16, n. 3, p. 245-56, 2003.

PROPER, K. I. et al. The effectiveness of worksite physical activity programs on physical activity, physical fitness, and health. *Clinical Journal of Sports Medicine*, v. 13, n. 2, p. 106-17, 2003.

PRYSZO, J. M. *Tratamento das cervicalgias*. São Paulo: Manole, 2000.

QUEIROGA, M. R. Avaliação da composição corporal. In: *Testes e medidas para avaliação da aptidão física relacionada à saúde em adultos*. Rio de Janeiro: Guanabara Koogan, 2005.

RANGEL-BETTI, I. C; BETTI, M. Novas perspectivas na formação profissional em Educação Física. *Motriz*, v. 2, n. 1, p. 10-5, jun. 1996.

RANNEY, D. *Distúrbios osteomusculares crônicos relacionados ao trabalho*. Tradução de Silvia M. Spada. São Paulo: Roca, 2000.

REIS, P.; RIBEIRO P. C. L. Detecção de agravos à saúde relacionados com o trabalho e o uso gerencial da informação. In: MENDES, R. (Org.). *Patologia do Trabalho*. 2. ed. São Paulo: Atheneu, 2003. v. 1.

ROCHA, L. E.; FERREIRA JUNIOR, M. Distúrbios osteomusculares relacionados ao trabalho (DORT). In: FERREIRA JUNIOR, M. *Saúde no trabalho*: temas básicos para o profissional que cuida da saúde dos trabalhadores. São Paulo: Roca, 2000.

RODRIGUES, A. et al. Barreiras para a não adesão a um programa de ginástica laboral no ambiente de trabalho de acordo com a idade cronológica. In: SIMPÓSIO INTERNATIONAL DE CIÊNCIAS DO ESPORTE, 28., 2005, São Paulo. *Anais*... São Paulo: Celafiscs, 2005. v. 13, p. 283.

RODRIGUES, R. F.; MERINO, E. A. D.; CASAROTTO FILHO, N. Contribuição da ergonomia no processo de inovação das instituições. *Revista Ação Ergonômica*, v. 8, n. 1, 24-32, 2013.

ROMERO, J.; LIMA, V.; CESCHINI, F. Prevalência de dores musculares de acordo com a participação em programa de ginástica laboral. In: SIMPÓSIO INTERNATIONAL DE CIÊNCIAS DO ESPORTE, 29., 2006, São Paulo. *Anais*... São Paulo: Celafiscs, 2006

RUIZ-FRUTOS, C.; GARCÍA GARCÍA, A. M.; BENAVIDES, F. G. Salud Laboral: conceptos y técnicas para la prevención de riesgos laborales. *Revista Española de Salud Pública*, v. 81, n. 3, p. 327-8, 2007.

SABOYA, B. *No universo da criança, brincar é ir em frente*. Rio de Janeiro: O Globo, 1985.

SAKATA, R. K. Lesão por esforços repetitivos (LER) – Doença osteomuscular relacionada ao trabalho (DORT). In: SAKATA, R. K.; ISSY, A. M. (Coord.) *Guia de medicina ambulatorial e hospitalar*: dor. Barueri: Manole, 2004.

SAKATA, R. K.; ISSY, A. M. (Coord.) *Guia de medicina ambulatorial e hospitalar*: dor. Barueri: Manole, 2004.

SALLIS J. F.; BAUMAN A.; PRATT M. Environmental and policy interventions to promote physical activity. *American Journal of Preventive Medicine*, v. 15, n. 4, p. 379-97, nov. 1998.

SANTOS, B. S. *Um discurso sobre as ciências*. São Paulo: Cortez, 2004.

SARNO, F. et al. Consumo de sódio e síndrome metabólica: uma revisão sistemática. *Arquivos Brasileiros de Endocrinologia e Metabologia*, v. 53, n. 5, 2009.

SARNO, F.; BANDONI, D. H.; JAIME, P. C. Excesso de peso e hipertensão arterial em trabalhadores de empresas beneficiadas pelo Programa de Alimentação do Trabalhador (PAT). *Revista Brasileira de Epidemiologia*, v. 11, n. 3, p. 453-62, 2008.

SÃO PAULO (ESTADO). Secretaria de Saúde do Estado. *Boas práticas na promoção de atividade física para a população*. São Paulo: SSE, 2004. p. 112.

______. Secretaria da Saúde do Estado. *Boas práticas na promoção de atividade física para a população*. São Paulo: SSE, 2005. v. 2, p. 30-50.

SCHIMITZ, J. C. Ginástica laboral compensatória. *Comunidade Esportiva*, n. 16, p. 2-3, 1981.

SCHMIDT, M. I.; DUNCAN, B. B. O enfrentamento das doenças crônicas não transmissíveis: um desafio para a sociedade brasileira. *Epidemiologia e Serviços de Saúde*, v. 20, n. 4, p. 421-3, dez. 2011. Disponível em: <http://scielo.iec.pa.gov.br/scielo.php?script=sci_arttext&pid=S1679-49742011000400001&lng=pt>. Acesso em: maio 2017.

SCHONHORST, A. A *influência da ginástica laboral na postura dinâmica do trabalhador industrial.* 1999. Dissertação (Mestrado em Ciências do Movimento Humano) – Universidade Federal do Rio Grande do Sul, 1999.

SELIGMANN-SILVA, E. Psicopatologia e psicodinâmica do trabalho. In: MENDES, R. *Patologia do trabalho.* 2. ed. São Paulo: Atheneu, 2005.

SELIGMANN-SILVA, E. et al. O mundo contemporâneo do trabalho e a saúde mental do trabalhador. *Revista Brasileira de Saúde Ocupacional,* São Paulo, v. 35 n. 122, p. 187-91, jul./dez. 2010.

SERVIÇO BRASILEIRO DE APOIO ÀS MICRO E PEQUENAS EMPRESAS (SEBRAE). *Comece certo*: plano de negócio comércio. 3. ed. São Paulo, 2010.

______. Pequenos negócios em números. 2018. Disponível em: <http://www.sebrae.com.br/sites/PortalSebrae/ufs/sp/sebraeaz/pequenos-negocios-em-numeros,12e8794363447510VgnVCM1000004c00210aRCRD>. Acesso em: 16 maio 2018.

SENGE, P. M. A *quinta disciplina*: arte e prática da organização que aprende. Rio de Janeiro: Best Seller, 2004.

SERVIÇO SOCIAL DA INDÚSTRIA (SESI). *Seminário responsabilidade social e qualidade de vida no trabalho.* Brasília: Sesi, 2004. (Apostila).

SHARKEY, B. J. *Condicionamento físico e saúde.* 4. ed. Porto Alegre: Artmed, 1998.

SHULMAN, K. R.; JONES, G. E. The effectiveness of massage therapy intervention on reducing anxiety in the workplace. *Journal of Applied Behavioral Science,* v. 32, n. 2, p. 160-73, 1996.

SILVA, E. L; CUNHA, M. V. A formação profissional no século XXI: desafios e dilemas. *Ciência da Informação,* Brasília, v. 31, n. 3, p. 77-82, set./dez. 2002.

SILVA, S. L. Informação e competitividade: a contextualização da gestão do conhecimento nos processos organizacionais. *Ciência e Informação,* Brasília, v. 31, n. 2, p. 142-51, 2002.

SILVA, T. M.; SANTOS, A. R. Motivação de pessoas no ambiente de trabalho na organização. *Revista de Produção Acadêmico-Científica,* Manaus, v. 4, n. 1, p. 59-68, 2017.

SIMURRO, S. A. B. Temas avançados em qualidade de vida. In: OGATA, A. J. N. *Temas avançados em qualidade de vida*: gestão de programas de qualidade de vida, manual prático para profissionais brasileiros. Londrina: Midiograf, 2015. v. 2.

TACHIZAWA, T.; FARIA, M. S. *Criação de novos negócios*: gestão de micro e pequenas empresas. Rio de Janeiro: FGV, 2004.

TEIXEIRA, C. V. S. *Treinamento resistido manual*: a musculação sem equipamentos. São Paulo: Phorte, 2011.

TERRA, J. C. *Gestão 2.0*: como integrar a colaboração e a participação em massa para o sucesso dos negócios. Rio de Janeiro: Elsevier, 2009.

TERRA, J. C. Gestão do conhecimento: o grande desafio empresarial. *FNQ*, ago. 2006. Disponível em: <http://www.fnq.org.br/informe-se/artigos-e-entrevistas/artigos/gestao-do-conhecimento-o-grande-desafio-empresarial>. Acesso em: 5 jul. 2010.

THE HARTFORD LOSS CONTROL TIPS. Warming-up to on-the-job exercise: effectiveness of exercise programs in preventing or relieving musculoskeletal disorders. *Loss Control TIPS*: Technical information paper series. 2002. Disponível em: <https://www.noao.edu/safety/itt_hartford_risk_management_resources/warming_up_to_on_the_job_exercise.pdf>. Acesso em: 9 dez. 2008.

TOLEDO, H. C.; DELGADO, F. Tendências lexicais da produção textual em ginástica laboral/ atividade física na empresa. In: CONGRESSO NACIONAL DE HISTÓRIA DO ESPORTE, EDUCAÇÃO FÍSICA, LAZER E DANÇA, 1., 2009, Viçosa. *Anais*... Viçosa: UFV, 2009.

TOLEDO, H. C.; DELGADO, F.; DA COSTA, L. P. Construção léxica da trajetória da atividade física na empresa: ginástica laboral no Brasil em abordagem de gestão do conhecimento. In: CONGRESSO CIÊNCIAS DO DESPORTO E EDUCAÇÃO FÍSICA DOS PAÍSES DE LÍNGUA PORTUGUESA, 14., 2012, Belo Horizonte. *Anais*... Belo Horizonte: Instituto Casa de Educação Física, 2012.

TRIBASTONE, F. *Tratado de exercícios corretivos aplicados à reeducação motora postural*. Barueri: Manole, 2001.

UHLENDORFF, E. F.; BASILE JÚNIOR, R., PEDROSA, F. M. Alterações posturais e deformidades da coluna vertebral. In: GREVE, J. M. A; AMATUZZI, M. M. (Org.). *Medicina de reabilitação nas lombalgias crônicas*. São Paulo: Roca, 2003.

VERDERI, E. *Programa de educação postural*. São Paulo: Phorte, 2001.

______. ______. 4. ed. São Paulo: Phorte, 2011.

WAHLSTRÖM, J. Ergonomics, musculoskeletal disorders and computer work. *Occupational Medicine*, v. 55, n. 3, p. 168-76, 2005.

WEINECK, J. *Atividade física e esporte*: para quê? Barueri: Manole, 2003.

WERNECK, C. L. G. Lazer e formação profissional na sociedade atual: repensando os limites, os horizontes e os desafios para a área. *Licere*, Belo Horizonte, v. 1, n. 1, p. 47-65, 1998.

WORLD HEALTH ORGANIZATION (WHO). *World Health Statistics 2008*. Disponível em: <http://www.who.int/whosis/whostat/EN_WHS08_Full.pdf?ua=1>. Acesso em: jul. 2017.

ZEBIS, M. K. et al. Implementation of neck/shoulder exercises for pain relief among industrial workers: a randomized controlled trial. *BMC Musculoskeletal Disorders*, v. 12, p. 205, 2011.

ZILLI, C. M. *Manual de cinesioterapia/ ginástica laboral*: uma tarefa interdisciplinar com ação multiprofissional. Curitiba: Lovise, 2002.

Anexo I

Resolução CONFEF nº 073/2004

Rio de Janeiro, 12 de maio de 2004.
Resolução CONFEF nº 073/2004
Dispõe sobre a Ginástica Laboral e outras providências.

O PRESIDENTE DO CONSELHO FEDERAL DE EDUCAÇÃO FÍSICA, no uso de suas atribuições estatutárias, conforme dispõe o inciso VII, do art. 40;

CONSIDERANDO o disposto na Lei Federal nº 9.696, de 1 de setembro de 1998;

CONSIDERANDO o disposto na Resolução CONFEF nº 046/02, que dispõe sobre a Intervenção do Profissional de Educação Física e respectivas competências, e define os seus campos de atuação profissional;

CONSIDERANDO o disposto na Resolução nº 218, de 6 de março de 1997, do Conselho Nacional de Saúde;

CONSIDERANDO o disposto na Portaria MTE nº 397, de 9 de outubro de 2002, que aprova a Classificação Brasileira de Ocupações – CBO/2002, no que concerne à Família 2241 – Profissionais de Educação Física;

CONSIDERANDO o disposto na Resolução CNE/CES nº 03, de 16 de junho de 1987, que estabelece os mínimos de conteúdo e duração a serem observados nos cursos de graduação em Educação Física (Bacharelado e/ou Licenciatura Plena);

CONSIDERANDO a Resolução CNE/CES 07/04, aprovada em 31 de março de 2004, que institui as Diretrizes Curriculares Nacionais para os cursos de graduação em Educação Física, em nível superior de graduação plena, originada do Parecer CNE/CES nº 0058/2004, aprovado em 18 de fevereiro de 2004;

CONSIDERANDO que o Profissional de Educação Física é qualificado e legalmente habilitado para intervir no seu campo profissional, prevenindo doenças, promovendo a saúde do trabalhador e contribuindo para a sua qualidade de vida;

CONSIDERANDO que a formação do Profissional de Educação Física, além do domínio do conhecimento sobre o movimento humano e exercício físico nas suas dimensões biodinâmica, comportamental e sociocultural, inclui a abordagem dos aspectos pedagógicos e afetivo-emocionais do comportamento motor do trabalhador, que tornam diferenciada sua intervenção;

CONSIDERANDO que tradicionalmente a prescrição, a orientação e a dinamização da ginástica e do exercício físico nas suas diversas formas, manifestações e objetivos são atividades próprias do Profissional de Educação Física;

CONSIDERANDO que o Profissional de Educação Física presta assistência à saúde do trabalhador, no que concerne as suas necessidades na prática de ginásticas, exercícios físicos, atividades físicas e similares, independentemente do local em que atue;

CONSIDERANDO que o Profissional de Educação Física atua em empresas e/ou organizações detentoras de postos de trabalho, intervindo de forma efetiva para a promoção de saúde integral, e melhoria da qualidade de vida do trabalhador;

CONSIDERANDO o reconhecimento, por parte dos empresários e trabalhadores, da importância da ginástica e do lazer para o bem-estar do trabalhador na realização de suas atividades funcionais, proporcionando a redução dos índices de acidentes de trabalho, e de doenças ocupacionais do trabalhador; e,

CONSIDERANDO o deliberado em Reunião Plenária do dia 3 de abril de 2004,

RESOLVE:

Art. 1º – É prerrogativa privativa do Profissional de Educação Física planejar, organizar, dirigir, desenvolver, ministrar e avaliar programas de atividades físicas, particularmente na forma de Ginástica Laboral e de programas de exercícios físicos, esporte, recreação e lazer, independente do local e do tipo de empresa e trabalho.

Art. 2º – No desempenho das atribuições do Profissional de Educação Física, no âmbito da Ginástica Laboral, incluem-se:

I – ações profissionais, de alcance individual e/ou coletivo, de promoção da capacidade de movimento, e prevenção a intercorrência de processos cinesiopatológicos;

II – prescrever, orientar, ministrar, dinamizar e avaliar procedimentos, e a prática de exercícios ginásticos preparatórios e compensatórios às atividades laborais e do cotidiano;

III – identificar, avaliar, observar e realizar análise biomecânica dos movimentos e testes de esforço relacionados às tarefas decorrentes das variadas funções que o trabalho na empresa requer, considerando suas diferentes exigências em qualquer fase do processo produtivo, propondo atividades físicas, exercícios ginásticos, atividades esportivas e recreativas que contribuam para a manutenção e prevenção da saúde e do bem-estar do trabalhador;

IV – propor, realizar, interpretar e elaborar laudos de testes cineantropométricos e de análise biomecânica de movimentos funcionais, quando indicados para fins diagnósticos;

V – elaborar relatório de análise da dimensão sociocultural e comportamental do movimento corporal do trabalhador, e estabelecer nexo causal de distúrbios biodinâmicos funcionais.

Art. 3º – O Profissional de Educação Física no âmbito da sua atividade profissional está qualificado e habilitado para prestar serviços de auditoria, consultoria e assessoria especializada.

Art. 4º – O Profissional de Educação Física contribui para a promoção da harmonia e da qualidade assistencial no trabalho em equipe multiprofissional, e a ela integra-se, sem renunciar à sua independência ético-profissional.

Art. 5º – O Profissional de Educação Física é um profissional ativo nos processos de planejamento e implantação de programas destinados à educação do trabalhador, nos temas referentes à saúde funcional e ocupacional, e hábitos para uma vida ativa.

Art. 6º – Os casos omissos serão resolvidos pelo Plenário do CONFEF.

Art. 7º – Esta Resolução entra em vigor na data de sua publicação.

Jorge Steinhilber
Presidente CREF 000002-G/RJ
D.O.U. nº 94 – de 18 de maio de 2004 – Seção 1 – pp.78 e 79

Anexo II

Questionário Internacional de Atividade Física

Nome: ____

Data: ___ / ___ / ___

Idade: ____ Sexo: F ( ) M ( )

Você trabalha de forma remunerada: ( ) Sim ( ) Não

Quantas horas você trabalha por dia: ____

Quantos anos completos você estudou: ____

De forma geral, sua saúde está:

( ) Excelente ( ) Muito boa ( ) Boa ( ) Regular ( ) Ruim

Nós estamos interessados em saber que tipos de atividade física as pessoas fazem como parte do seu cotidiano. Este projeto faz parte de um grande estudo que está sendo feito em diferentes países ao redor do mundo. Suas respostas nos ajudarão a entender quão ativos nós somos em relação às pessoas de outros países. As perguntas estão relacionadas ao tempo que você gasta fazendo atividade física em uma semana **NORMAL, USUAL** ou **HABITUAL**. As perguntas incluem as atividades que você faz no trabalho, para ir de um lugar a outro, por lazer, por esporte, por exercício ou como parte das suas atividades em casa ou no jardim. Suas respostas são muito importantes. Por favor, responda a cada questão, mesmo que considere que não seja ativo. Obrigado pela sua participação!

Para responder às questões, lembre que:

- atividades físicas **VIGOROSAS** são aquelas que precisam de um grande esforço físico, e que fazem respirar muito mais forte que o normal;
- atividades físicas **MODERADAS** são aquelas que precisam de algum esforço físico, e que fazem respirar um pouco mais forte que o normal.

Seção 1 – Atividade física no trabalho

Esta seção inclui as atividades que você faz no seu serviço, que incluem trabalho remunerado ou voluntário, as atividades na escola ou na faculdade e outro tipo de trabalho não remunerado fora da sua casa.

NÃO incluir trabalho não remunerado que você faz na sua casa – como tarefas domésticas, cuidar do jardim e da casa ou tomar conta da sua família. Estas serão incluídas na Seção 3.

1a. Atualmente, você trabalha ou faz trabalho voluntário fora de sua casa?
( ) Sim ( ) Não – caso você responda *não*, vá para a Seção 2.

As próximas questões são relacionadas a toda atividade física que você faz em uma semana **USUAL** ou **NORMAL**, como parte do seu trabalho remunerado ou não remunerado. **NÃO** inclua o transporte para o trabalho. Pense unicamente nas atividades que você faz por **pelo menos 10 minutos contínuos**:

1b. Em quantos dias de uma semana normal você gasta fazendo atividades físicas **vigorosas** por **pelo menos 10 minutos contínuos**, como trabalho de construção pesada, carregar grandes pesos, trabalhar com enxada, escavar ou subir escadas como parte do seu trabalho?
_____ dias por **SEMANA** ( ) Nenhum – vá para a questão 1d.

1c. Quanto tempo no total você usualmente gasta **POR DIA** fazendo atividades físicas vigorosas **como parte do seu trabalho**?

_____ horas _____ minutos

1d. Em quantos dias de uma semana normal você faz atividades físicas **moderadas** por **pelo menos 10 minutos contínuos**, como carregar pesos leves, **como parte do seu trabalho**?

_____ dias por **SEMANA** ( ) Nenhum – vá para a questão 1f.

1e. Quanto tempo no total você usualmente gasta **POR DIA** fazendo atividades moderadas **como parte do seu trabalho**?

_____ horas _____ minutos

1f. Em quantos dias de uma semana normal você **anda** durante **pelo menos 10 minutos contínuos como parte do seu trabalho**? Por favor, **NÃO** inclua o andar como forma de transporte para ir ou voltar do trabalho.

_____ dias por **SEMANA** ( ) Nenhum – vá para a Seção 2.

1g. Quanto tempo no total você usualmente gasta **POR DIA** caminhando **como parte do seu trabalho**?

_____ horas _____ minutos

1h. Quando você caminha como **parte do seu trabalho**, a que passo você usualmente anda? Você caminha a:

( ) passo **vigoroso**

( ) passo **moderado**

( ) passo **lento**

Seção 2 – Atividade física como meio de transporte

Estas questões referem-se à forma típica como você se desloca de um lugar para outro, incluindo trabalho, escola, cinema, lojas, entre outros.

2a. Em quantos dias de uma semana normal você anda de carro, ônibus, metrô ou trem?

_____ dias por **SEMANA** ( ) Nenhum – vá para a questão 2c.

2b. Quanto tempo no total você usualmente gasta **POR DIA** andando de **carro, ônibus, metrô** ou **trem**?

_____ horas _____ minutos

Agora, pense **somente** em relação a caminhar ou pedalar, para ir de um lugar a outro em uma semana normal.

2c. Em quantos dias de uma semana normal você anda de bicicleta por **pelo menos 10 minutos contínuos**, para ir de um lugar para outro? (**NÃO** inclua o pedalar por lazer ou exercício.)

_____ dias por **SEMANA** ( ) Nenhum – vá para a questão 2f.

2d. Nos dias em que você pedala, quanto tempo no total você pedala **POR DIA** para ir de um lugar para outro?

_____ horas _____ minutos

2e. Quando você anda de bicicleta, a que velocidade você costuma pedalar?

( ) **rápida**

( ) **moderada**

( ) **lenta**

2f. Em quantos dias de uma semana normal você caminha por **pelo menos 10 minutos contínuos**, para ir de um lugar para outro? (**NÃO** inclua as caminhadas por lazer ou exercício.)

_____ dias por **SEMANA** ( ) Nenhum – vá para a Seção 3.

2g. Quando você caminha para ir de um lugar para outro, quanto tempo **POR DIA** você gasta? (**NÃO** inclua as caminhadas por lazer ou exercício.)

_____ horas _____ minutos

2h. Quando você caminha para ir de um lugar a outro, a que passo você normalmente anda? Você caminha a:

( ) passo **rápido**

( ) passo **moderado**

( ) passo **lento**

Seção 3 – Atividade física em casa: trabalho, tarefas domésticas e cuidar da família

Esta parte inclui as atividades físicas que você faz em uma semana **NORMAL**, na sua casa e ao redor da sua casa, por exemplo: trabalho em casa, cuidar do jardim, cuidar do quintal, trabalho de manutenção da casa ou para cuidar da sua família. Novamente, pense **somente** naquelas atividades físicas que você faz por **pelo menos 10 minutos contínuos**.

3a. Em quantos dias de uma semana normal você faz atividades físicas **vigorosas, no jardim ou no quintal**, por **pelo menos 10 minutos contínuos**, como carpir, lavar o quintal, esfregar o chão?

_____ dias por **SEMANA** ( ) Nenhum – vá para a questão 3c.

3b. Nos dias em que você faz esse tipo de atividade vigorosa **no jardim ou no quintal**, quanto tempo no total você gasta **POR DIA**?

_____ horas _____ minutos

3c. Em quantos dias de uma semana normal você faz atividades físicas **moderadas** por **pelo menos 10 minutos contínuos**, como carregar pesos leves, limpar vidros, varrer o chão, rastelar o jardim ou o quintal?

_____ dias por **SEMANA** ( ) Nenhum – vá para a questão 3e.

3d. Nos dias em que você faz esse tipo de atividade, quanto tempo no total você gasta **POR DIA** fazendo essas atividades moderadas **no jardim ou no quintal**?

_____ horas _____ minutos

3e. Em quantos dias de uma semana normal você faz atividades físicas **moderadas** por **pelo menos 10 minutos contínuos**, como carregar pesos leves, limpar vidros, varrer ou limpar o chão **dentro da sua casa**?

_____ dias por **SEMANA** (   ) Nenhum – vá para a Seção 4.

3f. Nos dias em que você faz esse tipo de atividade moderada **dentro da sua casa**, quanto tempo no total você gasta **POR DIA**?

_____ horas _____ minutos

Seção 4 – Atividades físicas de recreação, esporte, exercício e lazer

Esta seção refere-se às atividades físicas que você faz em uma semana **NORMAL**, unicamente por recreação, esporte, exercício ou lazer.

Novamente, pense somente nas atividades físicas que faz por **pelo menos 10 minutos contínuos**. Por favor, **NÃO** inclua atividades que você já tenha citado.

4a. Sem contar qualquer caminhada que você tenha citado anteriormente, em quantos dias de uma semana normal você caminha por **pelo menos 10 minutos contínuos** no seu tempo livre?

_____ dias por **SEMANA** (   ) Nenhum – vá para a questão 4d.

4b. Nos dias em que você caminha **no seu tempo livre**, quanto tempo no total você gasta **POR DIA**?

_____ horas _____ minutos

4c. Quando você caminha **no seu tempo livre**, a que passo você normalmente anda?
( ) a passo **rápido**
( ) a passo **moderado**
( ) a passo **lento**

4d. Em quantos dias de uma semana normal você faz atividades vigorosas no seu tempo livre por **pelo menos 10 minutos contínuos**, como correr, fazer exercícios aeróbios, nadar rápido, pedalar rápido ou fazer *jogging*?
_____ dias por **SEMANA** ( ) Nenhum – vá para a questão 4f.

4e. Nos dias em que você faz estas atividades vigorosas **no seu tempo livre**, quanto tempo no total você gasta **POR DIA**?
_____ horas _____ minutos

4f. Em quantos dias de uma semana normal você faz atividades moderadas no seu tempo livre por **pelo menos 10 minutos contínuos**, como pedalar ou nadar a velocidade regular, jogar bola, vôlei, basquete, tênis?
_____ dias por **SEMANA** ( ) Nenhum – vá para a Seção 5.

4g. Nos dias em que você faz estas atividades moderadas **no seu tempo livre**, quanto tempo no total você gasta **POR DIA**?
_____ horas _____ minutos

Seção 5 – Tempo gasto sentado

Estas últimas questões são sobre o tempo em que você permanece sentado todo dia no trabalho, na escola ou na faculdade, em casa e durante seu tempo livre. Isso inclui o tempo sentado (ou deitado) ao estudar, ao descansar, ao fazer lição de casa, ao visitar um amigo, ao ler ou assistir à televisão. Não inclua o tempo gasto sentado durante viagens em ônibus, trem, metrô ou carro.

5a. Quanto tempo no total você gasta sentado durante um **dia de semana**?
_____ horas _____ minutos

5b. Quanto tempo no total você gasta sentado durante um **dia de fim de semana**?
_____ horas _____ minutos

Anexo III

Classificação do Nível de Atividade Física (IPAQ)

1. **MUITO ATIVO**: aquele que cumpriu as recomendações de:
a. ATIVIDADE VIGOROSA: ≥ 5 dias/semana e ≥ 30 minutos por sessão; e/ou
b. ATIVIDADE VIGOROSA: ≥ 3 dias/semana e ≥ 20 minutos por sessão + MODERADA e/ou CAMINHADA: ≥ 5 dias/semana e ≥ 30 minutos por sessão.

2. **ATIVO**: aquele que cumpriu as recomendações de:
a. ATIVIDADE VIGOROSA: ≥ 3 dias/semana e ≥ 20 minutos por sessão; e/ou
b. ATIVIDADE MODERADA ou CAMINHADA: ≥ 5 dias/semana e ≥ 30 minutos por sessão; e/ou
c. Qualquer atividade somada: ≥ 5 dias/semana e ≥ 150 minutos/semana (caminhada + atividade moderada + atividade vigorosa).

3. **INSUFICIENTEMENTE ATIVO**: aquele que realiza atividade física, porém, insuficiente para ser classificado como ativo, pois não cumpre as recomendações quanto à frequência ou duração. Para realizar essa classificação, soma-se a frequência e a duração dos diferentes tipos de atividades (caminhada + atividade moderada + atividade vigorosa). Esse

grupo foi dividido em dois subgrupos, de acordo com o cumprimento ou não de alguns dos critérios de recomendação:

INSUFICIENTEMENTE ATIVO A: aquele que atinge pelo menos um dos critérios da recomendação quanto à frequência ou à duração da atividade:
a. frequência: 5 dias/semana; ou
b. duração: 150 min/semana.

INSUFICIENTEMENTE ATIVO B: aquele que não atingiu nenhum dos critérios da recomendação quanto à frequência nem quanto à duração da atividade.

4. **SEDENTÁRIO**: aquele que não realizou nenhuma atividade física por pelo menos 10 minutos contínuos durante a semana.

Exemplos:

Indivíduos	**Caminhada**		**Atividade moderada**		**Atividade vigorosa**		**Classificação**
	F	**D**	**F**	**D**	**F**	**D**	
1	–	–	–	–	–	–	Sedentário
2	4	20	1	30	–	–	Insuficientemente Ativo A

F: frequência; D: duração.

Sobre a autora

Valquíria de Lima

Profissional de Educação Física com especialização em Ginástica Corretiva Postural (Faculdades Metropolitanas Unidas – FMU) e em Fisiologia e Treinamento Personalizado (Escola Paulista de Medicina – EPM). Mestra em Ciências (Faculdade de Medicina da Universidade de São Paulo – USP). Doutora em Saúde Coletiva (Faculdade de Ciências Médicas da Universidade Estadual de Campinas – FCM/Unicamp). Coautora do livro *Massagem no ambiente de trabalho*, publicado pela Phorte Editora.

Autora de diversos trabalhos científicos na área de Saúde do Trabalhador, baseados em conceitos de Promoção da Saúde para a adoção de um estilo de vida mais ativo e saudável.

Sócia-proprietária da SUPPORTE Educação & Saúde no Trabalho, empresa com ampla experiência no desenvolvimento e implantação de programas corporativos de Qualidade de Vida, Promoção da Saúde e Ergonomia, com atuação nacional em grandes empresas.

Coordenadora dos cursos de pós-graduação em Ginástica Laboral e Ergonomia (FMU) e em Ergonomia e Qualidade de Vida no Trabalho (FIG-Unimesp). Docente do curso de graduação em Gestão de Recursos Humanos e Segurança do Trabalho (FIG/Unimesp). Palestrante com atuação nacional em congressos, cursos e palestras sobre temas como postura e atividade física da infância à terceira idade, flexibilidade, saúde e bem-estar.

Agraciada em setembro de 2007 com o Prêmio Estadual de Ginástica Laboral, oferecido pelo Conselho Regional de Educação Física da 4ª Região – São Paulo (CREF4/SP). Membro fundador e presidente da Associação Brasileira de Ginástica Laboral (ABGL) (2007-2010; 2010-2013; 2013-2016).

Pela chapa *Avança CREF*, com o compromisso de trabalhar prioritariamente pela ampla valorização do profissional de Educação Física, foi empossada no CREF4/SP como conselheira eleita para o sexênio 2015-2021.

Colaboradores

Agradeço aos profissionais que contribuíram para a elaboração desta edição com o envio de materiais, pelo apoio recebido e pela confiança em meu trabalho.

Prólogo

Heglison Custódio Toledo – Profissional de Educação Física

- Licenciado em Educação Física pela Universidade Federal de Juiz de Fora (UFJF).
- Mestre em Educação Física pela Universidade Gama Filho (UGF).
- Doutor em Educação Física (Gestão do Conhecimento e do Esporte) pela UGF.
- Pós-doutorando em Educação Física pela UFJF.
- Professor adjunto no Departamento de Educação Física do Instituto de Ciências da Vida (ICV) da UFJF, *campus* Governador Valadares.

Lamartine Pereira da Costa – Profissional de Educação Física

- Licenciado em Educação Física pela Escola de Educação Física do Exército (Esefex).
- Doutor em Filosofia pela UGF.
- Livre-docente em Gestão do Esporte pela Universidade do Estado do Rio de Janeiro (Uerj).

Capítulo 2

Luis Carlos de Oliveira – Profissional de Educação Física

- Mestre em Educação Física e Docente na Universidade São Judas Tadeu (USJT).
- Membro da Diretoria do Centro de Estudos do Laboratório de Aptidão Física de São Caetano do Sul (Celafiscs).

Denise A. Manfredi – Psicóloga

- Mestra em Psicologia da Saúde pela Universidade Metodista de São Paulo.
- *Neurocoach* pelo Neuroleadership Institute.
- Docente em programas de MBA.

Capítulo 3

Andréa Silva Frangakis Tanil (Teka) – Profissional de Educação Física.

- Mestranda em Ciências da Saúde na Universidade Federal de São Paulo (Unifesp), *campus* Santos.
- Pós-graduada em Educação Lúdica pelo Instituto Superior de Educação Vera Cruz (ISE Vera Cruz).
- Coordenadora do curso de Educação Física da Faculdade de São Vicente (UNIBR).
- Docente dos cursos de Educação Física e Pedagogia na UNIBR.
- Docente convidada do curso de Pós-graduação em Ginástica Laboral e Ergonomia das Faculdades Metropolitanas Unidas (FMU) e Faculdade de Educação Física da ACM Sorocaba (Fefiso).
- Membro fundador da Associação Brasileira de Ginástica Laboral (ABGL).
- Autora do livro *Dinâmicas lúdicas para os programas de Ginástica Laboral.*
- Proprietária da empresa ConectarSe Eventos Empresariais.

Capítulo 4

Marcos Gonçalves Maciel – Profissional de Educação Física

- Doutor em Estudos do Lazer pela Universidade Federal de Minas Gerais (UFMG).
- Mestre em Lazer pela UFMG.
- Docente da Universidade do Estado de Minas Gerais (UEMG), *campus* Ibirité.
- Autor dos livros: *Ergonomia e Ginástica Laboral: intervenção profissional; Lazer corporativo: estratégias para o desenvolvimento dos recursos humanos; Ginástica Laboral: instrumento de produtividade e saúde nas empresas.*

Capítulo 5

Vinícius de Moraes – Fisioterapeuta e ergonomista

- Mestre em Equilíbrio Corporal e Inclusão Social pela Universidade Bandeirante de São Paulo (Uniban).
- Coordenador do curso de Fisioterapia da Faculdade de Tecnologia e Ciências (FTC), em Vitória da Conquista (BA).
- Docente das disciplinas de Anatomia Humana e Fisioterapia Desportiva da Faculdade Independente do Nordeste (Fainor, na Bahia).
- Tutor do programa de especialização de professores da Universidade Estadual do Sudoeste da Bahia (Uesb).
- Docente de cursos de pós-graduação.
- Ergonomista.
- Consultor de Fisioterapia do Trabalho da SUPPORTE Educação & Saúde no Trabalho.
- Especialista em Reeducação Postural Global (RPG) pela Universidade Internacional de Terapia Manual Francesa, e em Fisioterapia Esportiva, Terapia Manual e Fisioterapia do Trabalho.

Sheila Araújo Costa – Nutricionista

- Doutora em Saúde Coletiva com ênfase em Saúde do Trabalhador pela Unifesp.
- Mestra em Ciências da Saúde pela Unifesp.
- MBA em Aspectos Psicobiológicos da Saúde do Trabalhador pela Unifesp.
- Especialização em Nutrição e Saúde Pública pela Unifesp.
- Analista em Saúde e Nutricionista do Centro de Referência em Saúde do Trabalhador, na Prefeitura Municipal de São Paulo.
- Docente da USJT.

Armando Henrique Potente – Médico do Trabalho e Ergonomista

- Diretor Médico da AME Saúde Ocupacional (Jundiaí/SP).

Telma Terezinha Ribeiro da Silva – Enfermeira do Trabalho

- Especialista em Gestão de Saúde pela Fundação Getúlio Vargas (FGV).
- Mestra em Educação Física e doutora em Ciências da Saúde pela Universidade de Campinas (Unicamp).

Capítulo 6

Andrezza Moretti – Bacharela e Licenciada em Dança pela Escola de Educação Física e Esporte da Universidade de São Paulo

- Doutora em Ciências (Área: Pedagogia do Movimento Humano) pela Escola de Educação Física e Esporte da Universidade de São Paulo (EEFE-USP).
- Mestra em Artes pela Universidade de Campinas (Unicamp).
- Membro do grupo de pesquisa Educação Física, Saúde Coletiva e Filosofia da EEFE-USP.
- Professora efetiva do Instituto Federal de São Paulo (IFSP).

Carlos Alberto Legal Filho – Administrador de empresas

- Pós-graduado em Gestão Estratégica do Conhecimento e da Inovação pelo Centro Universitário Senac.
- Professor de Gestão de Saúde e Qualidade de Vida do MBA Executivo em Economia e Gestão de Recursos Humanos da Fundação Getúlio Vargas (FGV – Management).
- Coidealizador do Programa de *Yoga* no Trabalho (PYT®).
- Sócio-fundador da Legalas Educação e Qualidade de Vida

Carlos Eduardo Legal – Profissional de Educação Física

- Pós-graduado em Ginástica Laboral pela FMU.
- Pós-graduado em *Coaching* (UNIBR/Instituto Appana Mind).
- Sócio-diretor da empresa D'arvore Desenvolvimento Humano e Estúdio Vila Yoga (Pilates – *Yoga* – Terapias).
- Coidealizador do Programa de *Yoga* no Trabalho (PYT®).
- Atuou por 10 anos em empresas como Hospital Albert Einstein, Unilever, Roche, Unimed Paulistana, Océ, Reckitt Benckiser, Dow Química, entre outras.
- Docente por 12 anos da Universidade Anhembi Morumbi (UAM) no curso de Naturologia, na cadeira de *Yoga*, Terapias e Meditação.
- Ministrante do curso *Personal Yoga* e Meditação para executivos e coidealizador do curso Aprendendo a Meditar.

Capítulo 7

Sérgio Guida – Profissional de Educação Física e Fisioterapeuta

- Especialista em Ciência do Treinamento Desportivo pela UGF.
- Mestre em Bases Biomédicas da Atividade Física e Desporto pela Universidade Federal do Rio de Janeiro (UFRJ).
- Coordenador dos cursos de pós-graduação *lato sensu* em Reabilitação Postural e em Fisioterapia Traumato-Ortopédica da Universidade Estácio de Sá.
- Professor de Anatomia Funcional e Biomecânica da pós-graduação *lato sensu* da Universidade Estácio de Sá.
- Professor de Cinesiologia da Academia Brasileira de Treinadores (ABT) do Instituto Olímpico Brasileiro (IOB), órgão do Comitê Olímpico Brasileiro (COB).
- Diretor Acadêmico da ISO 5G Educacional.

Érica Verderi – Profissional de Educação Física

- Mestra em Educação Motora pela Universidade Metodista de Piracicaba (Unimep).
- Docente na Faculdade de Medicina da Universidade Autônoma de Yucatán/México (Uady).
- Docente no curso Licenciados em Reabilitação com a disciplina Método PEP (Programa de Educação Postural).
- Docente e coordenadora do curso de pós-graduação em Terceira Idade – Metodologia e Prescrição de Exercícios, da FMU.
- Membro do Conselho Regional de Educação Física da 4ª Região – São Paulo (CREF4-SP).
- Membro do Conselho Estadual de Saúde de São Paulo.
- Fundadora e Presidente do Centro de Convivência do Idoso de Sorocaba (Cci).
- Autora do Método PEP.

Sobre o Livro
Formato: 16 × 23 cm
Mancha: 12 × 19 cm
Papel: Offset 90g
nº páginas: 432
4ª edição: 2019

Equipe de Realização
Assistência editorial
Liris Tribuzzi

Assessoria editorial
Maria Apparecida F. M. Bussolotti

Edição de texto
Gerson Silva (Supervisão de revisão)
Jonas Pinheiro (Preparação do original e copidesque)
Sophia de Oliveira e Roberta Heringer de Souza Villar (Revisão)

Editoração eletrônica
Neili Dal Rovere (Projeto gráfico e diagramação)
Évelin Kovaliauskas Custódia (Capa)
Douglas Docelino (Ilustrações)

Fotografia
Fernando Magueta Paes (Fotógrafo)
Ana Lúcia Rodrigues, Fabíola Ramos, Fabrício Veloso da Silva, Marcia Tavares, Marcelo Veloso da Silva e Mariana de Lima Veloso (modelos)

Impressão
Gráfica Forma Certa